U0552815

高等教育研究前沿

FRONTIERS IN
HIGHER EDUCATION RESEARCH

学术精英流动与中国大学发展

郭书剑　著

ACADEMIC ELITE

MOBILITY AND THE

DEVELOPMENT

OF CHINESE UNIVERSITIES

南京师范大学出版社

图书在版编目（CIP）数据

学术精英流动与中国大学发展／郭书剑著. —南京：
南京师范大学出版社，2023.12
（高等教育研究前沿）
ISBN 978-7-5651-5824-7

Ⅰ. ①学… Ⅱ. ①郭… Ⅲ. ①人才流动-研究-中国
②高等教育-发展-研究-中国 Ⅳ. ①C964.2 ②G649.21

中国国家版本馆 CIP 数据核字（2023）第 131550 号

丛 书 名	高等教育研究前沿
书 名	学术精英流动与中国大学发展
作 者	郭书剑
策划编辑	张 春
责任编辑	应璐燕
出版发行	南京师范大学出版社
地 址	江苏省南京市玄武区后宰门西村 9 号（邮编：210016）
电 话	(025)83598919(总编办) 83598419(营销部) 83598332(读者服务部)
网 址	http://press.njnu.edu.cn
电子信箱	nspzbb@njnu.edu.cn
照 排	南京凯建文化发展有限公司
印 刷	江苏凤凰通达印刷有限公司
开 本	710 毫米×1 000 毫米 1/16
印 张	20.75
字 数	329 千
版 次	2023 年 12 月第 1 版
印 次	2023 年 12 月第 1 次印刷
书 号	ISBN 978-7-5651-5824-7
定 价	85.00 元
出 版 人	张 鹏

南京师大版图书若有印装问题请与销售商调换

版权所有　侵犯必究

序

在语义上,"精英"一词最初在 17 世纪用以形容质量精美的商品,后来才用以表示地位优越的社会集团,如精锐部队和上层贵族。[①] 历史上,"精英"多与政治相关,和"学术"无关或关系不大;学术阶层多处于社会的边缘,从事学术研究者较少有机会成为社会精英。近 20 年来,受学术锦标赛的影响,学术精英受到了空前关注。在部分国家的一些大学里,学术精英俨然成了社会精英阶层的一部分。这种现象的出现,一方面得益于知识社会对学术工作的高度重视,另一方面也反映了在世界一流大学建设过程中诸利益相关方以排名为参照,对于精英大学地位的激烈争夺所导致的涟漪效应。

从中世纪到近代早期,大学和学术的成长都极为缓慢。大学从成立到享有盛誉往往需要几个世纪。学术发展同样如此。一个学科几百年里所造就的学科英雄或学术精英,往往也屈指可数。然而,第二次世界大战以来,伴随研究型大学的崛起,以论文发表为杠杆,以文献计量为评估工具,学术进展以年为单位,不断加速再加速,可量化的学术精英阶层被知识生产机器/体制制造出来。随着学术发表常规化,学术评估和评奖周期化,学科和大学排名制度化,学术阶层中"精英""次精英""平庸者""无产者"的分化不可避免。以组织的自利性为基础,为了在激烈的排序竞争中赢得先机,对于学术精英的争夺成为大学在竞争中获胜的关键。事实也证明,学术精英与精英大学相互成就。学术精英的汇聚可以成就精英大学,而精英大学也更有条件涌现出更多的学术精英。

---

① [英]巴特摩尔.平等还是精英[M].尤卫军,译.沈阳:辽宁教育出版社,1998:1.

与西方大学相比,我国大学缺乏精英主义的传统,但有重点建设的基因。因为后发外生,我国大学的发展始终与制度环境的变化密切相关。通常是政府重视哪所大学,哪所大学就会有较快的发展,并在全国高等教育领域占据重要地位。中华人民共和国成立以来,从早期的重点大学制度到后来的"211工程""985工程",一直到当下正在实施的"双一流"建设,基本思路一直是有选择地重点建设部分高校,以维系高校之间分层分类发展的动态平衡。与早期几乎完全的行政主导不同,当下的重点建设为充分调动地方政府和大学自身的积极性,更多引入了省际、城际、校际乃至市场竞争的因素。实践证明,以人才政策和加大投入为变量,地方政府的强势介入极大地改变了高等教育竞争的生态。由于经济社会发展水平的不平衡,伴随着东部地区高校人才政策和经费投入的不断加码,中西部地区以及东北地区高校面临人才流失的巨大压力。从短期来看,学术精英人才的快速流动和聚积可以造就一些高校的跨越式发展,某些高校甚至可以在短时间内创造出排行榜上的奇迹,但长远来看,受到学术精英总量不变的强约束,如果地区间、学校间的人才竞争不能走出"零和博弈"的误区,学术精英的加速流动可能只是给那些学术精英带来了物质上的好处。不正常的、反复的流动既不利于学术繁荣,也不利于大学的内涵式高质量发展。

郭书剑的著作《学术精英流动与中国大学发展》敏锐地关注到了这一重大现实问题,从理论上提炼出了适切的概念工具"制度化精英主义",并对学术精英流动与中国大学发展之间的关系进行了较为深入系统的实证研究。相关研究既从理论上阐明了中国大学学术精英身份的特殊性,又通过翔实的数据条分缕析地讨论了学术精英流动与学科发展、大学发展之间的复杂关系。研究发现,1999年至2019年,中国大学学术精英在不同地区、不同省市的不同层次大学间进行水平流动和垂直流动开始加速;学术精英在全国的分布格局随各地、各校人才竞争力的变化而不断变化。总体上,学术精英流动"散中有聚""聚中有散";以跨域流动为主,但同域流动现象亦值得关注;众多普通院校和地方城市以更加开放的姿态、更具活力的机制、更富成效的举措在学术精英竞争中"异军突起"。基于流动结果的不确定性,该书特别强调,学术精英的正常流动有利于学科发展和大学发展,但无论如何,学术精英流动不应成为大学间此消彼长的"零和博弈",更不应诱致大学间针锋相对的"人才战争"。

　　总体上,我对于该书的主旨持完全赞成的态度,其对于学术精英流动的理性思考有利于我们反思高等教育大发展、大改革中可能存在的不正当竞争以及人才的无序流动,其对于加快落实高等教育评价改革、推进高等教育内涵式高质量发展亦有积极的启示意义。当然,由于关于学术精英流动的相关研究还刚刚起步,该书也不可避免地存在不足,比如对于我国大学学术精英的操作性界定仍有可商榷的空间。在"去五唯"的大背景下,如何去除人才"头衔"或"帽子"所造成的"光环",识别出真正的学术精英并保障其合理流动,仍是我国高等教育改革和发展面临的严峻挑战。

　　期待书剑博士及其他对此议题有兴趣的青年学者,在此领域做出更多更好的研究。

　　是为序。

王建华

2022 年 12 月 25 日于茶苑

目　录

序　　　　　　　　　　　　　　　　　　　　　　　　　　001

绪　论　　　　　　　　　　　　　　　　　　　　　　　　001

第一章　中国大学学术精英的生成　　　　　　　　　　　010
第一节　精英制度化的内涵　　　　　　　　　　　　　010
第二节　精英制度化的溯源　　　　　　　　　　　　　014
第三节　中国大学学术精英的产生　　　　　　　　　　034

第二章　中国大学学术精英流动概况与特征　　　　　　053
第一节　大学顶尖学术精英流动概况　　　　　　　　　054
第二节　大学杰出学术精英流动概况　　　　　　　　　064
第三节　大学青年学术精英流动概况　　　　　　　　　074
第四节　大学学术精英流动的整体概况与主要特征　　　085

第三章　政策驱动与学术精英流动　　　　　　　　　　101
第一节　经济增长与人才竞争　　　　　　　　　　　　101
第二节　地方政府人才政策及主要举措　　　　　　　　117
第三节　人才政策与学术精英流动　　　　　　　　　　150

第四章　锦标赛制与学术精英流动　　　　　　　　160

第一节　学术锦标赛与大学排名　　　　　　　　160

第二节　大学人才竞争与学术精英流动　　　　　171

第三节　学术精英竞赛型流动及其影响　　　　　190

第五章　学术精英流动与大学发展　　　　　　　226

第一节　学术精英引进对大学的影响　　　　　　227

第二节　学术精英流出对大学的影响　　　　　　246

第三节　学术精英流动对大学的影响分析　　　　264

第六章　关于中国大学学术精英流动的反思　　　279

第一节　中国大学学术精英流动的阶段性　　　　280

第二节　中国大学学术精英流动的特殊性　　　　296

第三节　中国大学学术精英流动的国际性　　　　301

结　语　　　　　　　　　　　　　　　　　　　311

主要参考文献　　　　　　　　　　　　　　　　316

后　记　　　　　　　　　　　　　　　　　　　323

绪　论

自 20 世纪后期人类社会进入知识经济时代以来,无论是科技革命的迅猛推进,还是产业变革的不断深入,都离不开知识与技术结合而成的超强动力。知识经济的兴起使世界各国相信,未来经济的繁荣和发展主要依赖于知识和智力,而不是自然资源。① 换句话说,掌握高深知识、熟谙先进技术并具有无限创新潜能的人才,是知识经济乃至智能经济发展中最活跃的要素。当前,第四次工业革命已悄然兴起,世界各主要经济体对人工智能与大数据支持的"智能时代"尤为敏感,无不欲在新旧时代交替的"拐点"抢占先机、拔得头筹,以引领人类历史"新纪元"。为不断增强国际竞争力,世界各国无不将人才视作宝贵财富,竞相在全球招募知识型、技能型精英。精英人才俨然成为决定经济发展战略成败和国家兴衰的要素。其结果是全球性人才竞争愈演愈烈。

在中国,"科技强国"与"人才强国"的战略地位日益提升。自 2003 年全国人才工作会议明确提出实施人才强国战略以来,社会各界对人才的重要性达成高度共识。2015 年党的十八届五中全会进一步提出深入实施人才优先发展战略。2017 年党的十九大报告再次强调人才是实现民族振兴、赢得国际竞争主动的战略资源,明确要求加快建设人才强国,努力形成人人渴望成才、人人努力成才、人人皆可成才、人人尽展其才的良好局面,让各类人才的创造活力竞相迸发、聪明才智充分涌流。在"人才强国"战略指引下,各地方政府、各类市场主体以及各高校高度重视人才工作,"人才强省""人才强市""人才强企""人才强

---

① Jacob, M. , Meek, V. L. Scientific mobility and international research networks: trends and policy tools for promoting research excellence and capacity building[J]. Studies in Higher Education, 2013(3): 332.

校"等提法陆续涌现。2022年党的二十大报告指出,培养造就大批德才兼备的高素质人才,是国家和民族长远发展大计,要加快建设世界重要人才中心和创新高地,促进人才区域合理布局和协调发展,着力形成人才国际竞争的比较优势。这进一步指明了党和国家人才事业的发展方向,提出了今后人才工作的新思路、新战略、新举措。

在全球性人才竞争浪潮下,逐渐走出象牙塔且与时代相伴发展的现代大学难以置身事外。在我国世界一流大学建设进程中,对学术精英竞争与集聚的重视程度与日俱增。早在1999年中央政府启动实施"985工程"时就在《面向21世纪教育振兴行动计划》中指出,一流大学除学生毕业以后在国家的各个建设岗位上乃至在国际上体现出公认的信誉外,还要集中一大批知名的学者教授。时至今日,我国的世界一流大学和一流学科建设已进入新阶段。自2015年10月我国国务院发布《统筹推进世界一流大学和一流学科建设总体方案》以来,各高校争先恐后引进国内外各类学术精英,由此掀起的"人才大战"受到社会各界的高度关注和普遍热议。2017年全国"两会"期间,教育部就大学"人才大战"进行回应,称今后将建立制度来防止恶性竞争。教育部办公厅在2017年1月发布的《关于坚持正确导向促进高校高层次人才合理有序流动的通知》中明确要求,不鼓励东部高校从中西部、东北地区高校引进人才,高校之间不得片面依赖高薪酬高待遇竞价抢挖人才,不得简单以"学术头衔""人才头衔"确定薪酬待遇、配置学术资源。事实上,拥有各类"帽子"的学术精英往往成为大学竞相招揽的主要对象,大学间关于学术精英等稀有人才资源的竞争并未削弱,教育行政部门出台的相关政策面临一定的风险。

与西方相比,我国大学在人才引进、教师聘任等方面存在特殊性,由其引发的师资流动也存在诸多不同之处。在某种意义上,我国大学学术精英的流动呈现出无序或"非正常"状态。具体而言,在人才引进时大学经常直接将各类人才计划与"薪酬"挂钩;以彰显学识、技能、成就以及身份的各类人才计划,成了各大学"按图索骥"的标签、"明码标价"的名牌。在人才竞争的刺激下,大学学术精英的校际流动在本质上成为"资本"在学术市场中的流动。学术资本化的背后推手是学术管理的资本化。大学学术管理资本化的盛行导致各地各类大学在人才引进中面临更为激烈的竞争。究其原因在于各高校过分注重从别处"挖才""抢才",而不是"育才"。因此,"冷思考"显得尤为重要。对于各地各类大学人才竞争的"非理性",学界应以客观谨慎的态度看待,并透过现象看本质。鉴于此,本书以我国世界一流大学建设的二十年为研究时段,综合利用调查所获得的一手资料和数据,客观分析1999—2019年大学学术精英流动状况,在理论指导下理性分析大学学术精英流动问题,揭示大学学术精英流动深层本质与深远影响。

对于任何国家、任何社会而言,人才都是稀缺资源。自20世纪90年代初期起,尤其是在"双一流"建设启动以来,大学教师或高层次人才流动日益成为我国社会各界关注的热点。

早在20世纪80年代,学界已有研究关注大学教师流动话题,其背景是当时大学教师队伍存在一些较为普遍的问题:有些高等院校超编、教师结构不合理、教师队伍"近亲繁殖"、教师的新生后备力量不足等。[1] 为解决上述问题,实现人尽其才、才尽其用、各得其所的大学师资管理目标,就必须调动大学教师流动积极性,合理配置大学人力资源。从总体上看,20世纪80年代的学术研究基于对教师流动重要意义的认识,普遍主张通过变革大学师资管理体制机制鼓励大学教师合理流动。20世纪90年代,随着我国社会主义市场经济体制的初步形成,部分研究侧重强调市场力量在大学教师流动中的作用。当时国家教委人事司指出,高等学校应主动树立市场意识,引入竞争机制,建立适应市场经济体制的用人制度,贯彻择优原则,促进教师合理流动。[2] 鉴于发达市场经济国家大学教师管理机制的先进性,还有学者希望改变我国计划管理模式,形成教师市场配置的开放观念,完善教师聘任制度,形成开放式师资管理模式,以充分发挥教师合理流动对高校师资建设的积极作用。[3]

进入21世纪,学界依然延续上述相关研究,但也开始重视并探讨大学教师流动与稳定、大学教师良性与无序流动以及大学教师流动规范与机制建设等问题。这反映出大学教师个人行为和大学院系组织行为在学术劳动力市场中产生了难以避免的矛盾与冲突。

---

① 宋杰夫.高校教师合理流动初探[J].科学学与科学技术管理,1985(5):36.

② 朝滋.引导人才合理流动 优化高校教师队伍结构[J].中国高教研究,1993(5):86-88.

③ 安玉海.国外高校教师的合理流动机制及对我们的启示[J].比较教育研究,1996(5):12-15.

国外学界对大学教师流动的研究起步较早。1958 年,西奥多·卡普洛(Theodore Caplow)和里斯·J. 麦吉(Reece J. McGee)的《学术市场》(*The Academic Marketplace*)一书的正式出版被学界视为大学教师流动研究的起源。[①] 受该研究范式的影响,国外学界有关大学教师流动的研究大多将兴趣和注意力置于大学教师流动的影响因素上。此外,一些研究关注大学教师流动对其自身学术表现、对组织或地域的影响等,这类研究在近年来出现明显的增长。

总体上,国外学界普遍从不同角度着重考察不同因素对大学教师流动的影响,研究涵盖经济因素、组织因素、个人因素及其他综合因素。有关大学教师薪酬、待遇或其他福利的经济因素长期被视为影响大学教师产生离职意向或最终选择离开某个机构、地域的主要原因。也有学者对此提出不同看法,如瑞士学者斯特凡诺·巴鲁法尔迪(Stefano H. Baruffaldi)等人以意大利和葡萄牙境内外国研究人员为样本,分析他们选择离开自己国家的意愿。研究发现,对有关事业性和抱负性因素(如独立性、自主性、智力挑战和社会地位)的不满是他们离开本国的主要原因;相对而言,诸如工资、福利等经济因素对他们的影响较弱。据此,巴鲁法尔迪等人认为,非经济因素可能是驱动科学流动的重要力量。[②]

事实上,影响大学教师流动的因素是复杂的,因人而异。来自经济的、组织的、个人的、市场的、环境的综合因素使大学教师流动研究具有复杂性、模糊性。有研究表示,大学教师是由一个复杂的市场过程分配的,而不是由一些主要的决策者分配的。在择业过程中,用人机构和求职者都参与到互惠的行动中,这使大学教师的个人特征和他们所获得的工作之间的关系变得模糊不清。[③] 普渡大学的约翰·L. 科顿(John L. Cotton)等人就曾指出,简单地确定与教师流动相关的变量不再有价值,而真正需要研究的是确定这些变量是否与教师流动存在因果关系,以及这种因果关系是如何受其他变量制约的。[④]

① 刘进,沈红.大学教师流动影响因素研究的文献述评——语义、历史与当代考察[J].现代大学教育,2015(3):78.

② Baruffaldi, S. H. ,Landoni, P. Mobility intentions of foreign researchers: the role of non-economic motivations[J]. Industry & Innovation, 2016(1): 87 - 111.

③ Allison, P. D. , Long, J. S. Interuniversity mobility of academic scientists[J]. American Sociological Review, 1987(5): 643 - 652.

④ Cotton, J. L. , Tuttle, J. M. Employee turnover: a meta-analysis and review with implications for research[J]. Academy of Management Review, 1986(1): 55 - 70.

随着世界经济全球化的推进和知识型社会的发展,受过高等教育并具有卓越技能的高层次人才不断加快其国际流动的速度、扩展其国际流动范围。国际流动规模化了的高层次人才逐渐成为国外学界研究的热点对象,其流动意义与模式吸引了越来越多的注意力。但是,"越来越多关于学术流动模式的文献主要评估了大学和工业部门之间的学术流动及其影响,从一所高等教育机构流向另一所高等教育机构的学术流动(也被称为部门内流动)对科学生产力的影响,已被忽视"①。很少有研究关注大学教师高等教育系统内部流动及其影响这一主题。

自古以来,学术精英流动在科学知识生产中发挥着关键作用。具有高度流动性的科学家既被视为知识扩散、传播和共享的主要工具,也被看作构建国际学术合作网络(networks)的重要角色。尽管流动之于网络的作用早已经被人们所认识,但直到最近仍鲜有研究将流动与研究网络联系起来。② 一些学者尝试填补这一研究空白,开始分析学术精英流动对构建与维持知识网络(knowledge networks)、合作网络和国际网络(international networks)的积极影响。维也纳经济商业大学的研究者以 720 名高被引科学家为样本,探讨国际性精英科学家流动与知识流动的关系。研究发现这些顶级研究者在(其活动的)不同地域之间建立了多层次的区域间知识关联。大多数精英科学家以联合出版、联合申请专利以及联合参加研讨会和国际科学会议的形式,与来源国或原机构科学界保持较为紧密的知识联系。由精英科学家流动所引发的"追随者现象"也非常普遍,其为某地区吸引了更多的科学人才。此外,精英科学家也通过与他者的互动融入其所在区域。③ 意大利学者朱塞佩·斯凯拉托(Giuseppe Scellato)等人将不具有国际经历、具有一些国际经历和外国科学家的学术合作模式进行比较,结果表明,外国科学家和海归人员的国际研究网络比缺乏国际经历的本土研究人员更广阔。这说明国际性学术流动经历对科学家未来的学术发展具有较大的

① Horta, H., Yonezawa, A. Going places: exploring the impact of intra-sectoral mobility on research productivity and communication behaviors in Japanese academia[J]. Asia Pacific Education Review, 2013(4): 537-547.

② Scellato, G., Franzoni, C., Stephan, P. Migrant scientists and international networks[J]. Research Policy, 2015(1):109.

③ Trippl, M. Scientific mobility and knowledge transfer at the interregional and intraregional level[J]. Regional Studies, 2013(10): 1653-1667.

积极意义。该研究还强调学术研究网络的可移植性,认为科学家在各国间的流动并不是"零和博弈",而是对流出国和流入国而言都有益处。[①]

学术网络的建立和维持不仅关涉研究者个人的学术发展,还与个人所处的机构和地域有密切关系。此外,学术精英流动对其学术表现(如论文发表)的影响尤受学界关注,不少研究对二者间关系做出积极探讨。综合而言,相关文献根据研究结论大致可分为以下两类。

其一,学术流动对大学教师科研生产力具有积极影响。有学者分析了日本学术界内部流动对研究生产力和科研信息交流的影响,结果表明研究人员在职业生涯中的流动为其提供了与国内外其他学者交流沟通的机会,因此与那些从未流动过的同事相比,具有流动经历的研究人员科学生产力更高。在某种程度上,职业流动赋予研究人员更丰厚的人力资本和社会资本,从而使他们在学术活动中更具优势。[②] 法国学者利用世界各地数学学术出版物的详尽数据,研究了 1984—2006 年数学家的科学生产模式。调查发现,学术流动会增加数学家未来的论文发表数量和质量,因此鼓励流动似乎是提高科研产出的方法。[③] 此外,还有一些研究更加关注国际流动对个人学术表现的影响。如有研究综合分析在欧洲出生并在欧洲受过教育的具有国际流动经历的研究人员数据,认为国际流动对科学生产力具有积极影响,包括职业发展、获得研究设施和未来就业机会等。

其二,学术流动对大学教师科研生产力没有影响(或影响不显著)。有研究认为,学术流动对学术表现的影响被夸大了。1986 年的一项关于学术流动和科学生产力之间关系的开创性研究,分析了 115 个化学和物理领域的团队论文发表和流动之间的关系。作者发现,只有"稳定"的团队成员才能在很大程度上促进学术生产力,也就是说学术流动往往不会对团队生产力产生积极影响。[④] 同

① Scellato, G., Franzoni, C., Stephan, P. Migrant scientists and international networks[J]. Research Policy, 2015 (1): 108 – 120.

② Horta, H., Yonezawa, A. Going places: exploring the impact of intra-sectoral mobility on research productivity and communication behaviors in Japanese academia[J]. Asia Pacific Education Review, 2013(4): 537 – 547.

③ Dubois, P., Rochet, J. C., Schlenker, J. M. Productivity and mobility in academic research: evidence from mathematicians[J]. Scientometrics, 2014(3): 1669 – 1701.

④ Van Heeringen, A., Dijkwel, P. A. Mobility and productivity of academic research scientists[J]. Czechoslovak Journal of Physics B, 1986(1): 58 – 61.

一作者在后续研究中分析了 980 名荷兰化学、物理和经济学学者,目的在于调查流动与生产力之间的因果关系。结论表明,虽然高生产率的科学家职业流动频繁,但不同研究领域的职业流动并不能被视为刺激学术生产力的手段或工具。①

国外学界有关大学教师流动影响的研究具有多样性,其结论具有较大的不一致性。如塔塔里(Valentina Tartari)等人所言,现有对流动对个人绩效的影响的研究在观点上是混乱不清的:首先,个人生产力对个人在组织间流动的可能性是否有正面或负面影响尚不清楚;其次,个人组织间流动是否增加或减少个人生产力亦不明晰。简而言之,目前尚缺乏系统的证据以说明学术流动性对个人科学生产力的影响。②

改革开放以来,受单位体制约束的我国大学教师的流动规模小、频率低,这也导致对其流动的研究不足。国外学术职业的研究已历经七十多年,我国的相关研究却集中在近十年。据文献综述来看,国内外关于大学教师流动的研究都有一定的基础,但国内外研究进度与研究视角有所差异。

总体上看,对大学教师流动动因分析既是国内的研究热点,也是国外研究人员的兴趣所在。现有研究集中对引起大学教师流动的多元而复杂的因素进行分析,但大多“求全”“求整”,以致出现相互矛盾的结论。可以说,有关大学教师流动动因的研究因人而异。国内学界近期更加热衷于评论大学人才竞争和高层次人才流动现象,鲜有对人才竞争与流动影响的客观分析。仅有的一些研究多以我国社会经济发展不平衡引致的高等教育发展不平衡的客观格局为依据,以“强者抢夺弱者”之不正当性为价值判断与基本立场,以“无序”“恶性”“不合理”或“有序”“良性”“合理”为标签,评判“双一流”建设背景下大学学术精英的流动行为;以“规范”“矫治”为手段,应对、解决大学学术精英流动问题。这种对大学人才竞争与流动所持的批判、否定的学术态度,在很大程度上导致学界易忽视其潜在的正面效用。考察与评价大学人才竞争与流动的研究思路不应仅局限于揭示消极影响,还应正确看待其积极意义。

① Van Heeringen, A., Dijkwel, P. A. The relationship between age, mobility and scientific productivity[J]. Scientometrics, 1987(5-6):267-280.
② Tartari, V., Lorenzo, F. D., Campbell, B. A. "Another roof, another proof": the impact of mobility on individual productivity in science[J]. Journal of Technology Transfer, 2020(1):276-303.

在任何时代和社会中,精英都是从大众中精选出来的"少数人",与"多数人"相比往往具有较高的社会地位、知名度以及较强的社会影响力。各行各业都会产出精英,因此便有政治精英、经济精英、科技精英和学术精英的区分。当前,对于一所大学而言拥有一定数量的学术精英是维持并提高办学水平与科研竞争力的必要条件,学术精英的重要价值也日益受到大学创办者、管理者和营运者的高度重视。在大学高水平师资队伍建设中,"顶尖人才""杰出人才""领军人才""拔尖人才""学术带头人""创新团队带头人""学科骨干""战略科学家"等皆被视作学术精英而被大学竞相招揽。那么,作为一个概念,何谓"学术精英"? 阎光才认为,"学术精英即指那些在学术领域取得卓越成就,并处于学术系统(金字塔式结构)顶层的少数学者。他们不仅代表一个国家在不同领域的学术水准,而且在一国学术发展中扮演着关键性的角色"①。

与学术精英相比,"高层次人才"在我国"双一流"建设中是更为流行的一个词语。但由于"高层次人才"的内涵较为模糊、区分度不够,本研究以"学术精英"而非"高层次人才"为核心概念。一般而言,学术能力高超、学术水平出众、学术地位高、学术声誉优且学术影响深广的大学教师皆可谓"学术精英"。从容易辨识的角度看,在我国大学学术精英群体中存在一类特殊的"制度化精英"或"体制性精英",他们在生成渠道与方式、资源配置与获得、评价标准与机制、职业晋升与发展等方面,与一般的学术精英存在诸多不同。为明确研究对象,并确保核心概念的可操作性,本研究中的学术精英具体可以分为三类:其一为在大学拥有全职岗位的中国科学院院士、中国中国工程院院士;其二为入选国家级人才计划且在大学拥有全职岗位的大学教师,包括教育部国家重大人才计划特聘教授(简称"特聘教授")、国家重大人才计划 A 类青年人才(简称"A 类青年")、国家重大人才计划 B 类青年拔尖人才(简称"B 类青拔")、教育部国家重大人才计划青年学者(简称"青年学者");其三为在大学拥有全职岗位的国家杰出青年科学基金项目获得者(简称"杰青")和国家优秀青年科学基金项目获得者(简称"优青")。

学术精英是大学教师群体中的一分子,因此大学学术精英流动本质上仍属

---

① 阎光才.学术系统的分化结构与学术精英的生成机制[J].高等教育研究,2010(3):1-11.

于大学教师流动范畴。大学教师流动具有两种属性:基于自然属性的大学教师流动是指大学教师的生活区域、职业或岗位等发生变化,这些变化并未引起大学教师社会地位和社会角色的转变。基于社会属性的大学教师流动是指大学教师在社会结构网络关系中从一个位置到另一个位置的社会地位转变和社会角色转换。① 在我国,大学教师流动主要存在三种情况:一是参与访问学者计划和攻读学位,二是参加学术会议等短期交流活动或兼职活动,三是岗位和职业的调动与重新选择。本研究中的"大学教师流动"主要指的是第三种类型。据此,大学学术精英流动即学术精英在高等教育系统内部、大学与大学之间岗位和职业的调动与重新选择,这是大学学术精英在学术劳动力市场中产生"移位"的社会现象。

本研究根据提出问题、分析问题、解决问题的思路进行。第一,基于"制度化精英主义"及其相关理论,对我国大学学术精英的生成逻辑进行分析,以把握体制性学术精英的基本内涵与特征;第二,从学术精英的流动规模、流动方向、流动方式等方面,对我国 1999—2019 年大学学术流动的基本概况进行把握和分析;第三,深入探究影响我国大学学术精英流动的"大环境",着重关注与分析中央与各级政府人才政策对我国大学学术精英流动的影响;第四,结合学术锦标赛理论与大学排名现状,分析锦标赛制下我国大学学术精英竞争状况,探讨大学人才引进策略对学术精英流动的影响,进而分析由锦标赛制所驱动的学术精英流动影响。第五,通过数据收集与分析,综合量化研究方法,考察大学学术精英流动对流出院校、流入院校的综合影响,研判学术精英流动与大学发展的关系;最后,在上述研究的基础上,深入反思我国大学学术精英流动所产生的问题,提出阶段性、特殊性与国际性的分析框架。

---

① 王慧英.我国高校教师流动政策研究[D].长春:东北师范大学,2012:22.

第一章
中国大学学术精英的生成

在中国,为什么不同时期会出现人才称号被推举为"头衔""帽子"的现象?为什么国家级人才计划入选者会受到地方政府和大学的竞相追求?为什么人才计划会与各种高薪优酬、福利待遇直接挂钩?为回答这些问题,有必要对中国大学学术精英的特征进行分析。中国大学学术精英是政府与大学建基于"制度化精英主义"的产物,只有认识到这一点,我们才能更加全面、更加深入地理解中国大学学术精英的流动。基于此,本章着重考察权威意志、组织制度、个体竞争在中国大学学术精英生成中的作用及其机制。

第一节 精英制度化的内涵

精英是少数人而不是多数人,其中有一种精英是天生的,即基于血统而获得尊崇身份的人,如皇族与诸侯、伯爵等贵族;还有一种精英是经后天激烈竞争、于大众中脱颖而出的,如民众选举出的政治精英、同行评议而出的学术精英、市场汰劣择优而成的经济精英、不懈拼搏而来的体育精英、艰苦奋斗起家的创业精英等等;除上述的两种精英外,还有一种精英是由权威意志、组织制度及个体竞争共同造就的。在古代社会,第一种精英在封建制度的保护下长期垄断社会流动渠道,精英身份及其特权十分稳固;在现代社会,第一种精英在精英群体中所占比例已经很小,由于社会阶层的流动性已显著增强,其主体地位已被第二种和第三种精英所取代。不论在哪个时代,精英都普遍存在于人类活动的各个领域。在我国,一种独具特色的精英,即一种被制度化了的精英在社会的演进和发展中起到了重要作用。鉴于社会制度和社会组织之于精英形成的重要意义,我们可将这种精英称为"制度化精英",并由此考察"制度化精英主义"的特点。

目前,学界对"制度化精英主义"的研究尚处于起步阶段,对其基本概念与内涵的思考还不够深入。据现有研究,不同学者对"制度化精英主义"具有不同的认识。赵炬明认为,"制度化精英主义"是指"从所有组织成员中挑选出一小批人,给予他们特别的教育和培养,把他们安排到最重要的岗位上,创造各种有利条件使他们做出杰出成就,对他们的成就给予特别表彰,希望他们能够领导组织不断前进"①。正式组织通过某种机制选拔、培养、提拔、扶持和表彰某些领域的"突出"人物,进而使之成为该领域中的"典型""标杆""精英"。此外,还有研究指出,"制度化精英主义"是传统社会个人和组织获得优势身份的一种特征,它指的是个体或组织的"精英身份"是外在制度赋予的,而不是依靠自己的实力在平等竞争的制度环境中获得的。② 结合现有研究,本书认为,"制度化精英主义"是指政府、大学或其他专门组织按一定标准和程序选拔出优秀的个人或组织,通过资源投入、制度供给等方式促进其优先发展、快速发展和高质量发展的思想观念和行为模式。在此基础上,"制度化精英"指的则是政府、大学或其他专门组织按一定标准和程序选拔出来,并通过资源投入、制度供给等方式促进其优先发展、快速发展和高质量发展的优秀的个人或组织。

"制度化精英主义"概念自提出后,已被学界用于分析中国高等教育系统内部的高校分层化、大学教师分层化等现象。对高等院校而言,"制度化精英主义"促进各类院校的体制化分类与排序,高等教育重点建设制度即为例证。当前我国高校存在"部属"与"非部属"、"重点"与"非重点"、"双一流"与"一流"、"一流"与"非一流"等显著区分,而那些"部属""重点""双一流""一流"等高校正是由政府主持认定、遴选并给予大力支持的"精英大学"。有学者指出,"我国重点大学政策的本质是一种制度化的精英主义政策,是以政府主导的,以提高

---

① 赵炬明.精英主义与单位制度对中国大学组织与管理的案例研究[J].北京大学教育评论,2006(1):174 – 175.

② 朴雪涛.制度创新视野中的中国研究型大学建设[J].煤炭高等教育,2005(3):16.

重点大学教育质量和办学效益为政策目标,通过重点资助重点投入的形式,调整高等教育资源与利益分配格局,实现预定的国家与政府需要的政策"①。制度化精英大学的存在会导致机会与资源的制度性不平等分配,其在招生、教育目标、专业课程、师资水平、教学条件、学生就业与成功机会等方面享有特殊垄断性权力。② 这就导致我国大学系统的不平等性较为突出,不仅是民办大学和公立大学法定地位的不平等,还包括公立大学体系内部实际地位的不平等。受计划体制和计划思维的影响,不同大学的行政级别、隶属关系、学术声誉和发展方向等都被严格地划分和规定。③ "制度化精英主义"使我国高等教育在管理体制、治理方式、运行模式以及生态系统等方面显著区别于其他国家和地区。

"制度化精英主义"或许符合经济学的一般原理和经济行为的一般规律。"在理想状态下,社会呼唤精英主要寄希望于把人才稀缺资源和物质资源进行更加合理的匹配,以便使社会运行更加富有效率,更好地实现人尽其才、物尽其用,更好地增加人类的福利总量。"④对大学教师而言,"制度化学术精英"是在政府与大学的合力下诞生的。"制度化精英主义"促使各学科、专业教师面临制度性分等和差异化支持。由此,一所大学内出现"国家级人才"与"非国家级人才"、"高层次人才"与"非高层次人才"等的区分。但各种"荣誉称号"在某种程度上硬性规定了学术人员的等级身份,原本平面化的知识共同体被人为地构建成一个等级化的金字塔。⑤ 与其他学术精英相比,"制度化学术精英"经由政府等权威机构评定而拥有"制度的保护"⑥,在课题项目申报、科研资源供给、薪酬福利配置、奖项奖励评定等方面具有较大优势。从历史上看,"制度化精英主义"可追溯至 18 世纪末 19 世纪初的德国大学。当时的政府官僚试图掌管并操纵大学学术活动,进而形成了序列排名与量化评分的精致体系。评分制将大学内部社会身份和资历的传统性权威转换为现代、理性的权威。⑦ 政府通过理性

① 胡炳仙.中国重点大学政策的历史逻辑与制度分析[M].青岛:中国海洋大学出版社,2010:172－173.

② 胡炳仙.中国重点大学政策的历史逻辑与制度分析[M].青岛:中国海洋大学出版社,2010:6.

③ 朴雪涛.制度创新视野中的中国研究型大学建设[J].煤炭高等教育,2005(3):16.

④ 贺晓星.教育与社会:学科·记忆·梦想(2007—2012)[M].南京:南京师范大学出版社,2016:276.

⑤ 朴雪涛.制度创新视野中的中国研究型大学建设[J].煤炭高等教育,2005(3):16.

⑥ 吴鹏.学术职业与教师聘任[M].青岛:中国海洋大学出版社,2006:126.

⑦ [美]威廉·克拉克.象牙塔的变迁:学术卡里斯玛与研究性大学的起源[M].徐震宇,译.北京:商务印书馆,2013:157.

化的考试、绩效评估等手段对学者知识和技能加以确认,并赋予其新的"卡里斯玛"(Charisma),打造出了若干拥有巨大声誉的学术精英。当前,我国各级政府、各类大学自觉或不自觉地成为精英制度化的有力推手,各种人才计划塑造出一大批制度化的学术精英。政府主导的择优激励机制不仅赋予制度化精英良好的社会声誉,还强化其精英分子的身份认同。作为"表现知名度的象征性资本"①的精英称号,在现代传媒理念和手段的支持下快速传播、广为宣传,制度化精英在各种信息交互方式影响下越来越注重加强自我声誉与个人形象的管理和营运。

制度化精英也是精英,只不过与非制度化精英相比,其在选拔机制、评价标准、发展模式等方面存在不少相异之处。对多数学术精英而言,经学术共同体依据同行评议规则,对所取得的学术成果进行评价以争取同行承认,进而获得岗位职称、累积学术声誉,是常规的学术发展路径;对少数制度化的学术精英而言,常规发展路径之上还接连了由政府或专门组织所设立的用以擢拔学术层次、拓延学术生涯的专项计划(项目)。我们强调大学制度化精英的特殊性,意在突出精英选拔、评价过程中的组织性和体制性,以及逐渐强烈的官方性。犹如"科技奖励机制的竞赛特点是将科学家智力分布的细微差异放大为荣誉与经济回报的大差距"②,"制度化精英主义"的特征是将完整的学术共同体相对地分割为体制内与体制外、组织内与组织外的精英,分别将二者投入一级学术劳动力市场和二级学术劳动力市场,并通过学术荣誉与资源的等级性配置拉大二者之间的学术差距。正如潘光旦在论述选举制度对人才和社会发展的影响时所说的那样,"一种制度盛行的结果,可以把甲派的人维持扶植,而把乙派的人自觉地或不自觉地逐步淘汰③。"制度化精英主义"盛行的结果是通过诸多资格限制和硬性条件把少数人迅速推向"塔尖",而把多数人固定在"塔基"或"塔身"。久而久之,制度化造成的身份隔离必然加速精英的分级化和学界的圈层化。

① [法]P.波丢.人:学术者[M].王作虹,译.贵阳:贵州人民出版社,2006:84.

② [美]保拉·斯蒂芬.经济如何塑造科学[M].刘细文,译.北京:北京大学出版社,2016:30.

③ 潘光旦.潘光旦选集·第2集[M].北京:光明出版社,1999:69.

第二节 精英制度化的溯源

在我国,"制度化精英主义"不是今日特有的,更不是凭空产生的,其形成有着较为悠长的历史过程。"制度化精英主义"是传统文化与时代精神相互渗透的结晶,是历史演绎与现实创新有机结合的产物,有着自身独特的生发机制和运行逻辑。长久以来,"制度化精英主义"孕育并成长于我国传统政治制度、规则典章、礼法习俗等共同造就的社会文化生态之中。我们不妨以历史视野回溯中国古代和近现代精英的选拔、任用与发展,以拓展研究脉络,丰富和加深对"制度化精英主义"的理解。

谈到中国古代的制度化精英,我们不得不关注政治精英这一典型代表。在封建时代,君主中央集权制度体系下拥有庞大的行政官僚系统。随着封建官僚制度的逐渐成熟,央地官职的不断增加、大小官员的更新换代都将政治精英的选拔与委任置于一个非常重要的环节。无论是在封建贵族集团内,还是在广大普通民众间,入仕做官皆成为他们实现荣华富贵之夙愿的最佳途径。人人想做官的"做官文化"驱动一个"官本位"社会的诞生,政治至上也就意味着"各种资源和价值的主要来源与集中体现是政治的权力,各种人才,各种凌云壮志、腾达之愿都只能首先并主要从政治上求出头;一切其他途径都只是政治势力的旁支而已"①。如此,天下英才竞相踏上仕途,尽汇于官僚系统之中而与一代代王朝共荣共衰。中国古代政治精英选拔制度大致历经世袭制、察举制、九品中正制、科举制等演变阶段,选才标准也实现了从血缘、身份到德行、才能的转变。自近代以来,中国传统精英选拔机制面临巨变,政治精英所依赖的科举制度亦遭遇巨大挑战,"制度化精英主义"在激荡的社会变革中产生形变并逐渐转型,对后世产生了深远的影响。

根据"制度化精英主义"的基本内涵以及不同时期精英选拔的主要特征,我们可以将精英制度化的历程划分为五个时期:一是精英前制度化时期,二是精英制度化的萌发与成长期,三是精英制度化的成熟与定型期,四是精英制度化

---

① 何怀宏.选举社会及其终结:秦汉至晚清历史的一种社会学阐释[M].北京:生活·读书·新知三联书店,1998:92.

的形变与转型期,五是精英制度化的新发展期。接下来,我们试结合相关研究对这几个时期进行具体分析。

一、 精英前制度化时期

约公元前 11 世纪,武王伐纣,商朝灭而周朝始,由宗法分封制开启的贵族精英政治体制随之形成。天子与王族、功臣间就土地及其人口达成分封协议,"诸侯列国"遂在"普天王土"之上纷纷建立,王权与族权在世袭制维系下塑造出稳固的"金字塔式"社会等级结构。嫡长子继承制使王族和贵族身份与权力在血脉传承中被世代沿袭,局限于从卿、大夫(或以上)阶层选拔官吏的世卿世禄成为世袭制在人才选拔制度上的最显著特征。

世袭社会在贵族精英与广大庶人间构筑起一道牢固的等级屏障,社会上下层之间难有垂直流动的机会。权位世袭与其说是制度设计的产物,不如说是自然演化的结果。正如何怀宏所说的那样,"卿大夫世袭并不是先有了明确的法律规定再照此实行的,而毋宁说是渐渐形成的一种惯例,形成了一种虽无明文规定却依然强有力的不成文法"①。在不成文的惯例下,具有排他性的少数人"确定自己的地位,严格地选择自己阶层的成员,提出很高的要求,施行严格的控制。他们自认是社会的精英,力图在获取权力后保持精英地位,并为此目的培养年青一代的继承人,这些继承人将使他们的权威长久地保持"②。

虽然周代前后都不乏"庶民"通过简选、推荐与自荐、乡举里选、军功事功等方式成为一国辅政之精英的事例,但其数量和权势实难与贵族集团相比,更难撼动"王官世守""官爵世及"原则在世袭社会的主导地位。世袭社会中的政治精英多是"天生"的,如拥有的高贵身份、所处的上层地位和占有的丰厚财富等都是与生俱来,如此何谈通过后天的竞争、选拔与奖励等方式促成的制度化精英? 又何谈"制度化精英主义"? 因此,这一时期的诸侯、卿大夫、士等政治精英尚不能被包含在我们所说的制度化精英范畴之内,在一定意义上或可称其为"先赋性精英"。周天子依靠分封与世袭维护其至高无上之核心地位,众诸侯亦在分封与世袭下保持对权势与财富的长期占有,但正因分封与世袭使血缘关系

---

① 何怀宏.世袭社会及其解体——中国历史上的春秋时代[M].北京:生活·读书·新知三联书店,1998:106.
② [德]卡尔·雅斯贝斯.时代的精神状况[M].王德峰,译.上海:上海译文出版社,2005:156.

在各方面皆起支配作用,以致贵者恒贵、贱者恒贱,最终成为周朝政治制度中的最大弊病。[①] 结果,社会固化且发展停滞,王室衰微而诸侯割据之势难以逆转,本依宗法关系而存在的"先赋性精英"集团在图新变法、加强中央集权的过程中终废除贵族世袭与分封制度。

概括而言,在早期的封建世袭社会,以政治精英为主体的精英选拔与任用制度尚未定型。到了春秋战国时期,"随着社会的进步与国家组织的逐渐成熟,以功劳大小为标准的事功、军功选官、任官制度开始发展起来,并在国家的整个选官制度中占据较为重要的位置"[②]。"制度化精英主义"先于春秋五霸、战国七雄相继称霸问鼎之际初生萌芽,又于秦始皇统一中国、确立君主集权制度、建立庞大官僚机构后获得初步发展,由此贵族官僚子弟凭借血缘而世代承袭的政治与经济权力开始制度化地移转到社会中下层。

二、 精英制度化的萌发与成长

"制度化精英主义"在秦王朝大刀阔斧的中央专制化改革中得到滋养,其中军功爵制将授爵范围扩大至平民阶层,在很大程度上突破了世卿世禄传统,在军政精英选拔和激励方面曾发挥了重要作用。[③] 秦王朝灭亡后,汉王朝继承并进一步加强中央集权,政治精英选拔制度随之不断演进。

作为两汉和魏晋南北朝时期中央政府主要的人才选拔机制,察举制最终瓦解了西周至春秋时期以宗法制为基础的世袭社会,依靠贵族血脉或祖上权势的世卿世禄制随西汉王朝的巩固与发展走向崩溃。察举可分为岁举与特举两大类,前者包括孝廉、茂才等,后者则包括贤良方正、明经、明法等。其中,孝廉即孝子、廉吏,由地方的郡或州每年定期向中央推举,被视为入仕为官的正途。贤良方正由统治者诏举,广求吏民政治意见以应对当时重大的政治和民生问题以及直言评议统治者执政言行,正如公元前 178 年初创察举的汉文帝所诏曰:"举贤良方正能直言极谏者,以匡朕之不逮。"[④]公元前 134 年,作为两汉察举最核心的常规科目——孝廉一科正式由汉武帝创立并开始在全国施行,也正是以岁举

① 左言东.中国政治制度史[M].杭州:浙江古籍出版社,1986:73.
② 陈长琦.中国政治制度史[M].北京:高等教育出版社,2001:165.
③ 陈天池,张世信.中国行政法辞典[M].上海:上海人民出版社,1991:212.
④ 阎步克.察举制度变迁史稿[M].沈阳:辽宁大学出版社,1991:10.

孝廉的产生为标志,察举制在两汉仕进制度中的主体地位得以最终确立。

　　作为国家主要的选才方式,察举制具有以下程序:首先由皇帝下诏,指定举荐科目;其次是丞相、列侯、公卿及地方按科目要求荐举人才;再次是被举者经皇帝亲自策问;最后根据对策情况将被举者划分为高低等第,分级授予官职。[①]据此,推举人才和策问人才是察举过程中最为重要的两个环节,前者是地方依据既定科目及其标准在全国范围内、在不同阶层中发现和搜罗人才,可谓"识才"和"访才";后者是皇帝对地方所举之人的最终考察和检验,可谓"试才"和"用才"。这样一来,在地方与中央的相互配合下,经层层选拔和多环节把关,具有一定规模的各类精英先后被封建官僚系统所吸纳,充实并活跃了各级行政官僚队伍。

　　世袭制重血缘身份,察举制重德行才能。由于秦汉行政官僚体制的不断完善和成熟,选才原则和标准的变迁扩大了选才范围和规模,原来僵化的社会等级结构逐渐松动,封闭的上层社会开始向下开放,底层民众有机会在察举制下进入上层权力集团。这为"制度化精英主义"的形成提供了必要条件。

　　首先,制度化精英是按照一定标准从多数人中选拔出来的少数人。世袭制下的"先赋性精英"是无须选拔的,嫡长子继承原则基本消除了竞争与筛选的必要,而察举制则与之不同。察举制"设科取人",岁科与特科具有不同的标准和要求,因此只有符合各科条件的人才有资格被举荐。自汉"独尊儒术"以来,人才之德行深受官方和民间所看重,故孝廉科长期遵循"以德为先""以德取人"的选才、用人原则。君王尤为重视这一科。孝廉科对地方荐举人数有明确规定,孝廉设科之初郡国岁举孝、廉各一人,后来则按地域、人口比率分配贡举名额;孝廉科还对地方负责举荐的官员亦有严格的奖惩规则,对有才即举者、隐而不举者、举而不实者赏罚分明。在较为完备的制度下,推廉举孝的质量经竞争和筛选基本能够得到保证。又如茂才科"在西汉时虽属吏民并举,但必须是能竞非常之功的奇才异能之士,若无相当才识与经验者实难应选,故所举茂才多为已仕而有特殊之功业者,或已举孝廉之人"[②]。由此可知,奇才异能之茂才势必为千挑万选而来的出类拔萃之辈,其标准之高、竞争之激烈可想而知。以德

①　黄留珠.秦汉仕进制度[M].西安:西北大学出版社,1985:84.
②　刘虹.中国选士制度史[M].长沙:湖南教育出版社,1992:37.

才为人才选拔依据,通过自下而上的方式举荐人才,为中下层人士提供了跻身上层的机会和渠道,但这种机会是大是小,渠道是宽是窄,不同学者持不同见解。阎步克认为,依照德行、经术、文法和政略标准录用文官的察举制在正常情况下能够造成社会上下层较为活跃的对流和官僚家族较大的"更新率",24.4％的平民、贫民经孝廉经常地加入政府且有迁至高位的机会。① 而黄留珠则认为,两汉75％以上的孝廉来自官贵、富豪子弟,广大民众被察举孝廉的几率很小,举孝推廉制度实际上是一种变相的官贵子弟世袭制。② 综合来看,两位学者对孝廉科所取之人的身份比例有基本共识,区别在于对平民、贫民和官贵、富豪子弟所占比例的解读不同。事实上,察举制较世袭制已具较强的先进性和开放性,这种进步性在古代社会难能可贵,不应受到忽视。总之,既有上升之机会,又有入仕之标准,还有拔擢之程式,民间英才从此有了经制度形式得以选拔的途径。

其次,制度化精英要经官方考核与评定,以确定其资质高低。什么样的精英才是真正的精英? 只有获得合法性的精英才是真正的精英。换言之,真正的精英需要得到公众或权威机构的承认和认可,精英认证与核准是其合法性确立不可或缺的重要步骤。至于精英由谁来评定和认证或由谁赋予其合法性,则依不同的政治体制、文化传统、规章制度等因素而有所差异。在察举制下,人才德行品质往往经由乡间评议,然后用作地方政府官员择人举荐之依据。由此,乡间之品鉴优劣直接关乎一人能否得到推举机会而成为仕途精英。东汉以降,人士品评蔚然成风,这种民间舆论之于人才的意义与价值较以往更为重大。当时如郭泰、许劭等一批专事、主持清议的鸿儒名士把持舆论、品评人物,对官府察举、辟召具有决定性影响。③ 这种决定性影响已说明少数名士不仅操纵了社会舆论,还操纵了朝廷人才之选举,故当时意欲进仕之人无不重名士、无不重乡评。虽然人才品鉴权为乡间名士所垄断,但中央皇权在整个察举过程中并不曾缺位。两汉仕进制度的一个特点是"先选后考",察举之"选"与对策之"考"一前一后,相辅相助。"受策察问,咸以书对"出自汉武帝之规定,因此地方郡国察孝廉、举明经都要经过考试,贤良方正科要经由君主亲自加以策试以考出高下、

① 阎步克.察举制度变迁史稿[M].沈阳:辽宁大学出版社,1991:26.

② 黄留珠.秦汉仕进制度[M].西安:西北大学出版社,1985:142-143.

③ 黄留珠.中国古代选官制度述略[M].西安:陕西人民出版社,1989:135.

量才配职、分而用之。尽管如此,"两汉取士,察举乃关键的一步,而对策之类的考试,不过量才录用而已。因此,过去颇有不少人认为它并非真正的考试"①。察举制下精英合法性主要来源于地方和民间,而不是中央和官方,这种制度安排在中央皇权专制的社会必定是难以长久的,地方名士与中央君主之间的矛盾至东汉后期随着门阀士族垄断仕途、弄虚作假、结党营私等问题的出现而进一步激化。

从精英合法性来源之权威性看,主要由地方乡间和民间名士而不是中央政府或皇帝评议人才的察举制度选拔出来的精英制度化程度较低,故两汉时期"制度化精英主义"尚处于发展的初级阶段。至魏晋时期,人才品鉴权逐渐从民间名士转移到政府官员手中,中央集权进一步强化。为打压门阀士族结党干政之形势、抑制浮华虚妄之风气,公元220年魏文帝时,吏部尚书陈群创立了一套新的人才选拔制度——九品中正制(又称九品官人法)。由此,九品中正制取代察举制,成为统治者选拔人才的主要方式。九品中正制的运行方式是:地方各郡推举贤德的中央官员兼任本郡中正官,负责按照"家世""状""品"这三项标准将本郡人士评为九等(九品,即上上、上中、上下、中上、中中、中下、下上、下中、下下品),作为朝廷官吏任用、定职授权的依据和参考。在这套制度体系中,中正官员居于核心枢纽地位,其对人才的品鉴高低优劣直接关系着人才的发展,这与两汉由民间人士品评人物的做法有实质区别。可以说,九品中正制将察举制下处于地方和民间的精英评定权收归中央政府。此外,中正所评品第不仅仅是一种"虚名",其还与政府官吏品秩密切相关,官位的高低必须与品第相当,降品等于免官。② 与后汉不同,"家世""状""品"及之后的"官职""位阶""品秩"相互通联,"九品中正制度为所有的候选者系统地评定品级,创建了一套官方指定的等级制度,而在此前的社会里,关于财富和品德不过有一些非正式的和灵活多变的标准"③。从这几点来看,九品中正制下出身、地位和任官三位一体,各类精英的合法性来源更具权威性,其选拔、任用乃至今后的仕途生涯更加依赖现行整套官吏制度的支持和保障。因此精英的制度化特征更加鲜明,

① 黄留珠.秦汉仕进制度[M].西安:西北大学出版社,1985:236.
② 林岷.中国文化史概述[M].北京:中国科学技术出版社,2005:96.
③ [美]伊沛霞.早期中华帝国的贵族家庭:博陵崔氏个案研究[M].范兆飞,译.上海:上海古籍出版社,2015:23.

"制度化精英主义"得到进一步发展。

"一种制度总是在投注于具体实施之中,在与具体的政治文化背景结合之后,它的全部意义、作用与倾向性才能真正得以形成与显现。"①初衷旨在"唯才是举"、打破权势垄断的九品中正制,在实施过程中逐渐成为高门大姓"唯亲是举"与"唯利是图"的工具,其捷径就在于长期把持中正官职,从而攫取或干预中正推举品鉴之权。长此以往,"士庶之别已成为行之不疑的原则,九品中正制逐渐失去固有的价值,成为无足轻重的例行公事"②。面对社会阶层严重分化的局面,精英选拔制度的历史似乎重新回到了察举制的末期。但从古至今阶层分合变动不居,社会分化与整合自有其特殊的规律,因此社会阶层差距扩大的历史再现并不能否认当时精英选拔制度的进步性。中国古代精英选拔理念与制度在朝代更迭中不断变革和进化着,但它始终落后于社会政治、经济与文化的发展。

三、 精英制度化的成熟与定型

公元 589 年,隋朝一统全国,自西晋末年以来近三百年的分裂局面得以结束。经隋文帝废除九品中正制、加强中央人事权等系列改革后,士族门阀势力在隋炀帝创立进士科后逐渐消减。作为一种人才选拔科目,进士科的创设成为以考试选拔人才并授予官职的科举制起始的标志。③

长期以来,在有关科举制度的学术研究中,社会流动较为紧密地与科举联系起来。不同学者对于"科举是否有利于促进社会流动"持不同看法,尽管有些研究数据全面、资料翔实,但仍难以说服其他异议者。虽如此,我们不能否定科举制所具有的进步性。与九品中正制相比,科举制以公开考试取代了评人定品,在很大程度上摒弃了"以名取人""以族取人"的做法,这不仅有利于人才选拔权的高度集中,还起到笼络社会人心、维护政权稳定和扩大统治基础的积极作用。虽然隋朝时科举尚处于初创阶段,但其在发展的过程中逐渐把读书、应考和做官紧密联系起来,为封建知识分子进入官场、取得高官厚禄和权威势力

---

① 阎步克.察举制度变迁史稿[M].沈阳:辽宁大学出版社,1991:160.
② 王炳照,徐勇.中国科举制度研究[M].石家庄:河北人民出版社,2002:31.
③ 刘海峰,李兵.中国科举史[M].上海:东方出版中心,2004:61.

架起了阶梯、铺设了道路,因而受到社会中下层民众的热烈拥护。[①] 也正因此,科举选士的面向与范围才更加宽广,无数民间人士才会受此激励而勤奋向学、用功苦读、积极应试;也正因如此,唐太宗李世民才会说出"天下英雄入吾彀中矣"的豪言。

始于隋朝大业三年(607),终于清朝光绪三十一年(1905),科举制存在了近1 300 年。这为科举制从初生到成熟提供了足够的时间,来自中央政府及全国民众的高度重视也为其成长与发展提供了非常有力的智力支持和制度支撑。由此,中国古代"制度化精英主义"与科举制度一道成长、成熟起来,因此我们可以通过科举制来探究"制度化精英主义"的历史样态。同样是选官制度,科举制较之前的世袭制、察举制、九品中正制更具生命力,科举取士的制度活力源自诞生之初的顶层设计,保持在日益完善的规则程序中,增强在与时俱进的变革创新中。

科举制真正实现了最高统治者掌握人才选拔与评价、官吏任用与考核的人事大权,皇权之威仪赋予制度化人才崇高的政治地位和不容置疑的合法性。科举制下,中央和地方各级政府在精英培育、选拔与任用等环节均扮演着关键角色、发挥着主导作用,负责科考的大小官吏全程参与各阶段、各层次、各类型的考试中。唐代,不在中央国子监、弘文馆、崇文馆以及地方州、县学馆的乡贡士子,要获得京城省试资格首先要"怀牒自进",到州、县报考,待州、县对其考核且合格后才能赴京赶考。在明代,没有取得县、州、府学学生资格的童生须进行科举预备考试,即童试。依据规定,童试由层层递进的县试、府试、岁试和科试构成,其中知县主持县试,知府主持府试,提学官主持岁试(中者称为生员或秀才)和科试(中者取得乡试资格,称为科举生员)。除负责举行各种考试外,地方政府还需为童试提供合适的场地以及相当额度的经费支持,一般包括视学讲书、考校生儒、操练官兵以及考试所用纸张、笔墨、考卷、花红、供给等项目。[②] 由此可见,尚处于科举预备阶段的各环节都离不开行政官僚系统的调控和支持,正式进入科举阶段的乡试、会试与殿试更是如此。皇帝参与科举的形式是在科举

---

① 张晋藩,邱远猷.科举制度史话[M].北京:中华书局,1980:8.

② 刘海峰,李兵.中国科举史[M].上海:东方出版中心,2004:281-282.

程序的末端主持"殿试"。所谓殿试,是指省试以后由皇帝亲自主持的作为最高级别的科举考试。① 早在公元 689 年,武则天便曾亲自策试举人,其也谓"殿试"。但事实上,唐、宋殿试名同实异,唐时只是最高当政者代行吏部考功员外郎之职主持的省试,有且仅有一次,因此作为科举最高级别考试的殿试始建制于宋。② 尽管武则天开创先例的"殿试"并不是制度化的"殿试",却也在很大程度上反映出国家最高统治者重视科举、关照人才的求贤之心。科举制之下,包括皇帝在内的国家行政官僚系统自下而上、自上而下地全程参与是人才选拔活动顺利进行的重要保障。据此,科举制疏通了央地关系并加强了中央集权,科举精英则可视为中央集权体制的产物。

在近 1 300 年间,科举科目由繁变简,科举制度却由简变繁,在历史绵延中成为一个庞大的规则体系和制度丛林。行至北宋,科举制进入一段重大的发展时期。谓之重大,乃在于科举制历经诸多改革而获得长足发展,渐趋稳固与成熟。层层竞争、步步筛选、制度严格、程序严密的科举制是建立在若干零星、细小的规则之上的。其中,宋时的系列创举旨在最大限度上维护科举的公平与公正,并保护普通民众参与科考的机会和权利。譬如,一套防止徇私的制度被设计出来:一是糊名,糊名所将考生姓名、籍贯等个人信息密封并编号;二是誊录,誊录所书吏在誊录官监督下用朱笔誊抄糊名卷,制成"朱卷"用以评阅,放榜时只需按取中的朱卷编号调取原卷拆封,唱名写榜;三是对读,为防止誊录偏误,对读所对读官要选取文理明通的生员(对读生)对原卷与朱卷进行校对;四是复考,初考官用朱笔考校试卷、定出等第后,弥封送复考所由复考官和复考点检试卷官复审,用墨笔再定等第后,转送详定所定夺。③ 又如,宋殿试制和官员子弟复试制,皆在一定程度上提高了科举取士公正性和质量水平。乾德六年(968),赵匡胤亲自重考及第进士,结果黜退了数名舞弊之人,又从之前落第举人中选出 195 人重新考试,录取进士 26 名,明经数十名。④ 到了清代,"每逢乡试之年,先由礼部拟定可充各省主考的名单呈上密点,不预先知会,一俟宣布,主考官即限期起程(顺天考试考官则于宣旨后不能再回家,径往贡院),不许因便携眷,不

① 黄留珠.中国古代选官制度述略[M].西安:陕西人民出版社,1989:221.
② 黄留珠.中国古代选官制度述略[M].西安:陕西人民出版社,1989:254.
③ 顾明远.教育大辞典·第 8 卷[M].上海:上海教育出版社,1991:197.
④ 叶林生,丁伟东,黄正术.中国封建官僚政治研究[M].南京:南京大学出版社,2009:217.

许辞客,以防请托贿赂,不许携带多人骚扰驿递,所过州县递相防护,不许游山玩水,不接故人,不交际,按驿站计日前行,沿途乘轿,轿贴封条,一到目的地即迎入公馆,不得接见宾客及通函件,监临封门,每日晨一次进水菜后复封。待入闱之日,主考与其他有关官员一起前往贡院"①。如此精细的考试安排塑造了严密的制度空间,尽可能排除人为因素对科举的干扰,士子凭借长期苦学积累的才学而不是主观色彩浓厚、随意性较大的门第、名望、德性等条件获得功名。"以具体的、严格的,且可以明确把握的某种划一的、规范化的文化知识作为标准的公开招考选拔人材的制度"②,生产出一大批饱读四书五经、深受儒学传统熏陶的文化精英和政治精英,他们在知识结构、思想观念、德行品质等方面与中央集权王朝和行政官僚系统的用人标准具有高度契合性。这种契合性离不开科举制对于人才的形塑,制度化精英也就成了科举制的产物。

通过科举考试取得举人、进士等高级功名的制度化人才被视为"正途出身",其仕途较通过其他渠道入仕者具有更广阔的晋升发展空间。作为科举士子身份与头衔的功名,尤其是高级功名,与高级官职、位阶、品秩的关系随着科举地位的上升而日趋紧密。隋唐初期,科举仅是中央政府人才选拔的途径之一,普通民众经科举入仕者在官僚集团中所占有的比例及位阶都处于低级水平,高级官吏中尽是贵族官僚子弟。武则天时期,科举录取人数较之前大大增加,科举出身者在高级官吏,特别是宰相中的比重不断上升。有研究指出,武则天称帝期间仅明经、进士出身者就激增到 20 人,这占该时期宰相总数的一半左右;玄宗开元元年至二十二年(713—734),在 27 位宰相中有 18 位由科举入仕,占比已达三分之二。③ 唐宪宗朝以后,宰相中进士出身者一直占绝对优势:宪宗时共有 29 位宰相,其中进士出身者所占比例为 58.6%;穆宗时有宰相 14 位,进士出身者占比为 57.1%;敬宗时宰相 7 位,进士出身者占 85.7%;文宗时有宰相 24 位,75%的比例为进士;武宗、宣宗、懿宗时分别产生 15、23、21 位宰相,进士所占比例分别为 80%、87%和 81%。据此,黄留珠认为:"进士出身者在宰相中

① 何怀宏.选举社会及其终结:秦汉至晚清历史的一种社会学阐释[M].北京:生活·读书·新知三联书店,1998:116.
② 刘虹.中国选士制度史[M].长沙:湖南教育出版社,1992:128.
③ 吴宗国.唐代科举制度研究[M].沈阳:辽宁大学出版社,1992:168.

占据多数,标志着科举制在选官中主导地位的完全确立。这无论在唐代科举制发展史上,抑或在整个中国古代选官制度史上,都具有划时代的意义。"①以进士为代表的科举精英在科举制与官吏任用制度的支持下,以自身文化资本超越高门社会资本在行政官僚系统中占据主导地位,取得科举功名的制度化精英在古代人事体制下所具有的优越性是其他途径入仕者所不能比拟的。正因如此,天下读书人才会甘愿忍受"十年寒窗"之苦,义无反顾、坚持不懈地追求科举功名,成为封建官僚体制下的制度化精英。

科举精英的制度化随着"学而优则仕"对精英"先赋性"的挑战和突破不断推进,学术精英与政治精英间的通达渠道由科举制所铺就。"以文取人"的科举将文化知识水准作为国家大小官员选拔、任用的主要标准,"读书,做弟子员,成为一种身份,即免役的身份,后补官吏的地位"②。学校,这种读书学习之所与科举的关系遂为科举学、教育学、历史学等领域的研究者所关注;养士与取士,育才与用才,遂为最高统治者所重视。古代学校教育最盛之时也就是"科举必由学校"之时。宋代王安石变法期间的学校三舍考选制度使名列上等的太学上舍生员可以越过科举考试而直接授予官职。③ 明初国家养士与取士并重,养士即在学校。所以,国子监、府州县学以及社学、书院等皆成为统治者培养各类人才和官吏的机构。

学校养士与科举取士的结合为文化精英、政治精英的成长与发展提供制度性保障,从精英的起始阶段到精英的发展阶段越来越离不开国家统一的人才管理机制。广大士子读书、科考、做官的各个环节都有国家机构及行政官僚的普遍参与,都必须在官方既定的规章和制度框架内稳定运行,这也是科举制得以在中国封建社会持续存在近 1 300 年的重要原因之一。"科举制度使传统读书人之'学而优则仕'理想有了制度性保障。学者是否优秀之标准,并不在于学术贡献之大小,而在于能否通过朝廷举办的科举考试。故通过科举考试并获得优秀者,遂被朝廷授予进士、举人、秀才等门第出身,给予大小不一的'官衔'以示奖励,从而享受相应的社会地位和政治特权。"④总之,中国古代的制度化精英与

① 黄留珠.中国古代选官制度述略[M].西安:陕西人民出版社,1989:204.
② 冯尔康.中国社会结构的演变[M].郑州:河南人民出版社,1994:51 - 52.
③ 漆侠.王安石变法[M].上海:上海人民出版社,1959:90.
④ 左玉河.中国近代学术体制之创建[M].成都:四川人民出版社,2008:581 - 582.

"制度化精英主义"在科举制下最终成熟,对封建社会的政治、文化、经济等方方面面都产生了极为深远的影响。

四、 精英制度化的形变与转型

1840 年后中国进入风雨飘摇、激荡变革的时期,刚刚踏上近代化道路的中国社会面临前所未有之剧变与挑战。这一特殊历史时期的"制度化精英主义"表现出两重性。其一是封闭保守性。传统学校与封建政府之间的人才输送通道是狭隘而落后的,经央地官学培养出来的文化精英的知识结构和思想观念已经不能满足近代社会的发展要求,经科举"八股文"选拔出来的政治精英也难以应对晚清政府所面对的内忧外患,"制度化精英主义"被长期束缚在日益腐朽的封建体制内而趋于僵化。其二是开放创新性。传统官学和书院在"自强""求富"的洋务运动、救亡图存的戊戌变法中逐渐被各类新式学堂所取代,与此同时作为千年仕宦之道的科举制也在"保清护清"的庚子新政中、在各界人士的不断声讨下最终走向消亡,一批兼修中学与西学的新式人才脱颖而出,封闭保守的"制度化精英主义"在近代化洗礼下转向了开放与创新,迈入了转型发展的新阶段。

在科举没落而学堂兴盛的清末,由古代向近代转型的"制度化精英主义"经历了短暂的过渡时期,其封闭保守性和开放创新性之间的矛盾突出体现为政府奖励新式学堂优秀毕业生与西方留学归国生以功名和出身。当时,科举制虽饱受诟病,但其对新式学堂的影响依然显著,其中"给新学毕业生以科举功名,亦教育史上一大改革也"[1]。1898 年,光绪帝在维新派的倡议下创办京师大学堂,在同时颁布的《总理衙门筹议京师大学堂章程》中便指出:"前者所设各学堂,所以不能成就人才之故,虽由功课未能如法,教习未能得人,亦由国家科第仕进不出此途,学成而无所用,故高才之人不肯就学。……现京师大学堂既立,各省亦当继设,即宜变通科举,使出此途,以励人才而开风气。"此外,该章程还强调:"学生既有出身,教习亦宜奖励。今拟自京师大学堂分教习及各省学堂总教习,其实心教授著有成效确有凭证者,皆三年一保举。原系生监者,赏给举人;原系

---

[1] 郭秉文.中国教育制度沿革史[M].福州:福建教育出版社,2007:40.

举人者,赏给进士,引见授职。原系有职人员者,从异常劳绩保举之例以为尽心善诱者劝。"①对学生与教习都予以出身有关的奖励,意在使学堂与科举相关联,从而达到吸引生源、培养人才的目的。"百日维新"之后,有关京师大学堂的一些举措被保留下来,"学生出身"的奖赏机制后被纳入1902年的《钦定京师大学堂章程》:"大学堂预备速成两科学生卒业后,分别赏给举人进士。""大学堂分科卒业生,由本学堂教习考过后,再由管学大臣复考如格,带领引见,候旨赏给进士。"②1904年,张百熙等人制定的《奏定学堂章程·学务纲要》在"毕业升等奖给出身,均由试官考定"的条款中,将升学考试内容、标准、方式以及奖励之法进行了具体的制度化规定。③

事实上,清末对优秀人才奖励出身和功名的做法最早实行于留学教育领域。早在1871年,曾国藩、李鸿章初次派遣幼童赴美时即规定"每年回华三十名,由驻洋委员胪列各人所长,听候派用,分别奏赏顶带官阶差事"④。1901年,慈禧"令在外使臣考察游学生之学业品行,凡毕业得有文凭或学位者,资送回国应试,奖以出身"⑤。为奖掖留学日本的各级学堂毕业生,1903年颁发的《奏定游学日本章程》便要求授予其不同的功名。具体规定为:"毕业于日本五年制中学堂,并得有优等文凭者,给予拔贡出身;毕业于日本文部省直辖三年制高等各学堂及程度相等之各实业学堂,并得有优等文凭者,给予举人出身;毕业于大学堂专学某一科或数科,毕业后得有选科及变通选科毕业文凭者,给予进士出身;在国立大学堂相当程度之官设学堂三年毕业,得有学士文凭者,给予翰林出身;在国立大学院五年毕业,得有博士文凭者,除给予翰林出身外,并给予翰林升阶。"⑥在舒新城看来,除鼓励留学生回国效力外,清政府奖励其以科举功名的做法背后有着更为深层的考量,即"中国自明以来即以科举取士,科名之虚荣心深入人心,人民之受教育均以获得科名为目的,游学去国万里,较之国内求学更为艰苦,无特殊奖励,自难鼓舞"⑦。毕业于国内新式学堂和国外学校的优秀学子

① 刘志鹏,别敦荣,张笛梅.20世纪的中国高等教育·教学卷(下册)[M].北京:高等教育出版社,2006:8-9.
② 朱有瓛.中国近代学制史料.第二辑(上册)[M].上海:华东师范大学出版社,1987:764.
③ 陈学恂.中国近代教育史教学参考资料(上册)[M].北京:人民教育出版社,1986:546.
④ 舒新城.近代中国留学史[M].上海:上海文化出版社,1989:179.
⑤ 郭秉文.中国教育制度沿革史[M].福州:福建教育出版社,2007:41.
⑥ 孙培青.中国教育管理史[M].北京:人民教育出版社,2013:321.
⑦ 舒新城.近代中国留学史[M].上海:上海文化出版社,1989:179.

被政府视为符合时代和国家发展需求的学术精英,为凸显政府对精英的重视,便赋予其为历代所尊崇的功名和出身。对于政府而言,功名和出身奖励既能激发各类学子学习新学的积极性和热情,又能起到笼络人心、维护王朝统治的作用;对于学术精英而言,这种象征性的头衔和身份不仅可以大大提高社会地位、经济地位和政治地位,还有助于获得广阔的发展平台和充足的机会。

除对国内外学堂毕业生奖励功名和出身外,政府还注重奖励优秀的新式学术研究者。近代国门初开之时,清政府主张维新改良的人士纷纷"睁眼看世界",希望尽快革除科举之弊,培养经世致用的新式人才。据《清德宗实录》载,1898 年 5 月,光绪帝就曾发布上谕:"各省士民,著有新书,及创行新法,制成新器,果系堪资实用者,尤宜悬赏,以为之劝。或量其材能,试以实职,或锡之章服,表以殊荣。所制之器,颁给执照,酌定年限,准其专利售卖。其有能独力创建学堂,开辟地利,兴造枪炮各厂,有裨于经国远猷,殖民大计,并著照军功之例,给予特赏,以昭激励。"①之后,不少人围绕具体落实之法向朝廷积极出言献策,其中康有为较早向中央提出奖励翻译日本书籍有功者以出身的建议。1898 年 6 月,康有为在《请广译日本书派游学折》中表示:"窃计中国人多,最重科第,退以荣于乡,进仕于朝,其额至窄,其得至难也。诸生有视科第得失为性命者,仅以策论取之,亦奚益哉?臣愚请下令,士人能译日本书者,皆大赉之。若童生译日本书一种五万字以上者,若试其学论通者,给附生。附生增生译日本书三万字以上者试论通,皆给廪生,廪生则给贡生。凡诸生译日本书过十万字以上者,试其学论通者给举人。举人给进士,进士给翰林,庶官皆晋一秩。"②此外,张之洞等在《奏请提倡农学和译书折》也曾提出:"请明谕各省举贡生员,如有能译出外国有用之书者,呈由京外大臣奏闻,从优奖以实官。或奖以从优虚衔,发交各省刊行。"翻译国外书籍、研习西式新学而优异者即可获得功名或官职,这显然利用了传统社会对"科名"出身的崇敬心理。③

自隋唐科举创制以来,"制度化精英主义"与科举制的关系逐渐紧密,至宋后二者趋于融合并共同成熟。1840 年后,以科举的旧传统褒奖著新书、创新法、

① 杨松,邓力群.中国近代史资料选辑[M].北京:生活·读书·新知三联书店,1954:380.
② 陈学恂,田正平.中国近代教育史资料汇编·留学教育[M].上海:上海教育出版社,2007:335.
③ 左玉河.中国近代学术体制之创建[M].成都:四川人民出版社,2008:582.

制新器、建学堂等活动,是清政府意图抵抗西方资本主义列强侵略、挽救民族危亡的应时之举。在这种时代背景下,"制度化精英主义"逐渐发生形变,即从古代政治精英选拔机制转变为近代学术精英激励机制。长期以来具有强大吸引力的科举制转而成为特殊时期政府培养和激励新式人才的得力工具。不论是奖励新学堂毕业生,还是奖励新学术研究者,"制度化精英主义"都贯穿其中。可以说,被奖励的新学堂毕业生、新学术研究者都是制度化精英,政府按某种标准和程序奖励的功名和出身则成为精英的"头衔",作为精英的标志和象征。1905 年科举制最终被废止,"制度化精英主义"也丧失了科举"制度外壳"的保护。然而,脱离科举制而独存的"制度化精英主义"仍具有较强的生命力,很快便以新的姿态重新出现在近代化道路上。这在很大程度上与废科举倡议者所提出的过渡措施有密切关系:一是"其以前之举、贡生员分别量予出路,及其各条,着照所请办理";二是"学堂本古学校之制,其奖励出身亦与科举无异"。①正因此,"制度化精英主义"得以结合新式学堂而焕发生机;也正因"制度化精英主义"的存续,社会整体上并未对科举的废止而产生过激反应。②

"制度化精英主义"的形变始于中国近代化的开端,经历了从科举制废止至中华民国成立的短暂过渡时期,后随着封建帝制的消亡而实现转型。1912 年7 月,在中华民国南京临时政府成立后举行的第一次全国临时教育会议上,蔡元培倡导教育理念之革新,并列举了旧式封建教育的诸多弊病。他指出:"君主时代之教育,不外利己主义。君主或少数人结合之政府,以其利己主义为目的物,乃揣摩国民之利己心,以一种方法投合之,引以迁就于君主或政府之主义。如前清时代承科举余习,奖励出身,为驱诱学生之计;而其目的,在使受教育者皆富于服从心、保守心,易受政府驾驭。"③之后,教育部废除科名和实官奖励制度,接受各级各类教育成为个人的基本权利和义务,"为做官而学术"的各级各类学校也在《专门学校令》《大学令》《公立私立专门学校规程》《大学规程》《私立大学规程》等一系列政策指导下革故鼎新。转型后的"制度化精英主义"伴随中国近代高等教育的发展而发展,在民国政府与新式大学院校的互动中历久弥新。

① 李世愉,胡平.中国科举制度通史·清代卷[M]上海:上海人民出版社,2015:750.
② 李世愉,胡平.中国科举制度通史·清代卷[M]上海:上海人民出版社,2015:750.
③ 蔡元培.蔡元培散文[M].上海:上海科学技术文献出版社,2013:50.

作为近代中国教育史上规格最高的教授群体①, "部聘教授"便是"制度化精英主义"的时代"景观"。

20 世纪 40 年代, 正值物货飞涨的抗战时期, 大学教授的薪资待遇深受影响, 生活痛苦者亦不在少数。在此背景下, 教育部学术审议委员会借鉴欧洲大学经验推行部聘教授制度, 一方面旨在保障各院校服务成绩优良之现任教授, 另一方面在于奖励学术研究之兴趣。其实早在 20 世纪 30 年代, 国际联盟教育考察团来华考察时就曾针对新式大学教授管理制度问题, 建议大学教授由教育部任命(任期终身), 国内各校教授也经常以教授应由政府聘任之意向教育部建议。

1941 年 6 月, 国民政府颁行《教育部设置部聘教授办法》, 先后于 1942 年 8 月、1943 年 12 月分别聘任 30 名和 15 名部聘教授。根据上述办法, 教育部聘任教授的基本条件有: 一是在国立大学或独立学院任教授十年以上者; 二是教学确有成绩、声誉卓著者; 三是对于所任学科有专门著作, 且具有特殊贡献者。部聘教授具体聘任程序和规则为: 首先由教育部直接提出或教育部令饬国立大学、独立学院以及经教育部备案的全国性学术团体遴荐合格候选人; 其次由教育部分学科制拟成候选人名单, 先后分发给公立、私立专科以上学校教务长(或主任)、学院院长、各系科主任及任教十年以上的教授进行荐举; 其结果随后交由学术审议委员会全体会议决定获聘人选(部聘教授须经出席委员三分之二以上表决通过方可获聘), 最终由教育部核定。部聘教授任期五年, 期满后经教育部提出、学术审议委员会通过, 可以得到续聘。

部聘教授由教育部于公立及已立案之私立专科以上学校特设讲座, 进行教学和研究。1942 年, 教育部制定的《部聘教授服务细则》具体规定了部聘教授的岗位职责与工作内容: 部聘教授除在讲座设置之处从事讲学及研究外, 还应承担教育部委托与其专长学科相关的事项, 主要包括辅导全国各专科以上学校对于该学科之教学与研究事项、与该学科有关之学术审议事项以及承办专科视察巡回讲演及其他咨询事项。教育部还规定, 部聘教授应专任教学, 如若兼任学校行政职务则必须先经所在学校呈准教育部; 在每学年终了时, 部聘教授还应将教学情形及研究结果报告教育部予以备案。此外, 教育部对部聘教授讲座

---

① 余文盛, 吴定初. 中国高校教师收入研究: 1949—2011[M]. 北京: 中央文献出版社, 2012: 29.

指定与设置的规定较为明确和严格,且部聘教授调动权归教育部所有。当每学年终了时,教育部可以依据部聘教授本人之申请、所在学校之申请以及其他专科以上学校之特殊需要等情形,在征求特聘教授本人意愿的基础上调动其服务处所。①

从上述部聘教授聘任程序与规则、岗位职责与工作内容、讲座指定与设置以及工作调动等规定看,部聘教授直接接受教育部的领导和管理,其所在院校并没有太多的人事权限。1927年,南京国民政府教育行政委员会公布的《大学教员资格条例》曾规定:凡大学教员均须受审查。大学教授、副教授、讲师、助教的资格先经大学评议会审查,后由中央教育行政机关认可并给予证书。从"部审"到"部聘",中央教育行政机关对大学教授的管制力进一步提高,对各类大学院校的控制力进一步加强。少数任职十年以上、声誉卓著、具有特殊贡献的大学教授经全国范围的层层筛选、经中央教育行政机关的评点确认,最终被冠以"部聘教授"头衔,拥有了由中央政府直聘、直管的身份。"制度化精英主义"在近代国民政府部聘教授制度的支持下绵延不绝,部聘教授遂成为近代中国制度化精英的典型代表。

部聘教授为教育部直聘,而未被教育部直聘的教授则仍由大学院校聘任。从此,大学教授群体中便有了"部聘教授"和"校聘教授"的区别。② 二者的区别不仅体现在聘任主体之等级上,还体现在物质待遇之差距上。作为制度化精英的部聘教授,不仅拥有教育部赋予的崇高学术荣誉,而且在薪俸收入、科研条件等方面极具优越性。依《教育部设置部聘教授办法》,部聘教授薪俸以《大学及独立学院教员聘任待遇暂行规程》第八条规定之专任教员月薪第三级为最低薪,由教育部拨交指定服务之学校转发。据表1-1,部聘教授月薪最低限为520元,后来学术审议委员会第六次常委员决议又将部聘教授月薪由第三级提高至第一级的600元或第二级的560元③,调整后的特聘教授薪俸已基本相当于大学校长的待遇了。除规定薪给外,部聘教授由教育部按月另发研究辅助费400元,其半数专作所在学校为部聘教授补充研究设置之用,其拟有特别重要研究

① 参见:1942年《教育公报》第十四卷第十七、十八期合刊。
② 余文盛,吴定初.中国高校教师收入研究:1949—2011[M].北京:中央文献出版社,2012:27.
③ 余文盛,吴定初.中国高校教师收入研究:1949—2011[M].北京:中央文献出版社,2012:29.

表 1-1　大学及独立学院专任教员月薪

单位:元

等别	级别								
	第一级	第二级	第三级	第四级	第五级	第六级	第七级	第八级	第九级
助教	160	140	120	110	100	90	80		
讲师	260	240	220	200	180	160	140		
副教授	360	340	320	300	280	260	240		
教授	600	560	520	480	440	400	370	340	320

计划需款较多始得完成者,得请教育部另拨专款辅助。到 1947 年,全国部聘教授之底薪于新学期开始一律由原先的 600 元增加至 620 元,另外按照所在地区的生活辅助费加成数选增,其研究经费除照发五年前所拨之每年 1 000 元原额外,一律另加 25 万元。与其他校聘教授相比,"部聘教授"这一头衔给当选者带来更多的个人利益和实惠,也为其学术水平的提高和研究成果的丰富提供了物质支持和制度保障。

"教授中的教授"是人们对部聘教授的敬称,该称呼事实上包含两层含义:一层说明部聘教授的特殊性,即他们是大学中的精英分子,是处于大学常规教师职级体系之上的高级群体;另一层也说明部聘教授的一般性,即他们本质上仍属于大学教授之群体。部聘教授之所以在岗位职责、工作要求、物质待遇等诸多方面有别于其他教授,主要原因在于部聘教授高超的学术水准和卓著的学术成就,还有一部分原因则在于部聘教授"生产者"——政府所具有的至高地位和权威性。这种融入"制度化精英主义"的政府权威赋予部聘教授以学术待遇优越性、学术发展优先性。作为代表当时国内各学科发展水平的学术精英,部聘教授中有 15 人当选为中央研究院首届院士,这占院士总数的 18.5%、占部聘教授总数的 34.8%。据此,虽然部聘教授制度使政府加强了对大学院校及其教师队伍的操纵和监管,但其所蕴含的"制度化精英主义"无疑也为中国近代大学学术精英的成长营造了相对安全、稳定的制度环境,"开启了在我国高校建设高水平师资和尊重与稳定高端人才的先河"[①],同时在战争纷乱动荡的年代为中国近代大学的存续与发展,提供了相对有力有效的政治保护和经济保障。

---

① 余文盛,吴定初.中国高校教师收入研究:1949—2011[M].北京:中央文献出版社,2012:29.

五、精英制度化的新发展

中华人民共和国成立以来，制度化精英随改革实践而衍生发展，呈现出新的样态。其中，各界制度化精英集中出现于 20 世纪 50 年代第一次全国性工资制度改革过程中。

面对旧工资制度遗留的不合理因素，面对不符合按劳取酬原则和不符合生产发展需要的现象，国务院于 1956 年 7 月发布《关于工资改革的决定》，决定适当提高工资水平。根据按劳取酬原则，对企业（包括国营企业、供销合作社企业、全行业公私合营前的公私合营企业）、事业和国家机关的工资制度进行改革，以更好地鼓励职工提高业务技术水平，巩固和提高职工的劳动热情，提高劳动生产率。[①] 其间，一批有重要贡献的高级科学技术人员及其他高级知识分子被重新分等划级。当时的文化人一般也都愿意"收名定价"：文艺界有"一级作家"，如冰心、张天翼等；电影界有"一级演员"，如赵丹、白杨、舒绣文和金焰；教育界也有"一级教授"，如陈寅恪、梁思成、陈岱孙、翦伯赞、冯友兰、季羡林、林徽因、郭绍虞、钟敬文等。[②] 而不论是"一级作家""一级演员"，还是"一级教授"，其都是经由国家与政府评定的。例如，分管普通类、师范类、医学类和艺术类院校的高教部、教育部、卫生部和文化部负责制定教员评判标准与规范，领导各部门一级教授评级工作。[③]

根据高教部《教授工资评定标准（修正稿）》，一级教授的评定标准为："科学水平较高，在教学工作和科学研究工作中有显著的成就和贡献，能指导科学研究工作，担任科学博士研究生的学术导师"，或者是"辛勤地从事高等教育工作和科学研究工作多年，有丰富的科学知识和教学工作经验，在培养科学技术和教学干部的工作中有显著的成绩，在全国范围内具有声望的老教授"。[④] 季羡林回忆 1956 年全国评定工资情况时曾说，"这次活动用的时间较长，工作十分细致，深入谨慎。人事处的一位领导同志，曾几次征求我的意见：中文系教授吴组缃是全国著名的小说家，《红楼梦》研究专家，中国作家协会书记处书记，我的老同学和老朋友,他问我吴能否评为一级教授? 我当然觉得很够格。然而最后权衡下来,仍然定为二级,可见此事之难。据我所知,有的省份,全省只有一个一级教授,有的竟连一个也没有,真是一级之难'难于上青天'了"①。此外,在教授评级实施过程中二级教授以上工资排队名单"是由中央业务主管部门(高教部、文化部、卫生部、教育部)、地方党委、各高等院校三者合力作用的结果,不过前两者在其中发挥主导作用,各高等院校属于从属地位,在一、二级教授评定的问题上作用不太明显"②。

一级教授意味着一级工资标准,意味着经济待遇的大幅提高。1956 年,一级教授一个月的工资可以维持一个农民两年半的生活支出。③ 除高额工资外,一级教授的住房、生活、工作等条件也很优越。对中国人民大学一级教授何干之而言,当时他在城内校区铁 1 号红楼以及搬迁后的西郊校区林园 7 楼 20 号均享受 4 间 1 套(86 平方米)的待遇;"同时,他还在乘车、差旅、饮食、医疗、保健、听报告、看文件等方面享受特殊待遇"④。当然,虽然一级教授享有一级工资,但"一级教授也不能完全等同于工资等级,它同学术水平有着天然的联系,级别不同也显现学术水平的高下。两者相较,一级教授称谓所体现的学术荣誉、学术地位占主导地位"⑤。

以国家和政府部门为主导的工资改革与评级定职将符合官方标准的大学教授纳入等级性人事管理体制内,形成"一级教授"与"二级教授"之分,这背后的逻辑便是"制度化精英主义"。本质上,与民国时期的"部聘教授"相比,"一级教授"的体制化色彩更浓厚、制度化程度更深。如今,制度化精英主义已成为政府与大学识别人才与评价人才的重要依据、使用人才与管理人才的得力工具。

总之,作为体制的产物,制度化学术精英不仅象征着大学教授的权威身份与学术地位,还象征着大学系科的学术实力与学术声誉。作为一种思想观念和行为模式,"制度化精英主义"随历史变迁而形变,随时代发展而转型,与时俱进地绵延于社会实践之中。

---

① 胡光利.季羡林在北大[M].合肥:安徽文艺出版社,2017:30.
② 徐彬.1956 年一级教授评定之研究[D].南京:南京师范大学,2007:19.
③ 何锡蓉.新中国哲学的历程[M].上海:学林出版社,2012:95.
④ 耿化敏.何干之传[M].北京:中共党史出版社,2012:178.
⑤ 徐彬.1956 年一级教授评定之研究[D].南京:南京师范大学,2007:1.

第三节　中国大学学术精英的产生

改革开放以来,"制度化精英主义"催生人才计划,人才计划进而促进学术精英的制度化。政府与大学是学术精英制度化发展的主导者、参与者和支持者,学术精英在以政治权威和学术资源为基础建构的制度空间内,经竞争选拔与优先培养逐渐生成。制度化了的学术精英因拥有经官方认证的学术权威与学术声誉而受到大学的推崇。大学间围绕制度化精英而展开的人才竞争直接刺激并引发学术精英的流动。

一、人才计划：产生学术精英的"温床"

人才计划是指由国家、政府、高校或其他组织主导并出资设立的以引进和培育精英人才为目的的人才支持项目。当前,在"科教兴国""人才强国"战略引领下,人才计划已构成一个十分庞大的横向分层、纵向分类的系统,立体化、全方位的人才支持体系初步形成。

(一) 人才计划的历史与现状

我国较早的人才计划起步于 20 世纪 90 年代,这与"十年断层"导致的科教领域人才老化、人才资源"青黄不接"等现实问题密切相关。促进青年科技人才成长、加快培育优秀学术带头人,成为科教界迫切的需要。为此,1994 年,由少数科学家提议、经国务院批准,国家自然科学基金委员会负责组织实施的国家杰出青年科学基金正式设立,以资助国内及即将回国工作的 45 周岁以下的优秀青年学者在国内进行自然科学基础研究和应用基础研究,至今已累计资助超过 3 000 人。同样地,在 20 世纪 90 年代的中国科学院人才队伍中,国际知名的年轻科学家和优秀学术带头人也相对匮乏,"人才断层"问题日益凸显。旨在到 20 世纪末从国内外吸引、培养和造就百名优秀青年人才的"百人计划"也于 1994 年应运而生。二十多年来,中国科学院"百人计划"大致经历了三个发展阶段:其一是 1994—1997 年的起步探索阶段,中国科学院在经费紧张、资源贫乏的条件下为每位入选者提供 100 万—200 万元的科研启动经费以及特殊津贴;其二是 1998—2010 年的全面发展阶段,得到财政部专项经费后,"百人计划"延伸体系逐步建立,如引进国外杰出人才计划、海外知名学者计划、国内"百人计划"、项目"百人计划"、自筹"百人计划"等先后实施;其三是 2011 年以来的改革完善阶段,"百人计划"开始探索改革政策机制,如取消入选者族裔和国籍限制、取消国内"百人计划"地域限制等。①

1995 年,中共中央、国务院正式提出全面实施科教兴国战略,强调科学技术是第一生产力,科技人才是第一生产力的开拓者。为贯彻落实科教兴国战略,选拔与培养一批跨世纪青年学术带头人和工程技术带头人、鼓励留居海外的科技人才回国工作,教育部和李嘉诚基金会在 1998 年 8 月共同启动实施"长江学者奖励计划"。截至目前,该计划共经历了三个阶段:1998—2002 年为第一阶段,计划三至五年内在全国高等学校国家重点建设学科中设置 300—500 个特聘教授岗位,讲座教授每年聘任 10 人,前者岗位津贴为每人每年 10 万元人民币,后者岗位津贴为每人每月 1.5 万元人民币(按实际工作时间支付);2004—2009 年为第二阶段,每年聘任特聘教授 100 名、讲座教授 100 名,虽然聘期三年的岗位津贴与第一阶段相同,但同时分别给予自然科学与人文社会科学特聘教授不低于 200 万元和 50 万元的科研配套经费;2011 年至今为第三阶段,新的"长江学者奖励计划"启动实施,每年聘任特聘教授 150 名(聘期为五年)、讲座教授 50 名(聘期为三年),前者奖金为每人每年 20 万元人民币,后者奖金为每人每月 3 万元人民币(按实际工作时间支付)。② 2015 年,"长江学者奖励计划"新增"青年学者项目",重点支持高校面向海内外培养引进优秀青年学术带头人,每年遴选 200 名左右(聘期为三年),每人每年享有奖金 10 万元人民币。至此,"长江学者奖励计划"共形成特聘教授、讲座教授和青年学者三大类别。

21 世纪以来,我国的人才计划根据新环境、新任务进行调整并继续发力,一如既往地支持科教、人才事业。2004 年,教育部率先推出属于《高等学校"高层次创造性人才计划"实施方案》中人才培养和支持体系第二层次的"新世纪优秀人才支持计划"。该计划将"跨世纪优秀人才计划""高校青年教师奖""优秀青年教师资助计划""高等学校骨干教师资助计划"集为一体,着眼于培养、支持一大批学术基础扎实、具有突出创新能力和发展潜力的优秀学术带头人。"新世

① 参见白春礼的《"百人计划"二十年回顾与思考》一文。
② 方婷.我国高校国家人才计划入选者分布状况研究[D].南京:南京师范大学,2014:18.

纪优秀人才支持计划"每年遴选支持自然科学和人文社会科学领域的优秀青年学术带头人 1 000 名左右,资助期限为三年。① 2009 年,"新世纪优秀人才支持计划"为加大引进海外优秀青年人才的力度,开始资助高校从海外直接引进优秀青年学者(约 200 名)。

在国际人才竞争全球化、白热化时代,世界主要发达国家和新兴发展中国家普遍大力吸引海外人才以壮大本国人才队伍,这种通行做法是在较短时间内突破技术瓶颈,提升科研水平的一条宝贵经验。② 因此,创造吸引国际人才的条件和环境,优化高等教育教师队伍结构,依据国情积极引智,亦成为我国参与全球人才竞争必须采取的措施。2008 年 12 月,中共中央办公厅发布的《中央人才工作协调小组关于实施海外高层次人才引进计划的意见》强调,"引进海外高层次人才是一项重大而紧迫的战略任务","大力引进海外高层次人才是用较短时间拥有一批世界一流人才的重要途径",提出围绕国家发展战略目标实施中央海外高层次人才引进计划的主张。随后,中央组织部出台《引进海外高层次人才暂行办法》,计划从 2008 年开始用五至十年引进并有重点地支持 2 000 名左右海外高层次人才回国(来华)创新创业。海外高层次人才引进计划设立了国家重点创新项目平台、重点学科和重点实验室平台、中央企业和国有商业金融机构平台以及以高新技术产业开发区为主的各类园区平台等四个平台,接受海外高层次人才申报。自设立起,海外高层次人才引进计划引才体系不断完善,中央组织部先后于 2010 年、2011 年陆续出台政策以支持不能全职回国(来华)工作的海外高层次人才的短期服务,大力引进在海外知名高校取得博士学位并有三年以上海外科研工作经历、年龄不超过 40 周岁的自然科学或工程技术领域人才,以及计划利用十年左右的时间引进 500—1 000 名高层次外国专家。

"加强高层次创新创业人才队伍建设,一靠海外引进,二靠国内培养。"③在大力引进海外高层次人才回国(来华)工作的同时,加强对国内高层次人才的培养和使用,进而制订实施国内高层次人才支持计划势在必行。为调动国内高层次人才创新创业的积极性,进一步统筹国内国外两种人才资源,2012 年中央组

---

① 陈炳欣."新世纪优秀人才支持计划"打造新世纪创新型人才[J].中国高校科技与产业化,2005(5):30.
② 潮龙起.高校高层次海归人才现状及其作用研究——以中央"千人计划"为中心[J].东南亚研究,2014(4):59.
③ 李炳孝.莫把人才当"花瓶"[N].光明日报,2017-04-27(15).

织部决定面向全国组织实施国家高层次人才特殊支持计划,计划从 2012 年起用十年左右时间有计划、有重点地遴选支持一批自然科学、工程技术和哲学社会科学领域的杰出人才、领军人才和青年拔尖人才。具体而言,计划支持 100 名"国家特支计划"杰出人才,每年遴选 10 名左右;计划支持 8 000 名"国家特支计划"领军人才,每年遴选 800 名左右;计划支持 2 000 名"国家特支计划"青年拔尖人才,每年遴选 200 名左右。海外高层次人才引进计划放眼国外,高层次人才特殊支持计划面向国内,二者相互衔接、协同推进,共同构成由中央人才工作协调小组统一领导、中央组织部牵头、各有关部门实施的高层次创新创业人才队伍建设体系。此外,2012 年,国家优秀青年科学基金项目启动,以加强对创新型青年人才的培养。这是自 1994 年国家杰出青年科学基金项目成立后,国家自然科学基金委员会设立的另一个高层次人才资助项目类型。根据《国家自然科学基金优秀青年科学基金项目管理办法》,国家优秀青年科学基金"支持在基础研究方面已取得较好成绩的青年学者自主选择研究方向开展创新研究,促进青年科学技术人才的快速成长,培养一批有望进入世界科技前沿的优秀学术骨干"。

综观我国人才计划发展历程不难发现,面向中青年人才,引才、育才"年轻化"是今后我国人才政策的发展方向。当前除"特聘专家""特聘教授"年龄偏大外,其他人才计划人选年龄一般为 50 周岁以下,其中,被称为"四青"的"A 类青年""B 类青拔""青年学者""优青"的遴选年龄条件一般为 40 周岁以下。由此看出,我国现行主要人才计划的评选对象重点面向各领域的中青年人才。依据美国学者卡兹(katz)的组织寿命理论,解决组织老化现象的办法是通过人才流动实现组织的改造。如国家为引进并储备一批具有较强创新激情和创新能力、有巨大发展潜力的青年海外人才而增设"A 类青年"的一个重要原因,便是出于提升国内高校和科研单位的组织活力的考量。[①]

除国家级人才计划外,我国各个省、直辖市及其地方市、县(区)等政府部门也都先后设立了名目繁多的人才计划。据不完全统计,有些省份人才计划数量多达十几个甚至几十个,大多数省份人才计划数量平均为 5 个。此外,

---

① 魏立才,赵炬明."青年千人计划"政策考察与建议——基于对第一至五批"青年千人计划"入选者信息的分析[J].清华大学教育研究,2014(5):81.

我国各类高校也纷纷推出校级人才计划。经不完全统计,在发布高层次人才招聘公告的上百所高校中,超过四分之一的院校将高层次人才纳入校级人才计划。

经过二十多年的发展,人才计划随着我国现代化建设事业不断繁荣,其所携带的资源规模和面向的群体规模日益扩大,初步呈现体系化、系统化趋势。我国人才计划种类繁多,就面向高等学校的人才计划而言,我们可将其划分为以下几种类型:首先,从设置和管理机构来看,人才计划包括政府人才计划和大学人才计划,政府人才计划又可进一步划分为面向全国的中央人才计划和面向本地的地方人才计划,而地方人才计划还可分为省级人才计划、市级人才计划和县级人才计划;其次,从目标群体来看,人才计划不仅注重培养国内人才还意在吸引国外人才,人才计划不仅支持学术事业趋于成熟的中年人才,还大力扶持处于学术生涯早期的青年人才;最后,从学科和研究领域来看,人才计划全面覆盖自然学科、社会学科和人文学科,相关基础研究和应用研究亦包含于这一体系之内。

纵深贯穿的各级政府人才计划与横向延展的各类学科人才计划相互交织,形成一种严密的"矩阵"结构,潜在的学术精英就在这种结构下成为人才计划的产物,再经不断制度化而成为受政府重视、受大学珍视的具有高级学术地位和学术荣誉的制度化精英。

(二) 人才计划的功用与价值

在我国,人才计划是大学学术精英成长的"温床",各级各类人才计划实施成效显著。人才计划的功能集中体现在以下几个方面。

首先,人才计划具有学术精英选拔功能。在人才计划诞生之前的 20 世纪80 年代,尽管社会主义现代化建设事业越来越需要大规模的科学人才、技术人才和管理人才,但限于当时的财力和物力水平,国家只能从全国广大科技工作者中筛选出少数杰出人才,较优先地关照并提高其工作条件和生活待遇。如1995 年国家杰出青年科学基金评审委员会经形式审查、函评、会评或两者相结合的同行评议等程序,最终从全国 575 名优秀青年学者中评定 49 名首批国家杰出青年科学基金获得者,入选率约为 8.5%。其中高校获得者 26 名,仅占全国申请总数的 4.5%。到 2013 年,共受理申请该基金 23 063 人次,共有 3 004

名申请者获得了资助,占申请总人数的13.03%。① 由此可见,国家杰出青年科学基金标准高、要求严且入选率低,因而对学术精英具有高度选拔性。近年来,随着国家对高等教育与科学研究的投入不断增加,各类人才计划入选者规模也相应调整,但"资源向少数精英集中"的传统理念和做法却没有多大变化。作为一种学术精英选拔机制的人才计划使我国高等教育系统极具竞争性,任何想要成为制度化精英的学术研究者都必然经历紧张而激烈的学术竞争。就其意义而言,人才计划的选拔功能有利于甄别和发掘真正具有一流水平和资质的学术精英,有利于实现学术资源的精准配置,进而提高有限资源的利用效率。在集中资源、重点支持的学术资助策略影响下,学术精英选拔成为人才计划的重要内容之一。

其次,人才计划具有学术精英培育功能。科学研究是一项经济活动,没有资源的投入就没有成果的产出。对一名普通学者来说,要想成为学术精英就必须拥有丰富的学术资源用于高深知识的探索和生产。从资源获得角度而言,人才计划是一种基于人才分类、分层之上的学术资源配置模式,因而与学术资源紧密捆绑且附加利益分配机制的人才计划是大学学术研究者,尤其是青年学者成长与发展的重要支撑。在现有体制下,人才计划入选者不仅能获得充足的科研经费和先进的实验设备,还能获得丰厚的薪资待遇和优越的生活条件。如"特聘教授"奖金为每人每年20万元人民币,"讲座教授"奖金为每人每月3万元人民币;再如人才计划入选者所在大学院校或地区政府还会为其发放有竞争力的科研经费、购房补贴或安家费用,为其配偶安排工作,为其子女提供优质的教育资源和良好的教育环境,还在专业技术职务晋升、岗位聘任、访学进修等方面对其给予政策倾斜。对于在学术上崭露头角、创新能力强、发展潜力大的青年学者而言,人才计划的培育功能和意义尤为突出:中央财政给予"A类青年"每人50万元人民币的一次性补助;处于聘期内的教育部"青年学者"享受每人每年10万元人民币的奖金;自2012年起设立的国家优秀青年科学基金项目旨在促进青年科学技术人才的快速成长,培养一批有望进入世界科技前沿的优秀学术骨干,该项目的资助金额从最初的每项100万元增长为2019年的每项130

---

① 高阵雨,陈钟,刘权,等.国家杰出青年科学基金20周年回顾与展望[J].中国科学基金,2014(3):176.

万元;同样始于 2012 年的"国家特支计划"每年遴选并支持 200 名左右特别优秀的具有科学研究和技术创新潜能的青年拔尖人才,使他们保持旺盛精力、没有后顾之忧地从事学术工作。一些统计指出,在 1994—2013 年国家杰出青年科学基金获得者中已有 142 人当选中国科学院院士、54 人当选中国工程院院士,现年 60 岁(含)以下的 166 位院士中,86.1%的人曾获得过国家杰出青年科学基金的资助①;170 余人(曾)担任著名高校校长、中国科学院直属研究机构负责人(所长)以及其他国家级科研机构领导,在国际学术组织或权威学术期刊担任重要职务者也日益增多。我国各类人才计划对于学术精英的培育功能已得到有效发挥,拔尖创新型人才的数量增长和质量提升效果皆有目共睹,因此,如何进一步提高人才计划的精英培育效能,是今后政府和大学相关政策制定者需要思考并解决的重要问题。

最后,人才计划还具有学术精英评价功能。学术精英的重点支持、定期考核、动态管理和择优汰劣都离不开学术评价。因此不论是学术精英选拔,还是学术精英培育,学术精英评价都居于基础性地位,是各类人才计划顺利运行的必要前提和重要环节。人才计划的评价功能具体包含两个方面:其一,人才计划是一把"尺子",一个成熟的人才计划包含一套人才评价标准、评价人员和评价激励机制。不同的人才计划设定有不同的资格条件(如学位、年龄、职称等)和遴选指标(如品德、知识、能力等),进而构成不同的人才评价体系;不同的人才计划所组织的评审人员和实施的评价办法虽有区别,但都坚持公平、公正、公开的评价原则和程序;不同的人才计划既在初始阶段充分发挥择优性评价和奖励性评价对于人才专业发展的引领作用,也在中期和末期合理发挥劣汰性评价和督惩性评价对人才的约束作用。其二,人才计划更是一个"信号",一个科学的人才计划不仅显示人才的学历和资历,还指明人才的科研质量和创新能力。为构建有利于科技人才潜心研究的政策环境,《国家中长期科技人才发展规划(2010—2020 年)》强调要健全科研机构和高等学校的科研管理制度,推动科研机构、高等学校采取科技人才评价不与论文、项目和经费数量过度挂钩的评价标准,重点评价和考核科技人才的学术水平和实际贡献,这对高校学术评价机

---

① 杨卫.二十年谱就精彩华章——写在国家杰出青年科学基金设立 20 周年之际[N].光明日报,2014-04-17 (16).

制提出了较高的要求。然而,目前我国高校人才评价的科学水平总体较低,人才评价指标不健全、评价方式单一、测评技术落后,在人才发现、选拔、引进、任用、考核时,学术评价便成为一件复杂而又棘手的工作。目标人才的学术水平和发展潜力是较难测评的,人才学术信息的缺失和不对称严重影响高校师资队伍建设进程。为解决信息不对称条件下的逆向选择和道德风险问题,美国学者迈克尔·斯宾塞(Michael Spence)曾于20世纪70年代提出"信号传递理论"。作为"一种把教育看成帮助雇主识别不同能力的申请者,以便把他们安置到不同岗位的模型"①,"信号传递理论"认为一个人的受教育程度可以标明一个人已有的能力,受教育程度则成为个人能力水平的"信号"。根据这一理论,人才计划可以作为一个"信号",用以表明入选者的学术资质和创新潜力。一方面,人才计划的入选者可以向政府、高校、科研院所、企业等用人单位以及社会公众释放并传递一种利好信号,表明自己的学术实力和可信赖程度,从而提高个人学术声望。另一方面,基于信息成本和信息优势的考量,高校普遍乐于接受现成的人才计划,特别是国家级人才计划。在其看来,国家级人才计划标准高且由高水平专家进行同行评议,其结果具有很强的权威性,所以是作为人才引进第三方评价的最好选择。在行政化思维主导下,高校人事管理部门出于便利性和可操作性的考量,奉行"拿来主义",直接将各类人才计划作为本校师资招聘与人才引进的考评依据和标准,以及财政支持的重要依据。这种方式不仅有利于规范高校职位分类与职业标准,还能避免对人才的多头评价和重复评价。久而久之,由政府主导的人才计划最终替代高校自身的学术评价标准,成为学术劳动力市场中高层次人才选拔与评价的得力工具。其结果是,作为用人单位的高校在人才评价中的主体地位逐渐衰弱,各级政府、研究院所等人才计划设立与管理机构的影响不断增强。

总之,人才计划与大学学术精英的选拔、培育和评价紧密相关,其各项功能的充分发挥对我国"人才强国"战略的有效落实和"双一流"建设的顺利推进具有重要意义。人才计划犹如大学学术精英的生产"机器",通过各类人才计划,来自国内外、从属不同研究领域、具有不同学科知识结构、处于不同年龄阶段的

①　缪榕楠.学术组织中的人:大学教师任用的新制度主义分析[M].南京:南京师范大学出版社,2008:85.

学术精英不断涌现。

二、 政府与大学：产生学术精英的主体

长期以来,中国高等教育改革始终伴随着政府主导下的重点建设和选优激励。① 由于体制上的路径依赖,这种重点建设和选优激励已产出一套固定的思维方式和行动程式,并已扩展深入高等教育的各个领域,如早期的重点高校建设、重点学科建设,现今的一流大学建设、一流学科建设以及一流本科建设、一流专业建设和一流课程建设,又如意在培养一流科学精英、一流技术精英、一流管理精英的各类人才工程、人才项目和人才计划等。思考并回答"一个学术人如何进入'轨道'、融入'体制'而最终成为学术精英"的问题,有利于我们具体理解和把握我国高等教育改革与发展的历史进路与未来趋势。

中国大学学术精英的成长与发展既是个人勤学专研、勇攀高峰的过程,也是他方接续辅助、多重支持的结果。对于制度化学术精英而言,来自外界的形塑力量不可或缺,其中各类人才计划为中国式大学学术精英提供了必要的学术资源、成长平台、发展空间和制度保障。近年来,随着人才计划对于大学学术精英生成的作用不断增强,大学及其院系也开始为之展开空前激烈的竞争。鉴于此,下面结合各类人才计划以及相关人才政策,分析推动中国式学术精英生产的组织结构与运行机制。

(一)学术精英生成的组织结构

在我国当前的高等教育管理体制下,大学学术精英依赖全方位、多层次、上下联动的培养与支持模式,其中政府与大学在精英生产的不同环节都各自发挥着无可替代的作用,协同而成的精英生产组织结构具有较强的稳定性。政府与大学共同推动、良性发展的学术精英培养格局在人才计划的实施中逐步建立起来。基于资源优势和地位优势,政府是大学学术精英生产的主导者和发起者,是人才计划最主要的政策支持者和资金供给者。中央政府与地方各级政府自上而下地通过多种渠道建立、造就大学学术精英的工作体系。放眼世界、面向全国,中央政府充分发挥顶层设计职能,与时俱进地推动科技体制和人才管理

---

① 王建华.政策驱动改革及其局限——兼议"双一流"建设[J].江苏高教,2018(6):7.

体制改革,开创性地提出一系列引领精英发展的人才计划,国务院、中央组织部以及科学技术、教育文化等相关部委联合行动、宏观管理和布局协调全国人才的选拔、培养、任用、考核和激励工作。如 1995 年推行的"百千万人才工程"就是由人事部、国家科委、国家教委、财政部、国家计委、中国科协、国家自然科学基金委等组成的"百千万人才工程"领导小组负责实施的。在中央推出国家海外高层次人才引进计划、国家高层次人才特殊支持计划、高等学校"高层次创造性人才计划"等计划后,地方政府结合实际情况或将相关政策、方案、办法和意见等加以具体化并统一筹措、积极落实,或模仿、借用中央话语体系与概念提法,重新创造出一套基于地方、限于域内的省级、市级乃至县级的人才计划。

一般情况下,"中央每次提出重大经济和社会发展目标和战略后,各级地方政府都要层层传达和部署,战略目标也不断被分解下达"①。在同样的实践逻辑下,人才计划的地方繁荣是中央充分运用奖惩机制有效驱动地方的结果,更是地方层层分包、层层加码、严格执行的结果。为提高地方政府对跨世纪学术和技术带头人培养的重视度,中央政府不仅将这项工作纳入各级政府和有关部门领导的任期目标,还将其作为地方官员政绩考核的一项重要内容。② 2011 年出台的《国家中长期科技人才发展规划(2010—2020 年)》,在组织实施中便要求实行目标责任制,国家科技行政管理部门建立评估指标体系将相关工作的落实情况纳入对地方科技行政管理部门的绩效考核、市县科技进步考核评价指标体系中。③ 面对中央人才工作目标化的问责压力和刚性的任务分解,地方政府"通常需要全力调动自身的财政和其他资源去完成,经常的情况是'中央请客,地方买单',或者'上级点菜,下级买单'。而为了完成上级任务和筹集必要的财政资源,地方政府又是'八仙过海,各显神通'"④。地方政府在学术精英生产中的积极性和主动性不断增强,一批批满足社会经济发展和创新需求的地方学术精英形成了。随后,在地方政府的继续支持下,这些精英将成功跻身国家级人才计划而成为国家精英。

总体上看,中央和地方政府在推动各类人才计划和相关举措的过程中更多

---

① 周黎安.转型中的地方政府:官员激励与治理[M].上海:格致出版社,2017:50.
② 参见:1995 年《国务院办公厅转发人事部等部门关于培养跨世纪学术和技术带头人意见的通知》.
③ 参见:2011 年《国家中长期科技人才发展规划(2010—2020 年)》.
④ 周黎安.转型中的地方政府:官员激励与治理[M].上海:格致出版社,2017:55.

的是分层协作、紧密配合的关系。如在财政投入上,中央和地方都要按比例和实际情况安排专项资金用于科技人才培养所需的重点科研基地和重大科技工程建设,都要为紧缺人才引进、高端人才培养、地方人才开发等工作于财政预算中安排必要的资金;又如在体制改革上,中央和地方各有关部门都要将人事制度和社会保障制度改革作为人才工作的重点,都要有计划、有步骤地健全各类人才管理机构和管理模式。尽管当前中央和地方政府之间的统一性仍有待进一步加强,但围绕学术精英发现、选拔、培养、任用与考评等环节的央地协同框架已基本形成。

作为学术精英高度汇聚的场域,大学在学术精英形成中的重要性不言而喻。由于与学术精英之间的紧密联系,大学可被视为学术精英的"养育所",是学术精英从事教学、科研及社会服务等活动的直接支持者。在人才计划盛行的今天,响应中央号召、支持学术人才发展既是大学落实国家人才政策的重要任务,也是大学抓住机遇、实现飞跃的战略选择。2017 年,教育部为加快直属高校高层次人才队伍建设与发展,推行人才工作目标责任考核,具体要"建立高校各级党政领导班子和领导干部人才工作目标责任制,将高层次人才发展列为落实党建工作责任制情况述职的重要内容。考核结果作为领导班子评优、干部评价的重要依据,与年度综合绩效考核挂钩"①。在人才工作上,不仅中央部属高校如此,地方省属高校亦如此,甚至后者所承担的任务数量与面对的考核压力远远大于前者。从延揽海外英才到发掘本土俊才,从激励领军人才到奖掖拔尖人才,一系列经大学自主设置、自主管理的校级人才计划应运而生。在"双一流"建设政策的促进下,我国大学引才育才更加主动,其目标明确、形式丰富且投入巨大。比如,上海、广东、陕西等地方政府积极组织域内高校组团奔赴世界一流大学招聘海外学术及行业高层次人才。再如,很多大学每年在国家人才计划启动申报的前期,都会召开诸如"国际青年学者论坛"等的会议。这些会议首先是学术氛围浓厚的学术会议,旨在搭建平台以汇聚海内外不同学术背景的优秀学者就国际前沿科技与研究问题展开交流和探讨,促进学术发展和科技进步;这些会议还是具有招聘性质的人事招聘会,意在开辟大学与海内外杰出人才相互

---

① 参见:2017 年《中共教育部党组关于加快直属高校高层次人才发展的指导意见》。

了解、沟通以及协商岗位聘任、工作待遇、科研资助等事宜的渠道。因此,大学往往通过设置包括年龄限制、学历要求、学科背景及学术水平等标准在内的申请条件对参会者进行严格筛选,并统一为参会者提供免费食宿、报销往返交通费用。可见,大学自身也是学术精英生产组织结构的关键一方,是与各级政府共同形塑制度化精英的重要力量。

(二)学术精英生成的运行机制

制度化学术精英的生成机制运行于各级政府与大学之间成系统化、体系化的组织结构中,先后贯穿于人才发现、选拔、任用、管理、考核等系列程序中,其间目标人选的标准确立、申报与推荐、遴选与确定、培养与支持等具体活动在多方组织和配合下得以顺利进行。经过二十多年的不断改革与创新,以人才计划为主的学术精英生产机制已初步形成,其运行方式受各类人才政策、人事制度的支持和约束。为全面系统地考察我国大学学术精英生产的运行机制,以下将以"四青"为代表的青年学术精英为主体展开论述,从其成才起步阶段开始追踪和梳理我国大学学术精英生产的宏观机制和微观路径。一般而言,我国大学学术精英的生成大致可分为四个阶段。

1. 人才标准的确立阶段

长期以来,我国大学学术资助与激励的主要对象是从多数中遴选出的少数,重点资助的是那些已取得重要成就、获得较大突破的或具有较强创新能力和发展潜力的人才。为此,确立人才培养目标和人才选拔标准就成为大学学术资助与激励的第一步。一般而言,不论是人才计划还是科研基金,选定目标人才的标准大致包括学科标准、人身标准、学位标准、职称标准、学术成就标准和思想道德标准等。如"A 类青年"的申请条件包括"属自然科学或工程技术领域,年龄不超过 40 周岁""在海外知名高校取得博士学位,并有三年以上的海外科研工作经历"等,又如"青年学者"的申请条件为"坚持正确政治方向、具有高尚道德情操,创新发展潜力大,在科学研究方面取得突出学术成果,国内人员一般应担任副教授及以上职务或其他相应职务"等。依据上述标准,政府和大学能够提高引才育才的精准性和资源配置的有效性,从而满足社会经济和科学技术发展需求。

2. 人才遴选与评审阶段

人才选拔标准确立后,中央政府出台相应人才计划并下达地方政府和大学负责组织实施,各项人才申报活动定期在全国范围内按部就班、自下而上地进行。不同人才计划依不同程序推进,整个过程往往涉及较多的机构和人员,这对机构间、人员间的分工与合作提出较高要求。比如,在海外高层次人才引进工作专项办公室指导下,"A 类青年"申报评审程序主要为:用人单位和海外人才达成意向,提出申请;教育部等联合平台组织专家进行通讯评审和会议评审、拟定名单并公示、分类分档提出科研经费补助标准(100 万—300 万元);联合平台公示与复审;海外高层次人才引进工作小组批准最终名单。"B 类青拔"的遴选程序是:专项办部署总体安排,平台部门做出具体部署,各地区各部门组织申报,平台部门进行形式审查、同行评审,咨询顾问组审核建议人选并公示,领导小组批准、公布最终人选。少数候选人从地方汇聚于中央,经相关部门批准后成为榜上有名的获重点资助、优先发展的学术精英。

3. 人才支持与培养阶段

对广大学术工作者而言,入选某项人才计划意味着能够获得更快更好的学术成长条件和更大更高的学术发展平台。因此,加大人才培养投入、创造人才发展条件是人才计划落到实处并发挥效用的基本要求。通过考察"四青"人才①所入选人才计划(工程、项目)、所获科研基金以及奖项等情况可知,我国对人才给予了多元的支持和培养形式,具体可分为以下几种类型。

一是"人才+项目"。以国家自然科学基金和国家社会科学基金为代表的科研项目是我国学术领域"基金育人""项目育人"体系的重要组成部分。国家自然科学基金委员会负责组织实施的国家杰出青年科学基金和国家优秀青年基金在促进青年科学、技术人才成长方面长期发挥着积极作用。其中,面向具有高级专业技术职务(职称)或博士学位的青年学者(男性未满 38 周岁,女性未满 40 周岁)的国家优秀青年科学基金项目获得者,有为期三年的科研经费资助。在 48 名"四青"人才中,21 人曾获得国家自然科学基金青年项目的支持,3 人曾获得国家社会

---

① 本研究将"四青"人才所在大学划分为东部、中部、西部和东北地区,并分别从四地独立、随机地抽取 2018 年度"B 类青拔"12 人、2017 年度"青年学者"12 人、2018 年度"A 类青年"12 人以及 2018 年度"优青"12 人,共计 48 人作为考察对象。

科学基金青年项目的资助,4人曾获得霍英东青年教师基金的专项经费。

二是"人才＋奖项"。长期以来由中央政府、教育行政部门以及全国性、学术性、非营利性社团等组织设立的各种学术奖项,推动着我国大学学术精英生产机制的有效运行。据不完全统计,48名"四青"人才中有4人曾获得国家技术发明奖;在教育部设立和管理的奖项中,学术新人奖、自然科学奖、高等学校科学研究优秀成果奖获得者各有2人,4人获得技术发明奖,1人获得科技进步奖,5人获得霍英东高等院校青年教师奖;在省级奖项中,6人获得优秀成果奖,5人获得科学技术奖,3人获得技术发明奖,各有2人获得科技进步奖和自然科学奖。此外,还有一些"四青"人才获得如中国化工学会侯德榜青年化工奖、中国药学会科学技术奖、中国地质学会青年地质科技奖、中国现代文学研究会"唐弢青年文学研究奖"等奖项。这种以国务院国家科学技术奖为代表的国家学术奖励机制,从精神层面和物质层面对学术精英所做出的重大创新和重要贡献予以正向激励,最直接、最有效地引领学术精英不断进取、努力钻研,是提高我国原始创新能力和科技成果转化能力的重要手段。

三是"人才＋政策"。相互嵌套、紧密结合、上下衔接的人才政策为学术精英开辟了发展空间。一方面,人才政策间的横向结合打破了政策壁垒、填补了政策空白,学术精英可以充分发掘和利用不同类型的政策资源。2004年,教育部公布的《高等学校"高层次创造性人才计划"实施方案》就指出,"高层次创造性人才计划"要与"985工程""211工程""高等学校科技创新计划""高等学校哲学社会科学繁荣计划""研究生教育创新计划"等密切配合,整体实施,大力推进高水平大学和重点学科建设。此外,不同人才政策或人才计划的横向结合还体现在"四青"人才的"身份重叠"上。经统计,11人拥有双重身份(占比为22.92％),其中1名"B类青拔"、6名"青年学者"、2名"A类青年"为"优青",2名"优青"分别为"A类青年"和"B类青拔"。在这11名"四青"人才中,不同类型人才的起步阶段和发展轨迹略有差异,各类人才计划的衔接方式亦有不同。例如,1名2014年度"优青"成为2018年度"B类青拔",1名2015年度"优青"成为2017年度"青年学者",4名2016年度"优青"成为2017年度"青年学者",1名2017年度"优青"同年成为"青年学者",2名2015年度"青年学者"分别于同年和2016年成为"优青",还有1名2014年度"A类青年"、1名2016年度"B类青拔"成为2018年度"优青"。部分"四青"人才的双重身份表明,我国相互承接的国家级青年人才计划为处于学术生涯早期的青年精英提供了必要的资金、设备、人力支持以及关键的发展机遇,营造了优越的学术环境。另一方面,人才政策间的纵向衔接能够有效贯彻人才培养与发展理念,为学术精英可持续发展搭建起畅通、优良的制度通道。2008年,中共中央办公厅在《关于实施海外高层次人才引进计划的意见》中指出,党中央、国家有关部门、地方要分层次、有计划地组织实施海外高层次人才引进计划。为此,中央要求国家有关部门继续做好做强"百人计划""国家杰出青年科学基金"等人才引进项目;各省(自治区、直辖市)结合经济社会发展和产业结构调整的需要,研究制订实施本地区海外高层次人才引进计划;支持、鼓励非公有制企业和民办非企业单位开展引进海外高层次人才工作。在48名"四青"人才中有28人曾受到所在省(自治区、直辖市)"百千万人才工程""青年拔尖创新人才工程"等人才计划的支持,至少19人先后入选所在大学人才支持计划,如"华中学者""萃英计划""北洋青年学者""升华猎英人才计划""百人计划""'扬华之星'计划""翱翔青年学者""金山学者"等。如此,在各级政府与大学之间形成多层次、多渠道的学术精英培养支持格局。

4. 人才考核与进阶阶段

虽然人才计划力图为学术精英营造宽松的学术氛围,但任何人才计划都具有一定的资助期限与考核要求,因此动态管理、择优汰劣在人才计划施行之初就已成为一项重要的组织原则。例如,根据中央组织部2012年公布的《青年拔尖人才支持计划实施办法》,青年拔尖人才的考核主体由牵头部门、参与部门和推荐单位组成,考核方式包括年度报告、中期评价(第二年)和终期考核(第三年),中期评价重点涉及所从事课题的原创性、前沿性、发展潜力及研究进度等,终期考核侧重研究成果的同行评价情况、学术水平和价值及其应用前景等。在引进海外高层次人才工作中,中央办公厅要求"根据海外高层次人才的工作领域和工作性质,实行弹性考核制度,避免多头评价、重复评价"[①]。

随着人才计划的推进,学术精英在成长中接受考核,在考核中开启新一轮

---

① 参见:2008年《中央办公厅关于实施海外高层次人才引进计划的意见》。

竞争,胜出者将获得更高层次人才计划的支持。因此,学术精英是在竞争机制下、在人才计划提档升级过程中步步进阶、层层提升的。由此不难理解,为何一项人才计划会包括若干不同层次的"子计划",为何不同层次人才计划会有不同的年龄限制,为何一项人才计划会专门设置面向青年学者的人才项目。如教育部重大人才计划分别设立特聘教授、讲座教授和青年学者岗位,申报特聘教授的年龄条件为:自然科学领域、工程技术领域人选年龄不超过 45 周岁,哲学社会科学领域人选年龄不超过 55 周岁;申报青年学者的年龄要求为:自然科学领域、工程技术领域人选年龄不超过 38 周岁,哲学社会科学领域人选年龄不超过 45 周岁。特聘教授与青年学者年龄上限间至少相差七至十年,这为 1—2 个聘期结束后继续申报特聘教授的青年学者留有较充足的准备时间。同样,国家"特支计划"体系也分杰出人才、领军人才、青年拔尖人才这三个层次,不同层次的申报年龄间隔也为青年人才留有晋升空间。

各类人才计划及其政策相互嵌套,层层叠加,编织成一张制度之网,中国式学术精英就在其间受到各方精细培育、特别关照、全面保障和大力支持,进而成长、成熟并不断发展。总之,学术精英的制度化是政府主导下的学术精英发展过程,是学术精英逐渐融入行政体制的过程,使得制度化了的学术精英过分依附于政治权力和政治资源。"如果占有的地位能支配别的位置上的人(如负有控制单位人员招聘或裁减职责的部门),那么这样的占有者就拥有了学术资本。"①政府在制度化学术精英的生产中就占有充足的学术资本,而"有这种决定大学教职员队伍的发展的权力,就使其拥有者被赋予一种法规性的权威,一种与职能相联系的特点,它更接近体系内等级地位而不是具体成果或人的特定属性"②。在学术资本与法规性权威的支撑下,政府的绝对地位和绝对权力较少受到制度化学术精英的质疑和挑战,他们逐渐"成为体制里面的人物","开始依附于一定的'皮'之上",进而"与社会有了某种固定的精神或物质利益上的有机联系"。③ 学术精英最终成为"有机的"知识分子。④ "制度化精英主义"密切了政府与学术精英的关系,使学术精英成为可受政府统一组织和集中管理的群

① [法]P.波丢.人:学术者[M].王作虹,译.贵阳:贵州人民出版社,2006:88.
② [法]P.波丢.人:学术者[M].王作虹,译.贵阳:贵州人民出版社,2006:88.
③ 许纪霖.新世纪的思想地图[M].天津:天津人民出版社,2002:16.
④ 许纪霖.中国知识分子十论[M].上海:复旦大学出版社,2003:9.

体。这样,政府就把大学学术精英纳入行政主导的管理模式中。在周期性的制度化精英评选中,教育行政部门会提前订计划、设规模,一批又一批的学术精英从各类人才计划中被生产出来,经专家评议后被贴上名称各异的"标签",并携带大量学术资源流通到全国范围的大学院校、科研院所或企事业单位中。

三、"制度化精英主义":承认学术精英的关键

面对精英的制度化,学界从学术研究的本质、行政权力与学术权力关系等角度对这种行政框架内的制度化精英进行了反思。早在 2004 年,刘大枫面对眼花缭乱的人才名目就曾生出这样的疑问:"数字化的'人才工程',其数字是怎么来的?人非产品,成才几多,应当事后统计,还是事先计划?数字既定,是否有人会因此而被'推出去'或者'拉进来'?"[1]姚文兵也认为,教育部"特聘教授""不仅是人员的选拔,也是一次资源,包括人力、物力、声望资源的再分配过程,从岗位设置、聘用程序到激励、问责都有一整套完整的规定,这些规定赋予了政府在高等教育运行系统中的主导地位"[2]。而在熊丙奇看来,"行政主导的'人才计划',就是对人才进行行政管理和行政评价,这将导致学术管理和评价严重行政化、功利化"[3]。还有研究认为,国内高层次人才引进已成为一种政绩工程,用人单位为争取计划人才及其所附带的资源而盲目竞争,忽视了自身与国家经济发展的真实需求。[4] 尽管不乏批评之声,但近年来政府和高校在"双一流"建设进程中对高层次人才队伍建设的投入力度却越来越大。这种理论与实践的矛盾引人深思。从人类社会发展历程看,精英不仅是从大众中选出来的,且要获得大众的承认。基于承认的需要,我们应看到"制度化精英主义"在精英成长发展及其价值开发与利用中的重要作用。

长期以来,我国学术共同体精英评价与选拔机制不健全,学术共同体及其所坚持的同行评议由于人情关系和制度的不足而存在争议。一项有关高校学

---

① 刘大枫.人才名目何其多[J].教师博览,2004(10):12.

② 姚文兵.大学制度创设中的"合法性"机制和效率机制——以"长江学者"特聘教授制度为例[J].江淮论坛,2009(3):109.

③ 熊丙奇.长江学者对我国学术发展究竟有多大贡献?[J].博览群书,2013(8):20.

④ 牛珩,周建中.海外引进高层次人才学科领域的定量分析与国际比较——以"长江学者"、"百人计划"和"千人计划"为例[J].科技管理研究,2017(6):249.

术体制运行状况的研究指出,我国学术共同体缺乏一定的公信力,"人们对学术资源占有与学术能力间的匹配关系、学术奖励成果的含金量、课题资助获得资格都抱有较强的不信任态度,而资源分配过程中的匿名化技术环节则从反面应验了人们对'黑箱操作'的怀疑倾向"①。另一项有关国内高校引进海外高层次人才所需材料的调查指出,四分之一的高校人事管理人员认为"专家推荐信"可有可无,这表明高校较不信任以国内专家为主而开展的同行评议。② 但没有政府和行政权力参与的学术评议则更加难以令人信服。学术共同体的学术权力本就薄弱、学术公信力也较低下,若缺少政府行政权力和行政权威的支持,那么在重人情、讲关系的社会中,纯学术同行评议的合法性将遭受诸多质疑和挑战。"外部社会及其权力介入学术活动不仅无法避免,而且是学术活动展开过程所必需的动力。"③在精英选拔方面,名实相符是识才、用才的基本原则和理想状态。那么在学术共同体自主性、自立性较为薄弱的情况下,如何鉴别、选拔、筛选出名副其实的人才呢? 目前学术共同体的力量是薄弱的,威望是不够的,学术精英为获得学界和社会认可便转而寻求政府的承认,更依赖于政府而不是学术共同体的"制度化精英主义"就形成了。国家和政府通过集聚具有高超识才能力的个人或组织来品鉴人才,具有第三方评估性质的"官方认证"则在人才评鉴、选任方面长期发挥着重要作用。制度化精英不仅是行政权力与学术权力博弈的结果,还是行政权力与学术权力合作的产物,其不仅得到了学术共同体的"专业鉴定",还经过了政府的"官方认证"。因此,制度化精英不仅拥有较高学术声望,还拥有较强的政治权威。

制度化精英之所以备受推崇,还因为"制度化精英主义"具有高度的选拔性和竞争性。经激烈竞争、层层筛选出来的制度化精英拥有"体制所认可的名气标记"④。他们所具有的学术能力处于较高的水平之上,所取得的成就或许代表着某一科学领域的前沿状态和某一技术领域的最高水平,因而各界逐渐开始认可并信任这种来自政府的学术承认。根据 2017 年中国中国工程院院士增选结

① 阎光才.学术共同体内外的权力博弈与同行评议制度[J].北京大学教育评论,2009(1):134.
② 魏立才,赵炬明."青年千人计划"政策考察与建议——基于对第一至五批"青年千人计划"入选者信息的分析[J].清华大学教育研究,2014(5):86.
③ 阎光才.学术共同体内外的权力博弈与同行评议制度[J].北京大学教育评论,2009(1):126.
④ [法]P.波丢.人:学术者[M].王作虹,译.贵阳:贵州人民出版社,2006:85.

果,67 位新当选院士是从 533 名有效候选人中经第一轮评审会议、第二轮评审会议以及各学部选举和全院全体院士大会终选等程序选举产生的。[1] 高度竞争的学术精英选拔机制使入选者具有很高的含金量,对他人具有更强的吸引力,这也充分体现了"制度化精英主义"的生命力和有效性。高度竞争的结果是层次分明的等级系统,制度化精英之间的等级性亦十分鲜明。从本质上看,制度化精英是因特殊身份而拥有特殊权利的群体,不同类型的制度化精英也因不同身份而有着不同的发展轨迹。古代科举精英由功名而产生品位、官阶、职级和薪俸的等级差异,与当今大学学术精英因人才称号而存在的岗位薪酬、科研经费、生活待遇、职称晋升等方面的等级差异,几乎没有本质上的区别。由人为分类分等所造成的较大利益差距,无论是对制度化了的精英还是对争取制度化的精英,都属于一种外部强激励。在强精神激励和强物质激励下,"制度化精英主义"可以被精英和大众共同接受。在专业化、高深学问和学术权威的合力下,"制度化精英主义"生产出一批有组织的"高级专家",创造了一批体制内的学术精英,同时附加的是"尊贵身份""卓著声誉""优厚待遇""特殊权利"等社会性标识。

总之,政府与大学是学术精英制度化的主导者、参与者和支持者,各类人才政策、人才项目相互嵌套、层层叠加,构成相对严密的制度空间,被选中的学术精英就在这种制度空间内获得特别关照和精细培育。制度化学术精英在以政治权威和学术资源为基础建构的制度空间内经竞争选拔与优先培养,在各方全面保障与大力支持下一步步成长和发展起来。当前,中国大学人才竞争的主要对象是制度化学术精英。学术精英因制度化而树立的威望、经制度化而积累的声誉,不仅有助于大学获得政府的丰厚支持,还有利于大学提高社会知名度。在一段时间内,在"制度化精英主义"下,各类大学"唯头衔"而竞夺精英,本质上就是试图不断占有制度化学术精英的过程;在学术劳动力市场中,大学各类高层次人才频繁的校际流动,本质上就是制度化学术精英受到激烈追逐的结果。从某种意义上说,"制度化精英主义"愈盛则大学学术精英竞争愈烈,而大学学术精英竞争愈激烈则大学学术精英流动愈频繁。

---

[1] 参见中国中国工程院发布的 2017 年院士增选结果。

第二章

中国大学学术精英流动概况与特征

　　随着我国高等教育系统人才竞争愈益激烈,大学对各类学术精英的需求不断增加。然而,由于精英资源的稀缺性,学术精英在不同组织间的流动备受政府、大学、个人以及相关利益群体的关注。本研究采用 CV 分析法,通过高等院校人事部门官网、二级学院官网等网络渠道,全面搜集 1999—2019 年高校中国科学院院士、中国工程院院士以及高校"特聘教授""杰青""A 类青年""B 类青拔""青年学者""优青"等共计 8 829 位大学学术精英的个人信息及学习工作履历数据①,追踪并分析其职业发展轨迹与职业流动情况。② 在调查过程中,研判大学学术精英流动与否的依据主要有三点:先通过学术精英入选相应人才计划时所在大学院校官网查询其个人简介,看其是否流动。但由于我国很多大学院校官网不能及时更新教职人员相关信息,故不能准确判断学术精英是否在职,因此还要全网搜寻学术精英近期参加各类学术交流活动的相关报道,并以相关信息作为参考依据。若上述两种方法都难以确定大学学术精英流动的情况,则利用 Web of Science 数据库平台、中国知网数据库平台获取其近期发表科研论文的署名单位,以此判断其是否发生流动。据此,在庞大数据的支撑下,借助相应的描述统计方法,全面梳理我国大学各类学术精英流动的基本概况,以期客观把握我国大学学术精英流动的整体样貌,归纳我国大学学术精英流动的基本特征。

---

① 相关数据采集时段为 2019 年 1 月—6 月,由于为人工采集,如有遗漏,敬请读者指正。

② 2000 年以来,我国一些高校经历了合并、调整与更名。本书中的相关统计均以当时最新校名为准。

第一节　大学顶尖学术精英流动概况

中国科学院院士、中国中国工程院院士(简称"两院"院士)不仅是顶尖学术精英的典型代表,还是各类学术精英的重要培育者,更是各领域学术活动的重要领导者和参与者。根据《中国科学院院士章程》与《中国中国工程院章程》,中国科学院院士、中国中国工程院院士分别是由国家设立的在科学技术、工程科学技术方面的最高学术称号,为终身荣誉。^①在我国,"两院"院士是非常稀有、宝贵的人才资源和学术资源,因而成为众多高校人才引进的首要目标。近年来,各类大学对"两院"院士的追慕与日俱增,对"两院"院士的竞争也愈发激烈。为把握我国顶尖学术精英流动情况,本研究拟对 1999—2019 年共 564 位"两院"院士(包括中国科学院院士 279 人、中国工程院院士 285 人)进行调查分析。

一、流动规模

本研究初步确定有 65 位"两院"院士(占比为 11.52%)产生流动,其中中国科学院院士 42 人、中国工程院院士 23 人。另有 2 位中国工程院院士虽存在流动迹象,但由于缺乏可靠信息而尚难确定其是否真正流动,故未将其计入流动数据。

20 年间,在高等院校之间进行流动是"两院"院士的主要选择。由于不同院士具有不同的流动次数与流动经历,相关高校的院士数目也处于不断的增减变化之中。结合院士曾经的流动过程以及现今的流动结果,我们既可整体把握院士流动概况,也可着重分析院士流动细节。据统计,全国共 64 所高校主动参与或被动卷入"两院"院士流动过程,而另有 89 所大学中的"两院"院士未发生流动。按"两院"院士的流出与流入情况,可将相关高校分为三类:第一类为既有院士流出也有院士流入的"双向交流高校",第二类为仅有院士流出而无院士流入的"净流出高校",第三类则是仅有院士流入而无院士流出的"净流入高校"。在 20 所"净流出高校"中,中国科学技术大学、清华大学、北京航空航天大

---

① 参见:《中国科学院院士章程》与《中国中国工程院章程》。

学的"两院"院士流出量居于前列;在 20 所"净流入高校"中,上海大学、四川大学、重庆大学的"两院"院士流入量居于前列。对三类高校进行综合统计可知,北京大学院士流出量较多,南方科技大学、北京大学、北京理工大学、南开大学等高校的院士流入量名列前茅。相比而言,"净流入高校"的优势不再显著。

通过计算各校院士流出总数与流入总数的差值,我们可进一步明晰院士流动的具体状况。经统计,院士流动结果呈"负差"(即院士流出总量大于流入总量)的高校有 30 所,院士流出量小于院士流入量的高校有 27 所。

除了在大学间流动外,"两院"院士还在大学与科研机构间、政府等行政部门间流动。1999—2019 年,有 3 位院士流入中国科学院系统,2 位院士进入军队所属科研机构,1 位院士任职于某地综合性医院,还有 12 位院士在中央部委、各级地方政府等行政机构工作。由于部分院士有两次及以上流动经历,工作机构的频繁变更增加了流动轨迹的复杂性。具体而言,有 3 位院士通过在大学间的流动最终进入国家部委等行政机构,另有 4 位院士经两次或三次流动后回到获评院士时所在的大学,形成较为典型的"环流"。此外,在获评院士后的第一次流动中,有 9 位大学校长或副校长曾担任国务院学位委员会办公室、工业和信息化部、教育部、科学技术部以及江苏省政府、海南省政府、武汉市政府等的领导职务;在这 9 位院士中,有 7 位经第二次流动实现了转任或晋升,2 位于 2014 年前后分别出任国家自然科学基金委员会主任和国家知识产权局局长、党组书记。截至 2019 年 6 月,有 9 位院士尚处在教育部等国务院直属机构、中国科学院、中国中国工程院、地方省委省政府以及其他行政部门领导岗位。需要指出的是,有 15 所大学成为 14 位院士的"中转站",其中 9 所大学虽曾有不同数目的院士流入,但最终一个都未能"留住"。由此可见,不同大学对院士的吸引力是不同的,院士离开或留在某所大学的原因值得进一步探讨。

二、　流动方向

鉴于部分"两院"院士相对丰富而复杂的流动经历,本研究在进一步统计分析国内大学间、地区间院士流动情况时剔除了 17 位具有科研院所、行政部门等工作经历的院士数据,仅将其余 48 位长期在国内高等学校系统内部流动的"两院"院士作为后续研究对象。

（一）大学间流动

1999—2019 年，"两院"院士除在内地（大陆）"985 工程"大学、"211 工程"大学及普通院校流动外，还在港台地区高校变更工作。由图 2-1 可知，从"985 工程"大学流出的院士人数最多，大于"211 工程"大学与普通院校流出人数之和；香港地区高校流出的院士数量仅次于"985 工程"大学；虽然离开台湾地区高校的院士人数最少，但存在院士净流失的情况。在"两院"院士流动的过程中，普通院校曾引进超过 40％的院士，院士数量是"211 工程"大学的 2 倍，多于流入"985 工程"大学与香港地区大学的院士人数之和。总体上，"211 工程"大学与普通院校"两院"院士引进量大于流出量，而"985 工程"大学和港台地区高校则相反，其中"985 工程"大学院士引进人数略小于流出人数，香港地区高校院士流失量是引进量的 7 倍。

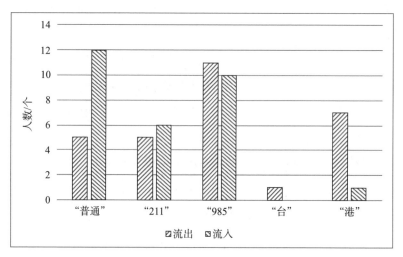

注：图中"普通"指普通院校，"211"指"211 工程"大学，"985"指"985 工程"大学，"台"指台湾地区高校，"港"指香港地区高校。下同。

图 2-1 1999—2019 年不同层次院校间"两院"院士流动情况

通过进一步分析"两院"院士校际流动过程，我们可以较为具体地把握其垂直流动状况。在"两院"院士群体中，部分院士呈向下流动趋势（如图 2-2 所示）。经统计，在有院士流出的"985 工程"大学中，7 所大学的院士流向了"211 工程"大学或普通院校，约占"985 工程"大学流动院士总数的 31％。其中，南京大学、中国科学技术大学具有典型性，流出的院士大多受聘于"211 工程"大学或普通院校。与"985 工程"大学相比,"211 工程"大学院士向下流动的人数较少,仅涉及 2 所医学类高校,从其余几所大学流出的院士大多在相当层次或较高层次大学任职。另外,从不同高校引进的"两院"院士看,共有 26 所大学从"985 工程"大学引进院士,其中西安电子科技大学、云南大学等 4 所"211 工程"大学分别流入 1 位院士,广东财经大学、西湖大学等 5 所普通院校共流入 7 位院士。其中,南方科技大学从"985 工程"大学引进的院士数量超过众多同类院校和"211 工程"大学而居于首位。总体上,从"985 工程"大学、"211 工程"大学流出的"两院"院士绝大多数流入少数地方普通院校,其数量是流入"211 工程"大学的 2 倍以上。由此可见,普通地方大学较"211 工程"大学在"两院"院士流动过程中扮演着更加主动的角色,其引进高端人才的积极性更强、力度更大。

除向下流动外,还有部分"两院"院士向上进入享有更高学术声誉、拥有更大学术平台、具有更优学术资源的大学。据统计,从 6 所"211 工程"大学和普通院校流出的院士进入若干"985 工程"大学,其中离开北京协和医学院(中国医学科学院)而向上流动的院士居多。北京交通大学、中国地质大学(武汉)、中国矿业大学、南方科技大学、南京邮电大学等校的院士主要在同层次院校间流动,并没有流向"985 工程"大学。同样,有 6 所"985 工程"大学先后从"211 工程"大学和普通院校引进数位"两院"院士,来自"211 工程"大学的院士略少于普通院校,前者主要流入北京理工大学、四川大学和华东师范大学,后者主要受聘于北京大学、南开大学和西北工业大学。与"985 工程"大学不同的是,参与院士竞争的 9 所"211 工程"大学并没有从普通院校引进院士,而是将目标定位于更高层次的"985 工程"大学、部分同层次院校以及少数香港地区的院校。

我国香港和台湾地区也存在"两院"院士流动情况,其中香港地区有 5 所大学的共 9 人在内地以及本地不同大学间进行流动。来自香港大学和香港理工大学的部分院士流入香港其他大学,部分院士进入内地普通院校;其他几位院士则从香港城市大学、香港浸会大学和香港科技大学流向内地"985 工程"大学、"211 工程"大学或普通院校。此外,还有 1 位台湾云林科技大学的院士在流动后全职受聘于大陆西部一所"985 工程"大学。

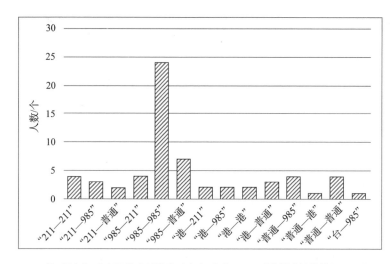

注:图中"—"表示学术精英流动方向,如"211—211"指学术精英从"211 工程"大学流向"211 工程"大学,"211—985"指学术精英从"211 工程"大学流向"985 工程"大学,"港—211"指学术精英从香港地区高校流向内地"211 工程"大学。下同。

图 2-2　1999—2019 年"两院"院士在不同层次院校间的流动

由于"211 工程"或"985 工程"并没有涉及香港、澳门及台湾地区大学,故难以度量"两院"院士在这类院校间的垂直流动方向。对此,本研究试采用国际权威的世界大学排行榜作为评价依据。目前,国际著名的世界大学排行榜共 4 个,包括 ARWU 世界大学学术排名、泰晤士高等教育世界大学排名、USNEWS 世界大学排名和 QS 世界大学排名。各大排行榜在目标导向、指标体系、统计方法、评价重点等方面存在诸多不同,其排名结果因而也有较大差异。鉴于研究方法的可操作性、研究结论的客观性,本书在综合对比四大排行榜的基础上,最终选择 2019 年 USNEWS 世界大学排名结果,综合研判大学学术精英校际垂直流动情况。据统计,有 3 位离开香港科技大学、香港浸会大学、台湾云林科技大学的院士向上流入内地(大陆)3 所全球排名更前、学术声誉更佳、科研水平更高、综合实力更强的大学;另有 5 位院士从香港城市大学、香港大学、香港科技大学、香港理工大学向下流入内地 4 所大学,其中 2 所大学尚未进入 USNEWS 世界大学排行榜中。

(二)地区间流动

从全国范围看,东部、中部、西部和东北地区都存在"两院"院士流动情况。1999—2019 年,"两院"院士从东部流出的数量最多,超过中部和东北地区流出院士总和(如图 2-3 所示)。虽然也有一些院士从西部某些大学流出,但事实上其均在西部流动而未流向其他地区,因此西部尚未出现院士流失问题;相反,西部从其他地区引进的"两院"院士数量与东部相同,且院士"正差"最大。东北地区引进的院士数量略多于流失数量,院士差值也为"正"。与之不同的是,东部与中部地区呈院士"负差",且东部地区院士流失问题较突出,其院士引进量仅为流出量的一半。

在流动过程中,"两院"院士在东部地区大学间流动规模最大,其比例已超过流动总数的 63％,西部地区大学间院士流动总数均超过中部地区内、东北地区内院士流动数。据图 2－4,流入西部地区的"两院"院士全部来自东部地区,其数量等于东北与中部从东部引进院士之和;东部从中部引进的院士数量虽仅为本地流动人数的十分之一,却四倍于从东北引进的院士人数;在流入中部的院士中,来自东部的人数是东北的两倍,而无人从西部流入;与西部一样,东北地区引进的院士皆来自东部,超过本地流动人数。此外,在从东部流出的院士中有 50％的人员去往西部地区,而离开中部地区的院士全部进入东部地区;从东北流出随后流入东部与中部地区的院士人数等于本地流动人数,且东北尚无院士流入西部地区。

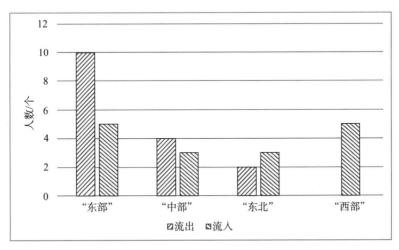

注:图中"东部"指东部地区,"中部"指中部地区,"东北"指东北地区,"西部"指西部地区。下同。

图 2－3　1999—2019 年各地"两院"院士流动人数

20 年内,"两院"院士曾先后流动于我国 20 个省级行政区和 26 座城市间。由图 2－5 可知,北京的院士流动人数超过 20 位,院士流动规模最大;广东的

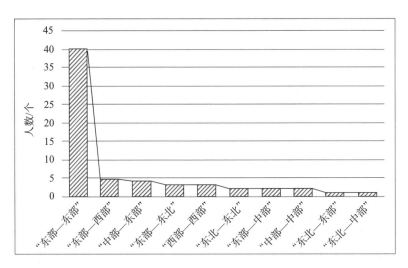

注:图中"—"表示学术精英流动方向,如"东部—东部"指学术精英在东部地区内部流动,"东部—西部"指学术精英从东部地区流向西部地区,诸如此类。下同。

图 2 - 4　1999—2019 年"两院"院士地区间的流动情况

流动院士也在 10 位以上,其与北京的院士流动人数之和约占总数的 35%。香港地区、江苏、上海、天津、安徽和湖北的院士流动人数都在 5 位(含)以上,而河南、四川、云南等地院士流动量最少。

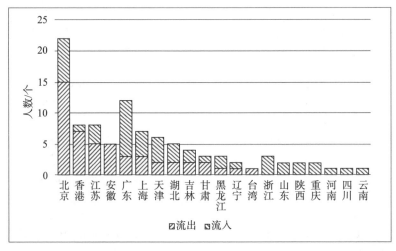

图 2 - 5　1999—2019 年"两院"院士相关流动概况

从"两院"院士流出情况看,北京依然居于全国首位,香港地区位居第二,前者院士流出人数是后者的两倍有余。从江苏、安徽、广东和上海流出的院士人数也居于全国前列,不过,四地人数之和仅比北京地区多1位;从天津流出的院士数量等同于湖北、甘肃和吉林地区流失的;山东、浙江与河南、四川、云南、陕西、重庆等地尚未出现"两院"院士流失问题,属于院士净流入地区。从"两院"院士流入情况看,全国共有18个省级行政区为院士流动目标所在地,具体包括东部8省(直辖市、特区)、中部2省、西部5省以及东北3省。广东超过北京成为"两院"院士流入最多的省份,其人数大于上海、天津引进院士人数之和;江苏、湖北和浙江院士引进人数相同,处于全国前七位。在西部,进入陕西和重庆的院士人数最多;在中部,湖北院士流入人数是河南的3倍;在东北,五分之四的院士同比例流向吉林和黑龙江。安徽和台湾地区皆有院士流出而无院士流入,属于院士净流失地区。经长期流出与流入后,"两院"院士在不同地区形成大小不同的院士流动"差":12个省级行政区呈"正差",6个省级行政区呈"负差",还有东北两省为"零差"。广东、浙江、天津、山东、陕西和重庆的院士流动"正差"为全国前六名,广东的院士流入量是流出量的3倍;北京、香港、安徽、江苏、甘肃、台湾的院士流动"负差"居全国前六位,北京的院士引进人数不到流失的一半。

从"两院"院士的流向看,离开北京的院士最多在东部地区流动,其次是去往西部地区,流入天津的院士最多,其次是广东和上海。从香港地区流出的院士先后进入东部3个省和2个直辖市,最多流入广东地区。作为中部地区院士流失人数最多的省份,安徽流出的院士分布于东部、中部和东北地区,其中流向吉林的院士人数超过广东、北京和湖北;江苏与安徽院士流失量相同,这些院士等量分布于广东、北京、浙江、河南、陕西等5个省级行政区。此外,广东从北京、香港引进的院士最多,约占引才总数的67%,还有2位院士分别来自中部地区的安徽与湖北。流入北京的院士最多来自上海,其次是香港、安徽、江苏、吉林和天津;流入上海的院士则最多来自北京,占到流入总数的一半。东部的广东、北京和山东都从中部引进院士,部分流入北京的院士还来自东北地区;西部的云南和四川都从北京引进院士,东部的江苏、天津和台湾则分别有院士流入陕西、重庆和甘肃;中部的湖北与河南都从东部引进院士,个别流入湖北的院士还来自吉林;东北的黑龙江和吉林分别从中部的安徽、东部的北京引进院士,而辽宁却未曾从其他地区引进院士。

　　1999—2019 年,在"两院"院士流动的 26 座城市中,北京、深圳、香港等地的院士流出与流入总规模居全国前列。其中,北京流动的"两院"院士超过 20 人,远远超过其他 25 座城市;香港与深圳的院士流动量并列第二位,但仅为北京的三分之一,上海的院士流动量略小于北京、香港、深圳;徐州、云林、成都、杭州、昆明等 10 座城市的院士流动量相等,且都处于末位。从"两院"院士流出情况看,近 35％的院士是从北京流出的,香港与合肥院士流出人数分居第二、第三位,两者之和仍不及北京;兰州流出的院士数量与深圳、武汉和长春等同,但已超过天津和广州。另外,如西安、重庆、郑州、宁波、青岛等 10 座城市既没有中国科学院院士流出也没有中国工程院院士流出,属于院士净流入城市。从"两院"院士流入情况看,全国有 23 座城市曾有院士流入,包括东北 3 城、东部 13 城、西部 5 城和中部 2 城。北京、深圳、上海、天津、武汉、广州、长春等 7 座院士流动中心城市也是院士流入的主要城市,前 6 城引进的院士人数占总数的 55％以上;流入哈尔滨、苏州、西安、重庆的院士与长春相当,已超过香港、南京与合肥,位居全国前列。合肥、徐州和云林仅有院士流出而无院士流入,属于院士净流失城市。

　　具体而言,从北京流出的院士进入东部其他 6 城、西部 2 城、东北 2 城和中部 1 城,流入天津的院士最多,其次为上海、深圳和长春。从香港流出的院士最多进入深圳,而北京、上海、广州、宁波、苏州等皆有院士从香港流入;合肥没有同城流动的院士,流出的院士分别去往东部的深圳、北京以及中西部的武汉、兰州。北京曾从其他 6 座城市引进"两院"院士,其中来自上海的院士最多,余下的院士分别来自 3 座东部城市、1 座中部城市和 1 座东北地区城市;流入深圳的院士来源城市不如北京广泛,其大多数来自香港和北京,少数来自合肥和苏州。上海和天津不仅院士引进量相等,而且都曾从北京引进院士,但天津从北京引进的院士人数是上海的 2 倍;天津引进的院士全部来自北京,而从北京进入上海的院士仅为流入总数的一半。此外,东部的北京、深圳、广州和青岛都曾从中部引进院士;西部的西安、成都、昆明和重庆都曾从东部引进院士,而兰州则有院士从中部流入;中部的武汉、郑州与西安等西部城市一样曾从东部引进院士,武汉还有院士来自长春;流入长春与哈尔滨的院士全部来自北京。换言之,东北引进的院士全部来自东部地区。

综合"两院"院士城际流入与流出情况看,全国有17座城市为院士流动"正差",7座城市为院士流动"负差"。在"两院"院士流动"正差"城市中,作为院士流动中心的天津和广州院士流动"正差"低于非院士流动中心的深圳,重庆和西安的院士流动"正差"也大于上海、武汉等院士流动中心。苏州与哈尔滨院士引进量略大于流出量,其院士流动差值与郑州、昆明、杭州、成都等院士净流入城市相同,都处于"正差"末位。在"两院"院士流动"负差"城市中,北京的差值等于香港与合肥差值之和,南京与兰州的院士流失人数分别是院士引进人数的3倍和2倍。东北的长春因院士流入量与流出量相当,故院士流动差值为"零"。

除在各省(直辖市、特区)行政中心所在城市流动外,"两院"院士还曾流入或离开少数非省级行政中心城市。如图2-6所示,20年间院士先后在9个非省级行政中心城市流动,含广东、辽宁、台湾各1个,江苏、山东、浙江各2个。这9座城市共流入13位院士,其中深圳引进的院士人数约占46%,是苏州的3倍,且大于泰安、大连、青岛、宁波、金华院士引进总和;共有6位院士从这类城市中流出,深圳流失的院士数量亦居于首位,苏州流出的院士人数为其二分之一。另外,作为院士净流失城市的台湾云林和江苏徐州,院士流动差值呈负数,唯一的一座东北城市——大连的院士流失量等于引进量,其他6座东部城市院士流动为"正差",其中深圳的院士引进人数是流出人数的3倍。

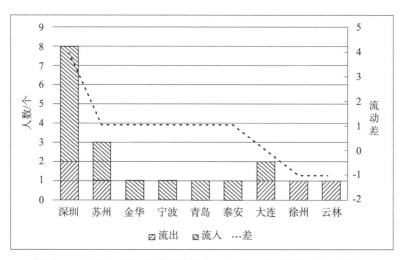

图2-6 1999—2019年非省级行政中心城市"两院"院士流动情况

第二节　大学杰出学术精英流动概况

近年来在我国各类大学学术精英引进政策文件中,各高校普遍视教育部国家重大人才计划特聘教授和国家杰出青年科学基金项目获得者为杰出人才的典型代表,给予相当级别的薪酬工资、科研经费、福利待遇、工作条件等。本研究考察了 1999—2017 年高校"特聘教授"2 147 人(非院士,含部分"杰青")、1999—2018 年高校"杰青"1 293 人(非院士,非"特聘教授"),共计 3 440 人的流动情况。

1999—2019 年,"特聘教授"和"杰青"在全国范围的分布不均衡也较为显著:有 10 所大学的两类人才数量占全国总数的 42.62%,其余 57.38% 的两类人才分布于 156 所大学中。由此可见,国内不同大学在"特聘教授"和"杰青"的占有量上差距悬殊。这一事实对该类人才的后续流动以及各校的系列引才举措都具有潜在而持续的影响。

一、流动规模

经对 3 440 位大学"特聘教授"和"杰青"职业变动情况的逐一调查分析,最终确定共有 588 人发生流动,占比为 17.09%,其中"特聘教授"流动 403 人(占"特聘教授"总人数的 18.77%),"杰青"流动 185 人(占"杰青"总人数的 14.31%)。这 588 位学术精英中的大多数人在获得"特聘教授"或"杰青"头衔后只有一次流动经历,另有 79 人曾流动过 2 次、17 人流动了 3 次,还有 3 人先后流动了 4 次。

据统计,我国半数以上发生流动的"特聘教授"和"杰青"是从 20 所大学流出的,平均流出 17 人以上。北京大学、清华大学、上海交通大学、浙江大学等人才流出数量皆超过 20 人。从各校"特聘教授"和"杰青"流失人数与原有人数之比看,辽宁大学、新疆大学、中国矿业大学、西藏大学、中国地质大学(北京)等 18 所大学的人才流失率超过一半,这意味着这些大学半数以上"特聘教授"和"杰青"已经离开。汕头大学、西北师范大学、兰州理工大学、河北师范大学等 9 所大学人才流失率达 100%,原有"特聘教授"和"杰青"全部流出。北京化工大学、北京航空航天大学、中国科学院大学以及西北大学的"特聘教授"和"杰青"流出比例较低,皆在9％以下。北京航空航天大学与中国科学院大学的"特聘教授""杰青"总数不减反增。

从"特聘教授"和"杰青"流入情况看,清华大学、浙江大学、上海交通大学以校均24人的引才量位居全国前列,与北京大学、天津大学、同济大学等7所大学共吸引了全国近四分之一的"特聘教授"和"杰青"。由于不同"特聘教授"和"杰青"有不同的流动次数,每次流动目标院校的选择也是不同的,因此各校流入的人才数量并不完全是一次性流动的结果。分析"特聘教授"和"杰青"首次流入院校的分布情况后,我们发现清华大学是此类人才在全国范围内第一次流动过程中最主要的目标院校,其引才数量超过25人,上海交通大学、浙江大学、北京大学、天津大学则紧随其后,人才流入校均17人,复旦大学、中山大学、暨南大学和南开大学属于人才竞争的第三方阵。

从20年间各校"特聘教授""杰青"流入与流出总数之差来看,暨南大学、深圳大学、同济大学等6校人才流入量远超流出量;南方科技大学、南昌大学、首都师范大学可归入人才净流入高校行列。与之相反,华中科技大学、武汉大学、吉林大学等6校人才流入量远不及流出量,其中华中科技大学的人才"负差"最大。

对比首次流动与整体流动结果,二者在全国院校排位上具有高度一致性,这不仅意味着"特聘教授"和"杰青"对首次流动目标院校的选择在很大程度上决定了其在全国院校的最终分布情况,还意味着不同大学对首次流动"特聘教授"和"杰青"的吸引力与竞争力,对自身高水平学术精英队伍的建设至关重要。

二、 流动方向

本研究中确定流动的588位"特聘教授"和"杰青"存在较为复杂的流动轨迹和流动情况。如14人先从高校流入科研院所、公司企业及政府等行政机构,后在流动中再次进入高校;又如13人先从国内高校流出进入美国、英国、法国、澳大利亚、加拿大、日本、新加坡等国的12所大学和1个研究中心,此后又回流到国内高校或科研院所,且有人已在国内流动了2次。此外,有45人首次从高校流出后在几家国内公司,一些地方政府部门以及若干中国科学院、中国农业科学院等下属科研机构工作;还有50多人首次流动便从国内流入美国、英国等的大学或科研机构从事教学、科研等工作。

上述几类流动情形共涉及 40 所国内外科研单位、58 所国外大学,还伴随 120 多人 1 到 4 次不等的流动经历。鉴于本研究重点在于国内大学及其学术精英的流动,故在统计中剔除了上述流动人员数据,因此下文研究对象共计 461 人。

(一)大学间流动

1999—2019 年,461 位"特聘教授"和"杰青"先后在国内 238 所大学间进行 1 到 4 次不等的职业流动。与整体流动状况相比,这些人才的流动格局并没有因减除国外流动和大学系统外流动而发生多大改变,二者在统计意义上无明显区别。此外,近 60 所大学引进的人才存在二次流失现象,其中有 16 所大学引进的"特聘教授"或"杰青"已全部离开。这说明人才吸引力和稳定性在不同大学具有较大差异,反映了大学之间引才能力与留才能力的高低差别。

在学术职业变动过程中,"特聘教授"和"杰青"在不同高校间垂直流动的现象较为普遍。20 年间共有 306 人从若干"985 工程"大学、"211 工程"大学、普通院校及香港地区高校流出,向上、向下流动到其他层次的院校之中(含香港、澳门、台湾地区高校)。由图 2 - 7 可知,从"985 工程"大学流出的"特聘教授"和"杰青"人数是最多的,但其人才流入量则是最少的;与之相反,普通院校的人才流入量最多,流出量最少;而"211 工程"大学的同类人才流出与流入数量居于二者之间,且流入人数略多于流出人数。因此,对于"特聘教授"和"杰青"而言,其向下流动现象及发展趋势应受到关注。

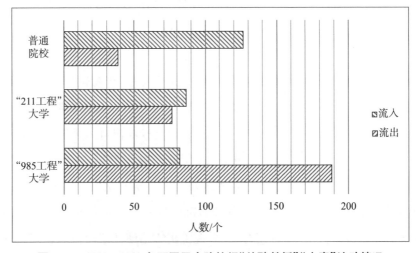

图 2 - 7 1999—2019 年不同层次院校间"特聘教授""杰青"流动情况

从不同层次大学间人才流动的具体方向看(如图2-8所示),"特聘教授""杰青"从"985工程"大学向普通院校、"211工程"大学流动以及从"211工程"大学向普通院校流动的总数超过200人,而其从普通院校、"211工程"大学向"985工程"大学流动以及从"211工程"大学向"985工程"大学流动的总数不足百人。虽然"特聘教授""杰青"在同层次院校间的流动占比最大,但仍难以掩盖其长期群体性向下流动的事实。

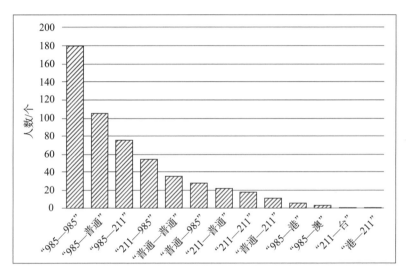

注:图中"澳"指澳门地区高校。下同。

图2-8 1999—2019年"特聘教授""杰青"在不同层次院校间的流动情况

在向下流动中,来自35所"985工程"大学的部分"特聘教授""杰青"先后流入"211工程"大学和普通院校,约占流动总数的50%,其中从南京大学、武汉大学、复旦大学流入"211工程"大学的人数处于前列,而从北京大学、浙江大学、吉林大学流入普通院校的人数领先于其他同层次大学。总的来看,"985工程"大学中北京大学"特聘教授"和"杰青"向下流动较多,其次是浙江大学、吉林大学和中山大学,三校向下流出人数皆在10人以上,向下流动人数较少的是西北农林科技大学、北京航空航天大学、华东师范大学、中国海洋大学等。在"211工程"大学中,苏州大学、东北林业大学等19所大学的少数"特聘教授"和"杰青"流向普通院校,约占流动总数的四分之一。

除了分析"特聘教授"和"杰青"从高层次院校向低层次院校流动之外,我们还可以通过统计"211工程"大学和普通院校从高层次院校引进人才数量进一步考察高层次学术精英向下流动状况。根据现有数据,国内36所"211工程"大学曾先后从"985工程"大学引进70多位"特聘教授"和"杰青",占引进总数的70%以上。其中,合肥工业大学、暨南大学、北京科技大学等以校均5位以上的引才数量居于前列,南昌大学、苏州大学、东华大学等25校,引进的40多位"特聘教授"和"杰青"全部来自"985工程"院校。与"211工程"大学相比,普通院校从上层院校引进的"特聘教授"和"杰青"数量较多,约为前者的1.7倍。在这86所大学中,深圳大学、南方科技大学、广州大学、东莞理工学院这4所广东高校平均引才5位以上,超过其他地区同类院校,浙江师范大学、杭州师范大学、青岛大学等则紧随其后,处于全国第二方阵。普通院校从"985工程"院校引进的"特聘教授"和"杰青"远远超过从"211工程"院校引进的同类人才。这一方面,深圳大学、南方科技大学、广州大学处于领先地位,南京审计大学则在引进"211工程"大学高层次人才数量上名列全国首位。

在向上流动中,一方面从"211工程"大学、普通院校"特聘教授"和"杰青"流入高层次院校情况看,48所"211工程"大学流出的"特聘教授"和"杰青"大多数流入更高层次的"985工程"大学中,以北京科技大学、上海大学、第四军医大学、华东理工大学、辽宁大学为代表的34所大学属于此类,其中18所大学的流出人才全部向上流动;28所普通院校的"特聘教授"和"杰青"曾先后向上流动到"985工程"大学或"211工程"大学中,从北京协和医学院、汕头大学、浙江师范大学等6所大学流入"985工程"大学的人数较多,江苏大学、南京工业大学、兰州理工大学等11所大学都曾有"特聘教授"和"杰青"流入"211工程"大学。总体上,从28所普通院校流入"985工程"大学的人数是流入"211工程"大学人数的2.5倍有余,这些院校占流动总数近80%的"特聘教授""杰青"在工作变动过程中选择了具有更高学术声誉和学术水平的大学。

另一方面,从"985工程"大学、"211工程"大学从低层次院校引进的"特聘教授"和"杰青"规模看,28所"985工程"大学平均引进3位左右,清华大学、浙江大学从"211工程"院校和普通院校引进的人才远在平均值之上;吉林大学、中央民族大学引进的"特聘教授"和"杰青"全部来自较低层次院校,重庆大学、四川大学、中南大学等8校所引进的同类人才占比也在50%以上;有16所"985工程"大学曾从普通院校引进"特聘教授"或"杰青",其中北京师范大学居于前列;还有不少先前在"211 工程"大学工作的"特聘教授"或"杰青"流入 26 所"985 工程"大学,其中汇集于浙江大学的人数较多。此外,还有 8 所"211 工程"大学从普通院校引进了十几位"特聘教授""杰青",其中暨南大学和华北电力大学在此方面十分积极。

由于还有少数"特聘教授"或"杰青"在内地高校和港、澳地区间流动,故本研究通过 2019 年 USNEWS 世界大学排名结果测度其垂直流动方向。据统计,在从内地流入香港地区的 6 位中,有 2 位属于向下流动,其他 4 位为向上流动;而从内地流入澳门地区的 3 位皆为向下流动。

（二）地区间流动

我国地域辽阔且各地自然环境与社会经济发展水平差异明显,这造成了高等教育资源与高等院校分布不平衡的局面。基于此,跨地区流动成为我国大学学术精英水平流动的主要形式,东部、中部、西部以及东北地区间的人才交互流动十分普遍。

20 年间,大学"特聘教授"和"杰青"较频繁地流动于全国各个地区,其基本概况如图 2－9 所示:东部流出和流入人数较其他地区都是最多的,其流入量约为流出量的 2.25 倍,约占各地流入总量的 64.65％;中、西部地区流出人数与东部相差无几,但中、西部流入总和不及东部的一半;东北地区无论是流出人数还是流入人数都居全国末位,且流入量仅为西部的二分之一;除东部外,其他三个地区皆存在人才流失问题,西部和东北地区尤为严重,两地人才流出量远大于流入量。

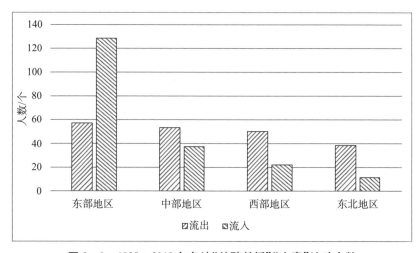

图 2－9 1999—2019 年各地"特聘教授""杰青"流动人数

从"特聘教授"和"杰青"在各地区间的具体流向看(如图2－10所示),从中部、西部和东北地区向东部流动的人数排在前三位;中部从东部引进的人才数量大于东部流入西部、东北地区人数之和。除东部外,中部引进西部、东北地区人才的数量仅为个位数,这与西部从中部和东北地区引才、东北从中西部地区引才的情况大体相同。此外,不少"特聘教授"和"杰青"并没有流往外地,而是在同一地域内部周转流动,如在东部地区内部流动的人才数量是流出量的4倍之多,中部地区内部流动量虽不及流出量,但与流入量相近,在东北本地流动的同类人才还多于外地引进人才。

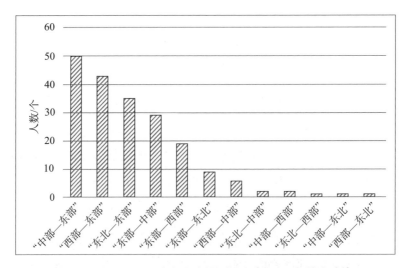

图2－10　1999—2019年"特聘教授""杰青"地区间的流动情况

各地大学对"特聘教授"和"杰青"的竞争往往受到地方各级政府及其行政部门的大力支持,因此这类人才的跨区域流动进一步体现为省际流动(如图2－11所示)。据统计,从北京流出的"特聘教授"和"杰青"数量居于全国首位,除在本地内部流动外,流向广东的人数是最多的,其次是天津、江苏、上海等地,其中6位流入东北3省、13位流入中部5省,9位流入西部6省;江苏流失的"特聘教授"和"杰青"人数仅次于北京,流往北京和上海方向的人数较多,分别有4位流入中部和西部地区;上海流动的"特聘教授"和"杰青"总数位于北京和江苏之间,但事实上从本地流出的人才数量却在二者之后,其中近85%的人才流向江苏、浙江、北京、广东、天津以及澳门等地。中部地区湖北人才流出数量在其他5省之上,湖南流失的人才量与安徽引进的人才量居于该区第二位;西部有十省(直辖市、自治区)出现人才流失问题,从陕西流出的西部人才最多,大量进入北京、上海、广东等东部省份(直辖市);东北3省人才流出量均排在全国前十五位,且吉林流失人数还处于全国前列,但事实上该省近一半人才选择在东北内地进行流动,辽宁成为其最大的人才输出地。

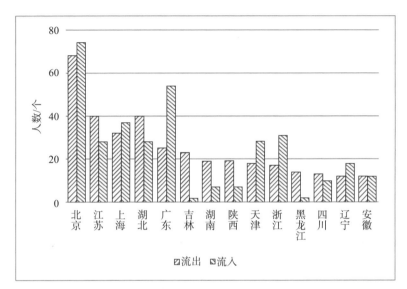

图 2-11　1999—2019 年"特聘教授""杰青"部分省际流动概况

在人才引进方面,北京依然为全国之首,广东超过上海位居第二位。湖北和安徽的引才数量略优于福建、山东等东部地区,且湖北是引进上海人才的主要中部省份;西部地区引才实力最强的是四川省,东北地区则是辽宁省,其引进人才除来源于东北内地外,大多来自北京、江苏、广东、天津等东部地区以及湖南、重庆等中西部地区。此外,江西、海南以及澳门、台湾等属于"特聘教授"和"杰青"净流入地区,而西藏和新疆两地没有"特聘教授"或"杰青"流入,但此类人才的流失问题在这两地皆较为明显。综合"特聘教授"和"杰青"在不同地区的流动情况看,以广东、浙江和天津为代表的15个省级行政区人才引进量大于流失量,以吉林、湖北、黑龙江为代表的12个省级行政区则相反,而安徽、贵州、河北等5个省级行政区的人才流入量与流出量相当。

结合"特聘教授"和"杰青"在各地、省际间流动情况看,中部跨域流入广东的人才最多,其次则是北京、江苏和上海等地,山西和江西目前还未有人流入东部地区;西部有9个省级行政区的人才向东部6个省级行政区流动,从西部引才数量由多到少依次排列为北京、上海、天津、广东、浙江和江苏；在从东北流向东部的"特聘教授"和"杰青"中，近三分之一的人才进入北京，其次是广东、浙江、上海、天津、福建等地。据统计，北京、上海、江苏、广东、浙江、天津等6个省级行政区中约有30位流向中部5个省份，其中北京和湖北分别是人才流出、流入最多的地区；向重庆、陕西、四川、云南、青海、甘肃、广西和贵州等西部地区输出人才的有北京、江苏、广东、浙江、天津、河北等6个省级行政区，北京流出的人才仍然是最多的，西部引进东部人才最多的则是重庆；东北三省均从东部引进"特聘教授"或"杰青"，而从北京、江苏、广东、天津流出的绝大多数人才被辽宁所拥有。

1999—2019年，从东部23城、中部9城、西部13城以及东北4城流出的"特聘教授"和"杰青"先后分散流入东部32城、中部14城、西部12城以及东北6城之中。具体而言，全国有33座城市曾从北京引进"特聘教授"和"杰青"，进入天津、上海、深圳的北京人才较多；还有不少"特聘教授"和"杰青"从25座城市流入北京，其最大的人才输入地是南京。换言之，北京是南京、武汉、天津、西安、上海、广州、长沙等域内大学学术精英的最大输出地。进一步分析，流入北京、上海的"特聘教授"和"杰青"最多来自南京，流入南京、杭州的"特聘教授"和"杰青"最多来自上海，流入天津、武汉、深圳的同类人才最多来自北京，而流入广州的同类人才最多来自武汉。此外，从杭州流出的"特聘教授"和"杰青"先后流入其他13座城市，大多数去往天津、广州以及长沙；从长春流出的同类人才分别流入除西部外的9座城市，最多进入大连，其次是广州和沈阳；合肥从其他8座城市引进的人才数量是城内流动人数的3倍，较多来自北京、广州、长沙和成都等地。

长期以来，"特聘教授"和"杰青"的城际流动在部分城市造成较显著的"人才差"。当前，全国有39座人才"正差"城市，21座人才"负差"城市，还有9座城市的人才流入量等于流出量。作为中部地区的省会城市，南昌的"特聘教授"和"杰青"引进量次于武汉与合肥，超过长沙、太原和郑州，其较大人才"正差"是"零"人才流失的结果。在21座人才"负差"城市中，东北3省已有两个省会城市占据前五名：长春人才流出量是流入量的23倍，这使其成为全国人才"负差"最大的城市；与长春相比，哈尔滨流出人才少9位，但流入人数却大于前者。

与二者不同的是,沈阳呈现人才"正差",其引才数量是前两者引才总和的 2 倍有余。此外,虽然流入南京、武汉的"特聘教授"和"杰青"数量处于全国前列,但仍难以填补由人才流失所造成的空缺,结果形成较大的人才"负差"。

　　一般而言,直辖市和省(自治区)行政中心所在城市较其他地级市具有更强的精英人才引进能力。约 77% 的"特聘教授""杰青"流向 28 座省级行政中心城市,呈现人才济济、精英汇聚的局面。然而,近年来在中央宏观布局和省级全面统筹下,地方城市的发展速度不断加快,有些已成为省域重要的经济中心,其宽松的政策环境、优良的地理区位、巨大的发展潜力成为拔尖创新人才的吸引点,新兴的人才高地逐渐形成。据统计,36 座非省级行政中心城市平均各引进近 3 位"特聘教授"或"杰青"。如图 2-12 所示,深圳市人才引进量在 10 座非省级行政中心城市中居于首位,引才数量超过大连、厦门和青岛。在这 10 座城市中,浙江有 3 座,广东有 2 座,江苏有 2 座,辽宁、福建、山东各有 1 座;9 座城市属于东部地区,1 座城市位于东北地区。从人才流入与流出之差看,25 座城市"人才差"为正数,其中深圳是"正差"最大的城市,青岛和东莞次之;咸阳等 8 座城市"人才差"为负数,汕头的"负差"最大,其次则是徐州;而温州、桂林、焦作、荆州、扬州和益阳的人才引进量则与流出量持平。

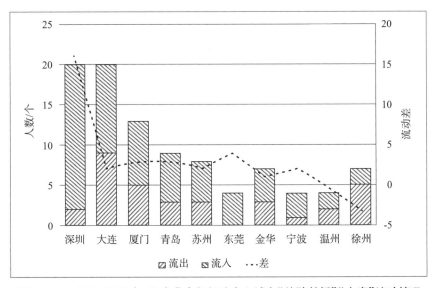

图 2-12　1999—2019 年 10 座非省级行政中心城市"特聘教授""杰青"流动情况

第三节　大学青年学术精英流动概况

为更全面地把握我国大学学术精英流动概况,多层次分析大学学术精英流动现象,本研究将"四青"人才纳入调查与统计的样本中。具体包括:2011 年首批至 2017 年第十四批"A 类青年",共计 2 872 位(非"特聘教授",非"杰青");2012 年至 2016 年前三批"B 类青拔",共计 427 位(非"特聘教授",非"杰青",非"A 类青年",含部分"青年学者"与"优青");2015 年至 2017 年前三批"青年学者",共计 483 位(非院士,含部分"杰青");2012 年至 2017 年前六批"优青",共计 1 043 位(非"特聘教授",非"杰青",非"A 类青年",非"B 类青拔",非"青年学者")。

与"特聘教授"和"杰青"一样,"四青"人才在全国院校的数量分布也是不均衡的。近十年间,拥有 300 位以上"四青"人才的高校有 1 所,拥有 250—300位、100—150 位"四青"人才的高校分别有 2 所,各有 3 所高校的"四青"人才数量在 150—200 位、200—250 位,13 所高校有 50—100 位"四青"人才,还有 92所高校的"四青"人才数量在 1—50 位之间。

一、流动规模

经据计,在 4 825 位"四青"人才中初步确定发生流动的有 400 人,占比8. 29％,具体包括323 位"A 类青年"(占"A 类青年"总人数的 11. 25％)、21 位"B 类青拔"(占"B 类青拔"总人数的 4. 92％)、6 位"青年学者"(占"青年学者"总人数的 1. 24％)和50 位"优青"(占"优青"总人数的 4. 79％)。另有 153 位"A 类青年"、1 位"B 类青拔"与 1 位"优青"尚未查询到较为完整、准确的个人信息,故难以判定其是否发生流动。[①] 与大学"特聘教授"和"杰青"相比,"四青"人才流动次数较少,绝大多数人只流动过 1 次,仅 10 位有 2 次流动经历。

近年来,国内先后有 101 所大学流失"四青"人才。2011—2019 年,"四青"人才流出数量在 10 人及以上的高校共有 13 所,从中国科学技术大学、北京大

---

① 需要指出的是,缘于"A 类青年"的国际化学术背景和工作经历,若国内大学及其二级学院官方网站缺失此类高层次人才个人简介等相关信息,那么在很大程度上则可判定其未到岗或流失。

学和清华大学流出的"四青"人才均超过20人。在这13所大学中,"四青"流失率最高的是南方科技大学、电子科技大学、厦门大学和中国科学技术大学,人才流出比例都在10％以上;虽然浙江大学的人才流出量并不是最少的,但其人才流失率却是最低的,与流出人数最少的上海交通大学并列排在末位。全国有50所大学存在人才净流失问题,其中大连理工大学人才净流失数最多,7人在第一次工作变动时离开该校,西南交通大学、北京交通大学、西北农林科技大学、南京工业大学和东北大学平均流出3人以上。另外,中央民族大学、广西大学、北京语言大学、杭州师范大学等8所大学的"四青"人才流失率在50％以上,还有上海海洋大学、贵州大学、河北师范大学、湖北工业大学等8所大学拥有的"四青"人才悉数流出,流失率达100％。

在人才引进方面,全国共有77所大学曾从校外聘入"四青"人才。统计显示,南方科技大学"四青"流入量超过20人,其次是浙江大学、上海交通大学、电子科技大学、中山大学和深圳大学,这几所学校引进的"四青"人才平均在12人以上。总体上,排在前十的大学将近30％的流动人才"揽入囊中"。福建师范大学、南京医科大学、西湖大学、北京化工大学、海南大学等26校仅有人才流入而无人才流出,属于"四青"净流入高校,其中香港、澳门、台湾地区的大学分别有5所、1所和2所。

从近年来"四青"流入与流出之差来看,国内37所大学"四青"人才引进量多于流失量,南方科技大学、深圳大学、香港理工大学的人才流动"正差"并列第一,上海交通大学、香港科技大学则属于第二梯队。北京师范大学、暨南大学、南京航空航天大学、中国科学院大学、吉林大学等14所大学人才流入量与流出量持平。其他76所大学"四青"人才引进量少于流失量,中国科学技术大学人才流动"负差"最大,其流出人数是流入人数的13.5倍,清华大学、北京大学、南京大学、复旦大学等校次之,但这四校人才流动"负差"也在10人(含)以上。目前"四青"人才在全国乃至世界范围内的流动造成相关院校间显著的人才差距,势必对我国高等教育政策制定、资源配置、结构调整和生态系统的发展产生深刻影响。

二、 流动方向

我国大学"四青"人才的国际化程度普遍高于"特聘教授"和"杰青",这增加了其跨国流动的可能性。数据显示,"四青"人才的国际流动规模远大于"特聘教授"和"杰青",占流动总数 34％的人才有国际流动经历。据不完全统计,我国高校至少有 133 位"A 类青年""B 类青拔"流入国外百余所高校和科研机构,其中 92 人在美国哈佛大学、斯坦福大学、普林斯顿大学、麻省理工学院、康奈尔大学、约翰·霍普金斯大学和加州大学等 61 所大学以及 7 个研究机构、2 家公司工作;10 人在皇家墨尔本理工大学、莫纳什大学、昆士兰大学等 6 所澳大利亚大学,9 人在多伦多大学、阿尔伯塔大学、约克大学等 8 所加拿大大学;在新加坡工作的 10 人中,有 7 位在南洋理工大学,2 位在新加坡国立大学,还有 1 位在一所科学研究院;6 人任职于英国华威大学、布里斯托大学、爱丁堡大学、帝国理工大学等;还有几位分散于爱尔兰、瑞典、丹麦、德国、挪威等国家。另外,1 位"A 类青年"在国内至少变动一次工作单位后,最终被澳大利亚某所大学聘为终身副教授而流向国外,还有 4 人在入选"A 类青年"计划后的 2—6 年内才辞去丹麦奥胡斯大学、美国威斯康星大学麦迪逊分校、美国橡树岭国家实验室和以色列威兹曼科学研究所的工作,自 2016 年起陆续回到国内而受聘于山东大学、中国科学技术大学、华南理工大学和武汉大学。

除全球流动外,部分"四青"人才也在大学与科研机构、政府等行政部门间进行流动。2010—2019 年,先后有 17 位"A 类青年""青年学者"和"优青"从人才计划推荐大学流入中国科学院系统,如大连化学物理研究所、物理研究所、遗传与发育生物学研究所以及上海生命科学研究院等;还有 3 位"A 类青年"回国后在北京、杭州、深圳创建 3 家新兴公司,致力于公司营运、技术开发和成果转化等工作。

（一）大学间流动

为详细考察我国大学"四青"人才校际、省际、城际以及地区间流动情况,结合相关数据,下文拟从"四青"流动总体中剔除跨国流动和高校系统外流动数据,最终对 241 位在国内大学间流动的"四青"人才进行全面分析。大学间"四青"人才流动状况与"四青"人才整体流动规模具有一致性,局部数据的细微变动对整体状态并无显著影响。因此,研究将重点统计和分析国内"四青"人才在不同层次院校间的垂直流动现象。

2010—2019 年,"四青"人才在"985 工程"大学、"211 工程"大学和普通院校间的流动情况如图 2-13 所示。"985 工程"大学人才流出量最多,占总数的一半以上,普通院校流出人数多于"211 工程"大学,两者总计仍不及"985 工程"大学。在人才引进上,普通院校表现强劲:流入普通院校的"四青"人才略多于"985 工程"大学、远多于"211 工程"大学。总体上,"985 工程"大学和"211 工程"大学皆属人才流动"负差",已经出现精英流失问题,而普通院校则日益成为"四青"等青年学术精英的新兴汇集地。此外,还有少数"四青"人才流入香港、澳门、台湾地区高校,而且香港地区引进的人才还多于内地"211 工程"大学。

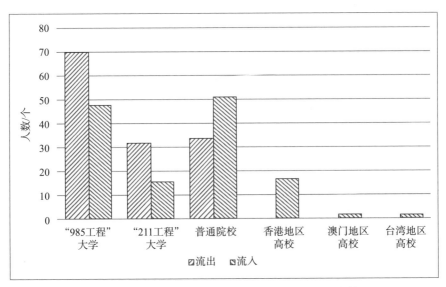

图 2-13　2010—2019 年不同层次院校间"四青"流动情况

从"四青"人才在不同层次院校间具体流向看(如图 2-14 所示),"985 工程"大学的"四青"除多数在相同层次院校间流动外,还有部分人才先后流入"211 工程"大学、普通院校,以及香港、澳门、台湾地区高校。其中,进入普通院校的人数最多,占"985 工程"大学"四青"流出总数的 61%,其次则是香港地区高校,再次才是"211 工程"大学。从普通院校流出的"四青"人才最多进入"985 工程"大学,流入"211 工程"大学和香港、澳门地区高校的人数平均不到 4 位。与"985 工程"大学、普通院校不同的是,"211 工程"大学没有"四青"流入香港、澳门、台湾地区,却有 75%的人才流向"985 工程"大学,这一数量是流入普通院校的 3 倍。

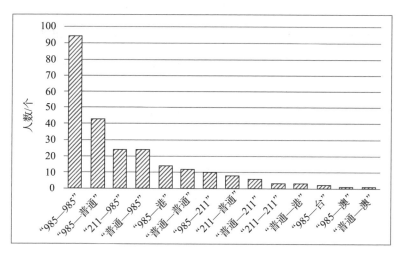

图 2‑14　2010—2019 年"四青"在不同层次院校间的流动情况

据统计,从 23 所"985 工程"大学流入"211 工程"大学和普通院校的"四青"人才共 53 人。其中 10 人从南京大学、中山大学、北京理工大学等 9 所"985 工程"大学进入"211 工程"大学,余下 43 人流入普通院校。与其他院校相比,北京大学、清华大学、浙江大学"四青"人才去往普通院校的人数较多。另外,大连理工大学、中国人民大学、西安交通大学等 11 校半数及以上的流动"四青"选择了"211 工程"大学和普通院校,从北京理工大学、吉林大学、中央民族大学、华南理工大学流出的"四青"人才全部向下流入"211 工程"大学或普通院校,而北京航空航天大学、山东大学、北京师范大学等 8 所大学流出的"四青"人才皆去往"985 工程"大学。"211 工程"大学"四青"人才向下流动的人数远不及"985 工程"大学,北京交通大学、上海大学、四川农业大学等位于东部和西部地区的 8 校各有 1 人流入普通院校,而河海大学、湖南师范大学、华北电力大学等 15 所大学都未曾出现"四青"人才向下流动的情况。

结合层次较低院校从高层次院校引才情况来看,有 20 所普通院校从"211 工程"大学或"985 工程"大学引进 50 多位"四青"人才,其三分之一流入南方科技大学,深圳大学则以前者过半的数量排在第二名,皆远超其他同类院校。在上述 50 多位"四青"人才中,来自"985 工程"大学的约占 84%,其数量是来自"211 工程"大学的 5 倍,由此说明这些普通院校更加注重并尽可能多地从更高层次大学引进更加优秀的青年学术精英。从"985 工程"大学流出的"四青"人才进入"211工程"大学的数量远少于进入普通院校的数量。

在向上流动的"四青"人才中，有30人来自22所普通院校、24人来自16所"211工程"大学。南方科技大学、上海科技大学"四青"人才流入"985工程"大学的人数领先于其他普通院校，但从上升流动占比看这两校事实上并不具有优势，而上海海洋大学、广东工业大学、宁波大学、中国科学院大学等18所大学流出的"四青"人才全部进入"211工程"大学或"985工程"大学。离开苏州大学进入"985工程"大学的"四青"人数与南方科技大学相同，这在"211工程"大学中已超过北京交通大学、西南交通大学、暨南大学等15校而排在首位。

从地域分布看，中部、西部各4所"211工程"大学共10人向上流动，而从东部"211工程"大学流入"985工程"大学的人才数量超过中西部地区。此外，从较高层次大学青年学术精英引进情况看，共有20所"985工程"大学从"211工程"大学和普通院校引进"四青"人才，校均引才2位以上，中山大学、上海交通大学引进人数最多，其次是北京航空航天大学、天津大学、电子科技大学和浙江大学，而湖南大学、四川大学、吉林大学等6所中西部、东北地区大学主要从其他"985工程"大学而没有从"211工程"大学或普通院校引进青年学术人才；在"211工程"大学中，有4所大学引进的"四青"人才全部来自普通院校，暨南大学引才数量等于湖南师范大学、南京航空航天大学、中国地质大学(武汉)三校之和。

来自13所"985工程"大学的17位"四青"人才向香港、澳门和台湾地区流动，其中14位青年学者汇聚于香港的5所大学，其中香港理工大学7人、香港科技大学4人，香港大学、香港中文大学和香港城市大学各1人；1人从西部"985工程"大学流向澳门大学，2人从2所位于东南沿海的"985工程"大学流入台湾中山大学和台湾成功大学。从3所普通院校流入香港、澳门地区的"四青"共有4人，其中南方科技大学2人分别进入香港大学和香港城市大学，深圳大学1人流入香港大学，还有1人从南京工业大学流向澳门大学。

根据2019年USNEWS世界大学排名结果，14位"四青"人才从内地向上流入香港大学、香港科技大学、香港中文大学、香港城市大学、香港理工大学和澳门大学，其中4人来自3所普通院校、10人来自10所"985工程"大学；内地(大陆)7位"四青"人才从6所"985工程"大学向下流入台湾中山大学、澳门大学、台湾成功大学、香港理工大学、香港城市大学和香港科技大学。

（二）地区间流动

近十年来,国内大学"四青"人才在东部、中部、西部和东北地区的流动产生"孔雀东南飞"的现象,因而较受关注。由图 2 - 15 可知,大学"四青"从中部流出的人数多于其他三个地区,约占流出总数的 38％;超过流入总数 60％的"四青"人才进入东部地区,该人数约是其他三地流入总和的 1.7 倍;西部地区流失人数排在第三,其流入人数却位居第二位;流入中部的人才仅多于东北地区,约为东部引才数量的 26％。从"人才流动差"看,仅东部为"正差",其他三地皆为"负差",中部人才流失问题最显著,其次则是东北地区,西部引才数量虽然不能弥补人才流失数量,但二者差值较小。

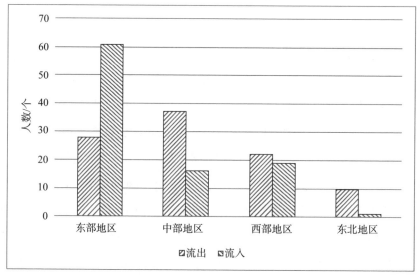

图 2 - 15　2010—2019 年各地"四青"流动人数

具体而言,如图 2 - 16 所示,从中部流出的"四青"人才绝大多数进入东部地区,其占比约为 95％,仅有 2 位选择去往西部地区;中部有 3 所"985 工程"大学、4 所"211 工程"大学和 1 所普通院校从其他地区引进青年学术精英,华中科技大学、武汉大学从东部引进的人才较多,分别有 2 所大学从西部和东北地区引进"四青"人才。东部流出的"四青"最多进入西部,其次是中部和东北地区。东部 13 所"985 工程"大学和 11 所普通院校引进的"四青"人才大多来自中部,大于西部、东北流入人数之和;南方科技大学和上海交通大学从中部引进的人才最多,浙江大学和同济大学次之;东部 6 所普通院校、5 所"985 工程"大学曾从西部引进"四青"人才,进入中山大学的人数最多,其次是北京航空航天大学、南方科技大学等;山东大学、广东工业大学、河北师范大学从其他地区引进的青年学术精英皆来自东北地区。从东北流出的"四青"散布于东、中、西部,进入东部的人才最多,中、西部人数相等,而东北引进的人才仅来自东部地区,中、西部尚无人才流入该地区;西部地区近79%的人才来自东部地区,这些人才流入电子科技大学的数量超过四川大学、重庆大学、西北工业大学、西安交通大学、陕西师范大学的引才总和,还有两所"985工程"大学分别从东北和中部引入数量相当的"四青"人才。

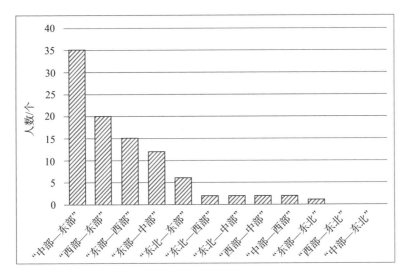

图 2‑16　2010—2019 年"四青"地区间的流动情况

2010—2019 年间,大学"四青"人才在全国 25 个省级行政区和香港、澳门、台湾地区流动。其中,国内共 24 个省级行政区存在人才流失状况。如图 2‑17 所示,从北京流出的"四青"数量位居全国第一位,大部分是在东部地区流动,最多流入广东,其次是上海,少数进入湖北、安徽、陕西、四川等中部、西部地区省份;从上海流出的 20 多位"四青"最多流入浙江,占流出总数的三分之一,流入福建、湖北和江苏的人数相对较少;在中部地区,湖北流失的青年人才最多,北京、上海是其较大的人才输出地,从安徽流出的人才绝大多数进入浙江、上海、广东等东部地区;从江苏、广东、天津、浙江流出的"四青"数量为平均每省 15 位,从江苏流出的人才最多进入浙江和广东,从浙江流出的人才最多也是流入广东,而从广东流出的人才最多去往香港地区,天津的"四青"最多流向了北京。在西部,四川的青年人才流失问题较为突出,其流出人数大于陕西、重庆流失人数之和;在东北,吉林流出的人才最少,辽宁、黑龙江流出人数处于全国前十五名。此外,甘肃、广西、贵州、内蒙古、新疆、云南、辽宁、黑龙江皆有"四青"流出,却无"四青"流入,因此属于人才净流失地区。

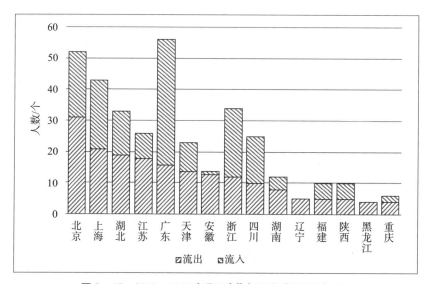

图 2-17　2010—2019 年"四青"省际流动概况(部分)

从人才引进情况看,全国 17 个省级行政区和香港、澳门、台湾地区存在"四青"流入现象。人才流入量居全国第一的广东省先后从北京、浙江、安徽、江苏、四川等 15 地引进人才,其中 7 人来自中部、6 人来自西部、2 人来自东北;上海和浙江的"四青"人才流入量并列第二,与广东相差近 20 人,浙江引进的人才最多来自上海,而上海引进的人才最多来自北京,安徽为这两地输送的人才数量皆处于前列;香港地区从内地引进的"四青"人数略少于北京,来自广东的人才最多,其次是上海,北京、湖北、江苏各有 2 人流入香港地区,安徽、湖南、浙江、重庆和福建入港学术精英数量总和等于广东省。在西部,四川从其他 12 个省级行政区引进青年学术精英,来自上海和天津的人才较多,其引才总数是陕西的 3 倍、重庆的 7.5 倍;在中部,湖北引进的人才最多,各有 2 人来自广东和北京,其余人才来自上海、天津、江苏、浙江、四川等 10 个地区;在东北,仅吉林有"四青"流入,其来自天津市。此外,海南以及香港、澳门和台湾地区没有出现

"四青"流失状况,因而属于人才净流入地区。

经过全国范围内近十年的省际流动,"四青"人才在不同省级行政区随流出与流入而产生不同程度的"人才差"。总体上,有5个省级行政区和香港、澳门、台湾地区为人才流动"正差",其中广东流入人数是流出人数的2.5倍,虽然上海与浙江流入人数相同,但因其人才流失较多而仅具有较小"正差值"。另有16个省级行政区为人才流动"负差",包括东部4个、中部3个、西部7个以及东北2个。广东与安徽间的"四青"人才数量差距十分显著。作为人才流动"负差"最大的省份,安徽人才流出量是流入量的13倍,北京、江苏、天津等东部省份人才流动"负差"也处于全国前六位。

从大学青年学术精英城际流动情况看,国内"四青"人才从35座城市流出,随后流入28座城市,其中包括哈尔滨、沈阳、兰州、南宁、大连、大庆、锦州等15座人才净流失城市,香港、澳门、福州、青岛等8座人才净流入城市。与"特聘教授"与"杰青"一样,"四青"人才流动的主要城市包括北京、上海、广州、南京、杭州、武汉和天津等,而成都也因较多人才流入与流出量跻身于全国人才流动中心城市行列。除这8座城市外,合肥、长沙流出的"四青"数量也排在全国前十位,其中合肥居于天津和广州之间;深圳从其他城市引进的"四青"数量超过上海和北京,但因较少流出量故未成为全国人才流动中心城市;流入香港的"四青"人数排在全国第五位,与广州、杭州、成都、武汉形成人才等差递减趋势。

具体而言,从北京流出的30多位"四青"人才先后进入其他13座城市,流向深圳的人数最多,其次是上海、广州和天津,近三分之一的人才去往武汉、成都、西安、合肥等中、西部城市。上海人才除在本地流动外,最多流向杭州,进入北京、香港、成都的人数相当;广州"四青"流入含香港、台湾地区在内的8座城市,最多进入杭州和深圳,除武汉外没有流入其他中、西部及东北部城市。南京与天津的"四青"流动规模相近,都有人曾向北京、深圳、武汉、上海和成都等地流动,前者流入杭州的人才最多,后者流入北京的人才最多。在西部,成都流失的"四青"人才最多,近一半去往广州和北京,各有1人进入深圳、上海、武汉、重庆和澳门。中部地区有3座城市流出的"四青"人才居于全国前十位:武汉青年人才流失量为全国第三名,北京是其最大的人才输出地,上海次之,超过36%的人才进入深圳、香港、天津和长沙等地;合肥"四青"以平均近2人的数量流入其他7座城市,约 69％的人才去往杭州、上海和深圳,广州、北京、成都和香港各有 1 人流入;从长沙流出的人才较多进入上海和深圳,也各有 1 人流入香港、武汉和天津。总体上,深圳是杭州"四青"的最大输出地,而杭州则是上海、南京、合肥"四青"的最大输出地,长沙的"四青"最多去往上海,武汉、天津、成都的"四青"最多流向北京。

在全国 28 座"四青"人才流入城市中,深圳以 25 人以上的引才量位居第一名,其从北京引进的人才最多,其次是杭州;上海、南京等 4 座东部城市与合肥、武汉等 3 座中部城市流入深圳的"四青"数量均为 2 人,而从成都、西安和长春进入深圳的各有 1 人。上海与北京引进的"四青"都在 20 人以上,前者平均从其他 11 城引进 2 人,后者平均从其他 10 城引进 2 人以上,且二者皆从武汉、合肥、成都等中、西部城市引进人才。流入香港的"四青"最多来自上海和深圳,其次来自北京和武汉,合肥、南京、杭州、广州、重庆、长沙和厦门都有"四青"进入香港。人才流入量排在全国第七位的成都先后从其他 12 城引才,包括上海、天津、深圳等东部 8 城,武汉、合肥、重庆、兰州等中、西部 4 城。武汉引进"四青"的来源城市最为广泛,除杭州外的其他 7 座人才流动中心城市以及长沙、哈尔滨、贵阳 3 座省会城市与大连、宁波、秦皇岛 3 座非省会城市都有人才流入。杭州与南京引进人才所涉及的城市最少,上海、广州和西安为二者共同引才城市,其中从上海、广州流入杭州的人才是南京的 3.5 倍,而且杭州更倾向于从中、西部引才,其人数是南京的 3 倍。总体而言,上海是杭州、成都最大的"四青"输入地,武汉是北京最大的"四青"输入地,而北京是上海、广州、南京、武汉、天津与深圳最大的"四青"输入地。

综合"四青"城际流动情况看,全国有 13 座城市人才流入量大于流出量,25 座城市则相反。"四青"人才"正差"前四个城市都处于东南沿海地区,其中深圳的"四青"人才流动"正差"最大,流入量约为流出量的 4 倍;香港引才数量远远多于其他人才净流入城市,人才流动"正差"超过杭州、广州等人才流动中心,位居全国第二。成都"四青"人才流入量是流出量的 1.7 倍,这种引才成绩不仅优异于其他西部城市,在全国范围内也处于领先水平。在"四青"人才流动"负差"城市中,位于东部的有 9 座、东北的有 5 座,在中部、西部的各有 3 座和 8 座。合肥、武汉、长沙等中部城市人才流动"负差"均在前列,合肥流入人数仅为流出人数的十三分之一;在西部地区,重庆人才流出量是流入量的 2 倍,贵阳、兰州、南宁等7城的人才流动"负差"相同；东北地区人才流动"负差"城市分布于辽宁和黑龙江，其中差值较大的是大连与哈尔滨，沈阳、大庆和锦州次之。

上述"四青"城际流动较多涉及各省（直辖市、自治区、地区）行政中心所在城市，而其在非省级行政中心城市的流动规模与状况亦应受到关注。如图2-18所示，我国共17座非省级行政中心城市存在"四青"流出或流入现象，含东部12座、西部2座和东北3座。虽然从苏州、厦门流出人数与深圳相差不多，但各自引才数量却仅为深圳的九分之一；虽然流入宁波的人才数量在同类城市中位居第三，但其人才流动差值与温州一样为0；作为"四青"净流失城市，大连的人才流动"负差"最大，超过秦皇岛、扬州、镇江等7座城市。

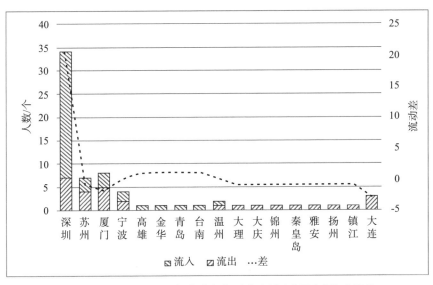

图 2-18　2010—2019 年非省级行政中心城市"四青"流动情况

第四节　大学学术精英流动的整体概况与主要特征

1999—2019年间，我国大学学术精英校际流动规模达750人，约占大学学术精英总数的8.49％，其中"两院"院士48人，"特聘教授"与"杰青"461人，"四青"人才241人。这些学术精英都是在国内各地各大学间进行流动的，而离开高校进入科研院所、行政部门、公司企业等组织以及在国际间流动的学术精英并未被纳入本次统计分析范围。

一、 整体概况

20 年间,全国三大类学术精英曾从 168 所大学流出,又曾流向 214 所大学。北京大学、武汉大学、电子科技大学、复旦大学、华中科技大学、南方科技大学等15 所大学的学术精英流出量与流入量均居于全国前列。在学术精英引进方面,浙江大学、上海交通大学、南方科技大学的人才引进量均在 30 位以上,清华大学、北京大学和中山大学等相继次之。从中国科学技术大学、吉林大学、湖南大学、西安交通大学、哈尔滨工业大学、中南大学和山东大学等流出的学术精英均超过 10 人,校均学术精英引进量不足 6 人;与此不同的是,深圳大学、北京航空航天大学、暨南大学、北京理工大学、华东师范大学、华南理工大学和厦门大学流出的学术精英数量都在 10 人以下,但其引进的学术精英平均已超过 13 人。另外,全国有 82 所大学属于学术精英净流入高校,其中西湖大学、东莞理工学院、广州大学、首都师范大学、南昌大学、西北工业大学、东华大学以及澳门大学平均引进 4 人以上;还有 36 所大学仅有学术精英流出而无学术精英流入,属于人才净流失高校,如东北大学、第四军医大学、西藏大学、新疆大学和江苏大学平均流出 3 人以上。

在 168 所学术精英流出大学中,除 38 所"985 工程"大学外,还包括 68 所普通院校、55 所"211 工程"大学以及 6 所香港地区高校和 1 所台湾地区高校。从"211 工程"大学流出的学术精英略多于普通院校,前者约占总数的 16.43%,后者约占总数的 15.25%;从香港地区高校流出的学术精英数量远大于台湾地区高校,前者是后者的 10 倍。在普通院校中,南方科技大学流失的学术精英最多;在"211工程"大学中,北京协和医学院学术精英流出量与苏州大学相同,多于北京交通大学、华东理工大学、上海财经大学和中国矿业大学等。南京工业大学、汕头大学、上海科技大学与北京科技大学、上海大学相似,其精英流出量均在 5 人及以上。

在 214 所学术精英流入大学中,有 37 所"985 工程"大学、52 所"211 工程"大学、114 所普通院校,还有 11 所香港、澳门、台湾地区高校。在学术精英引进量居前十位大学中,普通院校占 2 所(依次是南方科技大学和深圳大学),"211工程"大学则在此"缺席";在学术精英引进量前 30 所大学中,"211 工程"大学有 4 所(依次是暨南大学、苏州大学、北京科技大学与合肥工业大学),普通院校仍为2所,香港理工大学则是唯一一所香港地区高校;在学术精英引进量后100所大学中,普通院校数量最多,"211工程"大学有21所,香港、澳门、台湾地区大学有5所,还有3所"985工程"大学。

20年间,大学学术精英长期且复杂的流动经历在部分院校间已造成较显著的人才差量。综合学术精英校际流出与流入情况看,全国有82所普通院校、25所"211工程"大学、12所"985工程"大学及10所香港、澳门、台湾地区高校引进的人才引进数量大于流失量,还有32所"211工程"大学、30所普通院校、24所"985工程"大学和1所台湾地区高校的人才流失量大于引进量,另有34所大学学术精英流出量与流入量相当,故人才流动差值为0。南方科技大学的学术精英流动"正差"最大,其与学术精英流动"负差"最大的南京大学、中国科学技术大学的差值在40以上。深圳大学人才引进量是流失量的6倍有余,而北京大学、南京大学、中国科学技术大学三校学术精英流失总数已达引进总数的2倍以上。

（一）大学间流动

由于不同大学在学术声誉、科研水平、人才培养质量、国际化程度等多方面存在差异,大学学术精英的垂直流动便成为其校际流动的重要组成部分。1999—2019年,"两院"院士、"特聘教授"与"杰青"以及"四青"人才在国内不同层次院校间的流动情况如图2-19所示。从"985工程"大学流出的学术精英

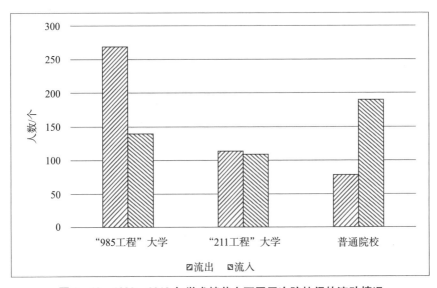

图2-19 1999—2019年学术精英在不同层次院校间的流动情况

最多,远多于"211工程"大学和普通院校流出人数之和;从普通院校流出的学术精英最少,不到"985工程"大学的三分之一。然而,引进学术精英最多的院校是普通高校,其次是"985工程"大学,前者引进人数约是后者的1.36倍、约是"211工程"大学的1.74倍。从不同层次院校学术精英流动差看,"211工程"大学流出人数略多于引进人数,而"985工程"大学引进人数仅为流出人数的51.85%,存在较大的人才流动"负差";与二者不同,普通院校具有较大的人才流动"正差",其学术精英引进量约为流出量的2.44倍。

如图2-20所示,不同层次院校间学术精英流动规模相差悬殊。各类学术精英在"985工程"大学内部交互流动的人数最多:从中国科学技术大学流向其他"985工程"大学的学术精英多于北京大学、清华大学、南京大学等,居于第一位;浙江大学、上海交通大学和清华大学从其他"985工程"大学引进的学术精英均在20人以上。西北工业大学和中国海洋大学未曾有人才流入其他"985工程"大学,东北大学也未曾从其他"985工程"大学引进人才,而国防科学技术大学和中央民族大学既没有从"985工程"大学引进人才,也没有人才流入"985工程"大学。普通院校间学术精英流动规模大于"211工程"大学内部流动规模,二者总和约为"985工程"大学内部流动人数的四分之一。

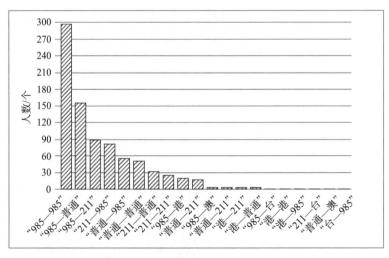

图2-20 1999—2019年学术精英在不同层次院校间的流动情况

除同层次院校间流动外,学术精英向下流动规模将近280人。约为内部流动规模52%的学术精英从"985工程"大学向下流入普通院校,其超过三分之一的人员依次来自北京大学、浙江大学、中山大学和吉林大学,而无人从电子科技大学、兰州大学、西北农林科技大学、国防科学技术大学和西北工业大学流入普通院校。从"985 工程"大学向下流入"211 工程"大学的学术精英数量将近90 人,这类人才最多来自南京大学,其次是北京大学、武汉大学和复旦大学;从"211 工程"大学流向普通院校的学术精英超过 30 人,苏州大学、北京交通大学、上海大学、天津医科大学和东北林业大学等 5 校平均流出 2 人以上。

　　此外,共 42 所"211 工程"大学曾从"985 工程"大学引进学术精英,校均引进约 2 人,其中苏州大学、合肥工业大学、暨南大学、北京科技大学和南昌大学从"985 工程"大学引才数排在前五名。分别有 82 所、26 所普通院校从"985 工程"大学、"211 工程"大学引进人才,其中 14 所普通院校引进的人才既来自"211 工程"大学也来自"985 工程"大学。从"985 工程"大学引进学术精英最多的是南方科技大学,人数超过排在其后的深圳大学、首都师范大学引进"985 工程"大学人才之和,流入浙江师范大学、广州大学、东莞理工学院、杭州师范大学、青岛大学和中国科学院大学的"985 工程"大学精英都在 3 人(含)以上;北京协和医学院从"211 工程"大学引进的人才最多,南方科技大学、首都医科大学和南京审计大学从"211 工程"大学引才人数相同,并列第二名,其余 22 所院校平均引进 1 位同类人才。

　　与向下流动的学术精英相比,向上流动的人才规模仅为前者的 56%。一方面从高层次院校自下引进人才情况看,"985 工程"大学从"211 工程"大学引进人数大于从普通院校引进人数,其中上海交通大学引进的"211 工程"大学人才数量最多,超过浙江大学、清华大学、中山大学、天津大学、北京航空航天大学和重庆大学等第二方阵院校,北京大学、复旦大学、南京大学引才人数相同,都居于前十位。事实上,这 10 所大学从"211 工程"大学引进的人才数量已达同层次院校引进同类人才总数的 60%。曾从普通院校引进学术精英的"985 工程"大学共 25 所,平均引进 2 人以上,此类人才进入浙江大学的数量排在第一位,多于上海交通大学和北京师范大学;清华大学、南开大学引进的普通院校人才少于天津大学和北京大学,故排在前五之外;位于东北三省的大连理工大学、吉林大学和哈尔滨工业大学从普通院校引进的人才较少,与处于中部地区的武汉大学、华中科技大学和中国科学技术大学情况相似,而属西部地区的电子科技大学、西北工业大学则平均从普通院校引进 2 人以上。此外,共 11 所"211 工程"大学从普通院校引进学术精英,而近三分之一的人才进入暨南大学,其数量等于华北电力大学、中国地质大学(武汉)、南京航空航天大学、南京师范大学及华东理工大学同类人才引进之和。

另一方面,从学术精英向上流入高层次院校情况来看,"211 工程"大学向上流动的人才规模大于普通院校。在 42 所人才向上流动的"211 工程"大学中,从华东理工大学进入"985 工程"大学的人数最多,苏州大学、北京交通大学、上海财经大学、北京科技大学次之。新疆大学、西南大学、贵州大学、广西大学和内蒙古大学这 5 所西部高校,合肥工业大学、中国地质大学(武汉)、华中师范大学和安徽大学这 4 所中部高校以及大连海事大学、东北农业大学、东北师范大学这 3 所东北地区高校流入"985 工程"大学的人数相同,皆处于末位。从普通院校进入"985 工程"大学的人数是进入"211 工程"大学的 3.29 倍,前一类精英最多来自北京协和医学院,其次是南方科技大学和上海科技大学,从南京工业大学、杭州师范大学、汕头大学、燕山大学和扬州大学等 11 所高校流入"985 工程"大学的人才都在 2 位以上;后一类学术精英最多来自江苏大学,从浙江师范大学、中国科学院大学、广东工业大学、宁波大学和兰州理工大学等其余 15 所高校流向"211 工程"大学的人数相同。

(二)地区间流动

1999—2019 年,全国共 77 个城市主动参与或被动卷入大学学术精英流动过程中。随着大学学术精英在不同城市间不断流出与流入,若干学术精英流动中心逐渐形成。我国大学学术精英流出、流入 10 人及以上城市共有 14 个,遍及东部、中部、西部和东北地区。

据统计,从北京流出的各类学术精英规模居全国首位,约占各城人才流出总数的 17%;虽然从上海学术精英流出量为全国第二,但事实上不及北京的一半。离开南京、武汉的学术精英都在 50 人以上,与其后的天津、广州、长沙、合肥等城市拉开较大差距。具体而言,从北京流出的学术精英流向其他 36 个城市,平均超过 3 人,流入深圳的精英最多,其次是天津和上海;从上海流出的学术精英去往其他 19 个城市,平均将近 3 人,最多流入北京和杭州;从南京、武汉流出的学术精英进入北京的人数相同且最多,但前者流出的学术精英在全国的分散度高于后者。此外,大学学术精英在 14 个人才流动中心城市交互流动状况也十分普遍。总体上,北京是天津、南京、武汉、成都、西安和厦门等的最大人才输出地,上海是合肥、长沙的最大人才输出地,而北京的最大人才输出地是深圳,深圳的最大人才输出地是香港,杭州的最大人才输出地是广州。

对于东部城市而言,学术精英流入中部、西部和东北地区最多的是北京,有将近 40 人,其次是上海、天津和南京,再次是广州和杭州,而该五城流向其他三地的人数加起来与北京持平。北京的学术精英往中部最多进入武汉,往西部最多进入成都和西宁,往东北最多进入哈尔滨;从上海流出的学术精英往中部最多也是进入武汉,往西部最多进入成都,却无人流入东北地区;天津与南京相同的是流入西部的人才数量多于中部和东北地区,不同的是前者人才最多去往成都和重庆,后者人才最多选择了西安。对于西部、中部、东北城市而言,学术精英流向东部地区最多的是武汉,已超过 40 人,其次是合肥,再次是长沙和西安,从成都、哈尔滨和长春流入东部的人才也在 10 位以上。在西部,由重庆、兰州进入东部的人才数量加起来仍不及成都;在东北,共 6 座城市存在人才向东部流动的情况,其中从哈尔滨和长春流出的人数最多,约占该地区流入东部总数的 67%,北京成为这类人才较大的集聚中心,如从沈阳流向东部地区的学术精英全部进入了北京。

此外,北京不仅是学术精英流失最多的城市,也是学术精英引进最多的城市,其流入规模亦在百人以上。同样,上海学术精英流入量仍居全国第二位,广州、深圳相继次之,进入杭州和天津的人才均超过 40 位。从学术精英来源城市看,北京先后从其他 28 座城市引进人才,其中来自武汉、南京的人才最多,从天津和上海流入北京的人才也都在 10 位以上;进入上海的人才来自其他 23 座城市,其中从北京流出的人数最多,江苏次之,二者总和约占上海引才总数的一半。总体上,北京是上海、广州、深圳、天津、武汉、合肥等城市的最大人才输入地,上海是杭州的最大人才输入地,重庆是成都的最大人才输入地,长春是大连的最大人才输入地;还有部分城市最主要的人才来源地不止一个,如香港地区的最大人才输入地为北京和深圳,北京的最大人才输入地为武汉和南京,厦门的最大人才输入地为长沙和广州,南京的最大人才输入地为北京和上海,而兰州与南京则为西安的最大人才输入地。

　　全国有23座东部城市从中部、西部和东北地区引进学术精英。北京从这些地区引才总计50人,西部人才约占42％,其最多来自西安和成都,而东北人才最多来自哈尔滨;上海分别从东北3城、中部3城和西部5城引进学术精英,一半人才来自中部地区,其中从合肥引才量占总数的五分之一。广州、深圳、天津、南京和香港等城市与北京一样,从中部地区引进的人才最多来自武汉。那么,西部、中部、东北地区城市从东部引才状况如何? 据统计,全国有14座东部城市的学术精英先后流入25座城市,包括中部8城、西部11城和东北6城。武汉从东部引进的学术精英最多,从上海、南京、广州等8座城市流入武汉的人才平均在2位以上;成都从东部9座城市引才数量大于流入西安、重庆的东部人才总数,其过半人才来自北京、上海和天津;进入合肥与长沙的东部人才数量相同,其和虽不及武汉,但超过南昌、太原、郑州、荆州和湘潭等从东部引才之和。在东北,哈尔滨、沈阳等6座城市从东部引才量平均大于2人,其中长春从北京、深圳和天津引才人数与大连从北京、天津引才人数持平。

　　在统计大学学术精英城际流动情况后,进一步对其省际流动情况进行考察,有利于由微观到宏观地把握我国各类大学学术精英流动概况。1999—2019年,“两院”院士、“特聘教授”“杰青”和“四青”人才先后在30个省级行政区以及香港、澳门、台湾地区流动。大学学术精英流出与流入皆在10人及以上的省级行政区共14个,含东部8个、中部3个、西部2个和东北1个。北京学术精英流出量是排在其后江苏的1.84倍、上海的2.07倍、湖北的2.32倍;从广东、天津流出的学术精英平均在38人以上,浙江、安徽、湖南、陕西的流失人才总和仍不及北京。东北地区的吉林、黑龙江和辽宁流失的学术精英平均在20人以上,其中吉林人才流出数量超过25人,处于湖南和陕西之间。

　　具体地,从大学学术精英省际流向看,从北京流出的人才进入其他22个省级行政区,超过20％的人才流入广东,这等于去往天津、上海的人数之和。江苏流出的人才最多进入北京,其后依次是上海、浙江和广东,可以说63％离开江苏的学术精英被这四地“揽入囊中”。在从上海流出的学术精英中,近四分之一的人才流入浙江,其余人才散布于其他10个省级行政区和香港、澳门地区;湖北流出的人才最多进入广东和北京,上海、江苏和天津次之。总体上,广东是北京、安徽和浙江的最大人才输出地,北京是天津、江苏、陕西、四川、福建、黑龙江的最大人才输出地,浙江是上海的最大人才输出地,而上海是湖南的最大人才输出地,广东的最大人才输出地为北京和香港,吉林的最大人才输出地为辽宁,湖北、辽宁的最大人才输出地则是广东和北京。

此外,全国共 9 个东部省级行政区和台湾地区存在学术精英向中部、西部和东北流动的情况。北京、广东、上海、浙江地区人才最多流入中部地区,江苏、天津、福建、山东和台湾地区人才最多进入西部地区;流入东北地区的人才最多来自北京,其次是天津,再次是江苏和广东。全国共有 11 个西部省份、4 个中部省份和 3 个东北省份存在人才向东流动情况。中部地区流向东部的学术精英最多,近半数来自湖北,其次是安徽和湖南;从西部地区流入东部地区的人才平均在 5 位以上,陕西和四川流出的人数约占该地区同类人才总和的 60%;东北三省向东部流动的人才数量相近,从黑龙江、辽宁流出的人才进入天津、山东、福建、江苏等 9 个地区,而从吉林流出的人才进入河北、广东等 5 个地区。

与学术精英城际流动情况不同,北京不再是人才省际流入最大地区,广东以微弱优势取而代之。20 年间,广东先后从全国 19 个省份和香港地区引进人才,其中来自北京的人才将近四分之一,湖北、浙江均有 10 位以上人才进入广东。北京引进人才数量仍在百位,从江苏流入的人才最多,其后依次是湖北、天津等地;虽然上海引才人数仅约为北京的 63%,但仍居于全国第三位,除北京外,江苏、安徽、陕西、湖南流入上海的人数也均在 5 人以上。总体上,北京是广东、上海、天津、湖北、山东、安徽等最大人才输入地,江苏是北京、陕西等最大人才输入地,上海是浙江、江苏等最大人才输入地,广东和吉林分别是香港、辽宁的最大人才输入地,而四川、福建、湖南最大人才输入地除北京外还分别有重庆、广东和浙江。另外,全国共 10 个东部省份和香港、澳门地区从中部、西部和东北地区引进学术精英。北京从陕西、四川、甘肃、重庆、青海和内蒙古等西部地区引进的人才最多,而广东最多从湖北、湖南、安徽等中部地区引才,从东北三省流出的人才最多进入北京,其次是广东。全国共有 6 个中部省份、3 个东北省份和 8 个西部省份从东部地区引进大学学术精英。在这三类地区中,以湖北为代表的中部地区从东部引才数量最多,其次是四川、陕西、重庆等西部地区,其中湖北和四川引进的东部人才平均在 15 位以上;安徽、辽宁、陕西从江苏、北京、浙江、河北、广东、天津和上海等地引进的人才数量相同,在各自所属地区均居前列。

综合 1999—2019 年各类大学学术精英省际流出、流入情况，全国共 12 个省级行政区和香港、澳门、台湾地区的人才流动结果呈"正差"，16 个省级行政区的人才流动结果呈"负差"，还有 2 个省的人才流动差值为"零"。据统计，广东学术精英引进量与流失量的"正差"最大，前者约为后者的 2.4 倍；浙江引进的学术精英数量约为流失数量的 1.9 倍，其人才流动"正差"仅次于广东，位居全国第二位。在这 10 个省份中，虽然江西的人才流动总规模最小，但因仅有人才引进而无人才流失故属于人才净流入地区，其人才流动差值超过上海、天津等位居全国前列。江苏是全国学术精英流动"负差"最大的省份，其人才流失量是引进量的 1.6 倍。虽然吉林引进的人才量不及流出量的五分之一，但人才流动"负差"次于江苏。在中部地区，湖北、湖南和安徽人才流动"负差"值均在 15（含）以上，处于前六位。西部地区人才流动"负差"最大的陕西在全国位于第八名，其后依次为甘肃、新疆、重庆和西藏等，而四川和云南的人才引进量大于流失量。故总体上，中部地区大学学术精英流失问题最为显著，其次是东北地区，再次是西部地区，而东部地区依然是大学学术精英竞争的最大"赢家"。

二、 主要特征

1999—2019 年，以"两院"院士、"特聘教授"、"杰青"和"四青"为代表的大学学术精英在全国的分布格局随各地、各校人才竞争而不断变化。根据国内大学学术精英流动整体概况，其总体流动特征可归纳为以下几点。

1. 大学学术精英流动"散中有聚""聚中有散"

一般而言，一个国家、一个地区、一所大学的学术精英数量在一定时期内具有稳定性，学术精英在不同国家、地区和大学间的流动必然引起高层次人才体量的"此消彼长"。事实上，国内大学"两院"院士、"特聘教授"、"杰青"和"四青"人才的职业流动亦是如此。我国大学学术精英既在流动中不断分散，也在流动中逐渐汇聚。一方面，各类学术精英所在院校及所处城市趋于分散，全国拥有学术精英的院校数量、城市数量随着人才的流动由少变多。据统计，750 位大学学术精英在获得相应学术头衔或入选相应人才计划时的推荐院校共 145 所，而经第一次流动后其所在院校扩展到 198 所；再经 1 到 4 次不等的流动后，大学学术精英共从全国 168 所大学流出,又流入 214 所大学。此外,750 位大学学术精英首次流动前所在城市共 50 个,经多次流动后共涉及 77 个城市(含 57 个人才流出城市、68 个人才流入城市)。据此,参与大学学术精英流动的城市数量较起初增长了 54%,这说明各类人才所在城市数量随人才流动而有所增加,也意味着各类人才的流动空间不断扩展、流动分散化程度不断提高。

另一方面,各类学术精英所属地区趋于集中,从中部、西部和东北地区流出的人才逐渐汇聚于东部若干省市。由图 2‑21 可知,二十年间大学学术精英在不同地区间的流动不仅形成了"精英差",同时还促成了"城市差"[①]和"省份差"[②]。总体上,约占大学学术精英流出总数 75% 的人才流入了东部地区。其结果,东部地区成为唯一学术精英"正差"地区。东部地区引进学术精英的城市数量和省份数量也随着人才流动而增加,这说明学术精英在向东部集中的过程中也在东部省市分散流动。虽然中部人才引进数量远不及东部,但域内引才省份和引才城市都有所增加,这也表明引进人才分散流动于中部地区。此外,西部地区不仅"精英差"为"负","城市差"和"省份差"也为"负",这表明西部地区学术精英在不断减少的同时还出现向少数省份、少数城市集聚的趋势。

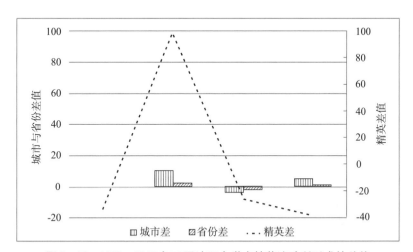

图 2‑21　1999—2019 年不同地区内学术精英流动所形成的差值

---

① 学术精英流动"城市差"是指同一地区精英流入城市数与精英流出城市数之差,其值为"正"则表明该地区精英分散流动,其值为"负"则表明该地区精英集聚流动。

② 学术精英流动"省份差"是指同一地区精英流入省份数与精英流出省份数之差,其值为"正"则表明该地区精英分散流动,其值为"负"则表明该地区精英集聚流动。

2. 大学学术精英虽以跨域流动为主,但同域流动规模也较大

1999—2019 年,我国大学学术精英最主要的流动方式是跨地区、跨省市和跨层次的院校间流动,但除此外还有超过流动总规模四分之一的学术精英流动于同地区、同省份、同城市内的不同院校之间。因此,关注并分析学术精英同域流动现象有利于更加全面地把握我国大学学术精英流动整体样貌及其基本特征。

从省域范围看(如图 2-22 所示),全国共有 21 个省、直辖市存在大学学术精英内部流动情况。北京的学术精英在本地流动人数最多,上海、广东、江苏、浙江的内部流动人才依次减少,但平均都在 27 人以上。湖北人才省内流动规模居于中部首位,等于湖南、安徽、河南人才内部流量的总和;而西部地区重庆、陕西、西藏内部人才流动数量仅为四川的二分之一;在东北,流动于黑龙江、吉林、辽宁各省内部的人数相同。除北京、上海、天津、重庆和香港外,在安徽、黑龙江、吉林、西藏和陕西域内流动的学术精英仅在省级行政中心变换工作单位,而没有流向其他城市。与此不同的是,广东、江苏、浙江等 11 省均有 2 个及以上城市曾流出或流入大学学术精英。换言之,大学学术精英在广东和江苏省内流动范围最广、所涉城市最多;浙江、四川、湖南、山东、河南除省会城市外皆有 2 座其他城市参与省内人才竞争;虽然河北与湖北、辽宁、山西的人才所涉城市数量相同,但其省会却缺位于大学学术精英域内流动。

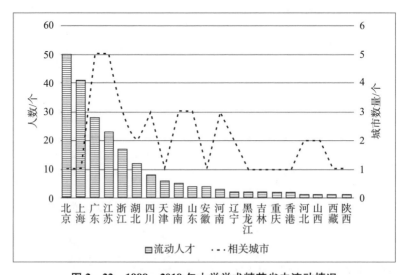

图 2-22　1999—2019 年大学学术精英省内流动情况

从同城看(如图 2 - 23 所示),约 20％的学术精英在全国 16 个省份中的 19 座城市内部进行流动,其中 16 座为省级行政中心所在城市。北京和上海人才市内流动规模仍居于前列,与其他城市存在较大差距。流动于南京内部的人才略多于广州、武汉和杭州,四城同类人才平均在 11 位以上。作为地级城市,深圳当地的学术精英流动量排在全国第七位,领先于成都、合肥、长沙、西安、郑州等省会城市;虽然温州、苏州也有人才在城内流动,但其数量分别仅为各自省会的五分之一和十四分之一。此外,不同城市内部人才流动的差距还体现在城内院校数量上。如北京市内的学术精英流动于 20 多所大学间,上海、南京的学术精英亦在 10 所以上大学间流动,武汉、杭州、成都参与人才内部流动的城市数量均超过广州。深圳内部人才所涉院校数量与广州相近,在同类地级城市中处于领先地位。对于中部、西部和东北地区而言,分别有 17 所、11 所和 4 所大学为所在城市、所属省份及所处区域的"留才""稳才"工作发挥了关键作用,贡献了重要力量。

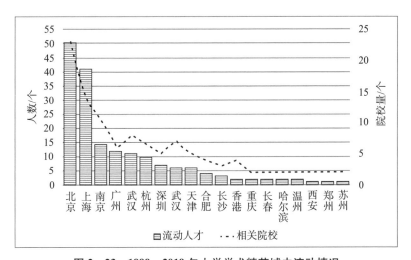

图 2 - 23　1999—2019 年大学学术精英城内流动情况

3. 大学学术精英竞争中普通院校和地方城市"异军突起"

据统计,一些普通院校与新建院校、非省级行政中心所在城市越来越积极地同"985 工程"大学、"211 工程"大学以及香港、澳门、台湾地区大学,乃至世界一流大学竞争学术精英。当前在建设高等教育强国和推进"双一流"建设背景下,普通院校和地方城市正以更加开放主动的姿态,更加努力、更加创造性地制定学术精英引进规划、改革学术精英引进政策、组织开展形式多样的学术精英引进活动。作为一股蓬勃旺盛的新兴力量,普通院校和地方城市在大学学术精英竞争中异军突起,其强劲的发展势头和优异的引才表现值得各界关注。

首先,结合 1999—2019 年不同层次院校内学术精英流出、流入大学数量变化情况(如图 2 - 24 所示),参与大学学术精英竞争的普通院校在数量上占有优势,共有 114 所普通院校引进人才,这一数量约占人才流入院校总和的 53%。换言之,引进学术精英的院校多半为普通院校。较"211 工程"大学、"985 工程"大学而言,普通院校中引进人才的院校多于人才流失的院校,前者约为后者的 1.7 倍。除院校规模外,普通院校的人才竞争力亦不容忽视。在不同层次院校引才榜上有 2 所普通院校占据前十位,其余均为"985 工程"大学;在引进 5 人及以上院校中普通院校与"211 工程"大学皆有 6 所,前者平均引进 12 人,后者平均仅引进 8 人;在排行榜前三分之一院校中,普通院校多于"211 工程"大学,其占比超过四分之一,且前者引才数量是后者的 1.5 倍。总体上,在人才引进院校中普通院校有 114 所、"985 工程"大学有 37 所、"211 工程"大学有 52 所,其中普通院校引才总和约为"211 工程"大学的 1.8 倍。

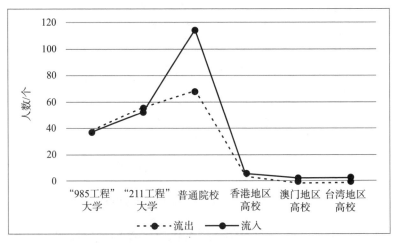

图 2 - 24 1999—2019 年不同层次院校内学术精英流出、流入大学数量变化情况

从普通院校学术精英流动情况看(如图 2 - 25 所示),以南方科技大学为代表的 11 所普通院校学术精英引进数量在全国各层次院校中居于前 55 位。作为一所最年轻的新型院校,西湖大学仅有人才流入而无人才流失,其人才引进

数量与香港大学、香港中文大学、中国农业大学、中国人民大学和中南大学相等,超过西安交通大学、兰州大学、西北农林科技大学、中国海洋大学、中央民族大学、东北大学和国防科学技术大学这 7 所"985 工程"大学,南京航空航天大学、上海大学、北京化工大学、华南师范大学、中国石油大学(华东)等 58 所"211 工程"大学以及香港城市大学、香港浸会大学等 7 所香港、澳门、台湾地区高校。首都师范大学、东莞理工学院、广州大学亦属于学术精英净流入高校。值得注意的是,这 11 所普通院校都位于东部地区,其中 5 所在广东省、3 所在浙江省、3 所在北京市。

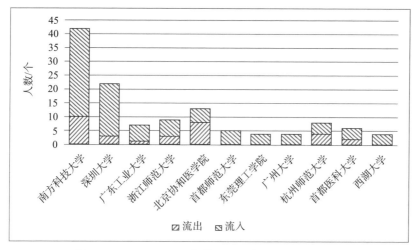

图 2 - 25　1999—2019 年普通院校学术精英流动情况

其次,结合大学学术精英城际流动情况,全国共有 38 座以深圳为代表的非省级行政中心城市平均引进近 4 位学术人才,具体包括江苏 6 城、广东 4 城,浙江、山东、河北和湖南各 3 城,辽宁、四川、河南、湖北和台湾各 2 城,其余 6 城分布于福建、广西、吉林、山西、陕西和云南。非行政中心引才排名前十的城市中仅有 1 座东北城市,其余城市皆处东部地区(如图 2 - 26 所示)。温州和泰安人才引进数量相等,已超过兰州、海口、拉萨、贵阳、石家庄、南宁等地。这些非省级行政中心城市之所以具有较强的学术精英吸引力和竞争力,一方面与其优越的地理区位有关,另一方面离不开所属省份及地方政府在政策上的优先倾斜、在经费上的大力支持和在组织上的全面统筹。

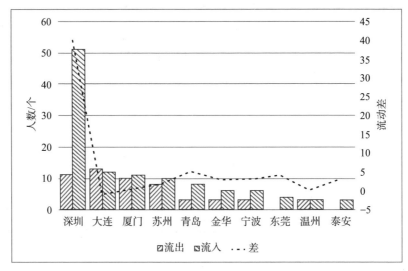

图 2‑26　1999—2019 年非省级行政中心城市学术精英流动情况

第三章
政策驱动与学术精英流动

在实践中,影响大学学术精英流动的因素具有多样性。在学术研究中,我们既不能过度强调某种因素对大学学术精英流动的决定性,亦不能忽视某些因素对大学学术精英流动的驱动性。改革开放以来,"中国绝大多数的重要改革都是由地方政府发起、推动和直接参与的,这构成中国改革进程中最亮丽的风景线"①。地方政府的能动性和创造性充分体现在经济发展、政治改革、科技进步、环境保护等实践领域,而地方政府能动性的增强、创造力的激发是地方竞争机制持续作用的结果。在竞争机制下,我国地方政府不仅成为区域经济发展的直接推动者,同时也成为改革开放过程中破解集权体制弊端、引领制度创新的关键力量。② 在地方高等教育发展与大学学术精英竞争中,地方政府亦扮演着十分重要且活跃的角色。政府不断出台与创新的各类人才政策,不仅调动了大学人才队伍建设的积极性,还作为一种重要因素驱动了大学学术精英的流动。本章通过分析 1999—2019 年政府的各类政策尤其是人才政策,揭示政府政策对大学学术精英流动的影响。

第一节　经济增长与人才竞争

1978 年以来,我国经历了从计划经济向市场经济转轨的重要时期,市场

---

① 周黎安.转型中的地方政府:官员激励与治理[M].上海:格致出版社,2017:5.
② 周黎安.转型中的地方政府:官员激励与治理[M].上海:格致出版社,2017:5.

配置资源的作用也逐渐从基础性作用向决定性作用转变。在优先推进经济体制改革的过程中,用于理顺并协调中央政府与地方政府、地方政府与地方政府间关系的政治体制和行政体制改革亦渐进施行。经济、政治改革的基本出发点在于打破计划经济时代禁锢生产力发展的体制机制,增强地方经济建设的主体性和自主性,调动社会各界更快、更好发展经济的积极性。如在人才引进与培养方面,我国地方各级政府越来越积极主动,在人力资源开发中发挥着越来越重要的主导作用。

一、 为经济增长而竞争

当前,各地政府热心于人才竞争,在对人才的支持和投入上盲目攀比,形成了近乎"零和博弈"的局面。事实上,这是地方政府为社会经济发展资源展开竞争的体现。发展是改革的目的,改革是发展的动力。在经济体制改革先试先行的思路下,财政分权与财税体制改革成为我国在宏观层面解锁"高度集中体制"的重要突破口。[①] 因此,"政治集权下的经济分权是理解转型期中国的基本制度背景"[②]。总体而言,1978 年以来我国经济的迅猛发展、生产力的显著提高与两次典型的财政体制改革密不可分,一是贯穿于 20 世纪 80 年代及 90 年代初期的财政包干制改革,二是开始于 20 世纪 90 年代初期的分税制改革。

1980 年,国务院决定实行财政管理体制改革并颁发了《关于实行"划分收支,分级包干"的财政管理体制的暂行规定》,改革开放后财政包干制的序幕由此拉开。[③] 中央和地方"分灶吃饭"的办法扩大了后者的财政支出、资源配置、企业管理和投资等权限,强化了其发展域内经济的自主行为。由此,"地方政府逐渐形成了'公司化'的利益主体,追求地方经济增长和财政收入的增加成为其行动的主要动机和目标"[④]。在分权型财政体制激励下,各地政府官员努力向政治企业家转型。与市场中的企业家一样,政治企业家"必须决定在哪里投入时

① 贾康. 中国财税改革 30 年:简要回顾与评述[J]. 财政研究,2008(10):2.

② 陈硕,高琳. 央地关系:财政分权度量及作用机制再评估[J]. 管理世界,2012(6):43.

③ 贾康,阎坤. 转轨中的财政制度变革[M]. 上海:上海远东出版社,1999:51-52.

④ 渠敬东,周飞舟,应星. 从总体支配到技术治理——基于中国 30 年改革经验的社会学分析[J]. 中国社会科学,2009(6):107.

间、人才和资金以实现他们所认为的能产生最大价值的变革"①。面对改革开放的历史性转变,各级政府官员充分发挥企业家精神,创造性地采用各种战略、制定各类政策,想方设法地以不同形式投身于经济建设热潮。

面对财政包干制在十几年间导致的如"诸侯经济""重复建设""藏富于企"以及中央财权势弱等问题,为进一步理顺中央与地方财政分配关系,增强中央宏观调控能力,1993年12月15日国务院发布《关于实行分税制财政管理体制的决定》,"从1994年1月1日起改革现行地方财政包干体制,对各省、自治区、直辖市以及计划单列市实行分税制财政管理体制"②。分税制施行后,虽然地方政府推动地区经济增长的劲头有所减弱,但"以经济建设为中心"的社会发展主线没有变,"以经济增长为导向"的干部考核体系没有变。因此,"分税制形式的财政分权仍然保持着对地方政府的激励作用,财政包干制条件下形成的诸多地方政府行为在分税制时期依然存在"③。各地为经济增长而开展的竞争激烈程度并未消减,各地围绕国内外资本、生产资料等"标的"所拉开的各条"战线"并未收缩。在有增无减的财政支出压力下,地方政府最紧要的事情在于发现并转换新的经济引擎,开辟新的经济增长点,并抢先于新的领域发起新一轮经济竞争。

改革开放四十多年的实践证明,"经济权利愈大,地区竞争愈激烈"④。我国经济长期高速发展的事实也说明,经济权利越大,地区活力越强。充满活力的地区竞争已经全面超越经济活动的边界,在更广阔的社会领域显现出强劲的推动力:经济体制改革带动政治体制改革,经济竞争带动制度竞争和政策竞争,经济发展带动社会各领域发展。其背后的逻辑在于中央"向地方政府的经济分权并从体制上维持一个集中的政治威权,把巨大的经济体分解为众多独立决策的小型的地方经济,创造出了地方为经济增长而激烈竞争的'控制权市场'"⑤。其结果是,地方政府及其各级官员推进经济建设、促进经济发展的各项行政工

---

① [美]韦恩·A.雷顿,爱德华·J.洛佩斯.狂人、知识分子和学术涂鸦人:政治变化中的经济驱动力[M].王松奇,董蓓,王青石,译.北京:中国金融出版社,2014:215.
② 参见:1993年国务院发布的《关于实行分税制财政管理体制的决定》。
③ 刘承礼.以政府间分权看待政府间关系:理论阐释与中国实践[M].北京:中央编译出版社,2016:224.
④ 张五常.中国的经济制度[M].北京:中信出版社,2009:144.
⑤ 张军.读懂中国经济[M].北京:中国发展出版社,2007:230.

作越来越市场化,在一定规则框架内各级政府间、各级官员间、政府与企业等市场主体间就经济利益进行谈判与博弈。总之,"对于中国经济的发展,没有任何力量有竞争产生的能量这么强大;没有任何竞争有地方'为增长而竞争'对理解中国的经济增长那么重要"①。

二、 为创新发展而竞争

"竞争战略之父"迈克尔·波特曾将国家竞争优势的发展历程划分为四个阶段,依次为要素驱动阶段、投资驱动阶段、创新驱动阶段和财富驱动阶段。②根据国家竞争优势理论,经济发展的阶段性决定经济驱动力的更替性。改革开放四十多年来,随着我国社会经济发达程度不断提升,在经济建设方面长期存在一对"不变"与"变"的现象:"不变"是指坚持以经济建设为中心,各地政府间为经济增长而开展的竞争从未停止,而"变"指的则是驱动经济发展的引擎在变,各地政府间促进经济增长而采取的手段、方式与时俱进。当今是"科学的时代","科学被广泛地运用于经济生产领域的问题"标志着这个时代的重大创新。③我国经济发展应尽快从要素驱动和投资驱动阶段转型进入创新驱动和财富驱动阶段,全面激发科学技术作为第一生产力的巨大潜能,充分利用科学技术作为第一生产力的无限能量。需指出的是,创新驱动的开始并不意味着要素驱动和投资驱动的停止;创新经济的出场也并不意味着要素经济和投资经济的退场。无论是要素驱动、投资驱动还是创新驱动、财富驱动,任何一种驱动都不能单独发挥促进经济发展的作用,四者本质上应是"主次"关系,而不是"排斥"关系。同理,无论是对发达经济体还是发展中经济体而言,提高潜在生产水平、促进经济增长都必须依靠人力资源、自然资源、资本和技术这 4 个"车轮"。④ 任何一个"车轮"的缺坏,都会阻碍经济体的有效运行和优质发展。

事实上,受劳动力供给下降、环境成本快速上升、国际市场变化等不确定因素的影响,支撑我国经济高速增长的劳动力成本优势、资源成本优势、国际市场

① 张军.读懂中国经济[M].北京:中国发展出版社,2007:230.
② [美]迈克尔·波特.国家竞争优势(下)[M].李明轩,邱如美,译.北京:中信出版社,2012:65-66.
③ [美]西蒙·库兹涅茨.现代经济增长[M].戴睿,易诚,译.北京:北京经济学院出版社,1989:7.
④ [美]萨缪尔森,诺德豪斯.经济学(第19版)[M].萧琛,译.北京:商务印书馆,2013:609.

的开放等后发优势都在逐渐消失,①这种新形势也要求中央和地方政府抓住机遇开发经济增长新动能、升级经济发展新引擎进而转变经济发展方式、调整产业经济结构。在此背景下,地方政府间经济增长的竞争日益强调依靠科技创新,而不再一味地专注于企业经营、招商引资、土地开发等传统方式。那么,从何时起"创新"开始备受各级政府的重视?

改革开放之初的 1979 年和 1981 年,中央对国民经济进行了两次调整和改进,虽有所成就,但因"仅仅是针对传统增长模式所造成的结果进行并没有涉及产生这些消极后果的本源",结果"过了不久,一切又回到了原状"。② 直到1995 年,中共中央、国务院发布《关于加速科学技术进步的决定》正式提出实施"科教兴国"发展战略后,经济增长与科技进步才开始在经济建设实践中变得愈加紧密。在"科教兴国"战略指导下,"经济和社会发展以科技进步为主要推动力,科技工作要把解决经济和社会发展中的重大问题作为首要任务"③。21 世纪以来,"创新"成为国家有关经济、文化、科技等领域重大政策、规划、方案的"高频词",不仅被提炼为全国性动员口号,还被落实到地方性具体行动中。2006 年,中共中央、国务院在新世纪第一次全国科学技术大会上提出要"建设创新型国家",强调不仅要把增强自主创新能力作为发展科学技术的战略基点,作为调整产业结构、转变增长方式的中心环节,还要作为国家战略。④ 自主创新理念的提出代表着我国国际竞争战略决定性地从"规模经济""自然禀赋""劳动力比较优势"等认知基础,向"古典东亚发展主义""国家竞争优势"以及"创新""企业家精神"等新的理论层面转变。⑤

为加快转变经济发展方式,2012 年,党的十八大正式提出实施创新驱动发展战略,强调"科技创新是提高社会生产力和综合国力的战略支撑,必须摆在国家发展全局的核心位置"⑥。2015 年 3 月,中共中央、国务院出台《关于深化体

---

① 吴敬琏,张维迎,等.改革是最大政策[M].北京:东方出版社,2014:63.

② 吴敬琏.中国增长模式抉择[M].上海:上海远东出版社,2008:105.

③ 参见:1996 年中共中央、国务院发布的《关于加速科学技术进步的决定》。

④ 参见:2006 年胡锦涛同志在全国科学技术大会上的讲话《坚持走中国特色自主创新道路,为建设创新型国家而努力奋斗》。

⑤ 高柏.中国经济发展模式转型与经济社会学制度学派[J].社会学研究,2008(4):23.

⑥ 参见:2012 年胡锦涛同志在中国共产党第十八次全国代表大会上的报告《坚定不移沿着中国特色社会主义道路前进,为全面建成小康社会而奋斗》。

制机制改革加快实施创新驱动发展战略的若干意见》,指出创新驱动发展的总体思路就是要"强化科技同经济对接、创新成果同产业对接、创新项目同现实生产力对接",不断增强科技进步对经济发展的贡献度。① 2016 年,中共中央、国务院为加快实施创新驱动发展战略而印发《国家创新驱动发展战略纲要》,强调实现创新驱动应坚持"紧扣发展""深化改革""强化激励""扩大开放"的原则,其中"创新驱动实质是人才驱动",激发各类人才的积极性和创造性意义重大。② 党的十九大报告强调,创新是引领发展的第一动力,是建设现代化经济体系的战略支撑。加快建设创新型国家,就要培养造就一大批具有国际水平的战略科技人才、科技领军人才、青年科技人才和高水平创新团队。

上述若干单独或成套的创新政策反映了我国对加快经济社会转型发展的高度重视,从中央到地方各级政府,"创新驱动发展"的理念迅速贯彻,"创新强国""创新强省""创新强市""创新强县"等提法频频见诸官方各类政策文件之中。为响应中央号召,各地政府紧锣密鼓地出台新政策、布置新任务,围绕"创新"与"发展"掀起新一轮竞争。分析北京、上海、广东、江苏、浙江、天津、湖北、安徽、四川、重庆、辽宁等地"十三五"科技创新规划文本后可知,我国省级政府之间的创新竞赛主要是按照一系列可量化、可对比的创新指标而进行的,其具体表现在以下几个方面。

(1)建设国家级创新园区。争取将省级、市级科技园区升级,建设成以国家自主创新示范区、国家高新技术产业开发区为代表的国家级科创区,是地方政府为创新而竞争的重要策略。如广东在珠三角国家自主创新示范区基础上,提出要在"十三五"期间推进汕头、湛江、茂名、韶关、云浮、潮州等省级高新区创建国家高新区,建设目标为 2020 年省内国家高新区争取达到 15 家。③ 在加快推进武汉东湖国家自主创新示范区建设过程中,湖北预期在 2020 年国家高新区达到 10 个、国家农业科技园区达到 10 个、国家可持续发展实验区达到 15 个。④

(2)打造特色创新中心。结合地理区位、发展水平、产业结构和自身优势,地方政府纷纷提出富有科技"含金量"的各具特色、名目多样的"中心化"发展

---

① 参见:2015 年中共中央、国务院出台的《关于深化体制机制改革加快实施创新驱动发展战略的若干意见》。
② 参见:2016 年《国家创新驱动发展战略纲要》。
③ 参见:2017 年《"十三五"广东省科技创新规划(2016—2020 年)》。
④ 参见:2016 年《湖北省科技创新"十三五"规划》。

目标。例如,北京立足于"一国之都"要建设全国科技创新中心以及具有全球影响力的国家金融科技创新与服务中心,要建成中关村科学城、怀柔科学城、未来科技城,形成国际一流的综合性大科学中心;①上海以国家经济中心的优势提出打造具有全球影响力的科技创新中心、建设张江综合性国家科学中心的重大任务。② 又如,浙江为加快科技创新推动高质量发展,预计在"十三五"规划期末基本建成以信息经济为先导、以杭州城西科创大走廊为主平台的"互联网+"世界科技创新高地;③江苏提出要在 2020 年基本形成具有全球影响力的产业科技创新中心框架体系。④ 再如,安徽力争到 2020 年基本建成有重要影响力的综合性国家科学中心和产业创新中心;⑤重庆要在 2020 年进入创新型城市行列,初步建成西部创新中心。⑥

(3) 构筑科技创新平台。无论是科学还是技术都离不开相应平台所提供的物质支撑和制度保障。因此,有了好的平台才能集聚更好的科技资源,产出更好的创新成果。在创新竞争中,建设省级以上重点实验室、工程技术研究中心还有世界领先的重大科技基础设施以及新型研发机构,成为各地政府积极关注、大力投入的一项工程。如广东力争到 2020 年形成以国家技术创新中心、广东省技术创新中心、国家级工程技术研究中心、省级工程技术研究中心梯次发展的新格局;⑦湖北预计在 2020 年建成省级以上重点实验室 160 家、工程技术研究中心 400 家、产业技术研究院 15 家以上,⑧辽宁也将在"十三五"规划末期建设超过 1 000 个省级以上重点实验室和工程中心。⑨ 又如上海将"推进上海光源二期、转化医学、软 X 射线自由电子激光、超强超短激光、活细胞成像平台、海底长期观测网等大科学设施建设,积极争取承担燃气轮机、超级计算等领域的新一批国家大科学设施建设任务"列入其科技创新规划之中。⑩

---

① 参见:2016 年《北京市"十三五"时期加强全国科技创新中心建设规划》。
② 参见:2016 年《上海市科技创新"十三五"规划》。
③ 参见:2016 年《浙江省科技创新"十三五"规划》。
④ 参见:2016 年《江苏省"十三五"科技创新规划》。
⑤ 参见:2016 年《安徽省"十三五"科技创新发展规划》。
⑥ 参见:2016 年《重庆市科技创新"十三五"规划》。
⑦ 参见:2017 年《"十三五"广东省科技创新规划(2016—2020 年)》。
⑧ 参见:2016 年《湖北省科技创新"十三五"规划》。
⑨ 参见:2016 年《辽宁省"十三五"科学和技术发展规划纲要》。
⑩ 参见:2016 年《上海市科技创新"十三五"规划》。

（4）加大科技研发投入。我国不断加大对科技创新领域的投入。一方面，研究与试验发展（R&D）经费支出规模持续扩大，从 1999 年的 678.91 亿元增长至 2019 年的 22 143.6 亿元；另一方面，科技研发投入强度升势显著，研究与试验发展经费占国内生产总值的比例从 1999 年的 0.83％提升为 2019 年的 2.23％。① 在中央的带动下，地方政府也结合自身经济发展水平与财政实力竞相加大科技创新投入规模，竞相提高科技研发投入强度。如图 3-1 所示，北京、上海、天津、广东、江苏、浙江、湖北、安徽、重庆、辽宁和四川在各自"十三五"科技创新规划中提出不同规模和强度的科技研发经费投入，其中北京的研发投入强度最大，其次为上海和天津。此外，北京和上海分别将基础研究经费支出占全社会 R&D 经费支出比例设定在 13％、10％，以大力支持基础研究领域的创新活动，为应用研究和创新实践打好坚实的基础。

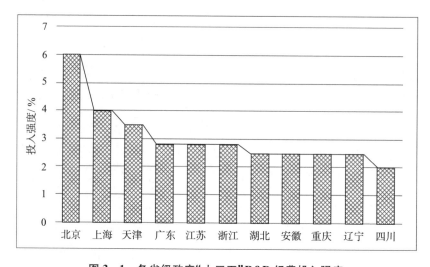

图 3-1 各省级政府"十三五"R&D 经费投入强度

数据来源：相关省级政府科技创新"十三五"规划。

（5）其他量化科技指标。我国科技创新能力大幅增强，经济增长的科技含量显著提升。2017 年，我国发明专利申请量和授权量居世界第一，国际科技论文总量和被引用量均已跃居世界第二，有效发明专利保有量居世界第三，全国技术合同成交额达 1.3 万亿元，科技进步贡献率达 57.5％。② 2019 年，我国科

① 参见：《1999 年全国科技经费投入统计公报》和《2019 年全国科技经费投入统计公报》。
② 杨舒.2017 年我国科技进步贡献率达 57.5％[N].光明日报,2018-01-10(08).

技进步贡献率达 59.5%;根据世界知识产权组织发布的 2020 年全球创新指数,我国位居世界第 14 位,创新型国家建设取得新进展。[①]

在此背景下,地方政府长期致力于增加国家科技重大专项、国家科学技术奖、每万人研发人员全时当量、每万人发明专利拥有量、高水平论文数、国际专利(PCT)申请量、科技进步贡献率和公民具备科学素质比例等易量化、可比较的指标,并在科技发展规划中予以明确和量化(如表 3 - 1 所示)。针对每万人发明专利拥有量,安徽提出的目标为 10 件,广东、江苏预计的数量比之增加一倍,上海设定的目标又比广东、江苏多一倍,而北京再比上海多一倍;对于通过《专利合作条约》(PCT)途径提交的国际专利年度申请量,安徽的目标在 300 件,上海预计达 1 300 件,而浙江提出了 2 000 件的发展目标;就技术进步对经济增长的贡献份额来看,广东、安徽、四川、重庆等地提出到 2020 年科技进步贡献率达 60% 左右,而江苏、浙江则将这一目标设定在 65% 左右。另外,北京、广东和天津还在"十三五"科技创新规划中提出与高水平论文相关的目标:北京欲将高被引论文数占全国的比重提高到 30%;广东的目标在于国际学术论文产出量进入全国前三位;天津则提出 SCI(科学引文索引)、EI(工程索引)、ISTP(科技会议录索引)系统收录科技论文数量达 3 万篇的目标。

表 3 - 1   各省级政府其他"十三五"科技创新指标

2020 年创新指标	北京	上海	广东	江苏	浙江	天津	湖北	安徽	四川	重庆	辽宁
每万人研发人员全时当量/(人·年)	—	—	—	140	120	150	55	—	32	60	—
每万人发明专利拥有量/件	80	40	20	20	17	18	10+	10	7.5	8.6	—
国际专利(PCT)申请量/件	—	1 300	—	—	2 000	—	—	300			
科技进步贡献率/%	—	—	60+	65	65	—	—	60	60	60+	—
公民具备科学素质的比例/%	—	—	10.5+	—	13+	16	—	10	8	8.3	10.8

数据来源:相关省级政府科技创新"十三五"规划。

[①] 冯华,喻思南.我国科技进步贡献率已达 59.5%[N].人民日报,2020 - 10 - 21(01).

总之,21世纪以来"创新"已被中央和地方政府视为社会经济转型发展的强大内驱力,推动科技创新已成为国家提升综合国际竞争力的重要方式、地方提高国内首位度的关键手段。因此,在今后较长时期内,有关创新的任何要素和资源都是国家和地方政府高度重视的对象,有关影响创新能力的任何政策和举措都会被国家和地方政府争先恐后地创制施行。

三、 政策激励下的人才竞争

人才是创新的第一资源,是创新驱动发展的核心要素。地方政府的创新竞争不仅在于创新园区、中心、平台的建设和资金的投入以及其他创新指标的优化,还在于科技精英、学术精英等创新人才的引进和培育。近年来,地方政府对高端智力、高精尖创新人才的竞争愈演愈烈,由此掀起的"人才大战"逐渐趋于白热化状态。以部分省(市)科技创新"十三五"规划为例,浙江拟在2016—2020年引进培育100个对省内产业发展具有重大影响、经济和社会效益显著的领军型创新创业团队,新建100个省级院士专家工作站,以做好柔性引进院士工作;①辽宁重视开发国际国内人才资源,力争到2020年选拔培养10名杰出人才、100名科技创业领军人才、100个科技创新团队、150名科技创新领军人才、2 000名青年科技创新创业人才和1万名高层次研究型人才;②重庆为满足重点创新工程和产业发展需要,力争5年内引进100名首席科学家、1 000名高级研发人才和10 000名研发工程师等"适用型人才"。③ 2017—2019年,全国约有50多座城市推出人才新政,通过一系列优惠政策提高人才吸引力和竞争力。

（一）政府对人才的竞争不断加剧

1998年,英国创新驱动型经济特别工作组曾在《英国创新驱动型经济报告》中指出,创新驱动型经济是"那些从个人的创造力、技能和天分中获取发展动力的企业,以及那些通过对知识产权的开发可创造潜在财富和就业机会的活动"④。如今,这类活动已成为我国大众创业、万众创新的重要内容。"实施创新驱动战略要以人才为依托,不仅需要提高劳动者素质,更需要高端创新创业人

---

① 参见:2016年《浙江省科技创新"十三五"规划》。
② 参见:2016年《辽宁省"十三五"科学和技术发展规划纲要》。
③ 参见:2016年《重庆市科技创新"十三五"规划》。
④ 陈宇学.创新驱动发展战略[M].北京:新华出版社,2014:39.

才。因此转向创新驱动,人力资本比物质资本更重要。增加人力资本供给就能驱动创新。"①对我国而言,增强自主创新能力是建设创新型国家的关键,而拥有一定规模的创新型人才并激发其创新潜力、发挥其创造性作用,则是提升整个国家及各个地方原始创新能力与集成创新能力的重要条件。

21 世纪以来,为应对加入世界贸易组织后人才国际竞争新形势和新挑战,我国将人才工作推上新高度。2002 年 5 月,中共中央、国务院制定下发了我国第一个综合性人才队伍建设规划,即《2002—2005 年全国人才队伍建设规划纲要》,首次提出实施"人才强国"战略,"开发利用国际国内两个人才市场、两种人才资源,紧紧抓住培养人才、吸引人才、用好人才三个环节,着力建设党政人才、企业经营管理人才、专业技术人才三支队伍,为改革开放和现代化建设提供坚强的人才保证"②。2003 年 12 月,中共中央、国务院召开了我国第一次全国人才工作会议,通过了《关于进一步加强人才工作的决定》,为"人才强国"战略的有效实施提供了组织保障,提出"党管人才"的重要原则。2006 年,《国家中长期科学和技术发展规划纲要(2006—2020 年)》指出,"科技人才是提高自主创新能力的关键所在",要"努力开创人才辈出、人尽其才、才尽其用的良好局面"。为贯彻落实 2007 年党的十七大有关实施人才强国战略的总体要求,2010 年,《国家中长期人才发展规划纲要(2010—2020 年)》提出"人才优先"的指导方针,即在经济社会发展中"做到人才资源优先开发、人才结构优先调整、人才投资优先保证、人才制度优先创新"的人才优先发展战略。③ 自 2012 年党的十八大以来,中央相继于 2016 年、2018 年颁布了《关于深化人才发展体制机制改革的意见》和《关于分类推进人才评价机制改革的指导意见》等文件,通过人才体制机制改革,进一步释放了人才红利、激发了人才创新力。

在中央的号召下,地方政府也倾注大量政策、资金为促进地区创新型经济发展而引才。在人才为经济建设服务的理念下,地方各类人才政策的出发点和落脚点都锁定于经济增长,集中体现在人才与创新、人才与经济、人才引进与培养等关系的政策阐释上。例如,北京实施"海外人才聚集工程"的基本原则之一

---

① 洪银兴.关于创新驱动和协同创新的若干重要概念[J].经济理论与经济管理,2013(5):10-11.
② 参见:2002 年《2002—2005 年全国人才队伍建设规划纲要》。
③ 参见:2010 年《国家中长期人才发展规划纲要(2010—2020 年)》。

便是"适应首都经济社会发展需要","紧紧围绕首都重大项目、重点工程、重点产业、重点学科和重点实验室建设吸引和使用人才";①北京鼓励海外高层次人才来京创业和工作所依据的海外高层次人才重点引进目录,就是有关部门依据《北京市产业结构调整指导目录》及相关产业发展规划、用人单位需求信息制定的。② 又如,上海为提高人才工作的针对性,通过及时发布、定期更新《上海海外高层次人才需求目录》,主动引导海外人才向地区经济社会发展重点领域集聚;③上海院士专家工作站建设,坚持"企业为主体,智力为基础,需求为核心,实效为根本"的原则,"为企业战略发展提供服务""为企业人才队伍培养服务""为企业关键技术研发服务""为科技成果转化应用服务"是院士专家工作站的主要服务内容。④ 由此可见,地方政府积极引进各类高层次人才的根本目的在于发展经济,将人才引进目标与地方重点产业、行业发展目标精准匹配是地方政府精准引才的重要前提。

在当前的政策话语和学理研究中,企业不仅是市场经济的主体、经济发展的主体,还是科技创新的主体。与企业相比,以研究型大学为代表的高等学校在政府创新政策体系中长期处于弱势地位。其结果是,作为创新人才引进与培育、创新科学生产与传播、创新技术开发与应用的重要组织,大学之于创新的意义在一定程度上受到一些政策制定者和实施者的忽视。这种状况在 2015 年中央政府进行建设世界一流大学和一流学科的重大战略决策部署后有所改变,大学适应并服务社会经济发展的职能在中央和各地政府支持下得到较充分发挥。大学与经济、社会的关系通过拔尖创新人才、前沿科技研究对经济增长的促进作用、对社会进步的推动作用得以密切和加强。如今,"国内许多发达地区的企业对科学家的渴望胜过当年发展乡镇企业时对工程师的渴望,吸引大学及其研发中心和实验室的劲头胜过当年吸引外资"⑤。同样地,如今全国各地各级政府对大学及其学术精英、研发中心和实验室的渴望远远胜过当年"经营企业""经营土地"的传统粗放型经济发展时期。2016 年,重庆在科技创新"十三五"规划

---

① 参见:2009 年《中共北京市委办公厅关于实施北京海外人才聚集工程的意见》。
② 参见:2009 年《北京市鼓励海外高层次人才来京创业和工作暂行办法》。
③ 参见:2010 年《上海市实施海外高层次人才引进计划的意见》。
④ 参见:2015 年《上海市院士专家工作站管理办法(修订)》。
⑤ 洪银兴.科技创新与创新型经济[J].管理世界,2011(7):4.

中提出"支持企业、高校和科研院所与中国 500 强企业、十二大军工集团、中国科学院、中国中国工程院、北京大学、清华大学、浙江大学等共建研发和产业化基地,共同策划实施一批重大项目,联合开展科学研究和技术攻关,力争在引进知名研发机构、高端创新人才和科技企业方面取得实质性突破"①。2018 年,浙江"科技新政 50 条"除强调推进世界一流大学建设、加快实施高校创新能力提升工程外,还特别针对地区高校院所资源比较欠缺的现状,提出在引进清华长三角研究院、中国科学院宁波材料所的基础上继续深入实施引进大院名校共建高端创新载体战略,②进一步扩大创新人才集聚规模、增强科研成果转化实效。总之,自高校"双一流"建设启动以来,地方政府支持下的域内大学对学术精英的竞争不断加剧,因此引发的大学学术精英地区间流动有增无减。人才驱动创新、创新驱动发展的逻辑改变了地方政府经济竞争的行为和方式,引领我国经济走上内涵式高质量发展道路。

(二) 政府对人才的竞争缘自激励

威廉·阿瑟·刘易斯(William Arthur Lewis)曾在《经济增长理论》一书中指出,"经济增长涉及不同的人的工种和数量的变化:即使上面下令进行革新,增长还涉及这个小集体中个体成员是否愿意自觉地去适应不断变化的机会,寻求和利用新机会"③。处理经济改革大集体利益与小集体个体成员利益之间的关系主要涉及一个如何激励的问题。1979 年、1981 年中央对国民经济发展方式所进行的两次调整并无多大成效,就是因为没有"把激励搞对"。事实上,对于创新驱动发展的意义和道理,地方官员人人都懂,而且他们也十分清楚在创新时代一步落后便会步步落后的结果。对此,为何地方政府及其官员推动经济发展动能转换的行动是迟缓的呢? 为什么转变经济发展方式的过程是缓慢的甚至是困难的呢? 认识与行动并不总是一致的原因,一方面是创新的投入巨大且见效慢,另一方面则是驱动创新的激励不足。极具理性的地方政府在权衡创新成本与创新回报不对等的情况下,往往不愿承受经济转型所带来的多种"阵痛",更愿依赖传统经济发展模式和路径,如此我国经济转轨的困难便大了许

---

① 参见:2016 年《重庆市科技创新"十三五"规划》。
② 参见:2018 年《浙江省人民政府关于全面加快科技创新推动高质量发展的若干意见》。
③ [英]阿瑟·刘易斯.经济增长理论[M].周师铭,沈丙杰,沈伯银,译.北京:商务印书馆,1983:67.

多。这或许也正是我国进化式经济改革从一开始就着眼于改进激励机制、"做大蛋糕"、增大经济总量的缘故。[①]

一直以来,我国地方政府注重为创新而竞争、为人才而竞争、为地方经济增长而竞争。什么是推动地方政府大力开展创新创业、激烈竞争高层次人才的根本动力呢? 正如斯蒂格利茨(Joseph Eugene Stiglitz)所言,"当存在创新时,市场过程不能自动地确保激励竞争或快速研究开发的发生"[②]。换言之,经济增长不能自动或单独地激励地方政府间竞争行为的发生。在地方政府经济竞争、创新竞争、人才竞争的背后必然存在一套激励竞争的机制。"制度是促进还是限制经济增长,要看它对人们的努力是否加以保护;要看它为专业化的发展提供多少机会和允许有多大的活动自由。"[③]一项促进经济增长的制度不仅要保护经济建设者的努力,还要为其专业化发展提供充足的机会,并允许其拥有足够的活动自由。对个人和组织而言,竞争一般源自激励。没有无目的的竞争,也没有无激励的竞争。以竞争目的为激励的竞争和以竞争为目的的竞争激励普遍存在于社会实践中。对大多数处于行政官僚体制中的官员而言,最重要的竞争目的无非是政治晋升,最强的竞争激励无非是政治激励。从这种意义上讲,它促进了各地政府对创新人才队伍建设的高度关注以及在创新人才竞争中的积极表现。

作为一种行政官员考核与任用机制,政治锦标赛对地方政府竞争大学学术精英等高层次创新人才具有强大的激励作用。"长期以来政治锦标赛考核的'硬指标'就是与辖区经济增长密切相关的经济指标(如 GDP 增长率、财税收入、招商引资规模),这些指标对地方官员的晋升具有重要影响。"[④]在中央提出转变经济发展方式的政策背景下,粗放型的经济增长指标必然会逐渐被集约型的经济增长指标所替代。"政治锦标赛下激烈的地区竞争迫使地方官员不得不去寻找区域经济发展的新资源和新增长点。"[⑤]其结果是,作为政治晋升激励的

① 林毅夫,蔡昉,李周.中国的奇迹:发展战略与经济改革[M].上海:上海人民出版社,1994:247.
② [美]约瑟夫·E.斯蒂格利茨.社会主义向何处去:经济体制转型的理论与证据[M].周立群,韩亮,于文波,译.长春:吉林人民出版社,2010:171.
③ [英]阿瑟·刘易斯.经济增长理论[M].周师铭,沈丙杰,沈伯银,译.北京:商务印书馆,1983:63.
④ 周黎安."官场+市场"与中国增长故事[J].社会,2018(2):8.
⑤ 周黎安.转型中的地方政府:官员激励与治理[M].上海:格致出版社,2017:233.

创新人才竞争便应运而生,其渐趋激烈之势亦有据可循。地方政府对大学学术精英等高层次创新人才竞争激励有其形成机制。当前,各地在招商引资力度不减的情况下,又发起招才引智的竞争,"双招双引"的新热潮有席卷全国之势。实质上,招商引资与招才引智都是地方政府官员在政治锦标赛下促进经济增长的手段。激励地方政府围绕大学学术精英等高层次创新人才展开竞争的机制,有其形成与发挥效用的逻辑。

首先,可量化、易获取、可对比的人才指标是创新人才竞争激励的基本条件。这意味着人才竞争结果"可以用来比较"。就"可量化"而言,地方政府对创新人才做出了分类。例如,依据不同人才计划制订者的行政级别将大学学术精英划分为国家级人才、省级人才、市级人才等,且就国家级人才而言,其内部还被分为中国科学院院士、中国工程院院士,海外高层次人才引进计划的长期人才、短期人才和青年人才,教育部"特聘教授"、讲座教授和青年学者,"特支计划"杰出人才、领军人才和青年拔尖人才,国家杰青和国家优青,等等。上述这些分类便于上级政府以项目和人才类别及其数量测量、评定下级政府官员招商引资、招才引智工作,也便于上级政府对比、明确下级不同官员之间的政绩差距。

其次,人才工作目标责任制的确立是创新人才竞争激励的制度保障。这意味着人才工作被纳入政府官员绩效考核体系,人才引育成绩被强制"用来比较"。从实践来看,各级地方政府都设立了负责招商引资的专门机构,有的地区还把招商引资任务层层分解到各个部门,并对相关领导干部实行目标考核。[①]与此类似,地方政府在竞争大学学术精英等高层次创新人才的过程中也确立了目标责任制,以加强对人才工作的考核与监督。比如,北京在实施海外人才聚集工程时,提出"要对用人单位引进人才以及通过人才推进科技进步和管理创新工作进行考核"[②];上海将实施全市人才工作目标责任制考核、考核结果作为领导班子评优等重要依据的举措,作为加快推进具有全球影响力的科技创新中心建设的一项重要组织保障。[③] 为做到"一把手"抓"第一资源",广东建立高层

---

① 谢显弟.区域竞争与地方经济政策[M].成都:四川大学出版社,2012:60.
② 参见:2009年《北京市委办公厅关于实施北京海外人才聚集工程的意见》。
③ 参见:2016年《上海市委、市政府关于进一步深化人才发展体制机制改革加快推进具有全球影响力的科技创新中心建设的实施意见》。

次人才吸引培养的领导问责制,通过定期组织高层次人才满意度调查和工作评估,"对吸引培养高层次人才工作严重滞后,或者本地区用人单位和高层次人才投诉较多,或者造成高层次人才流失严重的地区和部门,给予通报批评;对引进培养高层次人才弄虚作假的,按有关规定给予严肃处理"①。早在 2010 年,山东就曾出台《关于实行人才工作目标责任制考核的意见(试行)》,对人才工作考核范围、方式、内容、步骤等做出明确规定。如对各市人才工作的定性考核指标主要涉及组织领导、人才队伍建设、人才智力引进、人才创新创业、人才发展环境等,定量考核指标主要包括人才规模、人才引进、人才载体、人才投入等。② 此外,还有些地区进一步将目标责任制运用在人才引进的具体服务项目上。如深圳"建立健全人才安居工程考核评价机制,将实施人才安居工程情况纳入政府绩效考评内容,加强对各区、各部门主要负责人落实人才安居工程的责任考核"③。南京也"建立市、区两级人才安居工作考核机制,将人才安居工作考核纳入市对区经济社会发展考核"④。苏州重视海外人才引进的资助资金问题,在"海鸥计划"实施中特别规定"海鸥计划资助资金由县级市、区财政承担的部分,到位率列入县级市、区党政领导班子和领导干部人才科技工作目标责任制考核指标,并作为人才工作先进地区评选的重要参考"⑤。

与环境保护目标责任制、科技创新目标责任制一样,人才引育目标责任制也是一种典型的行政官僚层级系统中的压力型体制。如同多年来地方政府一味追求 GDP 增速一样,近年来地方政府不遗余力竞争大学学术精英等创新人才的行为表现,"实为最高层自上而下的政绩压力所致"⑥。下级政府向上负责各类创新人才引进与培育的质量和数量直接与党政班子的评优、领导干部的晋升相挂钩,地区人才成就与官员政治利益相捆绑,这种激励机制不仅增强了自上而下的动员能力,还提高了地方人才工作的竞争性和创造性。

---

① 参见:2008 年《广东省委、省政府关于加快吸引培养高层次人才的意见》。

② 参见:2010 年《山东省委办公厅、省人民政府办公厅关于实行人才工作目标责任制考核的意见(试行)》。

③ 参见:2010 年《深圳市委、市政府关于实施人才安居工程的决定》。

④ 参见:2018 年《南京市政府关于进一步加强人才安居工作的实施意见》。

⑤ 参见:2011 年《苏州市委办公室、市人民政府办公室关于实施"海鸥计划"加快柔性引进海外智力的实施细则(试行)》。

⑥ 周雪光.中国国家治理的制度逻辑:一个组织学研究[M].北京:生活·读书·新知三联书店,2017:83.

第二节 地方政府人才政策及主要举措

根据新制度经济学相关理论,世界各国之间的资源竞争实质上是不同制度系统之间的竞争,制度环境的好坏、制度品质的优良深刻影响着资金、技术、人才等发展资源的集聚与分散。[①] 人才政策、科技制度、社会经济环境不仅将影响人才和智力资源在各个地区间的流动方向,还影响其在各个领域发挥实际效力的程度。21 世纪以来,"创新""创业"成为我国重大事业发展的主旋律,也是相关法律条款、政策文件、规章制度的关键词。营造优良的创新创业环境成为各地各级政府的职责所在,而引进和培养创新创业人才则成为各地各级政府的重要任务。党的二十大报告指出,要深入实施人才强国战略,坚持党管人才原则,坚持尊重劳动、尊重知识、尊重人才、尊重创造,实施更加积极、更加开放、更加有效的人才政策,引导广大人才爱党报国、敬业奉献、服务人民。近年来,我国各级政府为引进国内外高层次人才、优秀海外留学人员、以顶尖人才为核心的创新创业团队以及博士、博士后等青年才俊,围绕人才工作与事业发展、生活保障待遇等方面制定出台了大量政策,已初步构建起一套较为全面、系统的人才政策体系和制度框架。为进一步研究政府政策驱动下的大学学术精英流动,本书试以部分省级政府和地市级政府在 1999—2019 年出台的人才政策为依据,归纳地方政府人才引进与培养的主要方式和具体举措。

一、 部分省级政府人才政策及举措

1999—2019 年,在大学学术精英流入量居于全国前十位的省(直辖市)中,位于东部地区的共有 7 个,位于中部、西部和东北地区的各有 1 个;广东、北京、上海引进的大学学术精英规模名列前茅,浙江的人才流动"正差"仅次于广东,而江苏的人才流动"负差"最大。综合考量上述各省份所处地理区位及其大学学术精英引进与流失情况,本书选择以北京、上海、广东、浙江、江苏、湖北、四川和辽宁这 8 个省份作为研究对象。通过"北大法宝"法律法规检索系统、地方政府官网

---

① 卢现祥. 新制度经济学[M]. 2 版. 武汉:武汉大学出版社,2011:3.

以及地方人才网等,从北京、上海、广东、浙江、江苏、湖北、四川和辽宁等省(市)人大(含常委会)、省(市)委、省(市)政府及其省(市)级机构 20 年间所出台的地方性法规、地方政府规章、地方规范性文件、地方工作文件和行政许可批复中,尽可能全面地筛选、搜集有关人才工作、科技工作、经济工作等领域的政策文本,以此梳理分析我国省级政府主要人才政策,从而进一步考察研究省级政府人才引进政策与举措、引进人才待遇与福利等具体问题。

(一) 人才引进的主要举措

1. 实施人才计划:依工程,托项目

从国家到地方的各类人才计划,不仅是高层次人才培养的机制还是高层次人才引进的工具。当前我国中央政府制订的人才计划种类繁多,地方政府在执行上级人才政策的过程中、在模仿同级政府人才举措的过程中,也不断创制出新的人才计划。

作为首都,北京具有高层次人才引进的天然优势,同时首都的角色还赋予其建设高层次人才队伍的重大使命。因此,北京诸多人才计划是围绕着将首都打造成世界一流"人才之都"的战略目标而制订施行的。[①] 为培育首都创新精神,建设国际高端人才聚集之都,北京依托"海外人才聚集工程""中关村高端领军人才聚集工程""高创计划""顶尖人才计划"等,加大对海内外高层次科技人才和创新团队的引进力度。[②] 与北京相比,广东为吸引和遴选中青年优秀学术人才,培养和造就国内外领先的学科带头人,推出了"高等学校珠江学者岗位计划"[③];上海为引进并资助从事科学研究和创业活动的海外留学人员及团队,制订了"浦江人才计划"[④]。为柔性汇聚海内外智力资源,浙江大力推进"海外工程师计划"、高校海外精英集聚计划和高端外国专家项目等重大引智计划(工程)。[⑤] 江苏则积极实施旨在引进江苏出生或曾在江苏学习、工作、生活过

---

① 有关北京"人才之都"的提法,可参见《关于实施北京海外人才聚集工程的意见》《首都中长期教育人才发展规划纲要(2010—2020 年)》《首都中长期人才发展规划纲要(2010—2020 年)》《关于推进首都人才集群化发展的实施意》《北京市科学技术协会关于加强科技人才工作的意见》等文件。

② 参见:2012 年《首都中长期科技人才发展规划纲要(2011—2020 年)》及 2016 年《首都创新精神培育工程实施方案(2016—2020 年)》。

③ 参见:2009 年《广东省高等学校珠江学者岗位计划实施办法》。

④ 参见:2015 年《上海市浦江人才计划管理办法》。

⑤ 参见:2016 年《浙江省人才发展"十三五"规划》。

的海内外各领域标志性人才的"凤还巢"计划。① 2007—2019年,湖北为建设高校高层次人才队伍,吸引、遴选和造就一批具有国际、国内领先水平的学科、专业带头人和团队,不仅稳步推行"楚天学者计划",还在该计划实施10年后大幅提升对楚天学者的经费资助:楚天学者特聘教授每人每年的资助标准从原来的10万元增长为30万元,讲座教授资助经费从原来的每人每月1.5万元变更为每人每年5万元,楚天学子每人每年资助经费也从原来的3万元增加到10万元。②

综合20年间国家、地方各类人才计划的数量和成效来看,"计划先行""工程依托""项目支撑"已成为各级政府推进重大人才工作的主要模式和基本路径。

2. 加强载体建设:搭平台,建基地

海内外高层次人才"引得来""用得好""留得住"是政府各类人才政策的出发点,也是检验和评价其实施效果的主要着力点。那么,应该如何"引来""用好""留住"海内外高层次人才?经实践探索,地方政府将人才组织载体建设视为解决上述问题的重要举措。由此,各地对于搭建人才引进和事业发展平台、建设人才创新创业基地具有较强的积极性,其所采取的办法大致可分为两类。

一是充分开发利用既有国家重点实验室、省级重点实验室、高校研究中心、科研院所和企业工程技术研发基地等平台,吸引高层次人才开展科技创新活动。2008年,江苏省科技厅提出要积极引导省重点实验室、工程技术研究中心、科技公共服务平台等创新基地,采取切实有力措施加强人才引进与培养工作。例如,科技项目主管部门要把创新人才培养计划的完成情况、实际引进与培养的创新人才数量和质量以及整个创新团队的情况作为科技项目的监督和考评依据。③ 为加强顶尖科学家及其团队发展的软环境建设,北京不仅依托国家级和市级重点实验室、企业研发试验服务基地、技术中介机构、产业技术创新联盟等平台推进产学研结合,还充分依托中关村国家自主创新示范区、未来科技城等事业平台服务和支撑顶尖科学家及其团队的创新创业活动。④

① 参见:2017年《江苏省委关于聚力创新深化改革打造具有国际竞争力人才发展环境的意见》。
② 参见:2007年《"楚天学者计划"实施办法(试行)》及2017年《"楚天学者计划"实施办法》。
③ 参见:2008年《江苏省科技厅关于在科技计划项目实施中加强创新创业人才引进与培养的暂行办法》。
④ 参见:2016年《北京市科技教育领导小组、市人才工作领导小组关于引进全球顶尖科学家及其创新团队的实施意见》。

二是着力引进符合地方科技、产业发展方向的国内外优质创新资源,创建对高层次人才具有较强吸引力的创新载体。在这个方面,浙江省走在前列。为增强对高层次人才的吸引力和集聚力,其在 2004 年便提出要创造条件争取成建制引进国内外高水平研究所,鼓励和支持国内外著名大学、科研机构、大型企业、知名中介机构到当地设立分院、分所、分支机构。① 近年来,浙江不仅大力支持浙江大学"双一流"建设,还支持西湖大学加快建设新型研究型大学,以集聚全球顶尖人才。根据 2018 年推出的"科技新政 50 条",浙江不仅将在 2018—2022 年安排 100 亿元支持之江实验室建设(含购、建大科学装置),还将引进大院名校共建研发机构和研发总部,并对符合条件的给予最高 3 000 万元支持,争取 20 所左右国内外著名高校入浙办学。② 此外,湖北、江苏、辽宁等省份也认识到通过打造创新载体、搭建创新平台集聚高层次人才等创新资源的积极意义。例如,湖北于 2009 年提出在武汉大学等 20 家单位建设省第一批"海外高层次人才创新创业基地",引进一批优秀海外高层次人才和团队;③江苏鼓励知名科学家及团队、著名高等院校和科研机构在苏发起设立专业性、公益性、开放性的新型研发机构,并提出最高可给予 1 亿元财政支持的举措;④同样,辽宁也以高额奖励的方式加大人才创新平台建设力度,将一次性给予新成功申请设立国家级重点实验室、国家工业设计研究院、制造创新中心、临床医学研究中心等国家级科技平台的主持人及其团队最高 500 万元奖励。⑤

3. 扩大资金投入:拨经费,设专项

各地政府对高层次人才队伍和创新团队建设的投入巨大,呈现出较为激烈的竞争性投入局面,纷纷从省级财政拨出专项经费,建立人才引进、培育专款专用机制。比如,北京市财政对高等学校高精尖创新中心进行滚动支持,以五年为一个周期,每年每个中心给予 5 000 万元至 1 亿元的经费投入,用于聘任国内外高端人才的经费原则上不低于 70%,其中不低于 50% 的经费要用于引进国

---

① 参见:2004 年《浙江省委、省政府关于大力实施人才强省战略的决定》。
② 参见:2018 年《浙江省政府关于全面加快科技创新推动高质量发展的若干意见》。
③ 参见:2009 年《湖北省委组织部关于在武汉大学等单位建设"海外高层次人才创新创业基地"的决定》。
④ 参见:2016 年《江苏省政府关于加快推进产业科技创新中心和创新型省份建设若干政策措施》。
⑤ 参见:2018 年《辽宁省委办公厅、省政府办公厅关于推进人才集聚的若干政策》。

际顶尖创新人才,不低于20％的经费要用于引进京外人才。[1] 广东省完善高层次人才投入管理机制,省财政设立"引进和培养高层次人才专项资金",主要用于引进、奖励和培养三大项目。[2] 为落实这一"专项资金",广东还分别设立了用于资助引进创新领军人才、创新科研团队的"广东省引进领军人才专项资金"和"广东省引进创新科研团队专项资金"。根据《广东省引进领军人才专项资金管理暂行办法》,"广东省引进领军人才专项资金"主要应用于项目研发、项目管理、人员聘用和住房补贴,其中占总额30％以内的聘用人员经费用于支付在研项目聘请高层次人才担任助手的薪酬或补贴,100万元(税后)住房补贴经费用于领军人才在广东购置或租住住房。[3] 为改善引进的海外优秀创业创新人才的工作生活条件,浙江省财政设立专项资金,对列入全省"海外高层次人才引进计划"的人选给予每人人民币100万元的一次性科学技术人才奖励。[4] 2007年江苏省开始实施高层次创业创新人才引进计划,同时设立高层次创业创新人才引进计划专项资金。迄今为止,江苏省级"双创计划"的资助方式和标准已有三次变更。根据2018年的《"江苏省高层次创新创业人才引进计划"改革实施办法》,高层次创业创新人才引进计划专项资金将进一步优化资助结构和方式,突出加大对"高精尖缺"人才的支持力度。[5]

实践证明,省级人才专项经费不仅对人才计划、科技项目的顺利运行给予物质保障,还对域内高等学校、科研院所、企业等用人单位具有示范和引导作用。在省级政府的带动下,作为用人主体的各企事业单位也采取设立专项经费、增加资源投入的办法促进引才、用才政策速见成效。

4. 加强引才激励:倡举荐,奖引育

对于各地政府而言,促进人才资源开发社会化、拓宽人才引进渠道,建立海内外人才信息网络是在社会经济竞争大背景下抢占人才高地、建设人才强省的必要举措。就我国少数人才引进大省来看,人才工作社会化的相关政策主要包含以下两个方面。

---

① 参见:2015年《北京高等学校高精尖创新中心建设计划》。
② 参见:2008年《广东省委、省政府关于加快吸引培养高层次人才的意见》。
③ 参见:2008年《广东省引进领军人才专项资金管理暂行办法》。
④ 参见:2009年《浙江省委办公厅、省政府办公厅关于大力实施海外优秀创业创新人才引进计划的意见》。
⑤ 参见:2018年《"江苏省高层次创新创业人才引进计划"改革实施办法》。

其一,实施人才举荐制度,注重发挥人才中介、猎头公司、行业协会、专业学会等组织及个人的招才揽才、举才荐才的作用。早在 2004 年,浙江就要求各级各类人才交流机构大力发展高层次人才中介服务,与国内外行业协会、人才中介组织等机构建立联系,逐步完善高层次人才中介服务体系,同时鼓励省内外人才中介组织、海外人才中介公司为当地推荐高层次人才。① 浙江省政府提出要依托海内外浙商、海外人才联络机构、招商引资海外办事机构、国际猎头公司等资源,在人才密集地区聘请一批“引才大使”,建立一批引才工作站。② 建立引才引智联络机构,聘请引才引智大使的做法也在江苏开展。在“人才 26 条”的指导下,国际学术组织、国家行业协会、专业学会等社会力量被鼓励参与人才引进活动。③

其二,实行人才引育奖励制度,注重激励用人单位及人才中介、猎头公司、行业协会、专业学会等组织的引才活动,强化个人“以才引才”“以才荐才”行为。比如,广东为鼓励人才中介组织、猎头机构和个人举荐人才,提出每从国(境)外成功引进 1 名国家“特聘专家”或“珠江人才计划”领军人才给予举荐者5 万元补贴,每从国(境)外成功引进 1 个“珠江人才计划”团队给予举荐者10 万元补贴的举措。④ 按照 2018 年“人才 10 条”的规定,江苏对引进高层次人才的企事业单位,通过跟奖、跟补等方式在引才投入、租房补贴、项目资助等方面给予支持,省财政对于人才发展绩效明显的单位将给予最高 500 万元的奖励。⑤ 在东北地区,辽宁特别注重对“两院”院士引进和培养单位、对“特聘教授”引进单位的激励:2010 年提出,对引进和培养出院士的单位省财政将一次性奖励 2 000 万元;⑥到 2012 年又提出,省政府将对新从外省引进或者本省培养出 1 名院士的单位、引进“特聘教授”的单位分别奖励 1 亿元和 500 万元。⑦ 从院士引育奖励的迅猛提升也可以看出,辽宁省调动用人单位引进与培养顶尖人

① 参见:2004 年《浙江省委、省政府关于进一步加强高层次专业技术人才队伍建设的若干意见》。
② 参见:2016 年《浙江省人才发展“十三五”规划》。
③ 参见:2017 年《江苏省委关于聚力创新深化改革打造具有国际竞争力人才发展环境的意见》。
④ 参见:2017 年《广东省委办公厅关于我省深化人才发展体制机制改革的实施意见》。
⑤ 参见:2018 年《江苏省委办公厅、省政府办公厅关于进一步支持企事业单位聚才用才强化高质量发展人才引领的意见》。
⑥ 参见:2010 年《辽宁省人力资源和社会保障厅关于实施“辽宁省院士人选培养工程”的意见》。
⑦ 参见:2012 年《辽宁省委、省政府关于加快推进科技创新的若干意见》。

才积极性的努力和决心。

5. 建设人才特区：促改革，谋创新

经济特区是在特定区域实行特殊的经济政策、特殊的经济机制；人才特区是在特定区域实行特殊的人才政策、特殊的人才机制。经济特区政策先行、特事特办，人才特区也不例外。建设人才特区，就是打开人才体制"改革窗"、开辟人才政策"试验田"，确立人才优先发展的原则和战略。在认识到人才特区之于人才队伍建设的重要意义基础上，不少地区结合省情、市情提出人才特区建设举措。比如，为大量聚集拔尖领军人才，北京提出要把中关村人才特区建设成为"创新特区""高端特区"和"国际特区"，进而出台含财政扶持政策、股权奖励个人所得税政策、人才培养与兼职政策试点方案、居留与出入境政策、落户与国籍变更政策、进口税收政策、医疗政策、住房政策和配偶安置政策等一套全方位政策。[①] 上海为加快推进具有全球影响力的科技创新中心建设，提出以中国（上海）自由贸易试验区、张江国家自主创新示范区为基础建设国际人才试验区；试点建立与国际规则接轨的高层次人才招聘、薪酬、考核、科研管理、社会保障等制度；支持高校、科研院所、园区等构建灵活的用人机制，试点建立"学科（人才）特区"。[②] 2011 年，浙江省委办公厅、省政府办公厅出台《关于在浙江杭州未来科技城（浙江海外高层次人才创新园）建设人才特区打造人才高地的意见》，提出到2015 年初步建成"人才科技资源充分聚集、人才体制机制充满活力、人才公共服务便利优质、人才创业创新高度活跃"的人才特区的目标。[③] 在西部，四川除分层分类建设人才优先发展试验区之外，还积极支持成都高新区、绵阳科技城打造"人才特区"，推广应用国家自主创新示范区和中关村先行先试政策。[④]

（二）引进人才待遇与福利

1. 薪酬、资助与奖励

2008 年，为引进一批国际领先的知名学者和学术带头人，加强市属高校高

---

① 参见：2011 年《北京市委、市政府加快建设中关村人才特区行动计划（2011—2015 年）》。

② 参见：2016 年《上海市委、市政府关于进一步深化人才发展体制机制改革加快推进具有全球影响力的科技创新中心建设的实施意见》。

③ 参见：2011 年浙江省委办公厅、省政府办公厅出台的《关于在浙江杭州未来科技城（浙江海外高层次人才创新园）建设人才特区打造人才高地的意见》。

④ 参见：2016 年《四川省委、省政府关于深化人才发展体制机制改革 促进全面创新改革驱动转型发展的实施意见》。

层次人才队伍建设,北京决定在 2005 年"人才强教计划"的基础上实施市属高校"人才强教深化计划"。作为"人才强教深化计划"的重要组成部分,"杰出人才引进计划"为引进的学科首席专家、特聘教授和讲座教授提供不同的资助。其中,学科首席专家每年享受 100 万元的工资,特聘教授在全职工作期间每年享受 10 万元工资,讲座教授在工作期间每月享受 1 万元工资。① 2012 年,为培养造就高素质专业化高校教师队伍,提升市属高校办学质量,北京出台《北京市属高等学校高层次人才引进与培养三年行动计划(2013 年—2015 年)》。根据该计划,引进高层次人才在首聘期内的年薪为 30 万—50 万元(税前),学校还可给予其额外的配套待遇;"两院"院士、国家重点实验室和工程技术(研究)中心主要负责人、国内外高水平大学学术带头人等高端领军人才入选特聘教授计划的,在 3 年聘期内每年在校工作 10 个月及以上的,享受每人每年 20 万元(税前)工作补贴,不足 6 个月的,按实际工作时间享受每人每月 2 万元(含在岗期间的社会保险等福利)工作补贴。② 按照《上海高校特聘教授(东方学者)岗位计划实施意见(试行)》和《上海高校特聘教授(高端人才)岗位计划实施意见》,从海外引进入选东方学者特聘教授岗位计划在上海高校从事学科建设的高水平学科带头人,三年聘期内岗位津贴每人每年 10 万元;③"高端人才"岗位计划特聘教授岗位津贴每人每年 20 万元;讲座教授岗位津贴每人每月 3 万元(按实际工作时间支付)。④ 在科教兴粤、人才强粤思想指引下,为提高省内高校国内外学术地位和竞争力,广东自 2009 年开始实施高等学校珠江学者岗位计划,入选的特聘教授在聘期内享受每年 12 万元岗位津贴,讲座教授在聘期内按实际工作月数享受每月 1.5 万元岗位津贴。⑤ 为增强全省科技创新实力,江苏于 2018 年制定"科技改革 30 条",其中第 23 条指出支持引进培养顶尖人才,高校、科研院所等事业单位为引进国内外院士、"杰青"和国家重大人才计划入选者等顶尖人才所支付的薪酬,可实行单独分配管理,不纳入所在单位绩效工资核定范围。⑥

---

① 参见:2008 年《北京市属高等学校杰出人才引进计划实施办法》。
② 参见:2012 年《北京市属高等学校高层次人才引进与培养三年行动计划(2013 年—2015 年)》。
③ 参见:2007 年《上海高校特聘教授(东方学者)岗位计划实施意见(试行)》。
④ 参见:2012 年《上海高校特聘教授(高端人才)岗位计划实施意见》。
⑤ 参见:2009 年《广东省高等学校珠江学者岗位计划实施办法》。
⑥ 参见:2018 年《江苏省委、省政府关于深化科技体制机制改革推动高质量发展若干政策》。

由于缺乏区位优势,对于我国中西部、东北地区而言,通过高额薪酬、资助和奖励吸引国内外高层次人才流入更是在短时期内快速壮大人才队伍的必要之举。为加快振兴东北老工业基地,辽宁在 2018 年出台《辽宁省人才服务全面振兴三年行动计划(2018—2020 年)》,提出实施海内外高层次人才引进集聚计划,给予 10 名左右杰出人才每人 300 万元资助,200 名左右领军人才每人100 万元资助,200 名左右青年拔尖人才每人 50 万元资助,还特别给予新培养引进的"两院"院士每人 500 万元资助。① 在四川,省委组织部、财政厅依托"天府英才"工程专项资金,对省创业领军人才给予每人 100 万元资助,创新领军人才短期项目给予每人 20 万元资助,其他项目给予每人 50 万元资助。②

2. 科研经费

根据 2005 年北京市教育委员会出台的《北京市属市管高等学校人才引进资助计划实施办法(试行)》,政府为中国科学院院士、中国中国工程院院士、哲学社会科学著名学者提供科研经费 50 万元,为国外及国内"211 工程"学校重点学科带头人、博士生导师提供科研经费 10 万—30 万元,为引进国内外院校知名学者、优秀留学归国人员、高级应用技术型人才提供研究经费 5 万—10 万元,为教育部"百篇优秀博士论文"获得者(艺术、体育类院校可放宽到硕士研究生)一次性提供研究经费 2 万—5 万元。③ 上海、广东和江苏都设有高校特聘教授岗位,为不同学科提供不等的科学研究经费。为保障"高端人才"特聘教授的科研工作,上海高校一般要为自然科学领域所聘人才配备 70 万—100 万元的研究经费,为哲学社会科学领域的人才配套 30 万—50 万元的研究经费,也根据实际需要给予讲座教授一定的经费支持。④ 在广东"珠江学者"特聘教授岗位上,自然科学类特聘教授可获得 30 万—200 万元的研究经费,人文社会科学类特聘教授可获得 10 万—50 万元的研究经费,且所在高校必须按不低于 1:1 的比例给予配套支持。⑤ 在江苏特聘教授三年聘期内,自然科学类、人文社会科学类特聘教授可分别获得每人 100 万元和 50 万元的科研经费,所在学校也应为其提

① 参见:2018 年《辽宁省人才服务全面振兴三年行动计划(2018—2020 年)》。

② 参见:2017 年《四川省引进海内外高层次人才"千人计划"实施办法》。

③ 参见:2005 年《北京市属市管高等学校人才引进资助计划实施办法(试行)》。

④ 参见:2012 年《上海高校特聘教授(高端人才)岗位计划实施意见》。

⑤ 参见:2009 年《广东省高等学校珠江学者岗位计划实施办法》。

供不低于省级标准的经费支持,但是研究经费经核定后,需按照 3∶4∶3 的比例分三年拨付。① 江苏特聘教授资助标准和方式在 2017 年发生变化,首先自然科学类、人文社会科学类特聘教授研究经费成倍增长,在三年聘期内两者可分别获得每人 200 万元、100 万元的科研支持;其次,研究经费除按学科性质分类支持外,也开始按高校属性分类资助,即省财政给予地方高校自然科学类、人文社会科学类特聘教授每人 100 万元、50 万元的科研经费和全额奖金,而为中央高校提供的科研经费和奖金仅为地方高校的一半,另一半由高校承担;再次,研究经费分年拨付的比例也调整为 4∶3∶3。②

除对个人给予研究支持外,地方政府还对引进的创新团队予以整体资助。如在创新和科研团队引进计划实施过程中,广东省财政给予世界一流的、能为当地带来重大经济效益和社会效益的团队 8 000 万元至 1 亿元的专项工作经费,给予国内顶尖的、具有国际先进水平的团队 3 000 万—5 000 万元的专项工作经费,给予国内先进水平的团队 1 000 万—2 000 万元的专项工作经费。③ 再如,四川对省"海外高层次人才引进计划"引进创新团队、创业团队分别给予 200 万元、300 万元资助,对具有重大产业化前景的团队项目最高给予 5 000 万元综合资助。④ 又如,为引进和培养高水平创新创业团队,辽宁省财政按层次分别给予海内外高水平团队 100 万元、300 万元、500 万元的项目资助,还给予一流创新创业团队达 1 000 万元的项目资助。⑤

3. 住房安居与生活补贴

安居方能乐业。住房是人才工作和生活的重要保障,推进人才安居工程建设是吸引和支持高层次人才的基本举措。优先解决人才住房和生活问题,是各地政府开展人才工作的重要内容,其主要措施包括以下几点。

一是给予人才相应的住房、购租房补贴和安家费。2008 年,辽宁根据"十百千高端人才引进工程"实施意见,给各类人才安排相应的住房,其中为"十人"层次的顶尖科技人才提供 50 万元一次性安家补贴和不少于 150 平方米的住房,

---

① 参见:2010 年《江苏特聘教授选聘办法(试行)》。
② 参见:2017 年《江苏特聘教授选聘办法》。
③ 参见:2008 年《广东省委、省政府关于加快吸引培养高层次人才的意见》。
④ 参见:2017 年《四川省引进海内外高层次人才"千人计划"实施办法》。
⑤ 参见:2018 年《辽宁省人才服务全面振兴三年行动计划(2018—2020 年)》。

为"百人"层次的科技领军人才提供不少于100平方米的公寓住房(三年内免收租金)。① 2010年,上海针对海外高层次人才提出住房支持意见,若引进人才愿意购买住房的,用人单位可给予一定资金资助;若引进人才未购买自用商品住房的,用人单位要依照就近、方便的原则,为其提供一套建筑面积不低于150平方米的住房;若引进人才自己租房的,由用人单位为其提供相应租房补贴。② 2016年,北京面向引进的全球顶尖科学家及其创新团队提出住房支持方案,要求用人单位和相关部门为顶尖科学家及其创新团队成员协调居住环境好、交通便利的人才公寓或提供租房、购房补贴。③

二是扩大存量,新增建设人才公寓。早在2004年,浙江就曾鼓励和支持有条件的市县建设高层次人才公寓或周转住房,为人才强省战略的顺利实施提供坚强保障。④ 为加快吸引培养高层次人才,浙江鼓励各级政府在引进人才相对集中地区统一建设人才周转公寓。⑤ 2011年,北京为加快中关村人才特区建设进程,要求市住房城乡建设委、市规划委、市国土局、中关村管委会等落实北京人才公寓建设工程,提出三年内建成不少于1万套人才定向租赁住房,鼓励和支持各用人单位、产业园区结合自身情况自行建设一定规模的人才公寓。⑥

4. 配偶就业与子女教育

为消除海内外高层次人才的后顾之忧,保障其安心从事科学研究和创新创业工作,各地政府也将解决好人才配偶就业与子女教育问题视为人才工作的重点任务。一方面,针对人才配偶就业问题,北京市根据愿意长期在华工作的外籍顶尖科学家的配偶、创新团队成员的配偶的原就业情况及个人条件,多渠道推荐就业岗位,若暂时无法安排的,聘用单位可参照本单位人员平均工资水平,以适当方式为其发放生活补贴。⑦ 按照四川省引进海内外高层次人才相关规定,引进人才单位应为愿意在当地就业的人才配偶妥善安排工作,若暂时无法

---

① 参见:2008年《辽宁省委组织部关于辽宁省实施"十百千高端人才引进工程"的意见》。

② 参见:2010年《上海市实施海外高层次人才引进计划的意见》。

③ 参见:2016年《北京市科技教育领导小组、市人才工作领导小组关于引进全球顶尖科学家及其创新团队的实施意见》。

④ 参见:2004年《浙江省委、省政府关于大力实施人才强省战略的决定》。

⑤ 参见:2008年《广东省委、省政府关于加快吸引培养高层次人才的意见》。

⑥ 参见:2011年《北京市委、市政府加快建设中关村人才特区行动计划(2011—2015年)》。

⑦ 参见:2016年《北京市科技教育领导小组、市人才工作领导小组关于引进全球顶尖科学家及其创新团队的实施意见》。

安排,用人单位则可参照单位人员平均工资水平,以适当方式为其发放生活补贴。① 另一方面,针对人才子女教育问题,四川省教育厅曾在 2002 年出台《关于对高层次引进人才的子女就读中小学实行特殊优惠的办法》,指出到川工作的"两院"院士、特聘教授、天府学者计划入选者以及其他同层次优秀人才的子女可在所居住的市(州)范围内一次性自由选择中小学就读。② 在上海,引进人才子女(不论国籍)在基础教育阶段,可在各级教育行政部门协调下按本人意愿选择公办学校、国际学校或公办学校国际班就读,并鼓励并支持有条件的公办学校建立国际班。③ 2017 年,湖北提出在普通中小学特别是外国语学校、民办学校试点开设专门招收外籍人员子女的国际部,同时要在有条件的城区建设国际生活聚集区,支持创办一批满足海外人才及其家庭需求的国际学校、医院和社区等配套设施。④

5. 医疗服务与社会保险

1999 年,四川专门出台改善在川"两院"院士工作与生活条件的政策,其中便对院士医疗保健做出安排。参照副省级干部待遇,省干部保健委员会办公室每年负责组织院士进行一次体检,院士所在单位也要做好院士的日常保健工作,院士还可比照公务员医疗补助办法享受医疗待遇。⑤ 2008 年,为加快引进和培养高层次人才,广东提出建立高层次人才健康档案制度,落实每年体检、带薪休假等制度,要求为人才提供个性化医疗服务,使其享受相当级别人员同等医疗待遇。⑥ 2017 年,湖北提出高层次人才医疗补贴意见,即为入选百人计划人员和中华技能大奖获得者发生的住院和门诊特殊慢性病医疗费用,个人自付部分可被给予 90% 的补贴。⑦ 根据江苏 2018 年推出的"人才 10 条",企事业单位和政府可优先为高层次人才配备家庭医生团队,开辟预约转诊绿色通道,外资、国际化医疗管理团队还被鼓励在省内合作合办国际医疗机构,健全国际医

---

① 参见:2017 年《四川省引进海内外高层次人才"千人计划"实施办法》。

② 参见:2002 年四川省教育厅出台的《关于对高层次引进人才的子女就读中小学实行特殊优惠的办法》。

③ 参见:2010 年《上海市实施海外高层次人才引进计划的意见》。

④ 参见:2017 年《湖北省委、省政府关于深化人才引进人才评价机制改革推动创新驱动发展的若干意见》。

⑤ 参见:1999 年《四川省委办公厅、省政府办公厅关于进一步改善在川中国科学院院士和中国中国工程院院士工作和生活条件的意见》。

⑥ 参见:2008 年《广东省委、省政府关于加快吸引培养高层次人才的意见》。

⑦ 参见:2017 年《湖北省委、省政府关于深化人才引进人才评价机制改革推动创新驱动发展的若干意见》。

疗服务结算体系。①

　　在参加和办理各项社会保险方面,地方政府和用人单位也给予了引进人才相应的支持。一般而言,各类引进人才的参保种类、缴费办法和享受待遇等与当地市民享有相同权利。在此基础上,用人单位还可以为引进人才购买其他商业保险。在建设具有全球影响力科技创新中心过程中,上海着力建立具有国际竞争力的海内外人才引进制度,除试点改革海外人才永久居留、出入境制度外,还积极健全国际医疗保险境内使用机制,扩大国际医疗保险定点结算医院范围。② 而根据《湖北省关于为引进海外高层次人才提供工作条件和特定生活待遇的若干规定》,引进人才及符合参保条件的配偶、子女,可以参加基本养老、基本医疗、失业保险、工伤保险、生育保险等各项社会保险,其中若有人才达到退休年龄时养老保险缴费年限不足 15 年时,可以向后延长缴费年限。③

二、 部分城市人才政策及主要举措

　　1999—2019 年,大学学术精英在全国 77 座城市间进行流动,其中非省级行政中心所在城市有 44 座,共吸引学术界精英 148 人,约为省级行政中心所在城市人才引进规模的 28.4%。在这 77 座城市中有 7 座非省级行政中心所在城市居于学术精英引进排名前三分之一,依次为深圳、大连、厦门、苏州、青岛、宁波和金华。综合考量上述 7 城所处省份及其精英引进与流动情况,本书选择除金华之外的其他 6 座城市作为研究对象。通过"北大法宝"法律法规检索系统、地方政府官网、地方人才网等其他网络渠道,从深圳、大连、厦门、苏州、青岛和宁波等市人大(含常委会)、市委、市政府府及其市级机构 20 年间所出台的地方性法规、地方政府规章、地方规范性文件、地方工作文件和行政许可批复中,尽可能全面地筛选、搜集有关人才工作、科技工作等领域的政策文本,以此梳理分析我国非省级行政中心所在城市主要人才政策,从而进一步考察研究地方城市人才引进政策与举措、引进人才待遇与福利等具体问题。

---

① 参见:2018 年《江苏省委办公厅、省政府办公厅关于进一步支持企事业单位聚才用才强化高质量发展人才引领的意见》。
② 参见:2016 年《上海系统推进全面创新改革试验加快建设具有全球影响力科技创新中心方案》。
③ 参见:2009 年《湖北省关于为引进海外高层次人才提供工作条件和特定生活待遇的若干规定》。

（一）人才引进的主要举措

1. 实施人才计划：依工程，托项目

为响应国家和省级政府各项人才政策号召，各市级政府也将人才计划作为落实人才工作的重要"抓手"。例如，在中央政府引进海外高层次人才计划的带动引领下，深圳从 2011 年开始实施名为"孔雀计划"的海外高层次人才引进计划。提出在 5 年内重点引进并支持 50 个以上海外高层次人才团队和 1 000 名以上海外高层次人才来深创业创新，吸引带动 10 000 名以上各类海外人才来深工作的短期目标；把深圳经济特区建设成为亚太地区创新创业活动活跃、海外高层次人才向往汇聚的国际人才"宜聚"城市则是"孔雀计划"的长远目标。[①]为保证该计划的全面落实，深圳同时制定了《深圳市海外高层次人才确认办法（试行）》《深圳市海外高层次人才认定标准（试行）》《深圳市海外高层次人才享受特定待遇的若干规定（试行）》《深圳市海外高层次人才创新创业专项资助办法（试行）》《深圳市引进海外高层次人才团队评审办法（试行）》等相关配套文件。2016 年，为适应人才工作新变化，在全国深化人才发展体制机制改革背景下，深圳将"孔雀计划"进行了拓展和升级，最直接的变化体现在海内外高层次人才、团队培育和引进投入的加大：不仅包括市财政总体投入规模的扩大，还包括对国家级领军人才、地方级领军人才、后备级人才以及海外 A 类、B 类、C 类人才个体奖励补贴的增加。[②]

为建成区域性国际化创新人才高地，实现人才总量大幅增长至 130 万人的"十二五"人才发展规划目标，宁波提出统筹实施高端创业创新团队引进"3315计划"、海外高层次人才引进"3315 计划"、外籍人才智力引进计划、领军和拔尖人才开发计划、院士高端智力服务计划、国内外高层次人才集聚储备计划等十五项人才整体开发计划。[③] 为加强高层次人才和紧缺人才的引进，青岛分别在2000 年、2006 年提出实施"111"工程和"222 工程"，前者计划全市每年引进博士学历人才 100 名，硕士学历、副高以上职称及特需高层次人才 1 000 名，本科学历人才 10 000 名；后者计划每年引进 200 名博士，2 000 名硕士和高级职称、

---

① 参见：2011 年《深圳市委、市政府关于实施引进海外高层次人才"孔雀计划"的意见》。

② 参见：2016 年《深圳市委、市政府关于促进人才优先发展的若干措施》。

③ 参见：2011 年《宁波市"十二五"人才发展规划》。

高技能人才,2万名本科和特需人才。① 根据《厦门市引进海外高层次人才暂行办法》和《关于加快建设海西人才创业港大力引进领军型创业人才的实施意见》,厦门每年1.5亿元的市财政人才工作专项资金将被用于引进海外高层次人才和领军型创业人才,给予前者每人100万元补助,为后者不仅提供最高2 300万元的各类扶持资金,还给予100—500平方米的创业场所(5年免租金),且3年内缴纳个税地方留成部分全部返还。②

2. 加强载体建设:搭平台,建基地

对各类人才组织载体建设而言,省级政府描绘了整体蓝图,构建了基本框架,制定了宏观规划,而市级、区级等基层政府则是这些战略意图和行动意见得以成为现实、落地生根的实践主体和责任主体。为人才搭平台、建基地的具体举措和做法集中来自基层政府及其附属机构。高等学校和科研院所对高层次创新人才具有较强的吸引力和集聚力,建设高水平高校和研究机构是造就高水平人才队伍的有效途径。

新世纪初期,北京大学、清华大学、哈尔滨工业大学三所研究生院已开始在深圳创办。2007年,深圳继续将鼓励跨国公司、国内外著名院校和科研机构在深设立总部、研发中心、研究室、实验室、创作室、工作室等作为人才发展规划的重要内容;③2012年,深圳提出加快建设南方科技大学、深圳先进技术研究院、深圳华大基因研究院、深圳光启高等理工研究院等高校、科研院所,重点建设深圳高新区、华为、中兴通讯、中国科学院深圳先进技术研究院、深港前海现代服务业合作区等国家海外高层次人才创新创业基地。④ 深圳一系列有关人才载体建设的支撑政策体现了其对人才驱动创新、创新驱动发展的深刻认识。同样,宁波在办好中国宁波人才科技周这一创新人才引进主渠道和主平台的基础上,⑤还大力实施"名校名院名所名人"引进工程,采取"一事一议"方式对新引进名校设立综合型校区(分校)、名校名院名所独立设置特色性学院和研究生院、名校名院名所与在甬高校共建二级学院等项目给予重点支持,如将给予引

---

① 参见:2000年《青岛市2000—2010年人才队伍发展规划纲要》,2006年《青岛市"十一五"人才发展规划》。
② 参见:2010年《厦门市引进高层次人才"双百计划"》。
③ 参见:2007年《深圳市人才发展"十一五"规划》。
④ 参见:2012年《深圳市人才发展"十二五"规划》。
⑤ 参见:2007年《宁波市政府办公厅关于加快创新型领军和拔尖人才引进培养的若干意见》。

进共建的研究院所最高 1 亿元的补助。① 为吸引一流人才到青岛创新创业,《青岛市"十三五"人才发展规划》提出加快引进国内外优质高等教育资源落户青岛,力争到 2020 年在青高等教育机构增加至 50 所。② 同时,青岛还推行引进科研院所派驻人员"五险一金"管理本地化,允许其享受青岛市人才落户、子女入学、住房、医疗以及职称评审等政策。③ 基于中国科学院苏州纳米技术与纳米仿生研究所、中国科学院苏州生物医学工程技术研究所建设经验和实践成果,苏州积极实施"名城名校融合发展"战略,资助支持在苏高校、科研院所建设若干优势学科,加深校地合作引育高端人才。④

3. 扩大资金投入:拨经费,设专项

目前,大连、青岛、宁波、厦门和深圳都是国家社会与经济发展计划单列市(简称"计划单列市"),均被中央赋予省一级经济管理权限,因而具有较高的经济和政治地位。大连、青岛、宁波、厦门、深圳以及苏州在各省皆为发达的经济体,对科技创新、人才发展和高等教育的重视和投入也领先于其他地区。

早在 2000 年,大连和青岛就曾拨款设立有关人才引进和发展的专项资金:大连市人才发展资金由市财政每年拨专项经费 1 000 万元,主要用于引进国外优秀留学人员、高层次人才的安家补贴,用于购建引进人才周转住房,用于引进、培养和奖励优秀人才的其他支出等;⑤青岛市财政每年也拨发专项经费 1 000 万元,用于引进人才购房安家补贴、对引进优秀人才的必要资助、改善优秀人才生活条件和工作环境以及其他日常工作费用等。⑥ 2008 年,深圳为加强高层次人才队伍建设,设立专门用于高层次专业人才各项奖励、资助和补贴的首期投入约 2 亿元的"高层次专业人才工作专项资金"。⑦ 为有效实施"孔雀计划",深圳于 2011 年提出在 5 年内每年投入 3 亿—5 亿元,用于海外高层次人才配套服务和创新创业专项资助。⑧ 为实施海外高层次人才引进"3315 计划",宁

---

① 参见:2018 年《宁波市委、市政府关于加快推进开放揽才产业聚智的若干意见》。
② 参见:2016 年《青岛市"十三五"人才发展规划》。
③ 参见:2015 年《青岛市委、市政府关于大力实施创新驱动发展战略的意见》。
④ 参见:2016 年《苏州市委、市政府关于进一步推进人才优先发展的若干措施》。
⑤ 参见:2000 年《大连市人才发展资金管理暂行办法》。
⑥ 参见:2000 年《青岛市委、市政府关于引进优秀人才来青工作的办法》。
⑦ 参见:2008 年《深圳市委、市政府关于加强高层次专业人才队伍建设的意见》。
⑧ 参见:2011 年《深圳市委、市政府关于实施引进海外高层次人才"孔雀计划"的意见》。

波也于 2011 年提出设立市级海外高层次人才引进专项资金,用于引进海外高层次人才创新创业以及对列入中央、省引进计划人选的配套资助,如将给予引进人才 100 万元的一次性"双创"资助。① 根据 2015 年推出的若干人才发展新政策,宁波建立市县两级人才发展专项投入保障机制,构建多元化的人才投入体系。② 2013 年,厦门为"海纳百川"人才计划配套的"海纳百川"人才专项资金,由市、区财政每年投入 15 亿元,使用范围主要包括人才工作补助、安家补贴、平台支持、薪酬津贴、培训培育、奖励资金等。③

4. 加强引才激励:倡举荐,奖引育

为鼓励企事业单位、人才中介组织等引进和举荐人才,深圳设立"引才伯乐奖",对成功引进"两院"院士、"特聘专家"和"特支计划"人才、广东省创新科研团队和领军人才、海外高层次 A 类和 B 类人才、"孔雀计划"团队的组织和个人,每引进一人(团队),市政府将给予 10 万—200 万元的奖励补贴。④ 在大力培育国际人才市场过程中,宁波提出要发挥"宁波帮"的作用,积极在海外建立引才引智基地和人才工作联络站。⑤ 为激励中介组织和个人引才活动,宁波将为市级"人才大使"每年提供 5 万元经费,并根据其推荐引进的人才给予 3 万—10 万元奖励,还对每家海外人才工作合作中心给予每年 10 万—30 万元的补助,保障其招才、引才工作持续顺利进行。⑥ 在引导利用在厦或闽籍企业家、科技专家人脉资源协助引人才的同时,厦门还充分发挥高校、研究所等用人单位引才主体作用,其每成功引进一名入选市"双百计划"的人才将获得 4 万元奖励,每成功引进一名入选省"百人计划"的人才将获得 5 万元奖励,每成功引进一名入选"特聘专家"的人才将获得 10 万元奖励。⑦

此外,大连、青岛和苏州还专门制定出台有关中介机构(个人)和用人单位荐才、引才、用才的激励办法和奖励细则。为大连推荐并成功引进国内外顶尖人才、国家级领军人才、地方级领军人才的组织和个人,每引进 1 人将分别获得

---

① 参见:2011 年《宁波市关于实施海外高层次人才引进"3315 计划"的意见》。
② 参见:2015 年《宁波市委、市政府关于实施人才发展新政策的若干意见》。
③ 参见:2013 年《厦门市实施"海纳百川"人才计划打造"人才特区"2013—2020 行动纲要》。
④ 参见:2016 年《深圳市委、市政府关于促进人才优先发展的若干措施》。
⑤ 参见:2011 年《宁波市中长期人才发展规划纲要(2010—2020 年)》。
⑥ 参见:2015 年《宁波市委、市政府关于实施人才发展新政策的若干意见》。
⑦ 参见:2013 年《厦门市引才工作网络体系建设暂行办法》。

10 万元、6 万元和 2 万元的奖励。① 为青岛每引进 1 位"两院"院士、诺贝尔奖（物理、化学、生理或医学）等国际知名科学技术奖项获得者、国家"特支计划"杰出人才人选等的中介机构和个人，将获得 50 万元奖励；为青岛每引进 1 位"特聘专家"、"特支计划"领军人才、"特聘教授"、山东省"泰山学者攀登计划专家"等的中介机构和个人，将获得 30 万元奖励；为青岛每引进 1 位"A 类青年"、"B 类青拔"、中国科学院率先行动"百人计划"技术英才、山东省泰山学者特聘专家等的中介机构和个人，将获得 10 万元奖励。② 长期以来，苏州较为重视和鼓励中介机构引才活动，继 2007 年出台《关于鼓励人才中介机构大力引进高层次创新创业人才的意见》后，2017 年出台了《关于支持高等院校、科研院所引进高层次人才的实施办法》，市政府将按一定标准给予用人单位引才补贴。如用人单位对引进人才采取协议年薪制的，自首次合同履行之日起算，连续 3 年按用人单位实际支付年薪总额的 50％给予引才补贴；如用人单位对引进人才给予安家（购房）补贴的，自首次合同履行之日起算，3 年内按用人单位实际支付安家（购房）补贴总额的 50％给予引才补贴。③ 除资金类支持外，根据苏州 2019 年新出台的"人才新政"，市政府还将给予企事业单位引才、用才的非资金类支持。面向事业单位高端人才引进工作，推行编制"绿灯"政策，实行协议工资制度以及其他针对高校、科研院所等机构的优惠政策。④

5. 建设人才特区：促改革，谋创新

作为我国较早的经济特区，深圳和厦门在经济活动中所施行的政策较国内其他地区具有较强的开放性、灵活性和特殊性。在当前国内外人才竞争日益激烈的时代，深圳和厦门都在《中长期人才发展规划纲要（2011—2020 年）》中提出建立人才特区的主张。为落实"人才特区"战略，深圳依托前海深港现代服务业合作区探索建设"国际人才高度聚集、人才载体高度发达、人才组织高度活跃的现代服务业人才高地"。⑤ 为此，深圳提出若干创新人才政策和体制机制的举措，如依托国际猎头机构招揽国际化高端人才和紧缺人才，搭建"政府＋社会＋

① 参见：2017 年《大连市引才荐才奖励实施细则》。
② 参见：2018 年《青岛市鼓励中介机构和个人引进高层次人才及团队实施细则》。
③ 参见：2017 年苏州市政府出台的《关于支持高等院校、科研院所引进高层次人才的实施办法》。
④ 参见：2019 年《苏州市企事业单位引才用才激励办法》。
⑤ 参见：2012 年《前海深港人才特区建设行动计划（2012—2015 年）》。

市场"良性互动的国际人才引进平台；又如支持和引进香港服务提供者在前海设立独资国际学校和独资医院；再如加大人才保障性住房建设力度，将前海地铁上盖物业整体升级为前海人才公寓；等等。① 此外，深圳还先后制定实施《前海深港现代服务业合作区境外高端人才和紧缺人才认定暂行办法》《深圳市前海深港现代服务业合作区人才住房管理暂行办法》《深圳前海深港现代服务业合作区人才发展引导专项资金实施细则（试行）》《深圳前海深港现代服务业合作区境外高端人才和紧缺人才个人所得税财政补贴办法》等具体政策，服务和支持"人才特区"战略。深圳"人才特区"密切联系香港地区，厦门"人才特区"则密切联系我国台湾地区。两岸人才特区建设工程支持厦台人才交流和科技合作，鼓励和资助台湾专家带项目、成果来厦创业，开展智力服务。厦门还提出要积极落实引进台湾高层次人才政策，支持企事业单位招聘台湾优秀人才，通过建立在厦台湾人才信息库、完善两岸远程视频面试系统等方式，不断加强与台湾人才的联系与服务。② 除深圳和厦门外，青岛于2011年9月发布《青岛"人才特区"建设实施办法（试行）》，提出在高新区胶州湾北部园区设立"人才特区"。③ 宁波在2013年提出在国家高新区建设"人才特区"、在新材料科技城建设人才管理改革试验区的意见。④ 大连在2017年提出支持高新区建设科技人才特区，通过制定有利于人才引进、创业发展、创新激励、服务保障的政策措施，推动若干地方人才计划的实施。⑤ 总之，不论是"人才特区"还是"试验区"都是为改革传统的人才体制机制以适应社会经济发展的新环境与新要求，都是为营造优良环境、加强社会服务，引进、培养和集聚高层次创新创业人才，促进区域高质量发展。

（二）引进人才待遇与福利

1. 薪酬、资助与奖励

在《中共深圳市委、深圳市人民政府关于实施引进海外高层次人才"孔雀计

① 参见：2012年《前海深港人才特区建设行动计划（2012—2015年）》。
② 参见：2011年《厦门市中长期人才发展规划纲要（2010—2020年）》。
③ 参见：2011年《青岛"人才特区"建设实施办法（试行）》。
④ 参见：2013年《宁波国家高新区管委会关于加快集聚高层次人才推进"人才特区"建设的若干政策意见》以及2013年《宁波市委办公厅、市政府办公厅关于建设宁波新材料科技城人才管理改革试验区的若干意见》。
⑤ 参见：2017年《大连市支持科技创新若干政策措施》。

划"的意见》指导下,深圳海外高层次人才可享受的奖励补贴有以下标准:诺贝尔奖获得者(物理、化学、生理或医学、经济学奖)、国家最高科学技术奖、"两院"院士、"特聘专家"等 A 类人才可享受 150 万元的奖励;广东省"领军人才"的入选者(近 5 年)、深圳市海外高层次人才团队的带头人(近 5 年)以及近 5 年"A 类青年"等 B 类人才可享受 100 万元的奖励;其他在国际上发表过有一定影响的学术论文,或拥有市急需的技术发明、专利等自主知识产权或专有技术的 C 类人才可享受 80 万元的奖励。① 根据《青岛市重点人才工程奖励资助实施细则(试行)》,市财政为本地自主培养的"特聘专家"每人一次性发放 100 万元人才补助,为国家"特支计划"专家每人一次性发放 30 万元人才补助,为每位省泰山学者攀登计划、特聘专家计划、青年专家计划人选分别发放一次性人才补助 50 万元、30 万元和 15 万元。② 2006 年和 2008 年,厦门市政府曾分别对引进的三个层次人才所给予的薪资补贴提出意见。2008 年对 2006 年人才优惠政策中三层次人才的补贴标准和补贴名额都进行了调整:第一层次的人才每人每月补贴从原来的 2 500 万元增至 6 000 元,第二层次的人才每人每月补贴从原来的 1 500 元增至 4 000 元,第三层次的人才每人每月补贴从原来的 1 000 元增至 2 000 元,同时三个层次补贴人数的比例也由原来的 2∶3∶5 调整为 1∶2∶5。③ 这说明厦门日益重视并加强各类人才引进工作。到了 2013 年,厦门开始实施"海纳百川"人才计划,市财政每年安排 1 000 万元通过青年英才"双百计划"引进杰出青年。每位引进的杰出青年人才可获得最高 100 万元补助,柔性引进的杰出青年人才每年可获得的薪酬补助最高为 15 万元。④ 2011 年,苏州对市内高等院校、科研院所引进高层次人才的资助标准主要包括四个层次,其中给予"两院"院士 100 万元资助,给予国家级人才计划入选者、国家级奖励项目主要完成人等 50 万元资助,给予省级人才计划入选者、省级奖励资助项目主要完成人等 20 万元资助。⑤

---

① 参见:2011 年《深圳市海外高层次人才享受特定待遇的若干规定(试行)》。
② 参见:2018 年《青岛市重点人才工程奖励资助实施细则(试行)》。
③ 参见:2006 年《厦门市委组织部、厦门市人事局、厦门市财政局关于实施若干人才优惠政策的意见》以及 2008 年《厦门市委办公厅、市政府办公厅关于修改引进人才经济补贴规定若干事项意见的通知》。
④ 参见:2013 年《厦门市实施"海纳百川"人才计划打造"人才特区"2013—2020 行动纲要》。
⑤ 参见:2011 年《苏州市高等院校、科研院所紧缺高层次人才引进资助实施细则(试行)》。

2. 科研经费

为给高层次人才营造有利环境,提供创新创业支持,地方政府就科学研究经费的配套提出诸多意见。2018 年,深圳开始实施高等学校鹏城学者计划,指出高等学校原则上应当从学校部门预算中为特聘教授提供科研经费,其中人文社科不低于 50 万元,理、工、医等其他学科不低于 150 万元。[①] 在人才发展新政的支持下,宁波加大海内外顶尖人才延揽力度,对入选"3315 计划"的高端团队给予 500 万—2 000 万元资助,海外高层次人才给予一次性 100 万元资助,而且最高达 1 亿元的资助将会给予由新引进海内外顶尖人才所领衔的重大工程。[②] 2015 年,大连推出"5+22"人才政策鼓励高层次人才进行创新研究,开展创业活动。市政府连续 2 年对引进的含"两院"院士、"特聘教授"、国家"杰青"等国家级人才计划入选者在内的顶尖及领军人才每年给予 200 万元项目资金支持;连续 2 年对杰出青年科技人才每年给予 50 万元项目资金支持。[③] 2016 年,为深入实施创新驱动发展战略,苏州市委、市政府出台《关于进一步推进人才优先发展的若干措施》,据此,市政府对引进的能够促进重大产业核心技术发展的重大创新团队给予 1 000 万—5 000 万元项目资助;对引进的"特聘专家""领军人才"等高层次人才给予最高 400 万元项目资助;对引进的能够引领科技、金融、教育、卫生、文化、旅游等行业发展的领军人才(团队),给予最高 400 万元项目资助。此外,对引进的"两院"院士、国家最高科技奖获得者等顶尖人才按"一事一议"原则给予支持。[④]

3. 住房安居与生活补贴

在中央和省级政府人才政策指导下,地方政府高度重视关涉人才切实利益的住房问题,希望通过"筑巢"实现"引凤"的战略目标。在各地实施人才安居工程的进程中,深圳走在前列。根据 2010 年深圳市委、深圳市政府出台的《关于实施人才安居工程的决定》,具有世界一流水平的杰出引进人才凡在深没有享受购房优惠的,可免租入住 200 平方米左右的住房,若在深工作居住满 10 年

① 参见:2018 年《深圳市高等学校鹏城学者计划实施办法》。
② 参见:2015 年《宁波市委、市政府关于实施人才发展新政策的若干意见》。
③ 参见:2015 年《大连市支持高层次人才创新创业若干规定》。
④ 参见:2016 年苏州市委、市政府出台的《关于进一步推进人才优先发展的若干措施》。

即可获赠产权;若做出突出贡献,只要在深工作居住满 5 年即可获赠产权。领军型引进人才凡在深没有享受购房优惠的,可免租 3 年入住 150 平方米的住房;若要购买市场商品房,可获得 150 平方米购房总价 50% 的购房补贴,若在深工作居住满 10 年,可转让其所购商品房产权。① 2012 年,深圳扩大人才安居试点,市、区两级政府各安排 5 亿元,专项用于约 20 万人才安居租房补贴。其中,罗湖、南山、福田各面向 2 万人才分别安排 1 亿元,宝安、龙岗各面向 1 万人才分别安排 0.5 亿元,盐田、龙华、光明各面向 0.5 万人才分别安排 0.25 亿元,而坪山、大鹏新区则各面向 0.25 万人才分别安排 0.125 亿元。② 除给予各层各类人才住房和购租房补贴外,深圳还大力兴建安居型商品房、人才住房和保障性住房。从 2010 年开始,深圳全面统筹每年全市新供商品房用地和城市更新项目,使安居型商品房配建面积总量上不低于商品住房总建筑面积的 30%,且用作人才安居住房的比例不低于安居型商品房的 60%。③ 2016 年,深圳为加大人才住房、保障性住房和人才公寓供应力度,将拆除重建类城市更新项目改造后包含住宅的一、二、三类地区的人才住房、保障性住房配建基准比例,分别由原来的 12%、10%、8% 提高至 20%、18%、15%;将位于一、二、三类地区的拆除重建类城市更新项目改造后建成的商务公寓,分别按 20%、18%、15% 的比例移交政府作为人才公寓。④

宁波市委办公厅、市政府办公厅先后在 2002 年、2004 年出台《关于大力引进人才和智力实施办法》和《关于贯彻落实〈关于大力引进人才和智力实施办法〉的补充意见》,都对人才住房标准和易地安家补助标准做出规定。比较而言,2002 年提出的住房标准为:"两院"院士 160 平方米,国内有知名度的高级专家 120 平方米,正高级职称人员 110 平方米,博士和副高级职称人员 100 平方米;⑤2004 年对住房标准进行调整,调整后各层次人才享有的住房面积为:"两院"院士 200 平方米,国内有知名度的高级专家 135 平方米,正高级职称人员

① 参见:2010 年深圳市委、市政府出台的《关于实施人才安居工程的决定》。
② 参见:2012 年《深圳市人才安居扩大试点工作方案》。
③ 参见:2010 年深圳市委、市政府出台的《关于实施人才安居工程的决定》。
④ 参见:2016 年《深圳市政府办公厅加强和改进城市更新实施工作暂行措施》。
⑤ 参见:2002 年宁波市委办公厅、市政府办公厅出台的《关于大力引进人才和智力实施办法》。

115 平方米,博士和副高级职称人员 90 平方米。① 与住房标准一起调整的还有部分人才易地安家补助:2004 年"两院"院士的补助从 25 万元增至 100 万元,博士和教授的补助统一为 15 万元。② 与宁波一样,大连的人才安居政策也随着时代发展不断更新,如在 2002 年、2004 年和 2011 年依次出台《大连市引进优秀人才若干规定》《大连市引进人才若干规定》,后者对各层各类人才安家补贴的标准和发放形式进行了更新。2002 年规定,在连续三年内,"两院"院士每年享受 10 万元安家补贴,知名学者、学术带头人和博士生导师每年享受 5 万元安家补贴,博士后每年享受 2 万元安家补贴,博士每年享受 1 万元安家补贴。③ 2004 年,安家补贴由分年发放变为一次性发放,第二层次人才分类标准进一步细化并增加了特定的人才计划,取消对博士后的安家补贴,将博士细分为国内统招统分脱产学习的博士研究生和经认定的国(境)外博士研究生,并将其补贴提升至 6 万元。④ 到了 2011 年,市政府为引进的国内外高层次人才发放的一次性安家补贴继续增长,"两院"院士的补贴从 30 万元增至 100 万元,"特聘专家""特聘教授"等第二层次人才的补贴从 15 万元增至 30 万元,第三层次人才分类和补贴也都有所变动。⑤

为改善和提高人才生活待遇,按规定其还可享受购房贷款优惠、住房公积金提取和贷款优惠政策。对苏州市引进的高层次人才而言,有购房贷款的,在还贷期间可每年两次提取(或委托按月提取)住房公积金账户全部余额偿还贷款;未贷款的,自购房之日起三年内也可每年两次提取(或委托按月提取)住房公积金账户全部余额;租赁自住住房的,可每年两次提取住房公积金账户全部余额支付租金。此外,引进人才自缴存住房公积金贷款不受缴存时间限制,当月起即具申请条件,且贷款最高额度可放宽到当地最高限额的四倍,并可减免相应的贷款担保服务费。⑥ 对厦门市台湾特聘专家而言,在厦首次购房不受限

① 参见:2004 年宁波市委办公厅、市政府办公厅出台的《关于贯彻落实〈关于大力引进人才和智力实施办法〉的补充意见》。
② 参见:2004 年宁波市委办公厅、市政府办公厅出台的《关于贯彻落实〈关于大力引进人才和智力实施办法〉的补充意见》。
③ 参见:2002 年《大连市引进优秀人才若干规定》。
④ 参见:2004 年《大连市引进人才若干规定》。
⑤ 参见:2011 年《大连市引进人才若干规定》。
⑥ 参见:2010 年《苏州市高层次人才享受生活待遇暂行办法》。

购政策影响,专家及其配偶可不受户籍限制缴存和使用住房公积金,在当地购买自住住房即可申请住房公积金贷款,其最高额度可放宽到地方最高限额的四倍,并减免有关手续费。①

4. 配偶就业与子女教育

2009 年,深圳出台专门政策,提出通过以下方式统筹安排各层类人才配偶上岗就业:国家级领军人才配偶属市外公务员或事业单位在编人员的,在有关规定下可指令性安排到市机关或事业单位;其他人员应聘市、区有关部门设立的公益性岗位或雇员岗位的,可直接安排聘用。为此,深圳组织部门特别强调,按指令性安排工作的,不受市公务员调入相关条件限制,有关单位也不得以任何理由拒绝接收,否则主要负责人将被追究行政责任。② 宁波除每年从机关事业单位、国有企业中安排一定数量的用于定向接收高层次引进人才配偶的岗位外,还委托人力资源服务机构帮助解决高层次引进人才配偶就业问题,每成功推荐一名并签订三年以上劳动合同的机构将获得市财政 2 000 元补贴。宁波还鼓励各类用人单位为高层次人才配偶提供就业岗位,如按有关政策将给予接收人才配偶的企业发放一定的社会保险补贴等。③ 2018 年,中国(福建)自由贸易试验区厦门片区管理委员会推出激励域内人才创新创业的若干举措,包括加强配偶就业保障。对于自贸区内市级以上引进人才配偶,每年累计在厦生活时间不少于 6 个月且暂时无法就业的,可在两年内获得每月 5 000 元的生活补贴。④

在引进人才子女教育问题上,2012 年出台的《宁波市引进重点高层次人才配偶就业子女入学暂行办法》中指出,每年市、县两级教育部门要按照预计引才数量,预留部分义务教育阶段优质的学校学额用以优先解决高层次引进人才子女入学问题。⑤ 2015 年,大连制定发布了《大连市引进人才子女就学实施细则》作为"5+22"人才政策的重要组成部分。按照规定,教育部门在"免试就近入学"原则指导下,分层次解决引进人才子女就学问题。例如,允许高层次人才子

---

① 参见:2013 年《厦门市台湾特聘专家制度暂行办法》。
② 参见:2009 年《深圳市委组织部、市机构编制委员会办公室、市人力资源和社会保障局关于做好高层次专业人才配偶就业工作的通知》。
③ 参见:2012 年《宁波市引进重点高层次人才配偶就业子女入学暂行办法》。
④ 参见:2018 年《中国(福建)自由贸易试验区厦门片区关于进一步激励自贸区人才创新创业的若干措施》。
⑤ 参见:2012 年《宁波市引进重点高层次人才配偶就业子女入学暂行办法》。

女自主择校一次；又如，符合条件的产业发展非常紧缺人才和高层次人才子女都可享受初升高"指标到校"的政策。① 针对高层次人才随迁子女，青岛根据人才层次类型分别给予优待："两院"院士（含外籍院士）、国际性重要科学技术奖获得者等世界级顶尖人才的子女可在全市范围内统筹就学；"特聘专家"、"特支计划"入选者和"特聘教授""杰青"等国家级领军人才子女就学可在所在区（市）内统筹；而享受国务院特殊津贴专家、省部级有突出贡献中青年专家、省泰山学者特聘专家等省部级领军人才子女就学则根据户籍所在地进行统筹。② 此外，为满足国内外高层次人才子女国际化教育需求，有些地区也积极制定了相关政策。厦门曾在 2006 年提出要进一步办好市国际学校，为引进人才子女提供与国际接轨的教育服务；③深圳和苏州都鼓励社会力量参与合作办学，推进中小学国际合作办学和国际学校建设。对深圳而言，引进国内外名校（名教育机构）创办打造优质中小学校，试点普通中小学特别是外国语学校、民办学校开设专门招收外籍人员子女的国际部，就是其促进人才优先发展若干措施的重要内容。④

5. 医疗服务与社会保险

根据深圳市委、市政府于 2008 年出台的《关于加强高层次专业人才队伍建设的意见》，"两院"院士享受一级保健待遇，其他国家级领军人才和地方级领军人才均享受二级保健待遇，后备级人才享受三级保健待遇。⑤ 2018 年，深圳开始实施"鹏城英才计划"，为做好高层次人才和外籍人才服务保障工作，并为其提供预约诊疗和外语服务，政府提出在国际化社区、国际化企业聚集的重点片区配置国际化名医中心或门诊部，在市三甲医院开设优诊通道和特需门诊的举措。⑥ 根据《大连市高层次人才医疗保健服务实施细则》，大连市指定了 5 所定点医院为国内外顶尖人才提供便捷的服务渠道，建立"一对一"巡诊联系医生制度，每月进行不少于 1 次的入户巡诊或电话巡诊。在参加重大活动、执行重要任务前，定点医院对国内外顶尖人才进行专项体检和健康评估，必要时还可派

① 参见：2015 年《大连市引进人才子女就学实施细则》。
② 参见：2018 年《青岛市高层次人才服务实施办法》。
③ 参见：2006 年《厦门市委办公厅、市政府办公厅关于实施若干人才优惠政策的意见》。
④ 参见：2016 年《深圳市委、市政府关于促进人才优先发展的若干措施》。
⑤ 参见：2008 年深圳市委、市政府出台的《关于加强高层次专业人才队伍建设的意见》。
⑥ 参见：2018 年《深圳市委、市政府关于实施"鹏城英才计划"的意见》。

医务人员随行保障。此外,大连每年为各层次人才提供不同频次和标准的免费体检服务:国内外顶尖人才每年体检 2 次,每次体检费用标准为 4 600 元;国家级领军人才每年免费体检 1 次,体检费用标准为 3 000 元;地方级领军人才每年免费体检 1 次,体检费用标准为 2 000 元。① 为对驻青中国科学院、中国中国工程院院士提供优质的生活服务,青岛组织人事部门联合卫生医疗机构于 2016 年制定《驻青中国科学院、中国中国工程院院士医疗保健工作暂行办法》,提出为每位驻青院士按每年 3 000 元的标准进行健康检查,为每位驻青院士按每年 4 000 元的标准聘请健康保健医生。负责驻青院士健康保健的医生应做好院士健康咨询、院士就诊协调等工作。②

在高层次人才社会保险服务方面,苏州根据 2011 年制定的《苏州市高层次人才享受社会保险有关待遇的实施细则》,给予各类人才优良的医疗保险待遇:第一、二、三、四类高层次人才门诊个人账户每人每年分别增加 2 000 元、1 500 元、1 000 元和 800 元,住院产生的医疗保险目录范围内的自付医疗费用分别享受 100％、90％、75％和 50％的补助。③ 为落实"鹏城英才计划",深圳市财政为在深工作但未在深参加社会保险的高层次人才提供任内每人每年最高 2 万元的商业养老和商业医疗保险补贴。④ 针对海外高层次人才,青岛为其提供养老保险、医疗保险、生育保险等社保支持:本人及其配偶达到法定退休年龄时,若养老保险累计缴费年限不足 15 年,则可缴至满 15 年后再办理退休手续;本人及其配偶、子女自医疗保险缴费次月起、从参加生育保险次月起即可享受相关保险待遇。⑤ 同样对于海外优秀专家,大连不仅会给予其每人每月社会保险缴费额度 50％的补贴,还可给予其每人每年保费额 50％的商业补充保险补贴。⑥

三、 地方政府人才政策的主要特征与革新空间

1999—2019 年,北京、上海、广东、浙江、江苏、湖北、四川和辽宁的人才政策

---

① 参见:2015 年《大连市高层次人才医疗保健服务实施细则》。
② 参见:2016 年《驻青中国科学院、中国中国工程院院士医疗保健工作暂行办法》。
③ 参见:2011 年《苏州市高层次人才享受社会保险有关待遇的实施细则》。
④ 参见:2018 年《深圳市委、市政府关于实施"鹏城英才计划"的意见》。
⑤ 参见:2013 年《青岛市海外高层次人才社会保险工作暂行办法》。
⑥ 参见:2015 年《大连市支持高层次人才创新创业若干规定》。

出台数量的变化趋势总体上与中央政府人才政策出台数量的变化趋势相吻合（如图 3－2 所示）。上述省级政府人才政策出台量分别在 2006 年、2009 年、2011 年和 2017 年出现较高峰值，且在 2014 年至 2017 年间呈现持续快速增长状态。深圳、大连、厦门、苏州、青岛、宁波 6 个市级政府人才政策出台量则分别在 2008 年、2011 年、2013 年和 2015 年达到较高峰值。在 2000 年前后几年，6 个市级政府出台人才政策的活跃度高于 8 个省级政府；在 2012—2016 年，6 个市级政府处于最活跃的阶段，其所出台的人才政策数量约为 8 个省级政府的 1.7 倍。综合来看，我国政府各类人才政策密集出台于 2014—2017 年，地方人才政策的出台正处于活跃期。

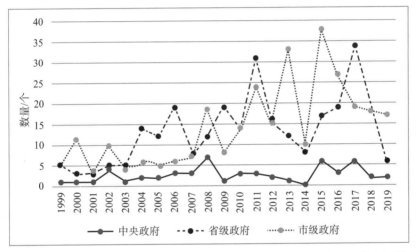

图 3－2　1999—2019 年我国中央政府与 8 省、6 城政府人才政策历年出台数量

（一）地方政府人才政策的主要特征

相较于一般规制性政策、分配性政策和再分配政策，人才政策制定者与政策对象之间具有利益同归性，因此人才政策更侧重于资源供给而非资源汲取，更重在人才激励而非人才管制；由于人才的地域流动性，基于利益最大化的地方人才政策更具竞争性。[1] 通过对上述部分省份和城市人才政策的梳理可知，地方政府人才政策的主要特征体现在以下几个方面。

一是制定出台"团簇式"人才政策，系统支持人才发展。长期以来，各级政

① 陈丽君,傅衍.人才政策执行偏差现象及成因研究——以 C 地区产业集聚区创业创新政策执行为例[J].中国行政管理,2017(12):95.

府所制定的人才政策多是"一事一议",其所面向的客体往往局限于个别领域的局部问题,政策的深入性较为不足、体系化难以形成,从而直接影响到了政策的实施效果。为提高人才政策的实际效力,有些地方采取组合、打包的方式制定"团簇式"人才政策,设定了政策主辅关系,建立起政策衔接机制。2005年,北京出台了《北京市属市管高等学校人才强教计划实施意见》,与之一并发布的配套政策还包括《北京市属市管高等学校特聘教授和讲座教授计划实施办法(试行)》《北京市属市管高等学校人才引进资助计划实施办法(试行)》《北京市属市管高等学校拔尖创新人才计划实施办法(试行)》《北京市属市管高等学校学术创新团队计划实施办法(试行)》《北京市属市管高等学校中青年骨干教师培养计划实施办法(试行)》《北京市属市管高等学校青年骨干教师国内访问学者计划实施办法(试行)》《北京市属市管高等学校教师教育技能和实践技能培训计划实施办法(试行)》《北京市属市管高等学校教师职业道德建设计划实施办法(试行)》。2008年9月,深圳颁布了其建市以来首个综合配套的人才政策文件,简称为"1+6"文件:其中1项"主文件"是《深圳市委、深圳市人民政府关于加强高层次专业人才队伍建设的意见》,6项"辅文件"则包括《深圳市高层次专业人才住房解决办法(试行)的通知》《深圳市高层次专业人才配偶就业促进办法(试行)》《深圳市高层次专业人才子女入学解决办法(试行)》《深圳市高层次专业人才学术研修津贴制度实施办法》《深圳市高层次专业人才任期评估办法(试行)》《深圳市国(境)外高级专家特聘岗位管理办法(试行)》。这些文件各有侧重,有利于全方位解决高层次人才在工作、生活等方面的实际问题。此外,深圳还非常重视人才住房问题,先后出台系列政策,着力推进人才安居工程:如2010年《中共深圳市委、深圳市人民政府关于实施人才安居工程的决定》、2011年《深圳市人才安居暂行办法》、2012年《深圳市人才安居扩大试点工作方案》、2014年《深圳市人才安居办法》;又如2015年《深圳市新引进人才租房补贴工作实施办法》、2016年《中共深圳市委、深圳市人民政府关于完善人才住房制度的若干措施》、2016年《深圳市新引进人才租房和生活补贴工作实施办法》;再如2017年《人才住房户型面积和户内装饰装修设计指引》和2017年《深圳市人才住房和保障性住房配建管理办法》。这些前后相继的文件各有侧重,对人才安居工程既具变革之力,又有深化之效。

二是确立尊重人才、服务人才的理念,"一站式"服务、"一卡通"工程、"绿色通道"等在多地普遍推广实施。2010 年,广东提出设立有专人负责的"广东省引进高层次人才'一站式'服务专区",面向引进高层次人才实行"一站式受理、一次性告知、一条龙服务"。[①] 2016 年,苏州市委、市政府根据《关于进一步推进人才优先发展的若干措施》,实行"一卡通"人才服务制度,高层次人才只要凭"姑苏英才卡"便可直接办理出入境证件、户口准入、社保结转、人事关系调入、住房公积金、驾驶证换发等业务,还可享受医疗"绿色通道"等待遇。[②] 此外,有些地方还打造出独具品牌特色的方便、快捷的人才服务项目。比如,湖北的"人才创新创业超市"为人才创新创业提供政府公共、金融、社会中介、创业孵化、生产经营、商务休闲等服务;[③]四川的"人才之家"为高层次人才设立科技、公安、人社、卫计等部门专业化、一站式服务窗口。[④] 又如,青岛的"蓝色人才港",努力建设为"一网宣传、一港猎头、一线接听、一口受理、一站服务"的人才公共服务体系;[⑤]大连在"人才大篷车"的基础上推出"网上人才大篷车",搭建起招才引智精准对接服务平台、全链条人才公共服务平台、以情聚才专项对接服务平台和人才政策环境宣传平台。[⑥]

三是松绑放权,逐步取消计划经济下的人才限制,建立符合市场经济的人才制度。2001 年,为促进人才流动,深圳和厦门先后调整引进人才政策,前者不仅取消了引进人才指标,还取消了人才引进的地域限制和"先男后女"的限制;[⑦]后者除取消"先男后女"限制外,还取消了不能向边远省区、山区地区主动发商调函的限制,开始允许用人单位或人事局主动向符合引进条件的人才发函商调。[⑧] 为保障和落实高校、科研院所等事业单位用人自主权,地方政府推进编制改革。2016 年,上海提出高校与科研院所可以在编制限额内自主引进人才,

---

① 参见:2010 年《广东省引进高层次人才"一站式"服务实施方案》。
② 参见:2016 年苏州市委、市政府出台的《关于进一步推进人才优先发展的若干措施》。
③ 参见:2017 年《湖北省委组织部、省人力资源和社会保障厅、省科技厅、省教育厅关于推进人才创新创业超市建设的通知》。
④ 参见:2017 年《四川省人才工作领导小组办公室关于建设四川省人才之家服务高层次人才十二条措施》。
⑤ 参见:2012 年《青岛市委办公厅、市政府办公厅关于实施"青岛英才 211 计划"、加快推进"百万人才集聚行动"的意见》。
⑥ 参见:2017 年《大连市人力资源和社会保障局"网上人才大篷车"工作方案》。
⑦ 参见:2001 年《深圳市人民政府关于调整引进人才若干政策的通知》。
⑧ 参见:2001 年《厦门市政府办公厅关于调整我市引进人才若干政策的批复》。

主管部门不再进行前置备案和审批，引进人才到岗后向有关部门备案。[①] 2018 年,四川为支持省属事业单位及有关特殊重要领域和岗位引进人才,特提出实施"1 000 名人才专项事业编制保障工程"。[②] 同年,青岛组织部门提出在全市编制存量内单列 300 名机动编制,作为已满编、超编机关事业单位全职引进高层次人才的"蓄水池"。[③] 另外,部分省市还创造出灵活变通人才工作的新举措。根据 2017 年的"人才 26 条",江苏不仅推行人才在高校等事业单位与园区"双落户"的制度以畅通人才流动渠道,还提出将招才引智项目视同招商引资项目进行考核的意见。[④] 作为人才新政的重要组成部分,苏州在 2019 年发布《苏州市引进顶尖人才(团队)"一人一策"实施办法》,通过建立"一事一议"灵活快速决策机制,给予事业单位顶尖人才(团队)量身定制、上不封顶的特殊支持。[⑤]

四是实施人才集聚战略,推进人才集群化发展,充分发挥人才集聚效应。人才集聚促进经济发展,经济发展促进人才集聚。根据人力资本"内在效应"与"外在效应"理论,创新型人才追求"内在效应"最大化的动力驱使其产生集群化倾向,而创新型人才的"外在效应"则经人才集聚得到增强,这在很大程度上创造出人才个体所没有的高效率,从而实现科技进步和生产率的提高。[⑥] 人才集聚与经济发展的互动关系越来越得到政府、企业等组织的普遍认可,人才集聚成为各地政府人才政策文本中的高频词汇。地方政府人才集群化发展的主要路径大致包括以下几条:首先,地方政府以新兴产业集聚人才,充分发挥产业集群促进人才集群的作用。根据《首都中长期人才发展规划纲要(2010—2020 年)》,北京积极探索建立"中关村—硅谷—班德鲁尔""金融街—华尔街""北京CBD—曼哈顿"和"中影怀柔—好莱坞"等对口产业集群联盟,配套建立健全人才集群发展公共服务平台,推动国际化人才集群。[⑦] 宁波在 2011 年提出,打造重点产业人才集聚区,依托海洋高技术、节能环保、生命健康、港航物流、金融会

---

① 参见:2016 年《上海市委、市政府关于进一步深化人才发展体制机制改革加快推进具有全球影响力的科技创新中心建设的实施意见》。
② 参见:2018 年《四川省委、省政府关于大力引进海外人才、加快建设高端人才汇聚高地的实施意见》。
③ 参见:2018 年《青岛市引进高层次人才机动编制使用管理办法》。
④ 参见:2017 年《江苏省委关于聚力创新深化改革打造具有国际竞争力人才发展环境的意见》。
⑤ 参见:2019 年《苏州市引进顶尖人才(团队)"一人一策"实施办法》。
⑥ 裴玲玲.科技人才集聚与高技术产业发展的互动关系[J].科学学研究,2018(5):814.
⑦ 参见:2010 年《首都中长期人才发展规划纲要(2010—2020 年)》。

展、汽车及零部件、高档纺织服装等先进产业,到 2020 年集聚一批领军人才、科技创新人才、复合型专业人才和急需紧缺人才。[①] 此外,地方政府在促进人才集聚的过程中,特别注重企业的市场主体性和灵活性,在若干人才队伍建设、人才发展政策中不仅提出要引导和促进人才向企业集聚,还提出要强化企业吸纳人才的主体地位,发挥企业引才用才的主体作用。为此,江苏不断加大对各类所有制企业技术创新和人才开发的资金投入和政策支持,鼓励大型骨干企业、中小企业以多种方式联合地方高校、科研院所建立企业研发机构,依靠各类高新技术开发区和创业园区,加快在教育、医药石化、电子信息、机械汽车等领域汇集具有一定规模、比较优势明显的高层次人才群体。[②]

其次,地方政府以创新资源集聚人才,各类高新区、科创园为人才提供集聚空间,各类实验室、工作站和科研设施为人才提供集聚平台,而各领域"高精尖"领军型人才则是进一步吸收资源、凝聚精英的动力源泉。与社会经济环境所提供的外部支持不同,科技创新环境是高层次创新人才流动与集聚的内涵性因素。[③] 为营造优质的科创环境,广东于 2018 年底制定发布了"省科创 12 条",出台若干关于进一步促进科技创新的政策措施。为推进粤港澳大湾区国际科技创新中心建设,广东提出结合综合性国家科学中心的创建,建设世界一流重大科技基础设施集群,不仅支持引进港澳地区及世界知名高校、科研机构、企业设立分支机构,还支持省内高校、科研机构、企业在国外设立离岸科技孵化基地或研发机构,全面开发与集聚全球高端创新资源。[④] 此外,一些地方政府还注重"以才引才""引才聚才",如北京实施以领军人才为主导的人才群发展战略,通过赋予大师级人才充足的人、财、物自主权,发挥人才领袖在人才群发展中的引领作用;[⑤]北京还深入实施"海聚工程""高聚工程"等人才引进计划,旨在促进各类高层次海外人才走向高密度、集聚化发展道路。

(二) 地方政府人才政策的革新空间

随着国际环境的不断变化和国内政治经济体制的渐进变革,我国各项人才

---

① 参见:2011 年《宁波市中长期人才发展规划纲要(2010—2020 年)》。

② 参见:2003 年《江苏省委、省政府关于进一步加强人才队伍建设的决定》。

③ 王全纲,赵永乐.全球高端人才流动和集聚的影响因素研究[J].科学管理研究,2017(1):93.

④ 参见:2018 年《广东省政府关于进一步促进科技创新若干政策措施的通知》。

⑤ 参见:2010 年《首都中长期人才发展规划纲要(2010—2020 年)》。

事业既面临新机遇,也面临新挑战。实践证明,创新人才治理理念,改革人才体制机制,成为中央和地方各级政府克服困难、继续推进人才工作的有效举措。从高层次人才引育情况看,我国地方政府人才政策尚有革新空间。

其一,优化省级统筹治理机制,增强市级自主创新能力。在中央顶层设计与权责改革下,地方政府人才工作的优越性逐渐显现。省级政府在贯彻落实中央政策的同时,从基本省情出发创制了符合地方经济社会发展需求的人才引进与培育政策。然而,由于大多数人才政策并不是单一条款,而是一套政策体系,普遍包含直接奖补政策、金融扶持政策、科技创新政策、子女入学服务保障类政策等,其有效执行离不开人才部门、科技部门、金融部门、教育部门等多部门的通力协作,因而在执行过程中容易出现阻滞问题。① 各司其职的部门围绕自身利益制定政策,忽视高层次人才工作的整体有效性以及高层次人才政策的系统性;职能交叉的部门高层次人才工作不仅权限不清,而且责任不明。② 政涉多门、政出多门、政行多门的现实亟须优化省级统筹治理机制。一方面,优化横向统筹,全面协调人才部门、科技部门、金融部门、教育部门等部门间权责关系,在明确分工的同时强调合作,及时发现并化解矛盾,为人才政策的有效落实提供制度支撑。另一方面,优化纵向治理,不仅要适度"平衡"各市级人才政策,避免和减少盲目跟风、互相攀比等问题,还要扩大市级政府人才体制改革权和人才政策制定权,增强市级政府自主创新能力。一般而言,基层政府积极性越高,发展地方经济的能力则越强;基层政府自主性越强,创新人才政策的能力则越强。当前在争创人才强省的过程中,省级政府应注重培育地方官员政治企业家精神。美国著名经济学家熊彼特(Joseph Alois Schumpeter)认为,企业家是经济增长的国王,"正是企业家把各种要素组织起来进行生产,并通过不断创新改变其组合方式才带来了经济增长"③。鉴于企业家之于经济增长的意义,政府官员也可以成为政治企业家,在集聚人才、改革体制、创新政策等领域充分发扬企业家精神。为释放人才红利、促进经济发展,作为组织者的基层政府不仅要把生产要素按一定的结构组织起来转化成现实生产力,还要建立健全人才市场,以"无

---

① 陈丽君,傅衍.人才政策执行偏差现象及成因研究——以 C 地区产业集聚区创业创新政策执行为例[J].中国行政管理,2017(12):96.

② 张再生,杨庆.海外高端人才政策评估及优化对策研究[J].天津大学学报(社会科学版),2016(2):126.

③ 张维迎,盛斌.论企业家:经济增长的国王[M].北京:生活·读书·新知三联书店,2004:5.

形之手"和"有形之手"调配人才；作为创新者的基层政府，应在创新人才政策的同时创新人才引用机制和管理体制，以最有效开发和利用人才资源。

其二，明确人才工作的本质要求，遵循人才政策的核心价值。地方政府人才工作在于发现、引进、用好、留住人才，因此人才工作的本质要求是促进人才资源开发与增值，人才政策的核心价值是以人为本。事实上，"并非所有资源和利益对高层次人才都具有吸引力，也并非所有人才政策都能推动人才队伍的建设。高层次人才队伍建设政策重点不应仅仅是关注如何给高层次人才提供丰厚的物质待遇和良好的科研环境，更重要的是要开辟高层次人才源泉，提高人才配置效率，创新人才管理模式，为人才效能优势的发挥创造良好的条件"①。地方政府做好人才工作的标准应是用好人才、发展人才。作为推进人才工作的得力工具，地方政府人才政策既不应为了制定而制定，也不应为了创新而创新。一味求"新"、求"鲜"的人才政策只能过度张扬其工具性，而泯灭其价值性。以人为本的人才政策不仅要引进人才，还要发展人才；不仅要提供物质支持，还要给予精神激励；不仅要改善硬环境，还要优化软环境。此外，地方政府人才政策不仅强调以人才为本，还要发挥高校、企业、科研院所等用人单位人才引育、使用与管理的主体性。在人才工作中培育地方政府企业家精神并不意味着否认基层用人单位的企业家精神，也并不意味着行政官员可以事事、时时"插手"基层用人单位人才事务，"干预"基层用人单位人事权力。在经济领域，政府"最重要的是为企业家成长创造一个良好的社会、制度环境，与企业家建立一种友好的伙伴关系，尽量减少企业家的投资风险，提供更多的利润刺激，帮助企业家筹措资金，开拓市场，同时在企业家力所不及的地方填补空缺"。也就是说，"政府的职能在于'资助'企业家，而不是'充当'企业家"。② 同样，在用人方面，政府最重要的是为高校、企业、科研院所等提供物质资助和政策支持，思其所想，解其所难，帮助这些机构拓展海内外高层次人才市场，提高其国际人才竞争力。总之，地方政府人才工作与人才政策的主旨在于为基层用人单位"牵线搭桥"，而不是"喧宾夺主"。

① 罗云,黄艳.我国高校高层次人才队伍建设政策分析[J].江苏高教,2008(6):92.
② 张维迎,盛斌.论企业家:经济增长的国王[M].北京:生活·读书·新知三联书店,2004:78.

第三节　人才政策与学术精英流动

作为一种外部因素,我国地方政府人才政策对大学学术精英的流动具有重要影响。各地竞相出台的人才政策及其所提出的若干引才举措对大学学术精英流动具有较强的激发性、引导性与支持性。对照图3-3和图3-4可以看出,省级和市级政府人才政策集中分布年份与各地大学引进学术精英的时间分布在总体上是一致的。当然,人才政策出台与学术精英流动之间存在的合理时差不会影响人才政策对学术精英流动的驱动性。

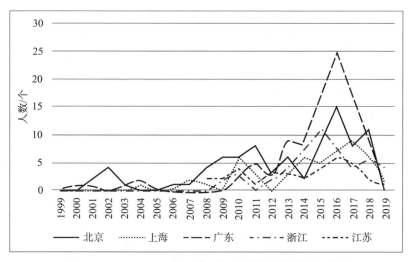

图3-3　1999—2019 年 5 省(市)大学学术精英引进人数

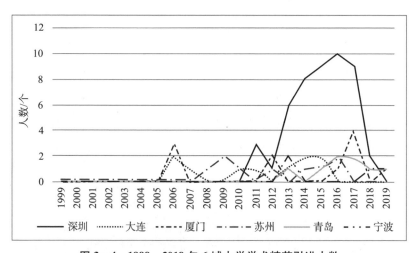

图3-4　1999—2019 年 6 城大学学术精英引进人数

一、 精准的人才政策吸引学术精英流动

高校和科研院所是科技创新与科技转化的主力军,学术精英不仅是创新的中坚力量,还是创业的活跃分子。以大学学术精英为代表的各领域高层次人才受到政府的特别关注。具有世界前沿水平的高级专家、学科带头人、中青年高级专家以及各类创新团队成员很大一部分是高校教学科研人员,这些学术精英在知识生产和传播、技术开发与运用方面具有引领作用。在创新驱动发展的时代,大学创新资源集聚的优势在各级政府加强产学研合作、推进科技成果转化的过程中得到充分体现,蕴含科技创新潜力与经济增长动力的大学学术精英成为各级政府人才政策的重要对象。

"政府不仅是生产的决策者,而且是'创新'的领导者。"[1]在我国,政府人才政策能够在行政活动中落地并发挥效用。各类人才政策越来越鼓励政府与大学合作,共同引导并支持学术精英流动;各类学术精英在政府政策驱动下越来越朝向大学等学术资源集聚地流动。当前,在学术精英流动中,地方政府与大学的关系是怎样的? 总体上,"政府搭台、大学请角、精英唱戏"可以概括和说明地方政府与大学在学术精英流动过程中的互动关系及各自作用。首先,地方政府与大学人才政策协调呼应,具有较强的耦合性,形成了系统的人才政策配套机制。二者打出的政策"组合拳"在很大程度上可以刺激并推动学术精英流动。其次,地方政府与大学相互支撑,互为条件,前者可以凭借后者的学术声誉吸引学术精英,后者可以凭借前者的经济水平汇集学术精英。作为辖区内资源掌控者和规则制定者,地方政府在区域经济中处于核心地位,其对市场的推动力和影响力是巨大的。[2] 如深圳、苏州、青岛、无锡、宁波等万亿级城市完全可以凭借雄厚的经济实力推动高层次学术劳动力市场,进而影响各类学术精英的流动规模、流动方向和流动频率。从学术精英竞争角度看,不论是经济强市引进名校办分校,还是"双一流"大学"异地办学",都是地方政府与大学激发学术精英流动的表现。一方面,地方政府通过引进高水平大学吸引高水平人才;另一方面,高水平大学通过异地办学利用发达的社会经济水平、优越的地理区位和充足的

---

① 张维迎,盛斌.论企业家:经济增长的国王[M].北京:生活·读书·新知三联书店,2004:73-74.
② 周黎安.转型中的地方政府:官员激励与治理[M].上海:格致出版社,2017:199.

物质资源,在地方政府人才政策支持下大力引进高水平人才。总之,作为人才政策的重要对象,学术精英就在政府与大学的合力下开始流动。政府与大学默契度越高、配合度越好,那么学术精英流动所受到的激发性、引导性与支持性就越强。

实践表明,"政策对于国家或地区的创新创业活动发挥着不可忽视的作用",创新人才"政策数量和丰富性总体上与区域内人才发展状况和区域创新绩效正相关"。① 这种正相关关系说明一定数量与丰富的人才政策对人才具有吸引力,有助于地区人才队伍建设和创新能力提升。作为地区人才吸引力的重要构成,人才政策吸引力指政府通过出台相关人力资源发展政策和福利保障措施对高层次人才产生的地区牵引力,其能够调节并影响地区整体人才吸引力水平。② 当前,我国各地人才政策规模庞大且种类丰富,制度化、体系化程度不断加深,其对大学学术精英的吸引力主要源自"精准引才"。根据地方政府引才经验看,"精准引才"能够提高人才引进成功率和政策目标达成度。

一方面,"精准引才"首先在于精准定位,人才政策明确指向学术精英的具体类别,学术精英定位尽可能精准明确。大学学术精英来自不同学科领域,不同地区因不同产业结构与转型方向对大学学术精英有不同的市场需求。大数据、人工智能、互联网、航空航天、生物医药、集成电路、新材料、新能源等新兴产业、创新领域和高端项目对经济与社会发展的影响日益加大,这些领域的学术精英和创新创业团队也越来越受到各地政府与大学的青睐。其中,属于领军人才和杰出人才的学术精英,如"两院"院士、"特聘教授"、"杰青"以及国家重点实验室带头人、国家重大项目首席专家等更受到热烈追求。相关人才政策不仅清晰限定学术精英学科领域,还明确提出学术精英头衔类型,人才精准化策略已十分普遍。

另一方面,"精准引才"还在于精准施策,人才政策可以满足学术精英的基本需求,学术精英基本需求尽可能得到精准满足。既有政策找准了人才工作的突破口和切入点,抓住了人才发展的关键与核心,摸清了大学学术精英等高层

---

① 曹钰华,袁勇志.我国区域创新人才政策对比研究——基于政策工具和"系统失灵"视角的内容分析[J].科技管理研究,2019(10):63.
② 孟华,刘娣,苏娇妮.我国省级政府高层次人才引进政策的吸引力评价[J].中国人力资源开发,2017(1):118.

次人才的心理与需求。一些地方政府采取"一事一议""一人一策"机制引进学术精英，为引进人才量身打造工作环境、生活环境与创新环境。对于学术精英在薪酬、资助与奖励、科研经费、住房安居与生活补贴、配偶就业与子女教育、医疗服务与社会保险以及出入境、落户、税费优惠等方面的基本需求，有针对性地给予支持、服务和帮助。在政府努力下，人才政策不仅激发学术精英流动意向，还加大学术精英流动可能，不仅为学术精英提供流动保障，还助力于学术精英解决流动难题。可以说，"精准引才"在一定程度上增强了人才政策对学术精英的吸引力，增强了学术精英的流动性。

二、 变化的人才政策效力影响学术精英流动

从静态看，不同地方人才政策吸引力具有强弱之分。政府人才政策对于人才吸引力的强度深受各种因素的影响，其中地区经济发达程度、社会生活水平、事业发展空间、工作环境以及地区文化的开放、民主与包容程度，还有地理区位、自然环境等因素都会对地区人才政策吸引力产生影响。因此，人才政策因吸引力不同而形成的政策势差是客观存在的。地方政府人才政策的高低势差会促成学术精英的流出与流入。由经济增长、单位状况以及个人条件等非均衡性所导致的势差效应往往使科技人才由低势差处流向高势差处。[①] 据此而言，人才政策对学术精英流动的影响是必然的，人才政策势差驱动、引导学术精英在不同地区间流动。

然而，人才政策因所处社会经济环境的不同而对学术精英流动的影响是有限的。有研究通过构建政策吸引力相关指标对我国各省高层次人才政策的吸引力进行测量，结果显示，北京、福建、河北、陕西、山西、重庆、上海、黑龙江、海南和浙江的省级政府高层次人才引进政策绝对（政策文本本身）吸引力依次排在全国前十位。[②] 这些地区人才政策为高层次人才提供的福利性待遇和发展性条件较为优越。而事实上，上述地区除北京、上海、浙江引进的大学学术精英数量居于全国前十外，其余7个省（市）对大学学术精英的实际吸引力远不及其人才政策吸引力，河北、黑龙江、山西和海南引进的大学学术精英数量均排在全国

---

① 郑文力.论势差效应与科技人才流动机制[J].科学学与科学技术管理,2005(2):112.
② 孟华,刘娣,苏娇妮.我国省级政府高层次人才引进政策的吸引力评价[J].中国人力资源开发,2017(1):121.

20 名之后。此外,虽然有些东部发达省份在资金资助力度上等硬性条件上不如某些中、西部省份,但由于其国际开放程度更高、政府管理环境更包容公正、市场竞争环境更加规范而对海外高层次人才的吸引力更强。① 这说明政府人才政策具有相对性,政策对人才的吸引力不能夸大。

从动态看,任何地区、任何政府的人才政策驱动学术精英流动的效力不是持久不变的。在一定时期内,虽然有些地方因人才政策富有首创性而拥有人才竞争优势,有些地方因人才政策缺乏独特性而存在人才竞争劣势,但这种优势或劣势会因时势变化而改变。随着学术精英竞争的不断加剧和学术劳动力市场的不断变化,我国地方政府人才政策的效力也会发生改变。

首先,人才政策的扩散趋同会消减自身的优越性,弱化对学术精英的吸引力。在国内外学界,政策趋同的研究最早可以追溯到 20 世纪 60 年代,起初盛行于美国的政策趋同研究到 20 世纪 90 年代已成为最热门的公共政策研究主题之一。根据国外学者的研究,政策趋同指的是不同超国家机构、民族国家、区域、地区政府等政治辖区之间某一政策一个或多个特征之间相似性的增加。② 政策趋同包含政策目标的趋同、政策内容的趋同、政策工具的趋同、政策结果的趋同和政策风格的趋同等五个方面。③ 以政策趋同理论反观我国公共政策活动不难发现,各地各级政府 20 年间制定出台的人才政策存在较为显著的趋同现象。

在我国中央政府和地方各级政府具有高度的"职责同构"特征,这不仅有利于保障中央权威在地方逐级复制和全面覆盖,还有利于中央政令自上而下地输送传播和贯彻落实。因此,我国传统的政策扩散模式主要是由行政权力在各级政府间层层推动的。与其他公共政策一样,我国各项人才政策在中央政府、省级政府、市级政府及其下级政府的扩散进程,自然也离不开行政力量的主导。此外,在经济竞争和绩效考核压力下,我国地方政府在公共政策活动中还广泛存在"相互看齐"的竞争机制。④ 在学习和模仿的驱动下,各地的人才政策亦在

① 王建平.我国海外引才政策区域差异研究[J].世界地理研究,2013(4):173.
② 向玉琼.西方国家政策趋同理论研究述评[J].公共行政评论,2012(1):146.
③ 陈芳.政策扩散、政策转移和政策趋同——基于概念、类型与发生机制的比较[J].厦门大学学报(哲学社会科学版),2013(6):9.
④ 王浦劬,赖先进.中国公共政策扩散的模式与机制分析[J].北京大学学报(哲学社会科学版),2013(6):21.

政策竞争效应下出现扩散和趋同现象。从我国人才政策实践来看,同级政府和部门间、不同区域间人才引进政策在基本内容和取向上具有高度的关联性和趋同性,这说明我国权力部门之间公共政策具有突出的扩散特征。[①] 例如,我国各级政府海外人才引进政策出台时间较为集中,人才引进类型、人才引进标准、人才引进规模、人才使用方式均较为类似,这种大同小异、缺乏特色的海外人才引进政策,难免造成各地在人才引进上的"恶性竞争",造成一些拟归国的海外人才"待价而沽"。[②] 既然全国人才政策高度雷同,某地方政府要想在人才竞争中占据上风,就必须在引才数量、引才类型、引才方式、引才工具、引才优惠等具体方面展开比拼和较量。其结果是,各级政府人才引进数量层层加码,限制人才自由流动的地方保护主义开始兴起,如教育部直属高校人才联盟间的"抱团竞争"逐渐形成。从某种意义上来说,招才引智已变质为各级政府及其官员营造政绩工程、建设形象工程的又一手段。总之,各地政府人才政策的扩散趋同势必会消减各地人才政策的优越性,即使某一地方率先出台创造性的人才政策、采取特色的引才举措,最终也会因其他地方的制度学习、政策模仿而丧失人才吸引力和竞争力,最终都将演变为政策文本中的"数目字"式的竞才引智。

其次,人才政策的非预期后果将消减自身的有效性,甚至会异化学术精英的流动。根据公共领域普遍存在的"眼镜蛇效应"(Cobra Affect),几乎所有的政府干预都会产生一些意图以外的后果,任何公共政策都存在某种"失灵"的可能。政府制定的各项人才政策也不例外。除"海外引才"造成的国际警惕与制裁、"倾斜扶持"导致的人才分化外,"柔性引才"催生的"兼职热""挂名潮"和"无序流动"是更为典型的例子。

在社会主义市场经济体制逐步建立健全的背景下,我国干部人事制度改革、企业人事制度改革、事业单位人事制度改革也走上了快车道。2000 年 7 月 21 日,中共中央组织部、人事部印发了《关于加快推进事业单位人事制度改革的意见》的通知,提出在事业单位全面建立和推行聘用制度,把聘用制度作为事业单位一项基本的用人制度。确定用人单位与个人人事关系、权利义务的具有

---

① 王浦劬,赖先进.中国公共政策扩散的模式与机制分析[J].北京大学学报(哲学社会科学版),2013(6):20.

② 朱军文,沈悦青.我国省级政府海外人才引进政策的现状、问题与建议[J].上海交通大学学报(哲学社会科学版),2013(1):62.

法律效力的聘用合同在一定程度上纾解了单位制对个人的多方位束缚,有利于形成自主灵活、形式多样的组织人事关系。高校人事管理逐步实现从身份管理向岗位管理的转变,人力资源配置方式开始从封闭性向开放性、国际化转变。①

作为一种与国际接轨的人力资源管理机制,柔性引进人才对于缓解人才供需矛盾、解决人才短缺问题具有重要作用。柔性引才及其所促成的人才柔性流动逐渐兴起,在各地政府推动下,企事业单位采取灵活性、多样化引才方式,积极按照"不求所有,但求所用"的基本原则,在不改变人才人事、档案、户籍、社保等关系的前提下,大力支持引进人才通过顾问指导、短期兼职、建站设岗、对口支援等适宜方式提供智力支持。政府引导、市场调节、契约管理、绩效激励成为地方企事业单位柔性引才的主要运作方式,引进方式多元、工作方式多样成为地方企事业单位柔性引才的主要特征。

2001 年,江苏省政府办公厅出台的《关于加快构建教育、医药卫生、电子信息、机械汽车、建筑、农业六大人才高峰的实施意见》中鼓励"户口不迁,关系不转,来去自由"的人才"柔性流动"和智力交流,柔性引进人才可在购房、子女入托入学、缴纳保险、短期出国等方面享受市民同等待遇。② 2004 年,为充分发挥柔性引才机制效用,浙江鼓励用人单位以岗位聘用、项目聘用、任务聘用和人才租赁等灵活用人方式引进人才和智力。③ 为此,在当年年底还专门制定出台了《关于促进人才柔性流动的实施办法》,鼓励国内外优秀人才采取多种方式柔性流入浙江工作、服务或创业。2016 年,中共中央出台《关于深化人才发展体制机制改革的意见》,提出实行更积极、更开放、更有效的人才引进政策,更大力度实施国家引进海外高层次人才计划,敞开大门,不拘一格,柔性汇聚全球人才资源。④ 2017 年,教育部倡导直属高校建立访问学者制度,实施多元化、柔性人才引进机制,吸引海外人才以多种形式到校从事咨询、讲学、科研等活动。⑤ 对我国中、西部地区而言,以柔性方式引进和用好人才是破解引才难、留才难、缓建

---

① 管培俊.关于新时期高校人事制度改革的思考[J].教育研究,2014(12):72.
② 参见:2001 年江苏省政府办公厅出台的《关于加快构建教育、医药卫生、电子信息、机械汽车、建筑、农业六大人才高峰的实施意见》。
③ 参见:2004 年《浙江省委、省政府关于大力实施人才强省战略的决定》。
④ 参见:2016 年中共中央出台的《关于深化人才发展体制机制改革的意见》。
⑤ 参见:2017 年《中共教育部党组关于加快直属高校高层次人才发展的指导意见》。

人才紧缺问题的有效办法。在 2006 年,湖北曾提出要革除束缚人才创造活力的条条框框,推动人才在"体制内"和"体制外"之间的双向柔性流动。① 2017年,四川为引进海内外高层次人才,提出积极推广柔性引才方式,鼓励各地、各部门采取挂职兼职、特聘岗位、项目合作、技术联姻等方式柔性引才,并支持有条件的高等学校、科研院所、企业在海外建立办学机构、研发机构,吸引使用当地优秀人才。② 同年,辽宁颁布《关于深化人才发展体制机制改革的实施意见》,提出完善柔性引才用才政策,柔性汇聚国内外人才智力资源,如鼓励企事业单位结合辽宁与江苏开展对口合作的契机,通过建院士专家工作站等方式柔性引进江苏院士专家等高层次人才。③

作为柔性引才的一种方式,建设院士工作站成为各地政府充分发掘和利用优质智力资源的重要途径。2010—2019 年,广东提出在省创新型企业和高新技术企业中建立 100 个左右院士工作站,④江苏也提出重点建设企业院士工作站500 个。⑤ 在省级政府的号召下,有些市级政府以更大力度、更快速度开展院士工作站建设。如宁波在 2011 年 1 月出台的《宁波市中长期人才发展规划纲要(2010—2020 年)》中,设定了到 2020 年建立 50 个左右的市级重点院士工作站、集聚 100 名以上的院士提供高端智力服务的发展目标。⑥ 在其随后制定的《宁波市"十二五"人才发展规划》中提出到 2015 年要建立 50 个左右的市级重点院士工作站、集聚 100 名以上的院士提供高端智力服务。⑦ 据此,宁波欲用 5 年的时间超前实现 10 年的工作目标,院士工作站建设速度势必不断加快。2016 年,宁波又提出力争建成 120 家院士工作站的"十三五"规划目标,⑧这已远远超出原来设定的 2020 年院士工作站建设数量。

近年来,各地政府柔性引才政策不断更新,柔性引才工作如火如荼。事实上,柔性引才也是一把"双刃剑",它在促进企事业单位深度开发人才资源、共享

---

① 参见:2006 年《湖北省人才发展"十一五"规划》。
② 参见:2017 年《四川省引进海内外高层次人才"千人计划"实施办法》。
③ 参见:2017 年辽宁省出台的《关于深化人才发展体制机制改革的实施意见》。
④ 参见:2010 年《广东省中长期人才发展规划纲要(2010—2020 年)》。
⑤ 参见:2011 年《江苏省"十二五"人才发展规划》。
⑥ 参见:2011 年《宁波市中长期人才发展规划纲要(2010—2020 年)》。
⑦ 参见:2011 年《宁波市"十二五"人才发展规划》。
⑧ 参见:2016 年《宁波市人才发展"十三五"规划》。

共用智力资源的同时,也存在一定的成本收益风险和实际成效风险。一般而言,优秀人才的成长周期是缓慢的,在一定时期内人才的数量是相对稳定和有限的,而各地对人才的需求却是与日俱增的、无限的。优秀人才在数量上的供需矛盾和分布上的不平衡必然难以满足各地经济建设、产业发展、科技进步的需求。在日益激烈的人才城际、校际竞争背景下,柔性引才政策在以技术指导、咨询顾问、项目合作、兼职兼薪、特聘岗位、中短期聘用、授课讲学、人才租赁、工作站建设等多种方式实际执行的过程中逐步"扭曲""变异",催生了一阵"兼职热"、一股"挂名潮"。

长期以来,柔性引才政策为我国高等教育的快速发展做出了积极贡献,其重大价值不可否认。如今在各级政府和教育行政部门倡导下,许多高校积极推进以岗位聘任为核心的用人制度改革,除科学定编、按需设岗、公开招聘外,还在引入流动编制管理模式,实施柔性的人才引进政策。① 其结果是,柔性引才政策不仅刺激大学片面追求学术精英数量,还对大学的刚性引才政策产生显著的消极影响。在柔性引才"不改变人事、档案关系"的"启发"下,不少大学在招揽学术精英的过程中"不要人事档案、不要户口、不要流动手续"或另建人事档案的违规做法十分普遍,人才审核机制、引进程序和工作规则不健全、不完善、不规范的问题也十分突出。对部分大学而言,"柔性引进"已成为建立"关系"的纽带,而不是为了切实利用其智力和技能,导致了引进人才实际贡献与薪酬待遇不匹配、不协调的问题;②柔性引进学术精英仅是急功近利地为了提升自身的知名度和声誉,由于引进人才在受聘高校有效工作的时间十分短暂,在教学、科研等方面起到的"传、帮、带"作用因而十分有限。③ 在这种意义上,"柔性引才"政策在大学与学术精英的"共谋"下,已成为大学优化人才队伍建设量化指标的手段,成为学术精英实现个人利益最大化和学术价值开发最大化的屏障。

总之,中国大学学术精英流动与各级政府人才政策的制定与实施紧密相关。涉及多方各面的人才政策不仅在内容上不断满足大学学术精英不同层次的要求,还在体系上尽可能为大学学术营造优良的政策空间与制度环境。当

---

① 管培俊.新论高校人事改革的方向和推进策略[J].北京大学教育评论,2015(1):184.
② 朱军文,沈悦青.我国省级政府海外人才引进政策的现状、问题与建议[J].上海交通大学学报(哲学社会科学版),2013(1):63.
③ 程文凤.高校柔性引进高层次人才的风险与应对措施[J].人才资源开发,2019(10):17.

前,各级政府重视人才、尊重人才、服务人才的理念在各类人才政策中已得到较充分的体现,这在一定程度上能够影响大学学术精英"用脚投票"的主观意愿和最终决定。需要指出的是,"人才政策是吸引、留住并发挥人才效益的重要工具,但并不唯一,同时还受到其他多方面因素影响"①。况且,人才政策对大学学术精英的吸引力也不是一成不变的,人才政策引进学术精英的实际效力会在政策传播过程中因扩散趋同而衰微,也会在政策执行过程中因意外后果而消减。因此,因地制宜地制定人才政策,与时俱进地变革人才政策是各地各级政府维持制度优势、保持人才竞争力的必要之举,同时这也对政府政策创新能力提出了更高的要求。

---

① 张波.国内高端人才研究:理论视角与最新进展[J].科学学研究,2018(8):1417.

第四章
锦标赛制与学术精英流动

除政策因素外,锦标赛制也是引起大学学术精英流动的原因之一。锦标赛制是在企业管理过程中将代理人绝对业绩与相对排序结合在一起的机制。[①] 随着锦标赛制的实践运用,锦标赛理论不断完善和发展,逐渐被引入政治学、经济学以及高等教育研究领域。21 世纪以来,世界大学排名的兴盛促进了大学学术锦标赛制的繁荣。为赢得学术锦标赛,大学积极制定人才战略规划,创新人才竞争策略,大力吸引学术精英。

第一节 学术锦标赛与大学排名

由于大学排名与学术资源紧密相关,学术锦标赛驱动各类大学为学术精英及其学术成果而竞争。本质上,"学术锦标赛制是在国家行动的总体性框架设计下进行的,它试图实现政治逻辑与学术逻辑的结合","很容易将国家目标、大学组织目标和学术人员个人目标三者统一起来,产生较强的激励作用"。[②] 在国家行动与大学排名的合力下,学术锦标赛不仅嵌入"位次竞争"的逻辑,还嵌入"择优资助"的逻辑,从而成为由政府与市场创立并主导的学术竞争机制。

---

① 阎光才.学术等级系统与锦标赛制[J].北京大学教育评论,2012(3):9.
② 卢晓中,陈先哲.学术锦标赛制下的制度认同与行动逻辑——基于 G 省大学青年教师的考察[J].高等教育研究,2014(7):35.

一、 大学为何参与学术锦标赛

20 世纪 80 年代以来,大学排名是大学参与学术锦标赛的重要驱动力之一。在世界高等教育范围内,大学排名已在全球化、问责制和基准评判的时代达到一种主导性、标志性的地位。[①] 各类排名系统既引起了大学间激烈的学术竞争,也创制出名目繁多的锦标赛规则,如"强力磁铁"般吸引了来自各国政界、高等教育界以及全球市场的丰富资源和高度关注。

大学排名是市场化、商业化的产物。大多数国家和地区的大学排名都是由各类杂志或其他媒体赞助支持的。这些商业媒介开发的排名产品主要面向学生、家长、投资人等大学利益相关者,通过为他们尽可能提供周到的信息服务以赚取消费者的信赖,进而在竞争中赢得比对手更高的品牌声誉、更大的市场份额。世界大学排名的兴起和迅速蔓延,得益于高等教育全球化趋势的不断增强和持续深入,各国高等教育所处的全球环境已成为一个由不断变化的合作关系、竞争关系和等级关系交织而成的快速发展、瞬息万变、不平衡的环境。[②] 在这种多元复杂的国际环境中,日益规模化的高等教育系统因大学排名的意外介入而产生了一场波及全球、旷日持久的学术竞争。

大学排名是高等教育国际竞争的产物,反过来进一步加剧了高等教育的国际竞争。大学排名已成为全球知识竞赛的重要工具。[③] 大学排名的工具性取决于其"数目字"的呈现方式,简单明了的位次标识和等级划分使规模庞大、结构复杂的大学变得平面化,一目了然的指标条目使各具特色的大学趋向统一化。在过去的二十多年里,"枚举"(罗列)已成为塑造全球化高等教育管理理念的主要方式和关键力量。无论是在世界顶尖大学官方网站的页面上,还是在更精细的学科指南、认证方案、期刊指标中,对学术绩效予以衡量并排名的技术不仅创造了大学新的声誉形象,而且重塑了大学追求绩效提升的行为与制度。[④] 在

————————

① Altbach, P. G. The globalization of college and university rankings[J]. Change, 2012(1):27.

② Marginson, S. Global university rankings:implications in general and for Australia[J]. Journal of Higher Education Policy & Management, 2007(2): 131.

③ Altbach, P. G. The globalization of college and university rankings[J]. Change, 2012(1):27.

④ Collins ,F. L. , Park,G. S. Ranking and the multiplication of reputation: reflections from the frontier of globalizing higher education[J]. Higher Education, 2016(72): 115.

知识经济社会中,大学不仅需要通过在各类排名中所处的位置来展现自身的良好形象和学术声誉,还需要靠在各类排名中所处的位置来证明自身的有效性与合法性。换言之,大学排名增强了高等教育中基于市场的影响力和竞争力,提高了大学面向市场的竞争意识和竞争水平,不仅将大学转变为战略公司,促使其参与位次竞争以扩大或缩小跟对手之间的差距,还鼓励大学变得更加商业化以迅速回应他们的"客户"。① 西蒙·马金森(Simon Marginson)曾指出,大学排名就像 20 世纪 80 年代放松货币管制政策一样,后者使贸易经济体暴露在全球市场力量之下,前者则使每个国家的大学都面临着结构性的全球竞争,这种竞争或许有利于某些大学,也或许不利于其他大学。②

对大学而言,各类排名已成为"晴雨表"。大学排名使大学长期静默的竞争逐步从幕后走向台前,正面博弈增加了高等教育在国内和国际上的竞争压力。如今,在学术锦标赛中跻身"100 强"或"世界级"已被广泛解读为大学的一种抱负,③同时也被写入大学及其所在国家、地区的战略规划之中,预计在五年、十年或几十年后成为现实。由此来看,大学排名的效力和影响力已经远远超出大学的范围,引起世界各国政府的高度重视。世界大学排名不仅刺激了高等教育的国际竞争,还为各国提供了拼实力、比优势的较量平台。大多数排名体系掩盖了机构与机构之间、国家与国家之间高等教育目的和类型的横向差异,更倾向于强调高等教育权力和权威的纵向差异。④

当前,大学被誉为经济发展的"引擎",高等教育被视为一个国家"软实力"的综合体现。高等教育的成功与否不仅是各国知识生产和人才吸引能力的重要组成部分,还是一种衡量各国知识生产和人才吸引能力的关键指标。⑤ 大学在国际竞争中的表现势必受到各国政府的密切关注。对于处在地缘政治竞争

---

① Shin, J. C. , Toutkoushian, R. K. , Teichler,U. University rankings:theoretical basis, methodology and impacts on global higher education[M]. Dordrecht: Springer, 2011: 204 - 205.

② Marginson, S. Global university rankings: implications in general and for Australia[J]. Journal of Higher Education Policy & Management, 2007(2): 132.

③ Hazelkorn, E. Reshaping the world order of higher education:the role and impact of rankings on national and global systems[J]. Policy Reviews in Higher Education, 2018(1): 8.

④ Marginson, S. , Van d, W. M. To rank or to be ranked: the impact of global rankings in higher education[J]. Journal of Studies in International Education, 2007(3 - 4):326.

⑤ Hazelkorn, E. Reshaping the world order of higher education: the role and impact of rankings on national and global systems[J]. Policy Reviews in Higher Education, 2018(1): 4.

"支点"的大学而言,其世界排名的升降在某种程度上关乎所在国政治博弈的过程和结果。由此可见,大学排名是高等教育地缘政治的必然结果和隐喻,其不仅为精英大学及其所在国提供了全球竞争优势,还反映了世界经济和科学技术的"中心—边缘"结构。① 当前处于"边缘"的很多大学为打破"中心"大学对全球学术资源的垄断,主动发起各类国际性学术锦标赛,而为保持世界领先地位的"中心"大学则自然被卷入了这些学术竞赛之中。

　　在很多情况下,大学学术锦标赛的背后还存在国家间、地区间以及政府间的另一种形式的"对垒",学术锦标赛的政治化色彩已经越来越浓厚。因此,除极具商业化性质的大学排名驱动大学参与学术竞争之外,代表公共权威的国家和政府也是大学参与学术锦标赛的重要推动者。今天,越来越多的国家和政府积极参与世界一流大学建设,越来越关心本国大学的世界水平。在此背景下,主要由大众媒体发展的排名、由质量保证机构创建的质保措施以及由政府强制执行的问责举措等三种不同的机制并存于高等教育之中。② 政府作为高等教育最重要的投资者十分希望并要求看到对大学长期大量投资的价值,而各类国内或世界的大学排名可以为其提供可见的数据和可比的指标,并降低了由信息不对称所造成的教育政策的不确定性和风险性。这样一来,大学排名就成为各国政府及各类机构领导者制定高等教育政策的重要依据和有效工具。③ 由大学排名直观反映出来的全球高等教育竞争使各国对拥有世界一流大学的渴望更加强烈,越来越多的政府期望在较短时间内卓有成效地建立一定数量的全球顶尖大学。在学习借鉴国际高等教育发展经验的基础上,不少国家逐渐认识到大学分层建设模式和学术资源集中策略对提升高等教育综合实力与优化大学排名地位的积极意义。

　　综观全球高等教育的发展,在中等或大型国家通过战略导向和财政激励措施提升现有大学发展质量是建设世界一流大学的有效路径。④ 与这种理念相一

① Hazelkorn, E. Reshaping the world order of higher education: the role and impact of rankings on national and global systems[J]. Policy Reviews in Higher Education, 2018(1): 10.

② Shin, J. C., Toutkoushian, R. K., Teichler, U. University rankings: theoretical basis, methodology and impacts on global higher education[M]. Dordrecht: Springer, 2011: 3.

③ Shin, J. C., Toutkoushian, R. K., Teichler, U. University rankings: theoretical basis, methodology and impacts on global higher education[M]. Dordrecht: Springer, 2011: 1 - 2.

④ 刘念才,Jan Sadlak. 世界一流大学:战略·创新·改革[M]. 上海:上海交通大学出版社,2009:19.

致,大学分层建设与学术资源高度集中的方式促使了高等教育"重点建设计划"(excellence initiatives)的形成。理论上,高等教育"重点建设计划"是"政府为了加快提升现有大学而大量投入额外经费的计划"①。目前,世界多个国家和地区已将提高本国和本地区大学在世界排名中的地位作为优先事项,通过制订"重点建设计划",集中向高水平大学提供大量经费,同时也向受资助大学施加了不同程度的绩效评估压力。例如,为实施科教兴国战略、迎接技术革命挑战,我国早在1995年就决定实施"211工程",并将其纳入国家重点建设项目。当年,国家计委、教委、财政部共同印发的《"211工程"总体建设规划》提出,我国要面向21世纪重点建设100所左右的高等学校和一批重点学科。1998年,《面向21世纪教育振兴行动计划》决定在继续并加快进行"211工程"建设的基础上,通过实施"985工程",集中人力、物力、财力创建若干所具有世界先进水平的一流大学和一批一流学科。又如,韩国为应对国际高等教育竞争挑战、缓解国内人口老龄化危机,分别于1999年、2004年和2009年先后启动了旨在建立精英研究型大学的"BK21"计划、旨在增加外国留学生的"韩国留学项目"、旨在建立全球领先的著名大学的"世界一流大学计划"等。② 再如,2005年,德国开始推行"卓越计划",其实质是"政府不再对所有大学平等资助,而是将稀缺资源进行差异化配置,通过在高等教育中引入竞争机制,资助一批精英高等教育机构来打造世界一流的德国大学,提高高校尖端科研和高级人才培养的水平"③。此外,2010年,法国发布了"卓越大学计划";2013年,俄罗斯也提出了相应的计划等。

虽然不同国家的高等教育"重点建设计划"因不同的国情、校情和不同的愿景、目标而存在较大差异,但共同之处也是较为显著的。首先,"政府主导"是高等教育"重点建设计划"的主要特征。"由于配置先进的科研设施和从事前沿的科学研究需要大量的成本投入,因此,缺乏良好的政策环境以及直接的政府力量倡议和支持,是很难快速地建成世界一流大学的。"④在快速变化和高度竞争的国际环境中,高等教育后发国家要想又好又快地建成世界一流大学,最好的

① 刘念才,程莹,王琪.从声誉到绩效:世界一流大学的挑战[M].上海:上海交通大学出版社,2017:14.

② Kang, J. S. Initiatives for change in Korean higher education:quest for excellence of world-class universities[J]. International Education Studies, 2015(7): 173.

③ 顾建民.大学治理模式及其形成机理[M].杭州:浙江大学出版社,2017:115-116.

④ [摩洛哥]Jamil Salmi.世界一流大学:挑战与途径[M].孙薇,王琪,译.上海:上海交通大学出版社,2009:7.

办法就是依靠政府的力量促进资源高度汇聚。其次,"学术竞争"是高等教育"重点建设计划"的主要实施方式。高等教育领域的"重点建设计划"大多数情况下"具有高度的选择性,入选大学的数量有限,且主要聚焦于科研。此外,这些项目倾向于资助科学、技术、工程和数学等领域,而非社会科学和人文科学领域"[①]。在我国,"211 工程"与 20 世纪 50 年代的重点高校建设之间的一个重要区别就在于:前者的遴选方式公开,引入竞争机制;后者则由政府指定,决策过程封闭。[②]"985 工程"大学比"211 工程"所建设的学校更少、更为集中,[③]并且层次水平也更高,因而这类大学之间在资助经费方面的竞争自然也更加激烈。在韩国,"BK21"计划同样引入了广泛的学术竞争,一期工程在提高人力资本、增强高教实力的愿景下,要求各参与大学必须按照全球精英大学制定办学标准,改革招生、课程、教师评估与管理等系统,而且受资助大学只有达到年度业绩评估的必要标准后才能继续获得来自政府的资助。[④] 一般而言,高等教育"重点建设计划"中的学术竞争是由以下几种机制激发的:一是择优资助机制,即"政府采取特殊资助、重点扶持与资源重组等措施帮助少数已经具备卓越发展潜质的大学或研究机构提升学术科研实力,进而增强大学的国际竞争力,提升其在世界大学排名中的位次的发展策略"[⑤]。二是动态淘汰机制,即在重点建设过程中引入竞争要素,建立退出机制,以长期保持高等教育系统的活力,提高政府经费投入的有效性和针对性。例如,德国弗赖堡大学与哥廷根大学因理念论证不能说服评审小组而丢失了在"卓越计划"一期中所获得的"卓越大学"头衔,曾为"卓越大学"的卡尔斯鲁厄大学则因未在新一期获得"卓越研究集群"而失去进一步竞选"卓越大学"的资格。[⑥] 三是评估奖惩机制,即政府以绩效评估或大学排名为依据,通过增加、减少资金支持等方式对承担重点建设任务的大学进行激励或问责,如在澳大利亚和丹麦,大学排名与大学契约履行情况、重点建设质

① 刘念才,程莹,王琪.从声誉到绩效:世界一流大学的挑战[M].上海:上海交通大学出版社,2017:16.
② 胡建华.70 年高等教育重点建设的变化及影响[J].江苏高教,2019(1):4.
③ 陈学飞.理想导向型的政策制定——"985 工程"政策过程分析[J].北京大学教育评论,2006(1):151.
④ Kang, J. S. Initiatives for change in Korean higher education: quest for excellence of world-class universities[J]. International Education Studies, 2015(7): 173.
⑤ 刘宝存,张伟.国际比较视野下的创建世界一流大学政策研究[J].比较教育研究,2016(6):4.
⑥ 朱佳妮.追求大学科研卓越——德国"卓越计划"的实施效果与未来发展[J].比较教育研究,2017(2):48.

量相挂钩,进而成为大学的一种"准融资工具"。[1]

锦标赛的本质是"零和游戏",冠军永远只有一个。大学的排名同样如此。按照定义,前100名的大学中只能有100所,而满足世界一流大学标准的大学绝不仅仅只有100所。[2] 正是因为大学排名所具有的高度竞争性,才会对排行榜以外的现实世界造成深刻影响。对国家而言,大学排名对国际政治竞争、经济竞争乃至文化竞争的影响力不断增强;对大学而言,出色的排名表现是吸引优秀的学生、杰出的教师以及丰厚的外来投资的关键因素。为增强大学科学研究能力和国际学术竞争力,部分国家和地区积极对大学进行重点建设。重点建设的逻辑是竞争博弈,而竞争博弈的载体则是学术锦标赛。在市场化大学排名与行政化学科评估的双重压力下,很多大学期望通过参与种种学术锦标赛以竞争国内外学术资源,促进排名的提升、地位的提高,进而获得国家的政策关照与政府的重点支持。

二、 锦标赛驱动大学竞争学术精英

学术锦标赛与大学排名紧密关联,大学排名驱动大学为赢得学术锦标赛而竞争各类学术资源。虽然大学排名在某些情况下会触发各类资源向非生产性用途的转移,但它们也可以成为为高等教育机构效力的证明,进而为获得额外的政府资助提供有利依据。[3] 在不断变化的国内外高等教育政策环境中,各国高等教育机构都寻求支持与大学排名指标直接相关的领域,并将这些举措纳入更广泛的战略规划中。基于对大学排名的利弊分析,正视排名、承认排名,对大学正确认识并处理与政府、市场以及学生、教师等诸多利益相关者之间的关系具有必要性。

在提高"质量""效率""透明度"的理念下,将复杂过程简化为数字指标与排名的"数字管理"已成为我们这个时代的一个重要特征。[4] 人们日益增长的

---

[1] Shin, J. C. , Toutkoushian, R. K. , Teichler, U. University rankings: theoretical basis, methodology and impacts on global higher education[M]. Dordrecht: Springer, 2011: 204.

[2] Altbach, P. G. The globalization of college and university rankings[J]. Change, 2012(1): 28.

[3] IHEP. Impact of college rankings on institutional decision making: four country case studies[J]. Institute for Higher Education Policy, 2009: 27.

[4] Shore C, Wright S. Governing by numbers: audit culture, rankings and the new world order[J]. Social Anthropology, 2015(1): 22.

对统计测量和竞争排名的崇拜导致"审计文化"超越经济活动边界,进而蔓延至政治、教育等领域,"成本—效益""投资—回报""跟踪—反馈"以及"物有所值"等经济话语逐渐泛化并统一于"审计—评估"的技术话语中。随着问责制与责任制在社会各界的扩散,"审计社会"逐步形成并走向成熟。在"审计社会"中,审计和排名越来越被视为测量和提高"卓越""质量""价值""有效性"等定性特征的可靠工具。① 在"数字迷信"时代,审计文化具有很强传播力和感染力。虽然大学管理者十分清楚大学排名具有先天的基因缺陷,而且也经常强调不受大学排名的控制,但他们普遍采用的提高大学绩效的方法实际上就是审计文化下提高大学排名的手段。大学排名在世界各地的校园中根深蒂固,所以必须确定如何更好地利用它们,如果大学排名能被明智地使用,那么它们与其他工具结合起来就可以成为政府改进问责机制、大学创新竞争方式的原点。② 因此,了解大学排名、运用大学排名,不仅有利于后发国家大学实现查漏补缺,赢得学术锦标赛的短期目标,也有利于先发国家大学实现知己知彼、保持世界一流水准的长期目标。

大学排名代表着一种"数字统治"的社会治理方式,其作用不仅在于衡量大学,在某种程度上还可为大学改革战略提供参照。③ 长期以来,大学排行对大学存在"溢出效应",不仅影响大学发展方向的确定,还影响大学战略规划的制定。有研究指出,世界上很多大学为建设世界一流大学往往会对照大学排名指标制定具体的行动方案,优先考虑和优先发展指标权重较大的事项。④ 如表 4-1 所示,由于研究、组织、教师及公共形象与营销等指标在上海交通大学世界大学学术排名(SJT)或泰晤士高等教育世界大学排名(Times)体系中权重较大,因此大学会在这些指标上着重发力,倾斜支持科学研究,主动谋求机构合并与学科重

① Shore C, Wright S. Governing by numbers: audit culture, rankings and the new world order[J]. Social Anthropology, 2015(1): 22-23.

② IHEP. Impact of college rankings on institutional decision making: four country case studies[J]. Institute for Higher Education Policy, 2009: 28.

③ Collins, F. L., Park, G. S. Ranking and the multiplication of reputation: reflections from the frontier of globalizing higher education[J]. Higher Education, 2016(72): 117.

④ Hazelkorn, E. Rankings and the battle for world-class excellence: institutional strategies and policy choices[J]. Journal of Higher Education Policy and Management, 2009(1): 16.

组,大力引进国内外学术精英,积极打造全球学术声誉等。①

表 4-1　根据大学排名绘制的行动方案②

指标	行动范例	权重
研究	增加产出、质量和引用	SJT=40% Times=20%
	奖励在高被引期刊上发表论文的教师	
	在英文期刊上发表论文	
	为教师和部门设定个人目标	
组织	与其他机构合并,或将学科互补部门合并	SJT=40% Times=20%
	将自治机构纳入主办高校	
	建立卓越中心和研究生院	
	开发/扩建英语设施、国际学生设施、实验室、宿舍	
	构建机构研究能力	
课程	与欧盟/美国模式相协调	SJT=10% Times=20%
	支持科学/生物科学学科	
	停止对绩效有负面影响的计划/活动	
	开展与本科生相关的研究生项目	
	积极影响师生比	
	提高教学质量	
学生	意在招聘优秀学生,特别是博士生	Times=15%
	提供有吸引力的奖学金和其他福利	
	提出更多的国际活动和交流方案	
	设立国际化办公室	
教师	招聘/寻猎国际高水平/高被引学者	SJT=40% Times=25%
	创建新的合同/任期安排	
	设定基于市场或绩效的薪酬	
	奖励高水平人才	
	识别表现不佳的教师	

---

① Hazelkorn, E. Rankings and the battle for world-class excellence:institutional strategies and policy choices[J]. Journal of Higher Education Policy and Management, 2009(1):17.

② 数据来源:Hazelkorn, E. Rankings and the battle for world-class excellence: institutional strategies and policy choices[J]. Journal of Higher Education Policy and Management, 2009(1):17.

指标	行动范例	权重
公共形象/营销	促进招生、营销和公关的专业化	Times＝40％
	确保在所有出版物上使用通用品牌	
	在 *Nature*、*Science* 和其他热门期刊上做广告	
	扩大国际联盟与全球网络	

与上海交通大学世界大学学术排名和泰晤士高等教育世界大学排名类似，其他的排行榜也具有以科研为导向的特征。从 2019 年 USNEWS 世界大学排名测量指标来看（如表 4-2 所示），权重较大的有"全球学术声誉""地区性学术声誉""发表论文""标准化引用影响""高频被引文献数量（在引用最多文献的前 10％）""高频被引文献百分比（在引用最多文献的前 10％）"，这些皆是测量大学科学研究水平与能力的指标。在 2019 年 QS 世界大学排名测量指标（如图 4-1 所示）中，"学术声誉"和"教师人均被引文献数量"等与科学研究活动密切相关的指标权重之和已达 60％。此外，作为一项文献评价分析工具，基本科学指标数据库（Essential Science Indicators，简称 ESI）学科排名针对 22 个专业领域，以引文分析为基础，以发文数、被引数、篇均被引频次、顶尖论文数（包含高被引论文和热门论文）、标准共引阈值等为主要指标。ESI 能从多角度对各国科研机构和科学家的学术水平进行衡量，并能直观预判潜在的研究领域与新兴方向，因此 ESI 学科排名已被普遍作为评价我国大学世界一流学科建设成效的重要工具。既然科学研究与论文发表在大学排行指标中居于如此核心的地位，那么凡是能够促进科学研究与论文发表的因素都有可能被大学发现并发展起来。其结果是，"一些大学过于受排名引导，为了增加科研产出，它们可能被诱使走捷径而不是真正提升科研实力。有些大学不断接洽其他高校的学者，以便在一些国际排名的声誉调查中给予本校积极评价"①。此外，重视人才引育，开展精英竞争，也成为大学打造人才高地、提升科研水平、争创世界一流的重要路径。"无论何时，何种情况下，成为一流大学的途径只有一个：那就是要拥有优秀的教师"，而且，"要想让学校的声望长盛不衰，必须始终拥有优秀的教师"②。

---

① 刘念才，程莹，王琪.从声誉到绩效：世界一流大学的挑战[M].上海：上海交通大学出版社,2017:33.
② [美]威廉·墨菲,D.J.R.布鲁克纳.芝加哥大学的理念[M].彭阳辉,译.上海：上海人民出版社,2007:99-100.

表 4-2　2019 年 USNEWS 世界大学排名测量指标

序号	指标	权重
1	全球学术声誉	12.5%
2	地区性学术声誉	12.5%
3	发表论文	10.0%
4	出版书籍	2.5%
5	学术会议	2.5%
6	标准化引用影响	10.0%
7	总被引次数	7.5%
8	高频被引文献数量(在引用最多文献的前10%)	12.5%
9	高频被引文献百分比(在引用最多文献的前10%)	10.0%
10	国际合作	5.0%
11	发表的论文中国际合作者比例	5.0%
12	高频被引文献数量(在各自领域被引次数最多的前1%)	5.0%
13	高频被引文献百分比(在各自领域被引次数最多的前1%)	5.0%

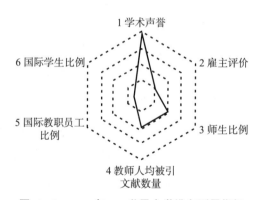

图 4-1　2019 年 QS 世界大学排名测量指标

　　在全球化时代,学术机构更容易凭借深思熟虑的规划和充足的资源跃入榜单。[1] 以科研为导向的大学排名已经激发了大学对科研资源的竞争,其中最具活力与创造力的要素——学术精英必然被卷入全球"人才热战"之中。事实上,大学对精英的竞争由来已久,且从未停止。1896 年,威廉·哈珀(Willian R.

① Altbach, P. G. The globalization of college and university rankings[J]. Change, 2012(1): 30.

Harper)曾在芝加哥大学成立五周年的校庆上讲:"只要有充足的资金和人力,任何理想都可以实现。"①他认为要"最大程度地集结不同领域里小有名气的学者,把这部分有着不同教育背景的人和思想体系聚聚在一起,会大大促进大学的格局建设"②。在哈珀的领导下,芝加哥大学的成功就得益于对学术精英的竞争。当下大学排名加剧了各国对全球领先的研究人员和年轻人才的竞争,并有可能推高优秀科技精英的身价。③ 在学术精英竞争全球化的过程中,大学积极在战略规划和政策创新方面采取措施,利用有竞争力的薪酬和福利待遇吸引并驱动学术精英流入,这不仅是赢得学术锦标赛的关键所在,更是提高学术影响力、感召力和竞争力的必要之举。

第二节　大学人才竞争与学术精英流动

对大学而言,良好的学术声誉是高水平学术实力的象征,而高水平学术实力则是学术精英集聚效应的产物。学术精英集聚的过程可类比为"滚雪球"。"在这个过程中,杰出的科学家获得资助开展令人兴奋的研究,并吸引着其他教师和优秀学生的加盟,最后形成群聚效应,这对该领域的年轻人都有着无法抗拒的吸引力。"④对学术精英而言,流动可能是自主自发的,也可能是外力驱动的。为赢得学术锦标赛,提高大学排名,我国大学之间掀起人才竞争,持续改革和创新学术精英引进策略。不论是学术精英的竞争还是学术精英的汇聚,都伴随着学术精英的流动。

目前名目繁多的大学学术精英引进举措不仅反映大学管理者"对学校定位、人才类型、国家政策意图的把握和理解"⑤,也表明其对学术精英引进工作的高度重视和积极作为。为分析我国大学人才竞争中学术精英引进策略及其引发的学术精英流动,笔者选取 20 所引进学术精英较多的大学(含东部"985 工

① ［美］威廉・墨菲,D.J.R.布鲁克纳.芝加哥大学的理念[M].彭阳辉,译.上海:上海人民出版社,2007:68.
② ［美］威廉・墨菲,D.J.R.布鲁克纳.芝加哥大学的理念[M].彭阳辉,译.上海:上海人民出版社,2007:69.
③ Marginson, S. Global university rankings: implications in general and for Australia[J]. Journal of Higher Education Policy & Management, 2007(2):136.
④ 刘念才,程莹,王琪.从声誉到绩效:世界一流大学的挑战[M].上海:上海交通大学出版社,2017:29.
⑤ 戴成林.高校引进人才政策的文本分析——基于天津市 16 所高校人事部门的调查[J].黑龙江高教研究,2016(7):2.

程"大学、"211 工程"大学和普通院校各 2 所,中部"211 工程"大学和普通院校各 2 所,西部"985 工程"大学、"211 工程"大学和普通院校各 2 所以及东北地区"211 工程"大学和普通院校各 2 所)和 28 所学术精英流出较多的大学(含东部"985 工程"大学、"211 工程"大学和普通院校各 2 所,中部"985 工程"大学 4 所、"211 工程"大学和普通院校各 2 所,西部"985 工程"大学、"211 工程"大学和普通院校各 2 所,东北地区"985 工程"大学 4 所、"211 工程"大学和普通院校各 2 所)作为研究案例。利用这 48 所大学人事部门官网及其信息公开系统,检索、筛查并搜集有关高层次人才招聘、高层次人才引进、高层次人才工作以及相关薪资、福利、待遇等的"公告""启事""通知""意见""方案""办法"和"条例"等,我们可以大致了解我国大学学术精英的引进策略及其影响。

一、 大学学术精英的市场需求度

为了在学术锦标赛中脱颖而出,我国大学对学术精英的需求不断增加,高层次学术劳动力市场的竞争随之加剧。通过梳理东部、中部、西部及东北地区 140 所大学高层次人才引进政策,发现我国不同地区、不同层次的大学对不同类别高层次人才的需求状况是不同的(如表 4-3 所示)。据统计,国内大学对"特聘教授"与"特聘专家"的需求较大,前者对于 89.29％的大学具有吸引力,75％的大学对后者更有兴趣;此外,占样本总量一半的大学积极引进"领军人才"。值得关注的是,各个领域具有巨大潜力的青年拔尖人才正成为国内大学的"新宠","四青"人才已成为各类大学竞相争取的对象,其中 70.71％和 47.86％的大学分别向"A 类青年""B 类青拔"伸出橄榄枝。此外,还有两种现象存在于当前的人才竞争中:其一,同一地区普通院校对高层次人才的需求度远远超过"985工程"大学和"211 工程"大学,例如,东部地区 90％的普通院校在其招聘公告中明确提出引进"两院"院士,其次是"211 工程"大学(占比为 71.43％),仅有 14.29％的"985 工程"大学公开提出引进"两院"院士;其二,中部和东北部地区对高层次人才的需求度较高,如中部 76.69％的大学、东北部 71.43％的大学面向"杰青"进行招聘,东部地区的大学则以 70.69％的占比超过西部地区的大学。这些数据虽搜集、整理自 2017 年,但其反映的学术精英市场需求依然适用于现在的高层次学术劳动力市场。如今的大学对各类学术精英的市场需求可能进一步扩大,这在很大程度上与高校"双一流"建设面临的成效评价以及大学学科面临的学科评估有关。

表4-3 我国不同类型大学学术精英市场需求情况

单位：所①

地区	高校	"两院"院士	"特聘专家"	"特聘教授"	"杰青"	"领军人才"	"A类青年"	"青年学者"	"B类青拔"	"优青"
东部	985	2	8	12	6	1	14	4	3	4
	211	10	12	12	10	7	12	8	8	9
	普通	27	25	28	25	22	20	11	17	19
中部	985	0	0	1	1	1	3	1	1	1
	211	3	6	7	5	5	7	7	4	5
	普通	15	18	18	17	11	11	6	11	9
西部	985	1	4	3	1	1	5	3	1	1
	211	6	8	13	6	4	9	5	5	3
	普通	21	20	25	20	14	15	6	15	12
东北	985	0	1	1	0	1	1	0	0	0
	211	1	2	2	2	2	1	2	1	1
	普通	2	1	3	3	1	1	0	1	1

注：1.表中统计数据根据2017年5月所搜集到的各高校人事部门相关信息整理而成，其中排除模糊数据，仅统计各高校于招聘启事中明确提及所需人才类型的数量；2.表中"985"指"985工程"大学，"211"指"211工程"大学，"普通"指普通院校，下同。

受国内外高层次人才竞争的影响，我国大学已经深刻意识到人才队伍建设之于大学与学科发展的重要性，在坚持人才强校战略的基础上采取极具竞争性和创造性的人才引进举措，相关策略被用于学术精英发现、引进以及任用等实践中。大体上，这些策略可分为以下两类。

第一类是制定对全校人才工作具有宏观指导意义的方针性政策。早在2009年，武汉大学就曾出台《武汉大学关于加强高层次人才引进工作的若干意见》，以应对国内外人才竞争带来的挑战。为全面提升学校人才队伍的核心竞争力，有效解决一流拔尖人才缺乏、人才队伍结构有待优化等问题，武汉大学提出分层次、有计划、有重点地引进海内外高层次人才，力争在5年内引进10—20

---

① 郭书剑,王建华."双一流"建设背景下我国大学高层次人才引进政策分析[J].现代大学教育,2017(4):82-90.

名杰出人才、80—100 名学科带头人和一大批优秀青年学术骨干。① 又如,浙江大学于 2013 年发布的《浙江大学关于进一步加强教师队伍建设的若干意见》中,提出要统筹运用国家重大人才计划大力引进海内外高层次人才,同时积极发挥海外工作机构、校友会等组织的招才引智作用,促进师资来源国际化和多元化。② 2018 年上海交通大学为加大引进具有国际视野和世界水平领军人才的力度,发布了《上海交通大学 2020 师资队伍建设规划》,强调要形成一支由国际学术大师、院士和讲席教授为“塔尖”,以特聘教授、长聘教授、长聘副教授为主干,以教轨副教授、助理教授和“晨星青年学者”等优秀青年人才为基础的高水平师资队伍。③

第二类是出台包含大学特色与现实需求的校级人才计划。为适应人才队伍建设的新形势和新要求,兰州大学于 2011 年发布了新修订的《兰州大学“萃英人才建设计划”》,提出要充分利用国内、国外两种人才资源,坚持引进与培养并重、数量与质量并重的原则,尽快汇聚一批具有国际领先水平的学科带头人,形成一批优秀创新团队,进而构建定位明确、层次清晰、衔接紧密、促进优秀人才可持续发展的培养和支持体系。④ 2017 年苏州大学为推进“双一流”建设,确立了《苏州大学高端人才计划实施办法》,不仅专门设置面向全球顶级奖项获得者、国内外院士以及其他大师级学者的讲席教授岗位,还面向各类国家级人才计划入选者设置特聘教授岗位,以吸引、遴选和造就一批具有国际影响力的学科领军人物。⑤ 除西部和东部地区外,一些东北地区大学也制订了类似的校级人才计划。2015 年,东北林业大学制订了“5211”人才引进计划,即在 2015—2019 年间引进领军人才或领军团队 5 个左右,海内外杰出青年学者 20 人左右,海内外优秀青年学者 100 人左右,海内外青年骨干 100 人左右。⑥ 而根据 2017 年东北师范大学发布的《东北师范大学“仿吾计划”实施办法(修订)》,“仿吾计划”旨在汇聚一批学术领军人才,造就一批具有较强创新能力和较大发展潜力

① 参见:2009 年《武汉大学关于加强高层次人才引进工作的若干意见》。
② 参见:2013 年《浙江大学关于进一步加强教师队伍建设的若干意见》。
③ 参见:2018 年《上海交通大学 2020 师资队伍建设规划》。
④ 参见:2011 年《兰州大学“萃英人才建设计划”》。
⑤ 参见:2017 年《苏州大学高端人才计划实施办法》。
⑥ 参见:2015 年《东北林业大学 2015—2019 年人才引进规划(“5211”人才引进计划)》。

的学术中坚力量,培养一批具有突出专业潜质的优秀青年骨干,以储备能够成为"两院"院士、人文社科资深学者以及具有入选国家级人才计划潜力的后备力量。[①]

二、 大学竞争学术精英的策略

我国不同地区、不同层次、不同类型的大学吸引、引进学术精英的方式和方法基本相似,主要引才思路即对学术精英进行分类、定级并以此为依据分别提出招聘条件、人才支持条件或薪资待遇,有的大学还对人才引进程序、步骤或机制加以说明。下文着重从学术精英薪资待遇和引进机制两个方面,对我国大学学术精英竞争性策略进行梳理分析。

(一) 提供有吸引力的学术精英薪资待遇

调查发现,国内大学一般将高层次人才分为三大类:第一类包括中国科学院院士、中国工程院院士、"特支计划"杰出人才以及海内外具有与此相当学术地位和成就的专家学者;第二类包括"特聘专家"、"特支计划"领军人才、"特聘教授"、自然科学基金杰出青年科学基金获得者以及海内外具有与此相当学术地位和成就的专家学者;第三类包括"四青"以及海内外具有与此相当学术地位和成就的专家学者。各个大学对不同层次人才提出不同的招聘条件,但一般都包含年龄、头衔、职称状况、工作经历、科研能力(成果)等内容。大学为高层次人才所提供的配套条件与薪资待遇等是各个大学高层次人才政策的主要部分,也是吸引高层次人才的亮点。据调查,各个大学普遍重视并做好引进人才服务和支撑工作,采取直接而又速成的方式以吸引人才并激发其工作积极性。如大部分学校明确引进人才薪酬、科研启动经费、住房面积或购房补贴、一次性生活补贴或安家费。此外,大学一般都在办公环境、团队建设、职称评定、招生等方面予以引进人才倾斜支持以及帮助解决其配偶工作、子女入学等问题。可以说,我国大学为引进高层次人才积极投入,给予全方位、多层面的支持。

目前我国不同地区、不同层次大学对不同类别的高层次人才,在年薪、科研经费、住房面积、一次性生活补贴或安家费等方面提出了不同资助标准。经统

[①] 参见:2017年《东北师范大学"仿吾计划"实施办法(修订)》。

计,我国大学高层次人才引进资助现状呈现下述几个特征:首先,在我国东部、中部和西部地区,"211 工程"大学为第一、第二、第三层次学术精英提供的平均薪资待遇普遍优于"985 工程"大学和普通院校。东部地区"211 工程"大学为中国科学院院士、中国工程院院士等第一层次人才所提供的科研经费、生活补贴或安家费远超普通院校,为"特聘教授""杰青"等第二层次人才所支付的年薪高于"985 工程"大学,相应的科研经费、生活补贴或安家费也高于其他两类大学,对"四青"人才的支持情况与此相似。中部地区"211 工程"大学为第一层次人才所提供的科研经费、生活补贴或安家费皆超过"985 工程"大学和普通院校,虽然其对第二层次理工科人才提供的科研经费并不是最高的,但为该层次人才支付的年薪、生活补贴或安家费水平都在其他两类大学之上。在西部地区,流入"211 工程"大学的第二层次学术精英不仅能够获得比其他院校更高的科研经费、生活补贴或安家费,还能居住较其他院校更加宽敞的 160 平方米以上的人才公寓;尽管"985 工程"大学为第三层次人才提供 130 平方米的住房,但在年薪、科研经费以及生活补贴或安家费等方面皆不如"211 工程"大学。与上述三地不同,位于东北地区的"985 工程"大学和普通院校为引进精英提供的薪资待遇总体上较优于"211 工程"大学。其中,"985 工程"大学、普通院校都以不同方式对引进第一层次人才的薪资待遇做出安排,而"211 工程"大学却鲜有提及;普通院校为第二层次人才提供的年薪、科研经费以及生活补贴或安家费皆超过"211 工程"大学,而后者在科研经费、生活补贴或安家费上也不及"985 工程"大学;虽然"211 工程"大学为第三层次人才提供的年薪、生活补贴或安家费略高于普通院校,但在理工科人才科研经费的配置上与普通院校存在较大差距。

其次,对于同一层次大学而言,西部与东北部地区为不同类别高层次人才所提供的薪资待遇总体上低于中部与东部地区。尽管如此,在不同层次大学内部还存在较为复杂的情况。在"985 工程"大学中,中部地区为第一、第三层次人才提供的薪资待遇水平较高,而东北地区为第二层次人才配备的科研启动经费以及生活补贴或安家费均高于其他地区。整体上,中部地区优越于西部地区和东北地区,东部地区处于较不利的境况。在"211 工程"大学中,各地对第三层次人才给予的薪资待遇水平各有高低、难较优劣,如年薪出资最高的是东北地区,科研投入最大的是西部地区,生活补贴或安家费配备最充裕的是东部地区,而所提供住房最为宽敞的则是中部地区。此外,东部地区和西部地区分别为第一层次、第二层次人才提供了力度较大的科研支持以及优厚的安居条件,虽然中部地区也为第一层次人才投入了上千万的科研经费,但仍难以与东部地区相抗衡。就普通地方院校而言,东部地区为引进学术精英提供的薪资待遇水平高于其他地区;东北地区虽然较中部地区在引进学术精英薪资待遇上存在劣势,但总体优于西部地区。具体而言,东部地区为第一层次人才提供的科研经费和生活补贴或安家费高于中部地区,而西部和东北地区都采取"一人一议"的方式;中部地区为第二层次人才配备的科研经费和住房面积多于其他三地,其中东北地区为该层次人才支付的年薪多于东部和中部地区,远超西部地区;对第三层次人才来说,东部和中部地区提供了较为优越的薪资和生活待遇,而东北地区则更加关注和支持其科学研究工作。

最后,对于同一类别学术精英而言,不同地区不同层次大学提供的薪资待遇水平差异较大。为吸引"两院"院士全职加盟,西部"211 工程"大学开出百万元的年薪;东部"211 工程"大学将为其提供充裕的科研经费、建设高水平的科研平台,相关费用可达 2 000 万元,并且还给予 500 万元的生活补贴或安家费;中部"985 工程"大学通过提供至少 260 平方米的人才住房以弥补在年薪、科研经费、生活补贴或安家费等方面的不足与差距。与上述三地不同的是,东北地区的多数大学并没有公开发布明确的"两院"院士引进公告,仅有为数不多的几所普通院校提出"一人一议"的第一层次人才引进方式。我国不同地区的各类高校对"特聘教授""杰青"以及相当水平的学术精英的竞争是十分激烈的,纷纷提出明确详尽的引才薪资和工作生活待遇。为延揽第二层次人才,东北地区大学一改在上一层次人才引进中的消极表现,主动提出高于其他三地的年薪水平,均值达 98 万元。位于东部、西部地区的"211 工程"大学在"特聘教授""杰青"争夺战中依旧保持强劲姿态,分别提出给予 260 万元的生活补贴或安家费以及 500 多万元的理工科科研启动费、300 万元的人文社科科研启动费。与第一层次人才类似,中部"985 工程"大学为"特聘教授""杰青"等学术精英提供超过其他地区的、面积可达 180 平方米的人才公寓。在"四青"人才引进上,东部地区高校提供的薪资待遇更加优越,其中普通院校和"211 工程"大学在年薪、生活补贴或安家费上领先于其他地区高校;在东北地区稍有落后的情况下,中部和西部"211 工程"大学为引进的高水平青年学者所提供的住房条件和科研经费较为优厚,流入西部"211 工程"大学的理工科、人文社科"四青"精英可分别获得 500 万元、200 万元的科研资助,进入中部"211 工程"大学的青年人才可入住 140 平方米的公寓并享有 70 余万元的生活补贴或安家费。综合三个层次学术精英引进薪资待遇,东部地区的大学更具竞争力,中部、西部地区的大学竞争力较为薄弱但优于东北地区的大学;若具体到大学层次上,"211 工程"大学比"985 工程"大学和普通院校对各类学术精英的引进力度更大,其中东部"211工程"大学、西部"211 工程"大学较中部和东北地区"211 工程"大学所投入的财力、物力等引才成本更高。

此外,引进学术精英的大学还在科研工作、日常生活以及家属安排等方面不断提高与优化各层次人才保障条件和服务水平。为进一步加强教师队伍建设,浙江大学在建立可持续增长的薪酬机制基础上,大力推进"1250 安居工程",帮助教师解决生活上的后顾之忧。除提供并营造良好的办公环境和实验空间外,浙江大学不仅大力支持受聘为"求是讲席"教授的"两院"院士、发达国家院士、国际大奖获得者等国内外顶尖学者的团队建设工作并保证其每年博士生招生名额,还大力支持"特聘教授""杰青"以及世界一流大学长聘教职的杰出人才团队建设工作,保证其可每年招收 1—2 名博士生。同时,浙江大学也积极协助引进精英解决子女教育、配偶工作等问题。[1] 上海交通大学在人才工作中注重以人为本,大力加强对学术精英的人文关怀和服务支持,以营造人才"引得进、留得住、用得好"的良好氛围和发展环境。例如,改革并简化人才引进流程与手续,提供"一门式""一网式"人事服务,提高办事效率和服务质量;又如,人力资源处配合研究生院积极解决引进人才的科研助手问题,力争每年上半年引进入职的学术精英当年即可招博士生,下半年引进入职的学术精英第二年即可招博士生;再如,主要校领导以及相关职能部处领导通过举办"A 类青年"午餐会等形式,向青年人才表达人文关怀。[2] 在全职引进海外高层次人才方面,南京大学和中国科学技术大学提供了较优越的工作与生活条件。进入南京大学

---

[1]　参见:2013 年《浙江大学关于进一步加强教师队伍建设的若干意见》。

[2]　参见:2017 年《上海交通大学人才工作 2016 年度综述》。

的学术精英不仅可在优厚的住房补贴支持下以优惠价格购买具有完整产权、配套双学区的住房一套,还可享受由专职医疗保健团队进行专人对接的优质高效的 VIP 医疗保健服务。[①] 进入中国科学技术大学的海外高层次引进人才及其配偶子女可参加中国医保,而且 5 年内境内工资收入中的住房补贴、伙食补贴、搬迁费、探亲费、子女教育费等,可按有关规定予以税前扣除。[②] 不仅"985 工程"大学如此,"211 工程"大学亦提出类似的人才待遇。根据南昌大学 2019 年度人才招聘公告,学校以教授岗位(事业编制、固定职位)聘任"四青"人才以及相应层次者,授予其博士生导师资格,提供良好的科研平台、办公用房和科研空间,并支持以其为核心组建学术团队、配备学术助手,优先推荐其入选省"双千计划",同时学校还将协助其安排配偶工作,为其子女提供自小学至高中的一条龙优质教育资源。[③] 从云南大学 2018 年度引进高层次人才公告看,"两院"院士、国家"特支计划"杰出人才以及哲学社会科学领域做出重大贡献的资深教授的配偶,若符合调动条件的可随调并在校内妥善安排工作,还可安排 1 名子女在校内工作。[④]

综上,我国不同类型高层次人才的"身价"因地而异、因校而异、因人而异。但高层次人才"市场价""行情价"随着各地、各校的竞争和博弈逐步在学术劳动力市场"水涨船高"。与西方国家相比,我国大学在人才引进、聘任等方面存在特殊性,由其引发的教师流动也存在诸多不同之处。在引进高层次人才时,我国大学多直接将各类人才计划与薪酬挂钩。以彰显学识、技能、成就以及身份的各类人才计划入选者,成了各大学人才引进工作的重点对象。

(二) 建立系统性的学术精英引进机制

大学学术精英引进具有战略性,是落实"人才强校"政策、建设一流师资队伍的重要任务。一流的精英造就一流的学科,一流的学科造就一流的大学。从这种意义上讲,追求卓越的大学与学科对学术精英的追求自然应是自觉的、主动的、积极的,但早已高度组织化了的大学与高度制度化了的学科对学术精英并不总是自然而然地予以追求。事实上,学科、学院与大学内部纷繁复杂的学

---

① 参见:南京大学高层次人才招聘网。
② 参见:中国科学技术大学人才招聘网。
③ 参见:2019 年《南昌大学 2019 年度人才招聘公告》。
④ 参见:2018 年《云南大学引进高层次人才公告》。

术派系和利益关系也是阻碍学术精英流动的主要因素。因此,完善大学学术精英引进策略还在于建立健全系统性学术精英引进机制,为人才和人事工作的顺利运行提供制度依据和保障。通过分析 48 所大学人才引进举措可知,学术精英引进机制主要包括引才协作机制、引才激励机制和引才考核机制等。

第一,大学学术精英引进具有程序性,并不能由任何一个机构独立地完成,因此从大学管理者到人事部门再到基层用人单位必须进行明晰的职责划分,在大学集中统筹下各级人才引进机构进行分工协作,制定规范的学术精英引进程序。《合肥工业大学高层次人才引进工作实施办法》指出,校人才引进工作办公室、校学术委员会、校人才引进工作小组以及二级学院在高层次人才引进工作的不同阶段各具职能:首先,校人才引进工作办公室根据引才计划公布招聘岗位和招聘条件;其次,各学院及时发现、了解并吸引国内外高层次人才,对拟引进人才的基本条件、学术水平、科研能力、发展潜力以及与岗位适应性等进行考核;再次,校学术委员会对拟引进人才进行同行学术评价;最后,校人才引进工作办公室及相关单位讨论并提出拟引进人才的层次、所提供的条件待遇等意见,报校人才引进工作小组审定,经由校长办公会批准,相关单位执行决议并履行相关手续。[①] 与之相似,南京工业大学人才引进程序包括制订计划、公开招聘、资格审查、考核录用、办理手续、签订合同等六个环节,其间涉及校人才引育办公室、校长、校长办公会以及各学术单位领导、学术委员会成员、学科带头人、学术带头人等若干机构和个人。[②] 甚至仅在引进海内外高层次创新人才协议编制的一个事项中,南昌大学就让相关责任单位进行了明确分工。人才引进协议的初步起草与任务修订不仅涉及各用人单位、人事处等主体,还需引进人才本人及科技处、社科处、研究生院、相关学院等的协助配合,此外人才薪酬、科研启动费、办公科研用房、人才住房等条款协定过程也离不开人事处、各相关学院、科技处、社科处、资产处以及后勤部等单位的协同合作。

第二,为调动基层学术人员和组织参与人才队伍建设的积极性,大学还建立健全了引才激励机制。综合 48 所大学人才引进举措看,引才激励机制主要有两种形式:一是面向组织和个人设立激发学术精英引进动力的专门奖项,多

---

① 参见:2014 年《合肥工业大学高层次人才引进工作实施办法》。

② 参见:2016 年《南京工业大学人才引进办法》。

数大学称之为"伯乐奖"。例如,浙江大学为鼓励学术精英引育活动于2014年设立"伯乐奖",对全校引才育才工作做出突出贡献的组织和个人予以奖励,前者可获得特别支持工作经费100万元,纳入学科和人才队伍建设自主经费统筹使用,而后者可获得5万元(税前)的奖励。① 又如,西南科技大学为推进"龙山人才强校计划",针对学院设立人才工作单位优秀奖,即在完成人才队伍建设年度目标任务的基础上对人才工作成效显著的排名前30%的学院给予奖励;针对个人设立人才工作"伯乐奖",即对成功举荐并协助引进龙山杰出人才、领军人才、拔尖人才的个人评定"伯乐奖",奖励金额分别为10万元、5万元和1万元。② 再如,吉林大学为进一步调动"全员引才"的积极性与主动性,设立"吉林大学人才引进工作奖励"和"吉林大学伯乐奖",分别给予引才工作中贡献突出的基层单位和推荐人5万元的奖励。③ 二是明确划分大学—学院学术精英引进工作的权责关系,大学通过向基层放权以调动学科、院系的积极性。对此,上海交通大学早在2008年便在《上海交通大学关于进一步加强师资队伍建设的若干意见》中提出,"希望通过充分调动校、院两级积极性,大力引进高层次、国际化人才,培养和造就一批具有国际视野的学术骨干,资助青年教师海外培训和合作科研,逐步建设一支学术水平居国内前列,能承担起学校创世界一流重任的师资队伍"④。为落实上述意见,应充分发挥院系在高层次人才引进和培养工作中的主动性和开拓性,明确各级领导干部和教授的管理职责;还应加大院长和院士在院系学科建设中的自主权,赋予其在高层次人才选拔和专业技术职务评聘工作中的破格推荐权;此外,大学及各院系也应鼓励和支持广大教师尤其是教授积极主动地在对外合作与交流过程中寻求人才、发现人才和推荐人才。⑤

第三,大学学术精英引进激励机制在于形成内驱力,调动基层用人单位的主动性,彰显基层用人单位的主体性,然而大学学术精英引进举措关键要看成效,这就需要构建引才考核机制,发挥外驱力作用。一方面,引才考核机制检验人才引进目标实现度;另一方面,引才考核机制评价用人单位工作绩效。当前,

---

① 参见:2014年《浙江大学引才育才奖(伯乐奖)评选暂行办法》。
② 参见:2017年《西南科技大学推进龙山人才强校计划的实施意见》。
③ 参见:2017年《吉林大学引进支持专项计划实施办法(试行)》。
④ 参见:2008年《上海交通大学关于进一步加强师资队伍建设的若干意见》。
⑤ 参见:2008年《上海交通大学关于进一步加强师资队伍建设的若干意见》。

不少大学在创建引才激励机制的基础上还建立起以目标责任制为主要形式的引才考核机制。例如,上海交通大学在下放高层次人才引进与培养自主权的同时,还强调作为基层学院负责人的院长、书记应保证足够的工作时间和工作精力,积极承担起发掘、吸引、招募和培养高层次人才的管理职责,并将高层次人才的引进和培养指标纳入院长、书记的职责考核,特别明确各院系每年至少引进 1—3 名高层次人才,院系负责人一个聘期内至少引进 4—8 名高层次人才。[1]为确保高层次人才引进工作落到实处,武汉大学实施高层次人才引进工作责任制,提出院系以及科研平台、基地的党政主要领导要在科学制订人才引进计划、全面研究人才引进实施方案的基础上,与学校签订高层次人才队伍建设目标任务书,明确各级机构人事职责和任务。[2] 浙江大学在加强教师队伍建设的过程中建立目标责任制度,加强对教师工作的督促检查力度,不仅提出把教师队伍建设成效作为各单位工作业绩和领导班子考核的重要评价内容,还提出把教师队伍建设成效作为干部选拔任用、评优评先、表彰奖励的重要依据。[3] 又如,西南科技大学坚持以人才工作"一把手"负总责的原则,推进实施龙山人才强校计划:在全校人才队伍建设层面,第一责任人是党委书记和校长,直接责任人是分管组织人事工作的校领导和组织人事部门的主要负责人;在基层人才队伍建设层面,各部门和学院的"一把手"是本单位人才队伍建设的第一责任人,人才引进与培育情况将被纳入学院和领导班子成员年度和聘期目标考核之中。[4] 同样,河南大学在发现人才、集聚人才、培养人才、使用人才和服务人才工作中强化用人单位主体责任,并将高层次人才工作作为相关单位年度综合考核的重要指标,在人才工作目标责任制下,人才工作成效显著的单位及个人将获得奖励,人才工作不力、造成不良影响的单位及个人会受到严肃问责追责。[5] 事实上,大学人才工作目标责任制的建立与运行,在很大程度上受中央和地方政府人才工作考评机制及与其紧密关联的财政拨款政策的影响。高水平人才引进策略极大提高了大学学术精英流动的敏感度。其结果是,院系、研究院所等基层用人

---

① 参见:2008 年《上海交通大学关于进一步加强师资队伍建设的若干意见》。
② 参见:2009 年《武汉大学关于加强高层次人才引进工作的若干意见》。
③ 参见:2013 年《浙江大学关于进一步加强教师队伍建设的若干意见》。
④ 参见:2017 年《西南科技大学推进龙山人才强校计划的实施意见》。
⑤ 参见:2018 年《河南大学关于全面加强人才工作的意见》。

单位负责人往往以学术精英引进而"喜"、以学术精英流失而"忧",优秀人才尤其是拥有国家级"头衔"的学术精英与大学院系之间的关系更加复杂。

三、 大学引才策略对学术精英流动的影响

研究型大学的一个共同特征在于"雇用最有才华的教授,这些科学家和学者被学校的研究导向、设施及更有利的条件所吸引"①。近年来,我国大学在学术精英引进上的投入规模空前,学术管理"资本"主义在我国悄无声息地蔓延,大学管理者自觉或不自觉地将其运用在各类人才引进工作上。

按照资本主义的逻辑,一切皆可"资本化"或"商品化"。② 作为一种现象,学术管理"资本"主义最早出现于德国大学由近代向现代转型过程中,是在政府与市场的合力下诞生的。一方面,从 18 世纪末到 19 世纪初,德国政府通过理性化的考试、绩效评估等手段对学者知识和技能加以确认,并赋予其新的卡里斯玛,打造出若干拥有巨大声誉的科研工作者。另一方面,18 世纪 30 年代到 19 世纪 60 年代,德国学界拥有一个不断扩张的市场,将一切有关学术生产和工作所需的资源尽收其中,大学与大学之间、学者与学者之间、大学与学者之间依靠市场进行着物质、信息、知识和技能的交换。包括大学教师在内的学术资源全部商品化,大学不得不通过"出价""抬价""再出价""再抬价"的谈判和博弈来竞争这些拥有巨大声誉的人。与旧有的行会管理模式相比,在学术管理"资本"主义模式下"大学教师要获得任命或晋升,就要取得'赞誉'并积攒名声"③。大学教师的名声就在政府评价、市场竞争中不断积攒起来,最终成为大学教师无形的"商标",学术商品化进而导致大学引才的价格快速攀升,超过了凭资历所能达到的顶点。④ 对近代以及近代早期的大学而言,学术管理"资本"主义"导致了市场意识形态和资本主义价值观深深侵入学术界"⑤,进而引发了学术

① 刘念才,[加]Jan Sadlak.世界一流大学:战略·创新·改革[M].上海:上海交通大学出版社,2009:43.

② 王建华.资本主义视野中的大学[J].教育发展研究,2016(9):3.

③ [美]威廉·克拉克.象牙塔的变迁:学术卡里斯玛与研究性大学的起源[M].徐震宇,译.北京:商务印书馆,2013:14.

④ [美]威廉·克拉克.象牙塔的变迁:学术卡里斯玛与研究性大学的起源[M].徐震宇,译.北京:商务印书馆,2013:460.

⑤ [美]威廉·克拉克.象牙塔的变迁:学术卡里斯玛与研究性大学的起源[M].徐震宇,译.北京:商务印书馆,2013:547.

管理"资本"主义的危机。概言之,学术管理"资本"主义有两重含义:一是指"学术成果管理'资本'主义",即大学对教师所取得的学术成果的管理,具体做法是大学将教师所获得的学术成果或荣誉进行分级分类,然后直接以"金钱"奖励和支持的方式投放给各类教师。二是指"学术人管理'资本'主义"(或"学术生产者管理'资本'主义"),即大学对教师本身的管理,大学先行划分设定若干层次和类别的"人才域"并将其与"金钱"挂钩,如果教师以人才引进、职务晋升、岗位流动等方式进入上述"人才域",便可获得相应的资源待遇。由于学术成果是衡量教师学术价值的根本标尺,教师获取学术成果的过程是个人资本积累的过程,因此,大学对教师学术成果的重视导致"学术成果管理'资本'主义",进而促进"学术人管理'资本'主义"。

当前,为引进"两院"院士、"特聘教授"、"杰青"以及"四青"等高层次人才,我国很多大学侧重利用金钱手段竞争人才,而不是凭借自身学术实力和学术威望吸引人才。引才实践中,大学为学术精英提供可观的年薪、安家费、科研经费以及优越的福利待遇已很普遍。声誉较低院校开出的薪酬、待遇等引才条件往往超过诸多声誉较高的院校。伴随我国高等教育市场机制逐渐建立并日益完善,政府成为学术管理"资本"主义的有力"推手",各类人才计划使大学对学术精英产生了空前的需求。大学"薪酬竞才"式的学术精英引进策略使大学事业单位体制内部牢固的传统人事制度趋于解体,进而活跃了高层次学术人才市场,最终使学术精英流动规模不断扩大、流动频率逐渐增加。然而,"薪酬竞才"式的学术精英引进策略也给大学学术精英流动造成消极影响。在这种策略驱动下,大学不惜财力抢挖科研"雇佣军",不仅使许多教师全身心投入"头衔"追逐,而且还使一些"帽子"人才异化为"职业跳槽型教授",在学术劳动力市场中找到了自己的"生意经"。① 在某种意义上,强有力的"薪酬、待遇"刺激是导致学术精英流动时间、流动方向和流动动机出现异常的主要原因之一。

我国大学人才引进策略及实施过程具有较强的变通性,这在某种程度上也造成了学术精英流动的多样性和异常性。在社会制度运作过程中,"变通"是指"执行者在未得到制度决定者的正式准许、未通过改变制度的正式程序的情况

---

① 李颜如,李强. 以流动绩效理念引领高校人才引进理性化[J]. 江苏高教,2019(10):57.

下,自行做出改变原制度中的某些部分的决策,从而推行一套经过改变的制度安排这样一种行为或运作方式"①。而在学术精英引进和聘用过程中的变通则意味着:为了高效发掘和利用智力资源,大学引才工作在学术精英不能全职到岗的情况下就要考虑策略变更,采纳新办法。以"兼职"或"冠名"形式的"柔性引才"代之"刚性引才",这促进了学术精英的柔性流动。此外,为了快速达到学科评估、大学排行的人才指标,大学引才策略的另一种变通方式即有意或无意地疏于对引进人才的人事管理,这导致学术精英"多重身份"并存。比如,根据教育部相关规定,"特聘教授"应在聘期内全职在受聘高校工作。换言之,"特聘教授"只应有一个固定的工作单位,其人事关系只应存在于一个工作单位。然而,调查发现,有少数"特聘教授"的任职存在异常:有人流动后虽被委任某大学二级学院院长职务,但仍以原单位名义申报课题、基金、奖项或人才计划。2012年之后,原来东部地区的一些大学教师以西部边疆地区的大学为推荐单位入选"特聘教授",按照相关规定,其本应在西部边疆地区的大学全职工作,但事实上仍与原东部大学有千丝万缕的联系,仍以原单位署名大多数科研成果、以原单位名义进行学术交流活动,原单位也仍以其"名号"开展各类宣传工作,如"我校某某教师入选'特聘教授'","我校某某教师取得重大科研成果、获得重大科研奖项",等等。同时,西部边疆地区的大学也以同样方式进行宣传报道。此外,依据中央组织部《青年海外高层次人才引进工作细则》对前 5 批"A 类青年"流动情况的调查发现,不符合"引进后全职回国工作"基本条件的也大有人在,他们自入选后仍然在海外单位工作晋升,或凭海外身份在国内高校进行学术交流活动。据保守统计,属于这类情况的入选者占比至少为 5.85%。上述异常流动的现象不仅反映了国家级人才计划的管理问题,也反映了大学学术精英人事管理的漏洞,更反映出我国大学引才、用才策略及其实施过程存在可变性。

当前,我国很多大学已经改变传统的校内晋升选聘机制,逐步建立并推行重要行政和学术岗位负责人公开招聘制度,面向国内外高层次人才市场遴选聘任二级学院院长、研究院院长、科研中心主任等。聘请学术精英担任学院、科研机构的负责人直接参与学科建设与行政管理,已成为大学高层次人才引进的重

---

① 黄毅. 建构性变通:制度变迁社会学的一个分析框架——以 S 大学教师职务聘任制变革为例[J]. 学术研究,2013(10):45.

要策略。对此,有些大学已在人才队伍建设意见、人才计划实施方案中明确提及。根据 2009 年出台的《武汉大学关于加强高层次人才引进工作的若干意见》,武汉大学为充分发挥各级各类人才计划对高层次人才的凝聚作用,不断扩大选才视野,大力面向海内外公开遴选招聘有条件的学院院长、重点实验室主任、人文社科重点研究基地负责人等。[1] 同年,中共浙江大学委员会也在《浙江大学关于实施"1311 人才工程"战略的决定》中指出,要完善人才引进机制,在借助国家重大人才计划和"浙江省百人计划"等抓紧引进国际知名高水平学术带头人、优秀年轻学者的同时,逐步推行学院院长和系主任的全球招聘制度,每年面向海内外推出并遴选若干骨干教授和创新团队负责人。[2] 除此之外,更多的大学则是按照常规程序公开发布学院院长等岗位需求公告,直接开展校内干部队伍建设工作和优秀人才引进活动。2019 年,南方科技大学医学院面向全球公开特招 1 名分管科研和研究生的副院长、1 名分管本科和临床医学教学的副院长和 1 名分管行政管理的副院长;2018 年,深圳大学为推动湾区教育研究院筹建工作,面向全球公开招聘 1 名研究院院长与 2 名全职特聘教授;2015 年,东北大学曾面向全球为在国内"985 工程"高校中率先创办的首个机器人科学与工程学院公开招聘院长和专业教师;2016 年,南昌大学为进一步加强海内外优秀人才引进力度,决定面向海内外公开招聘法学院院长、生命科学学院院长、材料科学与工程学院院长和信息工程学院院长,并在应聘条件中特别提出:将优先考虑国家重大人才计划入选者、"杰青"及其他海内外杰出学者,并可适当放宽其年龄要求。

以行政领导岗位吸引学术精英的引才策略在我国大学较为普遍,行政权力赋予与学术精英流动之间的线性关系越来越紧密。经统计(如表 4-4 所示),48 所大学引进的学术精英担任校级领导干部或受聘校职能机构、学院、学系以及科研院所负责人的数量已占学术精英引进总量的 37.81%。其中,出任二级学院负责人的学术精英最多,其次便是担任学系、研究院所负责人的学术精英,而担任校长、副校长、校党委副书记等校级领导职务的学术精英与担任二级学院院长的学术精英在数量上持平。

---

① 参见:2009 年《武汉大学关于加强高层次人才引进工作的若干意见》。
② 参见:2009 年《浙江大学关于实施"1311 人才工程"战略的决定》。

表4-4 学术精英流动后受聘负责人情况

单位:个

聘任岗位	校党委书记	校党委副书记	校长	副校长	学院院长	学院副院长	院长助理	学系、科研院所负责人	校职能机构负责人
人数	0	1	21	14	36	10	1	23	1
校数	0	1	20	12	19	8	1	12	1

在我国现行高等教育管理体制下,大学校长、副校长等校级领导干部是由中央或地方省级政府按照有关规定、有关程序遴选和任免的,因此下面主要从学院、系所层面考察分析行政权力赋予与学术精英流动之间的关系。从二级学院领导委任情况看,流动学术精英更多地被武汉大学、合肥工业大学、深圳大学、苏州大学、暨南大学以及电子科技大学、中国科学技术大学等引聘。其中,深圳大学聘任引进学术精英作为学院院长的人数最多,而南方科技大学、上海交通大学则更多将引进学术精英任命为学院副院长。在学系、科研院所层面,共有12所大学委任引进学术精英为相关机构负责人,其中暨南大学、浙江大学、南方科技大学和上海交通大学引进的这类学术精英平均在3人以上。与其他院校不同,浙江大学和暨南大学更多地通过引进学术精英不断充实正副系主任、研究中心主任、研究所所长、科研院院长等基层领导岗位。

结合学术精英流动后受聘院、系负责人数量及其占各校引才总量,不同大学赋予引进学术精英行政权力的情况存在较大差异。如图4-2所示,暨南大学、武汉大学、浙江大学、上海交通大学、南方科技大学、深圳大学及合肥工业大学等7所大学以行政领导岗位吸引、引进学术精英的数量居于前列,各校均在5人(含)以上。若从受聘院、系负责人学术精英数量占各校引才总数50%(含)以上的比例看,共有上海财经大学、合肥工业大学、南京工业大学、湖南大学、暨南大学、武汉大学、东北财经大学和华中农业大学等8所学校满足数据筛选要求。

统计分析发现,大学以行政岗位聘任、行政权力赋予为手段的人才引进策略对学术精英流动方向具有较强的干预性和引导性。首先,从学术精英校际流动情况(如图4-3所示)看,不同层次大学较普遍地聘引进精英为院系负责人。占比43.84%的作为流入大学的院、系新任负责人的学术精英,其所拥有的行政权力是由10所"985工程"大学以引进人才职务待遇的形式赋予的,其余同类

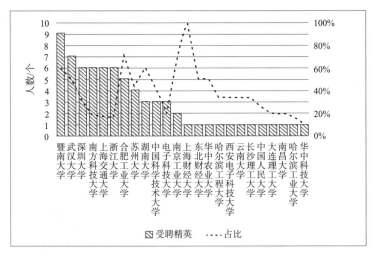

图4-2 学术精英流动后受聘院、系负责人数量及其占各校引才总数比例统计

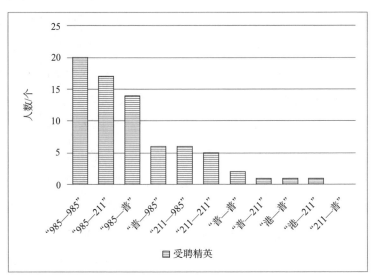

图4-3 受聘院、系负责人的学术精英的校际流动方向

学术精英在"211工程"大学、普通院校的分布比例分别为32.88％和23.29％。具体而言,流动于"985工程"大学系统内部,进而被委任为校职能机构负责人、学院院长和副院长、学系和研究院所负责人的学术精英规模最大,占同类人才总数的比例约为28％;"211工程"大学和普通院校分别以23.29％、19.18％的比例聘任来自"985工程"大学的学术精英担任院、系层级机构领导人职务;"985工程"大学以8.22％的同等比例给予从普通院校和"211工程"大学引进的学术精英以行政领导职务。总体上,受聘院、系层次负责人的学术精英大多是从学术声誉高、科研实力强的大学向下流入学术声誉较低、科研实力较弱的大学,比例超过45%,而近37%的学术精英则是在同一层次大学系统内部流动,仅不足18%的学术精英是沿着向上发展的路径实现职业流动的。换言之,普通院校和"211工程"大学为又快又好地建设高层次创新人才队伍,竞相以行政权力吸引学术精英,以院、系等行政领导职务为引进条件"抢""挖"其他院校的学术精英。

其次,从学术精英地区流动方向(如图4-4所示)看,在我国东部与中部地区流动后受聘大学院、系负责人的学术精英超过50人,总占比在70%以上。其中,在东部地区流动的学术精英规模最大,占比达到35.62%,从东部地区流入中部地区出任行政领导职务的学术精英数量是从中部地区流入东部地区的学术精英的两倍。东部地区大学以行政岗位聘任的方式从西部和东北地区大学引进的学术精英数量相当,略少于从中部地区引进的同类人才。除从东部流向西部和东北地区、从东北流入中部地区并被委任为基层行政管理者的学术精英较少外,西部和东北地区的大学并没有赋予来自中部、西部或东北部的学术精英以行政职务和行政权力。总体上,我国东部地区大学更加愿意且频繁地以院系领导岗位吸引高层次学术人才全职加盟,这类人才的占比已接近60%,中部地区大学较之有一定的差距,两者相差近20人。而与东部、中部地区相比,流入西部和东北地区且拥有大学院系行政领导权力的学术精英在同类人才中的占比平均不足5%。

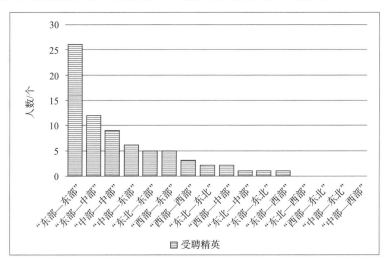

图4-4 受聘院、系负责人的学术精英的地区流动方向

总之,对学术精英引进而言,我国大学在国内外公开招聘二级学院、科研机构负责人的举措是有成效的,不少大学就因此而获得人才,也有不少学术精英因此而发生流动。2013年,暨南大学在发布生物医学转化研究院院长招聘公告后,成功引进一位曾任某所"985工程"大学生命科学学院院长的"特聘教授",同时聘其为生物医学转化研究院国际免疫学中心主任;2014年,一位"985工程"大学学术精英在刚入选"B类青拔"后便流入上海财经大学出任法学院院长,这也是上海财经大学面向校内外公开招聘二级学院院长的成果。除了成功引进国家级人才计划入选者外,西安电子科技大学还通过院长招聘工作引进高被引学者,如一位连续多年入选爱思唯尔(Elsevier)"中国高被引学者榜单"的来自西部某大学数学与统计学院的学术院长,就在2018年被任命为西安电子科技大学数学与统计学院院长。该校面向海内外招聘的还有机电工程学院院长、网络与信息安全学院院长以及人工智能学院院长。聘任海内外高层次人才进入大学基层行政管理岗位不仅有利于推动学科建设与科学研究,还有利于创新院系管理理念,构建与国际接轨的治理机制。如苏州大学聘请了一位世界著名的纳米与光电子材料学家、中国科学院院士,在功能纳米与软物质研究院基础上组建纳米科学技术学院并聘其任院长。自2010年成立以来,该纳米科学技术学院不仅凝聚起一支含若干"杰青""万人领军""B类青拔""优青"等国家级人才计划入选者在内的学术声望高、专业理论水平扎实、实践教学经验丰富的精英师资队伍,还借鉴、施行国际先进的教学、管理理念,并于2011年成功获批教育部首批设立的17所"试点学院"之一,成为高等教育体制机制改革特区之一。①

第三节 学术精英竞赛型流动及其影响

我国各大学除面向海外吸引高层次人才外,更主要是在国内学术精英市场展开较量,"985工程"大学、"211工程"大学和普通院校之间具有纵横交错的人才竞争关系。各类大学所采取的多元竞才策略促成学术精英竞赛型流动。在自主自愿与外力导引下,大学学术精英竞赛型流动主要存在学术流动与行政

---

① 参见:苏州大学纳米科学技术学院官网。

调动这两种类型,其中学术流动又包含横向流动、纵向流动这两种流动方向,流动频次从 1 次到 4 次不等,流动时间亦有早有晚。面对情形复杂的学术精英流动状况,为研究锦标赛制下大学学术精英竞赛型流动及其影响,下文按以下原则抽取高层次人才样本进行分析:流动时间确切且仅有 1 次流动经历,流动时间距 2018 年(含)3 年及以上(不计流动年),流动时间距学术头衔获得时间(含)3 年及以上(不计流动年)。在此基础上,本研究结合各流动情形下的学术精英比例,随机抽取 15 位向上流动学术精英、30 位向下流动学术精英及 15 位行政调动学术精英,以其为样本,详细考察、客观研判学术精英竞赛型流动对其学术发展的影响。

为分析学术精英竞赛型流动的影响,本研究以学术精英公开发表的科研论文为重要依据,对比其流动前后的学术表现。2019 年 10 月,笔者以国际知名的科学引文索引扩展版(SCI‒EXPANDED)、社会科学引文索引(Social Sciences Citation Index,简称 SSCI)为检索工具,通过基本检索,尽可能客观、准确、全面地采集流动的大学高层次人才在一定时期内所公开发表的科研论文。本研究所搜集统计的文献类型只含研究论文(article),不含评论(review)、讨论(discussion)、书信(letter)等;鉴于自然科学领域合作研究与发表的特点,本研究对学术论文中作者排序、通讯作者等不做具体区分,凡署名即可作为其学术成果。本研究以汤森路透(Thomson Reuters)2018 版《期刊引用报告》(*Journal Citation Reports*)的 5 年期刊影响因子(IF)和期刊分区(Journal Ranking)为标准,对流动精英科研论文出版物的影响力(期刊分区按"就高不就低"原则)和学术质量进行评价。

作为我国基础研究的重要资助渠道之一,项目种类齐全、资助数量巨大的国家自然科学基金能够满足不同发展阶段科研人员的需求,特别是在国家科技体制改革背景下,其仍然保持了较快的增长速度和稳定的资助格局。[①] 为此,本研究还基于国家自然科学基金数据库,统计对比学术精英流动前后科研项目获得情况。2019 年 10 月,笔者利用国家自然科学基金管理信息系统对流动的大学学术精英在 1999—2019 年所获得国家自然科学基金资助项目进行检索,尽可能客观、准确、全面地搜集其国际(地区)合作与交流项目、国家杰出青年科学

① 高阵雨,陈钟,王岐东.海外优秀青年学者回国发展现状分析——以"千人计划"青年项目入选者申请获批国家自然科学基金情况为例[J].中国科学基金,2017(4):359.

基金项目、国家重大科研仪器研制项目、联合基金项目、面上项目、青年科学基金项目、委托任务/科学部主任基金项目、优秀青年基金项目、重大项目、重大研究计划、重点项目等。

此外,由于大学学术精英流动时间各有不同,学术精英流动年事实上属于流动准备年和职位过渡年。为保证数据的客观性、增强数据的可比性,本研究在规避流动准备年和过渡年的基础上选取流动前后的等时段为学术精英科研论文产出与科研项目获得的统计单位。[1]

一、 学术精英学术流动的影响

在大学主动发现人才、联络人才、吸引人才进而引进人才的过程中,大学学术精英流动的基本方式是学术流动。与行政调动相对,学术精英经学术流动后从事的主要工作仍然是人才培养、科学研究与社会服务,而不是大学行政领导与管理工作。除横向流动外,很多学术精英受目标大学的影响,选择向上或向下流动,那么纵向流动会对学术精英的学术表现与发展造成怎样的影响?

(一)学术精英向上流动的影响

20 年间,不少学术声誉高、综合实力强的大学在把握学科发展方向与人才队伍建设需求的基础上从其他层次大学引进学术精英,这促成了学术精英向上流动。样本中"特聘教授"共 11 人(以"C"进行编号)、"杰青"共 4 人(以"J"进行编号),其中从"211 工程"大学流入"985 工程"大学的有 10 人,从普通院校流入"985 工程"大学的有 5 人。下文拟从科研论文产出量[2]、科研论文被引量[3]、科研论文所载学术期刊影响力[4]以及科研项目获取量[5]等方面,对学术精英向上流动前后的学术表现与发展情况进行分析。

1. 科研论文产出量

如表 4-5 所示,在 15 位向上流动的学术精英中,流动后科研论文发表量多于流动前的有 9 人,其中 7 位从"211 工程"大学流入"985 工程"大学,其余 2 位

---

① 学术精英科研论文、科研项目等相关数据为人工采集,如有遗漏敬请读者指正。
② 科研论文产出量指学术精英流动前后等时段内科研论文发表量,下同。
③ 科研论文被引量指学术精英流动前后等时段内科研论文被引次数,下同。
④ 科研论文所载学术期刊影响力指学术精英流动前后等时段内科研论文所载学术期刊分区及影响因子,下同。
⑤ 科研项目获取量指学术精英流动前后等时段内所获科研项目数量,下同。

表 4-5　学术精英向上流动前后科研论文产出量对比

流向	编号	流动后/流动前
"211—985"	C9	0.33
	J4	0.83
	C11	2.40
	C7	5.00
	C8	4.83
	C4	0.44
	C6	2.43
	C5	/
	C3	1.69
	C10	1.54
"普通—985"	J1	1.91
	C1	0.92
	J3	1.00
	J2	0.00
	C2	1.33

注:"/"表示该学术精英流动前一定时段内未发文。

则由"985 工程"大学从普通院校引进。有 5 位学术精英的科研论文产量随职业流动而减少,流动前任职于"211 工程"大学、普通院校的分别为 3 人和 2 人。从学术精英类型看,72.72%的"特聘教授"从"211 工程"大学或普通院校流入"985 工程"大学后科研论文产量出现增长,最多的达到原来的 5 倍;在向上流动的 4 位"杰青"中,仅 1 人科研论文产量提高,除 1 人流动前后论文数量持平外,其余 2 人的科研论文产量出现下降(其中 1 人尚未发文)。可见,大多数向上流动的学术精英的科研论文产出量有所提高,且"特聘教授"的表现较"杰青"更加好;对于"985 工程"大学而言,从"211 工程"大学引进的学术精英更有可能实现科研论文增长的目标。

2. 科研论文被引量

如表 4-6 所示,经比较,超过 70%的学术精英向上流动后科研论文篇均被引量有不同程度的增长,其中 8 人从"211 工程"大学流入"985 工程"大学,3 人从普通院校流入"985工程"大学。流动后科研论文篇均被引量下降的4位学术精英分别来自一所中部地区的"211工程"大学、一所西部地区的"211工程"大学以及两所东部地区的普通院校,其中1人的论文篇均被引量流动前为3.75,流动后却为0。根据流动后、流动前科研论文篇均被引量之比降序排名看,居于前四的学术精英都是从"211工程"大学流入"985工程"大学的,倒数2位学术精英则是"985工程"大学从普通院校引进的。总体上,约18%的"特聘教授"向上流动后科研论文篇均被引量下降,而同一现象在"杰青"中的发生率已达到50%。

表4-6 学术精英向上流动前后科研论文篇均被引量对比

流向	编号	流动后/流动前
"211—985"	C9	2.14
	J4	1.08
	C11	0.92
	C7	0.71
	C8	5.75
	C4	2.67
	C6	7.16
	C5	/
	C3	1.14
	C10	1.39
"普通—985"	J1	1.93
	C1	1.20
	J3	0.59
	J2	0.00
	C2	1.46

注:"/"表示该学术精英流动前一定时段内无论文被引。

3. 学术期刊影响力

从普通院校或"211工程"大学流入"985工程"大学后,10位学术精英一区期刊发文量增加,5位学术精英一区期刊发文量减少;二区期刊发文量增加的有11人,减少的有3人,另有1人流动前后持平(如图4-5所示)。首先,在一区期刊发文方面,学术精英向上流动后论文平均增加量与平均减少量分别为11.4篇和 7 篇。从人才类型看,9 位"特聘教授"和 1 位"杰青"流动后发文量增加,2 位"特聘教授"和 3 位"杰青"流动后发文量减少;从大学层次看,8 位"211 工程"大学学术精英和 2 位普通院校学术精英流动后发文量增加,而流入"985 工程"大学的 2 位"211 工程"大学学术精英和 3 位普通院校学术精英则相反。流动后论文增加最多的学术精英是由东部"985 工程"大学从同城"211 工程"大学引进的,流动后论文减少最多的学术精英亦是由东部"985 工程"大学从同城"211工程"大学引进的。

其次,在二区期刊发文方面,11 位学术精英流动后论文平均增加 12 篇以上,3 位学术精英流动后论文平均减少 2 篇。流动后论文减少最多、增加最多的学术精英分别有 3 人和 1 人,前者论文相差 2 篇,后者论文相差 45 篇。从人才类型看,50%的"杰青"和 82%的"特聘教授"流动后发文增加,发文减少的"特聘教授"和"杰青"分别占 18%和 25%;从大学层次看,70%的"211 工程"大学学术精英和 80%的普通院校学术精英发文量自流动后有所增加,发文量减少的学术精英在"211 工程"大学和普通院校中皆占 20%。总体上,绝大多数"特聘教授"以及绝大多数从"211 工程"大学流入"985 工程"大学的学术精英在二区期刊发文量随流动而增长。

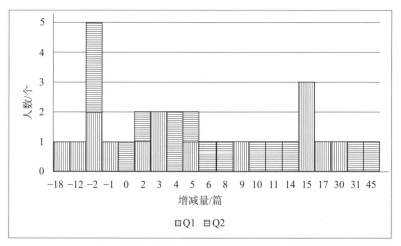

注:"增减量/篇"数据中,"0"表示学术精英流动前后发文量相等,负数表示学术精英流动后发文量减少,正数表示学术精英流动后发文量增加。汤森路透《期刊引用报告》按影响因子高低将期刊分为 4 个区,Q1(1 区)指影响因子前 25%(含 25%)的期刊,Q2(2 区)指影响因子前 25-50%(含 50%)的期刊。下同。

图 4-5 学术精英向上流动后一区、二区期刊发文增减量及其人数

经统计,学术精英流动后 IF≥4 的期刊科研论文发表量"正增长"人数多于"负增长"人数(如图 4-6 所示)。除 IF<4 的期刊外,15 位学术精英在 4≤IF<6 的期刊上发表论文的总量最多,且流动后较流动前增加了 40 篇。这一增量出自 10 位"特聘教授"和 2 位"杰青",因为他们流动后在 4≤IF<6 的期刊上平均多发表 3.7 篇,其中增量最大的 1 位学术精英原任职于"211 工程"大学,增量最小的 3 位学术精英来自 2 所"211 工程"大学和 1 所普通院校。15 位学术精英在 6≤IF<8 的期刊上发表论文的数量仅次于 4≤IF<6 的期刊,13 篇的总增量是由 4 位来自"211 工程"大学的"特聘教授"创造的,其中一位不仅实现了零的突破,还领先于其他学术精英。不论流动前还是流动后,学术精英发表于 8≤IF<10 的期刊上的论文都是最少的,其中有 3 位"杰青"和 6 位"特聘教授"均不曾在这类期刊发文。与流动前相比,在 8≤IF<10 的期刊发文数量变化的皆为"特聘教授",增加与减少的学术精英占比分别为 36.36%、9.09%,且他们均是"985 工程"大学从"211 工程"大学引进的。对 IF≥10 的期刊而言,除 6 位"特聘教授"和 2 位"杰青"未曾在此类刊物发表论文外,2 位"特聘教授"和 1 位"杰青"流动后论文发表量不及流动前。另有 3 位离开"211 工程"大学的"特聘教授"、1 位离开普通院校的"杰青"自流入"985 工程"大学之后,在 IF≥10 的期刊上发表论文的数量超过了流动前,平均增加 2.25 篇,前后最大相差 6 篇。此外,15 位学术精英向上流动前后都没有在国际顶尖学术期刊发文。

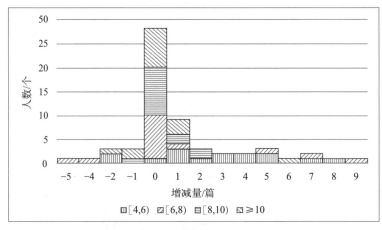

图 4-6 学术精英向上流动后 IF≥4 期刊发文增减量及其人数

总体而言,流动后在 4≤IF<8 和 IF≥10 期刊发文减少的普通院校学术精英

比例大于"211 工程"大学,其中"杰青"的比例大于"特聘教授";流动后在
IF≥6 期刊发文增加的"211 工程"大学学术精英比例远大于普通院校;流动后
在 IF≥4 期刊发文增加的"特聘教授"比例远大于"杰青"。

4. 科研项目获取量

据统计,共有 10 位学术精英在流动前后曾获得国家自然科学基金项目,其
中流动前获得科研资助的有 8 人且全部为"特聘教授",流动后获得科研资助的
分别包括 1 位"杰青"和 6 位"特聘教授"。比较可知,5 位"特聘教授"流动后获
得的科研项目少于流动前,最多减少 3 项,另有 3 位"特聘教授"、1 位"杰青"流
动后获得的科研项目多于流动前,平均增加 1.75 项。

结合科研项目类型看(如图 4-7 所示),学术精英流动前后除重点项目、国
家重大科研仪器研制项目分别仅增、仅减外,重大研究计划、面上项目及国际
(地区)合作与交流项目皆有增有减。具体而言,2 位"211 工程"大学的"特聘
教授"自进入"985 工程"大学后所获重点项目各增 1 项,而其所获面上项目却
分别增 1 项和减 1 项;流动后重大研究计划减 1 项、增 1 项的 2 位"特聘教授"
分别来自普通院校和"211 工程"大学;一位曾在"211 工程"大学获得国家重大科
研仪器研制项目的"特聘教授",流入"985 工程"大学后时至 2019 年尚未获得任
何类型国家自然科学基金的支持。就面上项目而言,虽然 8 位学术精英都曾获得
过这类资助,但他们流动前所获项目数仅为流动后的一半,半数增长量源于

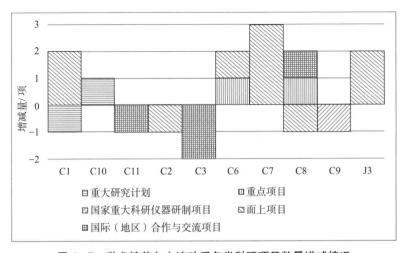

图 4-7 学术精英向上流动后各类科研项目数量增减情况

"211工程"大学的2位"特聘教授"以及普通院校的1位"杰青"和1位"特聘教授",而从这两类大学离开的另外2位"特聘教授"并未像流动前那样获得面上项目。

在各类科研项目资助金额方面,5位学术精英流动后所获科研经费总量增加,除了3位学术精英流动后没有获得资助外,另有2位学术精英流动前所获科研经费多于流动后。学术精英流动后获得50万元以下、100万元以上的科研项目数少于流动前,而流动后获得50—99万元的科研项目数量是流动前的12倍。从图4-8可以看出,5位"特聘教授"流动后50万元以下科研项目获得数明显下降。流动前曾获100万—499万元科研项目的4位"特聘教授"在流动后尚未获得同一经费区间的项目,且其中1位"特聘教授"也并未像流动前那样获得500万元以上的研究资助。金额在50万—99万元的科研项目中,92.31%的项目是由5位"特聘教授"、1位"杰青"在流动后首次获得的,而另一位从东部"211工程"大学流入西部"985工程"大学的"特聘教授"并没有再次获得这类项目。

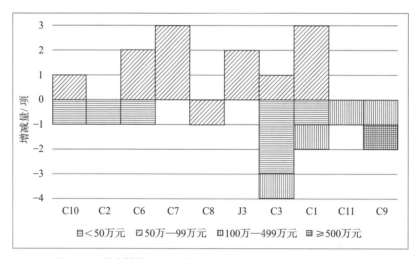

图4-8 学术精英向上流动后各级金额科研项目数量增减情况

综上,学术精英向上流动后科研论文产出量增加的多于减少的,科研论文篇均被引量增加的多于减少的,一区、二区以及IF≥4学术期刊科研论文发表量增加的多于减少的,科研项目获取总量减少的多于增加的,科研项目总金额减少的等于增加的,科研项目项均金额增加的多于减少的。

（二）学术精英向下流动的影响

为快速有效地提高学科竞争力,不少大学积极采取措施从学术声誉更高、综合实力更强的大学引进学术精英,这促成了学术精英的向下流动。样本中,中国科学院院士共2人(以"Z"进行编号)、"特聘教授"共20人(以"C"进行编号)、"杰青"共5人(以"J"进行编号)、"A类青年"共2人(以"Q"进行编号)、"优青"共1人(编号为Y1),其中从"211工程"大学流入普通院校的有5人,从"985工程"大学流入"211工程"大学的有10人,从"985工程"大学流入普通院校的有15人。下文拟从科研论文产出量、科研论文被引量、科研论文所载学术期刊影响力以及科研项目获取量等方面,对学术精英向下流动前后的学术表现与发展情况进行分析。

1. 科研论文产出量

如表4-7所示,约87%的学术精英向下流动后科研论文产量出现增长,其中正差最大为52篇。从"985工程"大学流入普通院校的15位学术精英中,仅1位"特聘教授"的科研论文产量减少,其余10位"特聘教授"、2位"杰青"、1位"A类青年"和1位中国科学院院士流动后科研论文发表量较流动前均有不同程度的增加,二者之比最高达9.5。对10所"211工程"大学而言,虽然其从"985工程"大学引进的学术精英的科研产出情况是不同的,但90%的学术精英在新的工作单位发表了更多的科研论文,其中"特聘教授"的学术产量较流动前最少提高1.46倍,还有1位"A类青年"的学术产量较流动前提高了7.6倍。此外,2位从"211工程"大学流入普通院校的"杰青"和"特聘教授"学术产量较流动前出现下降,占同一流向学术精英总数的40%,其他学术精英流动后与流动前的论文数量比平均不到1.4,这远低于从"985工程"大学流入同类院校的学术精英。

总体上,样本中"A类青年""优青"及中国科学院院士的学术生产力自向下流动后全部提高,较"特聘教授"而言,更大比例的"杰青"向下流动后出现学术生产力下降的问题;在流动后科研论文产量增加的学术精英中,普通院校从"985工程"大学引进的学术精英比例高于从"211工程"大学引进的学术精英,从"985工程"大学向下流入"211工程"大学的学术精英比例最高;离开"211工程"大学进入普通院校且科研论文产量下降的学术精英比例远高于其他流向的学术精英。

表 4－7　学术精英向下流动前后科研论文产出数量对比

流向	编号	流动后/流动前
"985—普通"	C3	0.67
	C5	1.43
	C4	1.50
	C8	1.63
	J4	1.65
	C13	1.67
	C10	1.87
	J5	1.88
	C11	2.08
	Z2	2.08
	C16	2.43
	C20	3.08
	C18	4.50
	Q1	5.00
	C12	9.50
"985—211"	J3	1.92
	Q2	7.60
	C1	0.79
	C6	3.00
	C7	2.10
	C9	1.46
	C14	3.00
	C15	6.80
	C19	2.57
	Z1	1.26
"211—普通"	J1	0.96
	J2	1.43
	Y1	1.06
	C2	0.79
	C17	1.69

2. 科研论文被引量

如表4-8所示,在30位向下流动的学术精英中,流动后与流动前科研论文篇均被引量之比小于1的约占27%,含6位"特聘教授"、1位"杰青"和1位"A类青年"。结合具体流向看,从"985工程"大学流入普通院校的4位学术精英科研论文篇均被引量较流动前减少,其余11位同流向学术精英的科研论文篇均被引量较流动前均有不同幅度的提升,二者之比最大为6.08;从"985工程"大学流入"211工程"大学的学术精英中,有3位的科研论文篇均被引量有所减少,学术精英流动后与流动前最小比值仅为0.37,而最大比值却达到8.68;还有1位学术精英科研论文篇均被引量随其从"211工程"大学流入普通院校而减少,同一流向的其他4位学术精英论文篇均被引量随流动而增加。

总体上看,中国科学院院士和"优青"向下流动后的科研论文篇均被引量均有提升,50%的"A类青年"流动后所发表论文的篇均被引量下降。向下流动后科研论文篇均被引量增长的学术精英更大比例是从"211工程"大学流向普通院校的,而科研论文篇均被引量下降的学术精英更大比例则是"211工程"大学从"985工程"大学引进的。由此可见,向下流动学术精英的科研论文篇均被引量因不同流动轨迹而有较大差异。

表4-8　学术精英向下流动前后科研论文篇均被引量对比

流向	编号	流动后/流动前
"985—普通"	C10	1.16
	C11	1.27
	C12	3.16
	C13	1.14
	C16	0.47
	C18	6.08
	C20	2.36
	C3	0.50
	C4	1.33
	C5	1.72
	C8	1.62

流向	编号	流动后/流动前
"985—普通"	J4	2.16
	J5	0.99
	Q1	0.40
	Z2	5.52
"985—211"	C1	0.86
	C14	2.23
	C15	8.68
	C19	2.08
	C6	0.84
	C7	0.37
	C9	7.04
	J3	1.29
	Q2	1.22
	Z1	1.72
"211—普通"	C17	1.22
	C2	0.40
	J1	6.19
	J2	1.92
	Y1	2.16

3. 学术期刊影响力

如图 4-9 所示,学术精英向下流动后在一区和二区期刊发文减少的共 9 人。流动后,90％的学术精英在一区期刊的发文量增加,所涉精英包括离开"985 工程"大学的 2 位中国科学院院士、16 位"特聘教授"、3 位"杰青"与 2 位"A 类青年"以及从"211 工程"大学进入普通院校的 2 位"特聘教授"和 2 位"杰青",他们的论文数量平均增加 10 篇以上。流动后,在二区期刊发文量不增不减的学术精英占六分之一;发文量减少的学术精英占五分之一,包括 1 位中国科学院院士、3 位"特聘教授"和 2 位"杰青",其中 2 人流入"211 工程"大学、4 人流入普通院校,他们的论文数量平均减少 4 篇以上。综合来看,向下流动后在一区和二区期刊发文数量减少的"特聘教授",虽然人数最多,但比例远不及

"优青";从"211工程"大学流入普通院校且在一区和二区期刊发文减少的学术精英,其不仅人数最多,比例也远远大于来自"985工程"大学的学术精英。

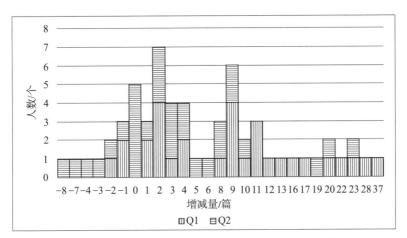

图4-9　学术精英向下流动后一区、二区期刊发文增减量及其人数

如图4-10所示,从科研论文所载期刊影响因子看,学术精英流动后在IF≥4的期刊上发表论文的数量较流动前增加。其中,4≤IF<6的期刊论文增长最多,1位中国科学院院士、16位"特聘教授"、2位"杰青"和2位"A类青年"流动后平均发表5篇论文,他们中的绝大多数原来在"985工程"大学工作,现在已任职于普通院校。学术精英流动后在6≤IF<8期刊和IF≥10期刊发文增量相同,前者的增加源于12位从"985工程"大学流出的精英,后者的增加来自8位原"985工程"大学精英和1位原"211工程"大学的精英,另外各有12位、19位学术精英流动前后均没有在6≤IF<8期刊和IF≥10期刊发表论文。对8≤IF<10期刊而言,由其刊载的科研论文数量在学术精英流动前后都是最少的,虽然有7位学术精英的论文数量较流动前增多,但人均增量却不足2篇,加之19位学术精英并没有在此类期刊发文,因此这类期刊的论文总体增量也是最低的,尚没有超过10篇。

总体上看,向下流动后在6≤IF<8期刊和IF≥10期刊发文数量减少的"特聘教授"比例领先于其他学术精英,在4≤IF<6期刊、8≤IF<10期刊发文数量减少的"优青"和中国科学院院士比例较大;在4≤IF<8期刊发文数量减少的学术精英中,从"211工程"大学流入普通院校的学术精英比例远大于其他学术精英;而在IF≥8期刊上发文数量减少的学术精英全部是从"985工程"大学流入普通院校的。此外,各有1位学术精英在流动前与流动后于国际顶尖学术期刊

Nature 发表论文 1 篇,前者是东部普通院校从西部"985 工程"大学引进的"特聘教授",后者是从东部"985 工程"大学流入东部普通院校的"杰青"。

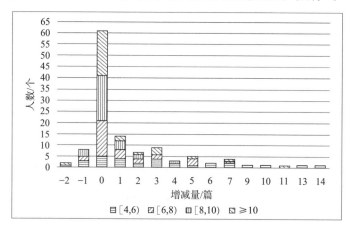

图 4-10　学术精英向下流动后在 IF≥4 的期刊发文的增减量及其人数

4. 科研项目获取量

经统计,约 47% 的学术精英向下流动后获国家自然科学基金项目总量较流动前增加。从表 4-9 来看,流动后获得的项目数量减少的学术精英共 7 位,含 5 位"特聘教授"和 2 位"杰青",其中分别有 3 人从"985 工程"大学流入"211 工程"大学和普通院校,另外 1 人从"211 工程"大学流入普通院校;14 位学术精英在新的工作单位获得了更多的科研项目,1 位从东部"985 工程"大学流入中部"211 工程"大学的"特聘教授"所获项目量是之前的 6 倍,还有 5 位"特聘教授"在原"985 工程"大学并未获得科研项目,而向下流动后各获得 1 项科研资助;另外,1 位中国科学院院士、1 位"杰青"和 3 位"特聘教授"自"985 工程"大学流向普通院校前后所获项目数量相同。

在科研资助方面,六分之一的学术精英在新单位所获科研经费少于流动前,除流动后没有获得项目的情况外,最大差近 990 万元;三分之二的学术精英向下流动后获各类国家自然科学基金项目资助总金额增加,除 5 位学术精英首次获得资助外,1 位"特聘教授"从东部"985 工程"大学流入西部普通院校后所获得的科研经费约为之前的 190 倍。若从科研项目项均资助金额看,20% 的学术精英流动后所获科研项目项均资助金额较流动前减少,除 1 位"特聘教授"流动前与流动后所获科研项目项均资助金额相当外,63% 的学术精英科研项目项均资助金额自流动后出现增长。

表 4 - 9　学术精英向下流动前后科研项目相关情况对比

编号	项数 （流动前/流动后）	资助总金额 （流动前/流动后）	项均资助金额 （流动前/流动后）
C1	0.40	0.97	2.43
C10	2.00	1.39	0.70
C11	0.50	0.45	0.91
C12	1.00	1.17	1.17
C13	1.00	1.00	1.00
C14	2.00	9.88	4.94
C15	/	/	/
C16	1.00	5.46	5.46
C17	3.00	5.54	1.85
C18	4.00	189.55	47.39
C19	0.75	1.04	1.38
C2	—	—	—
C20	0.67	2.96	4.43
C3	/	/	/
C4	/	/	/
C5	1.50	1.01	0.67
C6	6.00	6.15	1.03
C7	0.00	0.00	0.00
C8	/	/	/
C9	/	/	/
J1	—	—	—
J2	0.00	0.00	0.00
J3	1.50	2.17	1.45
J4	1.00	83.67	83.67
J5	0.50	0.34	0.67
Q1	—	—	—
Q2	2.00	5.24	2.62
Y1	—	—	—
Z1	2.00	6.07	3.04
Z2	1.00	2.67	2.67

注："/"表示该学术精英流动前一定时段内未获科研项目，"—"表示该学术精英流动前后等时段内均未获科研项目，"0.00"表示该学术精英流动后一定时段内未获科研项目。

如图 4-11 所示,学术精英向下流动后各类科研项目获得情况较为多样。在面上项目、国际(地区)合作与交流项目、重点项目和重大研究计划等科研项目中,唯一随学术精英流动而总量减少的是国际(地区)合作与交流项目。流动前 6 位学术精英共获得国际(地区)合作与交流项目 10 项,流动后 5 位学术精英共获得国际(地区)合作与交流项目 7 项,"负差"的形成主要是由于 3 位"特聘教授"和 2 位"杰青"并未像流动前那样再次获得这类项目。面上项目是学术精英向下流动后增量最大的项目,而且有更多的学术精英获得了这类项目,其中从"985 工程"大学流出的 1 位中国科学院院士、6 位"特聘教授"、1 位"杰青"和 1 位"A 类青年"实现了零的突破。学术精英流动后重点项目的增量仅次于面上项目,"211 工程"大学和普通院校从"985 工程"大学引进的 9 位学术精英至少人均获得 1 项。流动前后人数相同的学术精英获得了数量不同的重大研究计划,4 位"特聘教授"流动后所获项目量超过 1 位中国科学院院士、2 位"特聘教授"与 1 位"杰青"流动前项目之和。

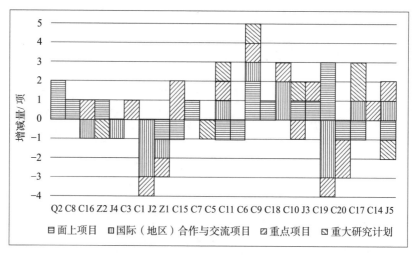

图 4-11 学术精英向下流动后各类科研项目数量增减情况

综上所述,学术精英向下流动后科研论文产出量增加的多于减少的,科研论文篇均被引量提升的多于下降的,一区、二区以及 IF≥4 学术期刊科研论文发表量增加的多于减少的,科研项目获取总量增加的多于减少的,科研项目总资助金额与项均资助金额增加的多于减少的。

二、 学术精英行政调动的影响

近年来,学术精英行政任职与调动现象越来越普遍。与学术性流动相对,学术精英经行政调动后从事的主要工作是大学行政领导与管理工作。如此,行政调动将对学术精英的学术表现与发展造成怎样的影响? 样本中 15 位学术精英行政调动后在新的大学担任校领导职务,含 1 位中国科学院院士(以"Z"进行编号)、7位"特聘教授"(以"C"进行编号)和 7 位"杰青"(以"J"进行编号)。1 位中国科学院院士、2 位"特聘教授"和 4 位"杰青"被任命为大学校长,另外 5 位"特聘教授"和 3 位"杰青"被任命为大学副校长。其中 4 人由大学副校长调任大学校长,7 人由大学院处级领导调任大学副校长,2 人由大学院处级领导调任大学校长,1 人由大学某系主任调任大学副校长,还有 1 人由某大学国家重点实验室主任调任大学校长。这些学术精英的调动方向具体为:8 人从"985 工程"大学调入"211 工程"大学,6 人从"985 工程"大学调入普通院校,还有 1 人从"211 工程"大学调入普通院校。下文对学术精英行政调动前后的学术表现与发展情况进行分析。

1. 科研论文产出量

如表 4-10 所示,与行政调动前相比,14 位学术精英在新单位发表了更多的科研论文,最大增量为 83 篇,最小增量为 6 篇。调动后论文产量至少翻一倍的学术精英都是从"985 工程"大学调出的,含 5 位"特聘教授"和 3 位"杰青",其中 3 人调任校长、5 人调任副校长。此外,仅 1 位学术精英调动后的论文产量不及调动前,事实上该"杰青"是从"985 工程"大学调入地方普通院校的,且调动范围仅局限于东北地区。

表 4-10　学术精英行政调动前后科研论文产出数量对比

流向	编号	调动后/调动前
"985—211"	C2	1.85
	C3	9.00
	C4	2.75
	C5	1.41
	J3	2.09

流向	编号	调动后/调动前
"985—211"	J6	5.37
	J7	1.88
	Z1	1.43
"985—普通"	C1	3.67
	C6	4.50
	C7	2.34
	J2	0.89
	J4	1.69
	J5	8.22
"211—普通"	J1	1.63

2. 科研论文被引量

如表 4－11 所示,80％的学术精英行政调动后所发科研论文篇均被引量大于调动前,包括 1 位中国科学院院士、5 位"杰青"和 6 位"特聘教授",其中三分之二的学术精英从"985 工程"大学调入"211 工程"大学,其余则从"985 工程"大学调入普通院校。2 位"杰青"、1 位"特聘教授"行政调动后所发论文篇均被引量出现下降的情况,除 1 人从东部"985 工程"大学跨地区调入西部普通院校外,其他 2 人虽然分别从"985 工程"大学、"211 工程"大学调入普通院校,但都属于地区内调动。

表 4－11　学术精英行政调动前后科研论文篇均被引量对比

流向	编号	调动后/调动前
"985—211"	C2	1.36
	C3	6.94
	C4	2.15
	C5	4.95
	J3	2.06
	J6	6.57
	J7	2.99
	Z1	1.82

流向	编号	调动后/调动前
"985—普通"	C1	0.85
	C6	4.11
	C7	4.19
	J2	0.87
	J4	1.38
	J5	3.76
"211—普通"	J1	0.83

3. 学术期刊影响力

15 位学术精英行政调动后在一区、二区、三区和四区期刊发文总量皆有提升,且论文增量依次递减,其中一区期刊论文增量约 250 篇,也就是说平均每人较调动前多发表了近 17 篇一区期刊论文。据图 4-12 可知,担任校领导的学术精英在一区期刊发表科研论文的数量有增无减,最小增量为 1 篇,但最大增量已达 34 篇。较调动前一区期刊发文增加 20 篇(含)以上的学术精英包括 3 位"特聘教授"和 4 位"杰青",其中 1 位学术精英从中部"211 工程"大学调入中部普通院校任校长,2 位学术精英分别从西部、东部"985 工程"大学调入 2 所普通院校担任校长、副校长,3 位"985 工程"大学学术精英经地区内调动分别出任 3 所"211 工程"大学副校长,还有 1 位学术精英从东部"985 工程"大学调出并担任同城"211 工程"大学校长一职。

调任大学校领导之后,虽然 15 位学术精英在二区期刊发文总量增加百余篇,但仍有三分之一的学术精英论文发表量并未增长。经统计,2 位从"985 工程"大学分别调任普通院校副校长、"211 工程"大学校长的"杰青"以及 1 位从东部"985 工程"大学调入西部"211 工程"大学任校长的"特聘教授",在二区期刊发文数量较之前平均减少 4 篇以上;还有 1 位"特聘教授"和 1 位中国科学院院士行政调动前后二区期刊发文量持平,前者从东北"985 工程"大学赴东部普通院校任校长,后者从西部"985 工程"大学进入西部"211 工程"大学任校长。总之,大多数学术精英自行政调动后在一区和二区期刊发表了更多的科研论文,其在三区、四区期刊上的发文情况亦如此。

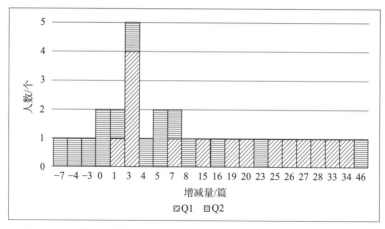

图 4-12 学术精英行政调动后一区、二区期刊发文增减量及其人数

从期刊影响因子看,各区间影响因子期刊刊载学术精英论文量均有增长(如图 4-13 所示)。学术精英调动后 4≤IF<6 期刊发文增量最大,将近调动前的 4 倍。调任大学校领导职务的 1 位中国科学院院士、6 位"特聘教授"及 7 位"杰青"中有的是从"985 工程"大学调入"211 工程"大学,有的是从"211 工程"大学调入普通院校,还有的是从"985 工程"大学调入普通院校,虽然任职岗位与调动路径各有不同,但在 4≤IF<6 期刊上的发文量皆出现增长,平均增量超过 11 篇。有且仅有 1 位学术精英,即从东部"985 工程"大学调任西部普通院校校长的"特聘教授"因尚未在 4≤IF<6 期刊发文,故存在"负增长"。

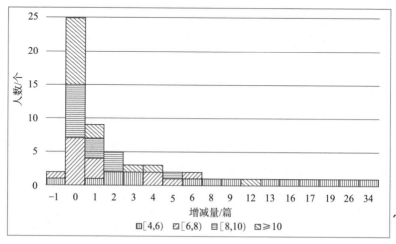

图 4-13 学术精英行政调动后 IF≥4 期刊发文增减量及其人数

就 IF≥6 期刊发文而言,一些学术精英开始出现调动前后均未发文的情况,且这种现象随着期刊影响因子的提高而变得愈加突出。在 6≤IF<8 期刊中,共有 6 位学术精英调动前后均未发文,包括"特聘教授"和"杰青"各 3 位,其中大部分是从"985 工程"大学调入普通院校的。学术精英行政调动后在 8≤IF<10 期刊和 IF≥10 期刊发表论文的总量相同。调动后,2 位"特聘教授"和 3 位"杰青"人均贡献 4.2 篇 IF≥10 期刊论文,其中最大增量出自 1 位从中部"985 工程"大学同城调任"211 工程"大学副校长的"特聘教授"。

4. 科研项目获取量

与科研论文数量、质量及其所载期刊影响力的总体提升情况相比,学术精英行政调动后所获国家自然科学基金项目的数量与资助金额整体出现下降趋势。据统计,学术精英调动后获得重点项目、重大研究计划、重大项目、面上项目、国家重大科研仪器研制项目以及国际(地区)合作与交流项目等 6 类科研项目的人数有 13 位,各项目较调动前共减少 9 项。从图 4-14 可以看出,13 位学术精英调动后 6 类科研项目的减少量大于增加量,"负增长"现象较为显著。其中,国际(地区)合作与交流项目数量下降最多,2 位"特聘教授"和 2 位"杰青"较调动前人均减少 1.5 项;重点项目缩减量仅次于国际(地区)合作与交流项目,除 8 位学术精英调动前后均未获得该类项目外,1 位中国科学院院士、1 位"特聘教授"和 2 位"杰青"调动后并没有再次获得该类项目。

对于 1 位"特聘教授"和 1 位"杰青"而言,他们曾在"985 工程"大学各自获得两个重大项目,然而自分任普通院校和"211 工程"大学副校长之后皆未获取同类项目。1 位来自"985 工程"大学的中国科学院院士被委任为"211 工程"大学校长之后,连续获得两项平均资助达 1 300 余万元的重大项目,而在此之前却没有获得这类项目。行政调动后,获得面上项目的学术精英的人数是最多的,而且在 6 类科研项目中,面上项目是随精英调动而"正增长"的唯一项目,两位来自同一所东部"985 工程"大学的学术精英对此做出了重要贡献:一位是调任中部"211 工程"大学副校长的"特聘教授",另一位是调入东部"211 工程"大学任副校长的"杰青",二者较流动前平均多获得 2.5 个面上项目。此外,学术精英获国家重大科研仪器研制项目的总量并没有随其行政调动而发生变化,因为各有 1 位"杰青"和"特聘教授"分别于调动前、调动后获得 1 个这类项目。

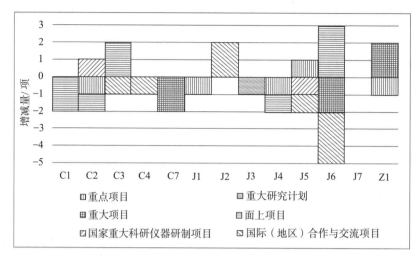

图 4‑14　学术精英行政调动后各类科研项目数量增减情况

结合各类科研项目经费看,学术精英行政调动前后所获科研经费变化情况与数量变化情况基本一致。据统计,13 位学术精英调动前共获科研资助 9 700 余万元,而调动后经费总额下降了约 46%,人均经费减少近 350 万元。如图 4‑15 所示,学术精英调动后不同区间金额减少最多的是 50 万元以下科研项目。2 位"特聘教授"和 2 位"杰青"共减少 5 项,虽然其中 1 位"杰青"调动后获得了 3 项,但仍不及调动前。在学术精英所获 100 万元(含)以上、500 万元以下的科研项目中,不足一半的项目获批于调动后,1 位中国科学院院士、1 位"杰

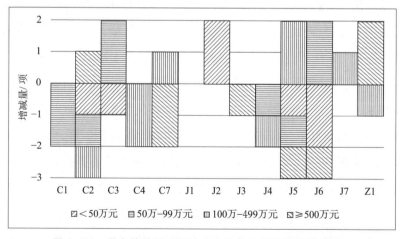

图 4‑15　学术精英行政调动后各级科研项目数量增减情况

青"和 2 位"特聘教授"调动后出现人均 1.25 项的"负增长"。对于 500 万元（含）以上的科研项目而言,其在学术精英调动前获批数量大于调动后。事实上,1 位"特聘教授"和 3 位"杰青"在原"985 工程"大学皆曾获得过 500 万元（含）以上项目,但自调任他校校领导后却没有获得一项。虽然 1 位中国科学院院士和 1 位"特聘教授"调动前没有获得 500 万元（含）以上项目,却在调任后共获得 3 项平均 1 100 余万元的重大项目或国家重大科研仪器研制项目,而且三分之二的项目是由这位院士校长负责的。

综上所述,学术精英行政调动后科研论文产出量增加的多于减少的,科研论文篇均被引量提升的多于下降的,一区学术期刊科研论文发表量全部增加,二区及 4≤IF<8 学术期刊科研论文发表量增加的多于减少的,IF≥8 学术期刊科研论文发表量不变的多于增加的,而学术精英行政调动后科研项目获取总量、总资助金额与项均资助金额减少的多于增加的。

三、 竞赛型流动与学术精英发展

上文按照学术精英流动的类型和方向,对学术精英向上学术流动、向下学术流动以及行政调动前后的学术表现变化情况进行了分类研究。下文依据科研论文与科研项目,试从学术生产力、学术影响力以及学术竞争力这三个方面,综合衡量、整体评估我国大学学术精英竞赛型流动的影响。

（一）学术精英流动后的学术发展概况

大学学术精英学术生产力主要通过科研论文发表量进行评价,学术影响力主要通过科研论文被引量及论文所发表的学术期刊的影响力进行评价,学术竞争力主要通过国家自然科学基金项目获得量、项目经费及项目类型进行评价。

1. 学术生产力

总体上,大多数学术精英流动后科研论文产量上升,占比为 82%,少数学术精英流动后科研论文产量下降,占比为 17%,另外还有 1% 的学术精英流动前后科研论文产量并未发生变化。不同类型的学术精英流动后科研论文产量变化情况既有共性,也存在差异。从图 4-16 来看,中国科学院院士、"A 类青年"和"优青"转换工作单位后科研论文产量上升率达 100%;流动后科研论文产量上升的"特聘教授"比例高出"杰青"15 个百分点,流动后科研论文产量下降的

"杰青"比例约为"特聘教授"的1.6倍;此外,还有6%的"杰青"科研论文产量并未随职业流动而发生变化。如图4-17所示,结合学术精英各类流动后科研论文产量变化情况看,不论是学术性的流动还是行政调动,少数学术精英的科研论文产量下降,而大多数学术精英的科研论文产量上升。其中,向上流动的学术精英的科研论文产量上升率不仅低于向下流动的学术精英,还低于行政调动后的学术精英。

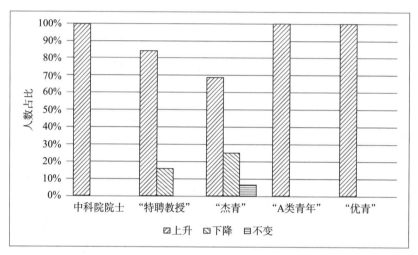

图4-16 各类学术精英流动后科研论文产量变化情况

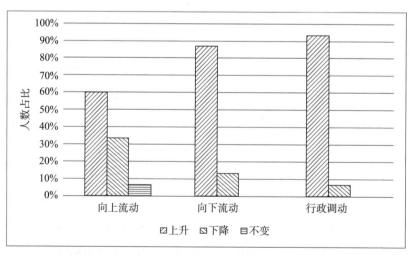

图4-17 学术精英三类流动后科研论文产量变化情况

2. 学术影响力

大学学术精英流动后,科研论文篇均被引次数以及在一区期刊发表科研论文的数量有增长,虽然 60％以上的学术精英流动前后在 10≤IF 期刊发表论文的数量并没有变化,但仍有不少人在流动后实现了 10≤IF 期刊论文发表增长的目标(如图 4−18 所示)。具体到学术精英类型上(如图 4−19 所示),半数(含)以上中国科学院院士、"特聘教授"、"杰青"、"A 类青年"的科研论文篇均被引数与一区期刊发文量随流动而上升。在 10≤IF 期刊发文方面,唯独"A 类青年"上升率达 50％,中国科学院院士、"杰青"与"特聘教授"的上升率依次降低,平均为 31％。与上述四类精英不同,"优青"流动后论文篇均被引和在 10≤IF 期刊发文量不增不减,且一区期刊发文量随流动而下降。

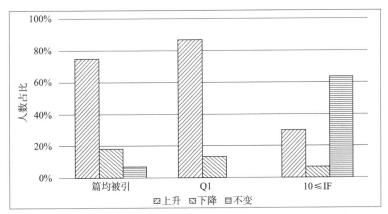

图 4−18　学术精英流动后论文篇均被引量、一区期刊和 10≤IF 期刊发文量变化情况

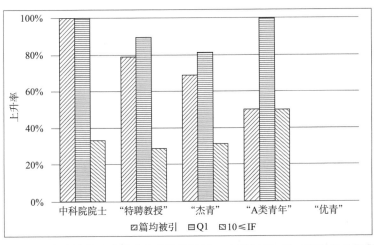

图 4−19　各类学术精英流动后论文篇均被引量、一区期刊和 10≤IF 期刊发文量上升率

此外,由图4－20可知,不论是从"985 工程"大学流入"211 工程"大学、普通院校,还是从"211 工程"大学流入普通院校,学术精英流动后论文篇均被引量与一区期刊发文量的上升率均超过 70%;不论是从"211 工程"大学流入"985工程"大学,还是从普通院校流入"985 工程"大学、"211 工程"大学,学术精英流动后论文篇均被引量与一区期刊发文量的上升率均超过 60%;不论是论文篇均被引量,还是一区期刊发文量,学术精英行政调动后的上升率均在 80%以上。然而,学术精英经学术流动或行政调动后,在 10≤IF 期刊发表科研论文的数量总体降低,上升率普遍不及 35%。

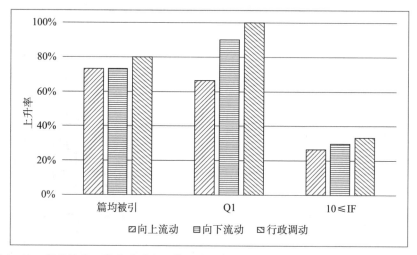

图4－20　学术精英三类流动后论文篇均被引量、一区期刊和 10≤IF 期刊发文量上升率

3. 学术竞争力

据统计,大学学术精英科研项目获取量随流动而增加的占多数。学术精英流动后所获科研项目平均经费上升的占 50%,下降的占 30%,另有 20%的学术精英流动前后所获科研项目平均经费没有发生变化。如图 4－21 所示,学术精英学术流动后所获科研项目平均经费上升率既高于下降率,又高于不变率,其中向下流动的学术精英科研项目平均经费上升率远超出向上流动的学术精英。行政调动后,多数学术精英所获科研项目平均经费存在减少状况,项均经费上升率低于下降率约 20%。学术精英流动后获重大项目、国家重大科研仪器研制项目、国际(地区)合作与交流项目数量上升率均低于下降率,流动后重大研究计划获取量上升的学术精英与下降的学术精英人数持平,重点项目与面上项目数量随学术精英流动而上升的比例较高于下降比例(如图4-22所示)。总体上,绝大多数学术精英流动前后所获科研项目数量不增不减,流动后科研项目获取量上升的学术精英人数略多于下降的学术精英人数。

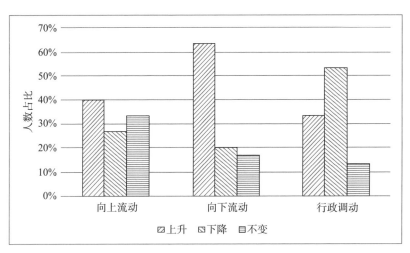

图 4-21　学术精英三类流动后科研项目平均经费变化情况

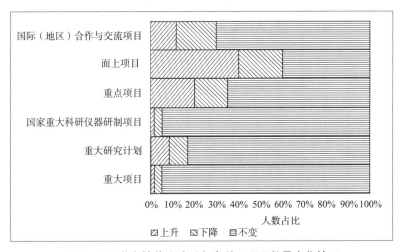

图 4-22　学术精英流动后各类科研项目数量变化情况

综上,我国大学声誉竞争促成的学术精英向上流动、向下流动与行政调动对学术精英学术发展的影响既有特殊性也存共通性。大部分学术精英较流动前发表了数量更多、质量更优的科研论文,获得了数量更多、经费更多的科研项目,学术生产力得到提高,学术影响力得到提升,学术竞争力得到增强。总体而言,学术精英竞赛型流动对自身学术发展具有积极影响。

相关数据分析不仅在一定程度上对大学高层次人才是否流动以及如何流动具有参考价值,而且也揭示了当前大学在引才、用才方面存在的问题。从统计意义上看,各类大学从学术声誉更优质大学引进的高层次人才更有可能实现科研论文增长的绩效目标。研究结果与实践中的大学人才竞争策略较为一致,即各类大学为在短期内实现排名上升、评估优良的目标,不惜重金从更高水平大学挖抢人才。

当前,在教育行政部门要求发达地区不得片面通过高薪酬高待遇竞价从中西部地区、东北地区挖人才的政策下,不少东部大学开始从同地区、同城大学竞争人才,那么引进人才学术表现与发展情况如何?据统计,在东部“985 工程”大学从同城“211 工程”大学引进的高层次人才中,不仅有一区期刊发文增量最多的,也有一区期刊发文减量最多的,这说明东部大学从同地区、同城引进人才的学术表现差异较大。这一问题值得引才大学与流动人才的双重关注:基于科研论文的学术影响力不单单取决于人才的创新性,还深受成果传播范围、信息交流平台以及学术网络等因素的影响。对于大学与高层次人才而言,同城引才与流动或许是基于成本最小化的理性考量,但未必能够充分发挥各自的学术优势与效能。大学不应急功近利盲目地引进人才,而应着眼于长远理性地甄选更适合自身学科发展方向和办学需要的人才,以真正实现大学、学科与人才之间的互惠共赢。

(二)学术精英流动后为何学术表现更佳

大学学术精英流动后的学术表现受诸多因素的综合影响。当前,中国大学学术精英流动为何能够促进自身的学术发展?对知识而言,流动是知识获取和知识转移的重要渠道。[1] 对学术精英而言,流动不仅是学术资源迁移与学术网络营建的重要途径,还是科学知识创新与生产的重要方式。基于对大学学术精英流动后学术表现的调查,可以从大学学术精英流动后所受到的内激励驱动与外激励驱动两个方面,分析其学术表现变化的原因。

---

[1] Gibson, J., McKenzie, D. Scientific mobility and knowledge networks in high emigration countries:evidence from the Pacific[J]. Research Policy, 2014(9):1494.

1. 大学学术精英流动后受到内激励驱动

一方面,学术精英流动优化了与大学之间的匹配。根据"推拉"理论(Push and Pull Theory),大学教师是在多种影响因素共同作用下发生流动的。[①] 大学教师对所处大学、院系或其他研究机构的不满是他们决定离开的主要原因。对教师工作满意度有直接影响的具体因素集中在大学机构内部的组织因素上,尤其是在职业晋升中教师与学校没能就基本工作要素如职位要求、组织期望、工作条件等进行充分沟通是教师不满的重要原因。事实上,由参与决策、更多责任、个人成长机会、更大工作自由和权限以及多样化的工作活动等构成的"内部报酬"型机会对知识型员工有更大吸引力,是激励知识型员工创造、传播和应用知识的更具影响力的要素。[②] 大学学术精英更容易被声誉和威望较高、研究经费充足、自主性与公平性强以及注重他们研究工作的机构所吸引。因此,大学提高教师满意度、降低离职率,能做的就是要注意影响工作满意度和组织承诺的结构安排,改变引起教师不满的组织因素。[③] 为提高教师的组织承诺,大学必须营造良好的组织氛围,促进组织结构扁平化、决策专业化,建立健全透明合理的晋升机制、有效可靠的管理模式,以及增强教职人员的敬业精神、保持密切的人际关系等。

职业流动会影响大学学术精英的学术表现。在现有文献基础上,有研究认为三种不同的力量影响人才流动后的绩效表现:一是由知识溢出和匹配度改善所驱动的积极处理效应,二是由常规破坏和特定关系型人力资本流失所驱动的消极处理效应,三是由流动自主性所驱动的积极选择效应。[④] 这三种效应可被视为流动人才的内在因素对学术表现的影响。就上述积极效应而言,大学学术精英的流动不仅体现其外在的自由,即"突破自我以外的不合理的学术干扰与限制,进而在高校系统内部流动,寻找最能促进自身学术发展的事业单位",还体现其内在的自由,即适当地超越功利以满足自己为学术而流动的内心诉求和

① 刘进,林松月,孔繁盛.同城竞争大学教师相互流动吗? ——以清华大学—北京大学、武汉大学—华中科技大学为研究对象[J].现代大学教育,2021(4):103.

② 蒋春燕,赵曙明.知识型员工流动的特点、原因与对策[J].中国软科学,2001(2):87-88.

③ Shuster, L. J. Mobility among business faculty[J]. Academy of Management Journal,1970(3):325.

④ Tartari, V., Lorenzo, F. D., Campbell, B. A. "Another roof, another proof": the impact of mobility on individual productivity in science[J]. Journal of Technology Transfer, 2020(1):278.

意愿。① 这种因大学学术精英职业流动而扩大的外在自由与内在自由进一步增强了工作匹配理论的解释力,直接体现了人才与职业、机构与岗位等优良匹配的重要意义。从这一角度来看,大学学术精英在更适合其兴趣和能力的环境中更具生产力。② 学术精英富含自由的流动有利于建立更符合学术偏好、能力、个性和专业匹配的机会结构,促进智力资源的优化配置,进而使他们能够扩大科研自主权、建立支持性的沟通网络、确保公平的奖励与晋升机制,最终有助于提高科学生产力和影响力,促进知识迁移和扩散,推动新进大学的学科发展和学术繁荣。

与此同时,大学学术精英流动后促进并利用了学术网络的优势。当今社会,人才流动与知识流动是创新发展的一个重要因素。对于学术精英而言,其流动后的学术绩效溢价部分归功于流动所建构的网络。流动人才往往跨界于原来大学与现在大学之间,这种流动有助于建立更加广泛、更加多元、更加活跃的知识网络和学术网络,因此他们会拥有更多的合作作者和科学交流机会。全球化在高等教育和科学研究中的表现方式之一是日益重视和强调流动性。③ 如欧洲联盟通过博洛尼亚进程(Bologna Process)打通教育体制,极大地推动了师生和学术人员在大学之间的流动与交流,创造性地开发并利用了多元学术网络。更重要的是,欧洲联盟不仅运用科学基金等方式支持教师流动,还注重利用协作网络使教师流动后的学术表现得到显著提升。

学术人员之间的合作关系对于提高大学科研绩效具有重要作用④,而且也有利于促进学术人员自身的科学生产。本研究在对几十位大学学术精英流动前后科研论文与科研项目的统计中发现,绝大多数学术精英在新单位发表的新论文是与原单位的原团队共同合作的成果,其中也不乏新团队、新成员的加入。在这种科研合作中,流动人才成为联结两个大学的重要纽带,一方面双方的学

---

① 陈金江.论大学教师学术型流动[J].现代大学教育,2004(2):103.

② Hoisl,K. Does mobility increase the productivity of inventors?[J]. The Journal of Technology Transfer, 2009, 34(2):213.

③ Jacob, M., Meek, V.L. Scientific mobility and international research networks: trends and policy tools for promoting research excellence and capacity building[J]. Studies in Higher Education, 2013(3):331.

④ Muniz, N.M., Ariza-Montes, J.A., Molina, H. How scientific links combine to thrive academic research in universities: a social network analysis approach on the generation of knowledge[J]. The Asia-Pacific Education Researcher, 2015(4):613.

术资源在不同机构、人员的交流中得到很大程度的开发与共享,另一方面流动人才所不断累积的学术社会资本不仅对自身的科研表现产生特别的益处,还促进了两个大学不同团队的众多人员的学术发展。虽然大学是有组织边界的,但知识与学术却是无边界的。大学学术精英不会被阻止在大学之间开展合作研究,这意味着流动不一定失去在先前职位上的联系,反而会因流动所获得的新联系而实现学术资本的净增长,从而增强了对流动后学术绩效的积极影响。

"社会资本"是个体进入特定社会或专业社区的网络和纽带。学术研究者往往根据社会和专业网络来构建社会资本,这些网络构成了合作研究,其社会关系延伸到其他大学、研究团体或实验室。[①] "社会资本"还构建了由紧密网络化的研究小组和社区组成的"无形学院"(invisible college)[②],这些研究小组和团体相互协作,并控制资源和信息的获取。根据布尔迪厄(Pierre Bourdieu)的社会资本观点,在大学学术精英进入一个新环境,并与新的研究小组和科研团队建立协作关系的过程中,会增加获得资源的机会,这种机会不仅包括知识生产的原材料,还包括学术成果被发现、被引用、被转载,而这也正是本研究中学术精英流动后期刊论文被引率增长的原因之一。大学学术精英学术社会资本随职业流动而积累的同时,其他形式的资本也在学术劳动力市场上实现价值累积,这在很大程度上消减了之前的流动成本,有利于促进自身的学术再生产。

总之,流动具有的创新中介功能有助于大学学术精英创造、获取、转让多样化的知识。学术精英流动的知识溢出积极效果相对大于负面破坏性效应,他们可以通过流动改善自己与环境之间的匹配[③],通过接触新的观念和方法,进而以拓展的学术网络和积累的社会资本,扩大与其他研究人员的协同互动范围,最终可以提高科研生产率,促进学术职业发展。

2. 大学学术精英流动后受到外激励驱动

大学学术精英流动后良好的学术表现还受诸多外部激励因素的影响。在中国,大学间学术精英竞争的实质是学术资源、学术声誉和发展机会的竞争,

① Bauder, H. International mobility and social capital in the academic field[J]. Minerva, 2020(3):368.

② [美]戴安娜·克兰. 无形学院:知识在科学共同体的扩散[M].刘珺珺,王德禄,顾昕,译.北京:华夏出版社,1988:50.

③ Veugelers, R.,Bouwel, L. V. The effects of international mobility on European researchers: comparing Intra-EU and U.S. mobility[J]. Research in Higher Education, 2015(4):362.

而其背后的重要驱动则是学术锦标赛制,其作用机制可分为以下几点。

首先,学术锦标赛驱动大学支持学术精英发展学术。为提升各类大学排名与学术声誉,大学不断创新人才政策,为引进学术精英提供全方位支持与保障。一些学术精英在新的工作院校先后入选国家级、省级、市级以及校级各类人才计划,同时还获得有竞争力的薪酬待遇、充足的科研启动经费、丰厚的安家费和住房补贴以及优越的工作与生活环境等。"越是高端人才,越注重工作是否开心,注重获得被人尊重的心理满足感。"[1]因此,高校要"充分发挥人才的作用,除了给予相应的经济待遇和工作条件之外,必须高度重视满足他们的心理需要,使他们能够心情舒畅地工作,既获得学术上的成就感,也获得自我实现的心理满足感"[2]。上述政策举措与物质资源不仅体现了大学尊重人才、重视精英的态度,还有利于学术精英改善科研条件、促进学术发展。因此,学术精英流动后提高的科研绩效与良好的学术表现,与其受到的院校支持是分不开的。

其次,学术锦标赛驱动大学要求学术精英发展学术。为赢得"登顶竞赛",我国大学高层次人才队伍建设投入巨大,这必然使大学对"外引"与"内培"的学术精英提出更高的学术要求。当前大学为引进精英,提供与其学术水平、国内外学术地位相适应的有竞争力的薪资待遇,进而双方通过聘任合同或工作协议,明确与薪资待遇水平相匹配的岗位职责与聘期目标。在聘任制下,大学不断加强对人才的契约管理,实现学术精英权、责、利的有机统一。因此,大学要求学术精英明确并认真履行岗位职责,高效完成学科建设、科学研究、项目申报、队伍建设、人才培养、社会服务等目标任务。例如,浙江大学对"百人计划"入选者提出的工作目标是承担高质量教学工作,从事高水平科学研究,提高自身国际学术影响力等。[3] 浙江大学对待遇参照"两院"院士的"文科资深教授"的期望在于巩固提升基础学科发展水平,启动引领新兴交叉学科建设,组建领导重大决策研究团队,建设一流"思想库"和"智囊团"。[4] 再如,受聘为武汉大学杰出人才的"两院"院士、"特聘专家"等应承担讲授核心课程和前沿理论,协

---

① 陈洪捷,张应强,阎光才,等.人才问题与西部高等教育发展专题(笔谈)[J].重庆高教研究,2020(6):10.
② 陈洪捷,张应强,阎光才,等.人才问题与西部高等教育发展专题(笔谈)[J].重庆高教研究,2020(6):10.
③ 参见:2014年《浙江大学百人计划试行办法》。
④ 参见:2014年浙江大学"文科资深教授"招聘启事。

作取得国际领先水平的创新性研究成果,策划主持国际合作项目、国家重大科研项目,开展富有成效的国际合作与交流等。[①] 入选兰州大学萃英学者发展计划的特聘教授需要带领本学科在前沿领域进行探索,领导本学科学术梯队建设,主持国家级科研项目研究,发表高水平科研论文,还应讲授基础课和主干课程,指导硕博研究生。[②]

在明确岗位职责的基础上,还有一些大学对引进人才提出了更加具体的量化目标,确定了详细的任务清单。例如,云南大学特聘教授聘期内工作主要包括科研任务、队伍建设任务、教学与人才培养任务等三大类。就理工科特聘教授科研任务而言,其在聘期内应完成"作为首席专家主持国家'973'计划(含重大科学研究计划)项目、国家'863'计划重大项目、国家科技支撑计划项目(课题)或国家自然科学基金重大研究项目1项;以第一作者或通讯作者在《自然》或《科学》上发表论文1篇,或以第一作者在本学科SCI影响因子一区期刊发表论文2篇;作为第一获奖人获得国家自然科学奖、科学技术进步奖或技术发明奖二等奖及以上奖励1项,或作为第一排名人获得国家级教学成果一等奖"中的任意1项任务。同时,理工科特聘教授聘期内还至少应完成下列工作任务中的4项:"作为主持人申请获得国家自然科学基金重点项目1项,或主持国家自然科学基金一般项目2项;以第一作者或通讯作者发表学术论文被SCI、EI收录10篇以上,其中有3篇在本学科SCI影响因子二区期刊发表;作为第一获得者获得10个国家发明专利授权,且成果应用转化到校经费达到50万元以上;作为第一完成人获得省部级科技奖二等奖及以上奖励1项;领导本学科学术梯队建设,以负责人身份获得1个省部级重点实验室或工程研究中心;或以首席专家身份建成1个省部级创新团队;入选人力资源和社会保障部'百千万人才工程'国家级人选;主持的科研项目到校经费1 000万元以上。"[③]又如,河南大学黄河学者和特聘教授除承担特定教学任务、学科建设和人才培养任务外,还应在论文发表、项目主持等方面完成科研任务。作为第一作者或责任通讯作者并以河南大学为第一署名单位(下同),自然科学类黄河学者平均每年要在本专业

---

① 参见:2009年《武汉大学人才引进实施办法》。
② 参见:2011年《兰州大学萃英学者发展计划实施办法》。
③ 参见:2019年《云南大学特聘教授聘任暂行办法》。

SCI 三区以上(含,下同)刊物发表学术论文 2 篇以上,其中在 SCI 二区以上刊物发表学术论文至少 1 篇,自然科学类特聘教授平均每年在本专业 SCI 二区以上刊物发表学术论文 1 篇以上;聘期内,自然科学类黄河学者和特聘教授须至少新增主持 1 项国家自然科学基金面上以上项目。[①]

再次,大学还对学术精英实施聘期绩效考核与动态管理。高层次人才岗位职责中,科研突破方向讲求重点、科研攻关任务讲求明确,标志性成果要求高显示度,这便于大学管理者制定清晰的学术考核指标。实践中,不同大学对学术精英的考核方式多样、周期长短不一,考核结果往往作为是否续聘或薪酬调整的依据。根据《苏州大学高端人才计划实施办法》,无固定期限讲席教授免予考核,无固定期限特聘教授每满五年接受一次考核,五年聘期特聘教授于期满接受考核。[②] 根据《南昌大学高层次人才考核暂行办法》,学校对引进的杰出人才、学科领军人才、学科方向带头人等岗位职责履行情况、工作任务完成情况、学科建设情况以及在岗工作时间等进行年度和聘期考核,其中聘期考核又分为届中考核和届满考核,主要考察师德师风、创新质量、服务贡献和队伍建设等方面。[③] 发起于 2015 年的东北林业大学"5211"人才引进计划规定,学校对引进人才实行聘用合同管理,明确岗位任务,采用退出机制和动态管理机制加强对引进人才的评价与考核。[④]

总之,锦标赛制是中国大学学术精英流动的重要动因之一。处于学术锦标赛中的大学不仅要为知识生产与创新而引进学术精英,还要为优化评价指标、提升学术声誉、扩大学术影响而争夺学术精英。可以说,大力引进学术精英是大学赢得学术锦标赛的重要手段,学术精英流动是大学参与学术锦标赛的必然结果。随之而来的大学各类竞才策略对学术精英在不同地区、不同大学间的流动方式和流动方向具有显著影响。

在日益全球化的学术劳动力市场中,流动性已成为各类人才学术职业竞争力与成熟度的重要指标。虽然与职业匹配和知识溢出相关的积极效应和与学术惯例和社会资本中断相关的消极效应之间存在普遍的紧张关系,但流动性正

---

① 参见:2018 年《河南大学黄河学者和特聘教授岗位设置及聘任管理办法》。

② 参见:2017 年《苏州大学高端人才计划实施办法》。

③ 参见:2014 年《南昌大学高层次人才考核暂行办法》。

④ 参见:2015 年《东北林业大学 2015—2019 年人才引进规划("5211"人才引进计划)》。

成为学术职业不可或缺的一部分。对大学学术精英来说,由于流动对学术表现的影响或"正"或"负",因此其应对是否流动、流向何处以及如何流动、流动后如何等问题进行充分考量,理性判断流动的效益与风险。对大学而言,锦标赛制虽能够在一定程度上驱使高层次人才取得良好的学术表现,但基于薪酬刺激与绩效考核的外在因素难以持久,要更有效地调动人才的创新积极性和创造潜能、激发科技创新的内生动力与活力,则必须建立健全更加科学的激励机制。

第五章
学术精英流动与大学发展

    一流大学的办学实践表明了一流师资的重要价值,众多学者的学术研究论证了一流师资的重要意义。在经验与理论的引导下,后发大学越来越注重加强师资队伍建设,越来越主动引进各类学术精英。越来越多的大学管理者认识到,师资队伍、精英梯队是大学与学科发展的基础,是提高办学质量与学术水平的保障。在这一意义上,大学学术精英的流动不仅关乎自身的学术发展,还与大学与学科的发展相关。但由于影响大学发展的因素众多且复杂,来自学术精英流动的影响是具有不确定性的。那么,学术精英流动是否会对大学及其学科造成影响? 抑或造成多大程度的影响? 为回答这些问题,本章以 1999—2019 年间引进学术精英较多或流出学术精英较多的大学为案例,依据大学与学科排名的变化情况,分析学术精英流动对大学与学科发展的影响。① 其中,学术精英流动前后大学排名的变化情况兼顾软科世界大学学术排名(ARWU)和软科中国最好大学排名②;学术精英流动前后大学学科排名的变化情况参照教育部第二、第三、第四轮全国学科评估和软科中国最好学科排名③。

---

①   相关数据为人工采集,如有遗漏,敬请读者指正。

②   2003—2019 年软科世界大学学术排名数据统计时间区间为 2002—2018 年,2015—2019 年软科中国最好大学排名数据统计时间区间为 2013—2017 年。

③   教育部第二轮学科评估统计时段均为 2005 年 1 月 1 日至 2007 年 12 月 31 日;第三轮学科评估统计时段均为 2009 年 1 月 1 日至 2011 年 12 月 31 日;第四轮学科评估统计时段均为 2012 年 1 月 1 日至 2015 年 12 月 31 日;2017—2019 年软科中国最好学科排名数据统计时间区间为 2016—2018 年。为衡量某学科在所有参评学科中的相对位置,本研究将学科排名转换为位次百分位形式,以更直观地反映其在所有参评学科中的竞争力。

第一节　学术精英引进对大学的影响

为在短期内增加高层次人才储量,扩大高层次人才规模,我国大学人才政策既强调学术精英的内部培养,也强调学术精英的外部引进。而从节约时间成本与提高工作成效的角度看,大学人才工作的重心是创造条件吸引、引进校外学术精英。对于大学而言,引进的学术精英是否实现了其引才目标?抑或在多大程度上达到了其用人预期呢?对学术精英而言,其对引进大学是否做出了贡献?抑或在多大程度上达到了引进大学的引才预期呢?下面,针对学术精英对流入大学的影响进行简析。

一、"985 工程"大学学术精英引进及其影响

1999—2019 年,"985 工程"大学中 X1 大学、X2 大学引进学术精英的数量居于前列。为研究学术精英的引进对大学发展的影响,下面以学术精英流动"正差"为依据,结合学术精英引进总量,重点分析 X1 大学、X2 大学和 X3 大学学科排名变化情况。2003—2019 年,在软科世界大学学术排名[①]中,这三所"985工程"大学均有较大发展,进步最大的属 X2 大学,其从 2003 年的401—500 名提升到 2019 年的第 82 名。另外,从软科中国最好大学排名看,X1 大学和 X2 大学排位一前一后长期保持不变,X3 大学的位次在波动中存在稳定性。下文以 X1 大学、X2 大学和 X3 大学为例,具体说明"985 工程"大学引进学术精英的影响。

1. X1 大学引进学术精英的影响

不同知识领域学术精英的高度汇聚不仅有利于大学声誉的整体提升,还能够促进学科专业的快速发展。20 年间,X1 大学引进学术精英数量居全国高校首位,学术精英流动"正差"在"985 工程"大学中名列前茅。在此期间,X1 大学软科世界大学学术排名从 2003 年的第 301—400 名持续上升至 2019 年的第 70名,在软科中国最好大学排名中的位次长期保持在第 3 名。不论是世界排名的迅速提升还是国内领先地位的稳定保持,X1 大学学术精英引进战略的有效实

---

① 由于软科世界大学学术排名的呈现方式是区间排名,为提高操作性与可比性,故统一将其换算为中位数后进行比较。

施对此都具有十分重要的意义。在第二轮至第四轮全国学科评估期间(时段为2005—2015年),X1大学共引进学术精英15人,含"特聘教授"6人、"杰青"3人、"A类青年"5人和"优青"1人,分布于基础医学、电气工程、数学等12个一级学科中。在此期间,还有13位学术精英从控制科学与工程、土木工程、化学等11个学科流向其他院校。总体上,9个学科的学术精英流入量大于流出量,7个学科的学术精英流出量大于流入量,还有2个学科的学术精英流出量与引进量持平。从学科评估结果看(见图5-1),X1大学学术精英流动的18个学科中仅数学学科的位次百分位出现下降,其余17个学科的位次百分位均有不同程度的提升。虽然农业资源与环境、生物学的第三轮学科评估位次百分位较第二轮下降,但在第四轮学科评估中得到显著提升。在此之前,X1大学于2014年各引进1位农业资源与环境"特聘教授"和生物学"A类青年",这在一定程度上助推了相关学科评估成绩的提高。

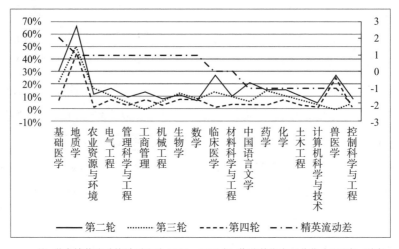

注:学术精英流动统计时段为2005—2015年;若学科位次百分位为"0%",则表示该学科未参与当轮学科评估。"精英流动差"指大学学术精英流入量与流出量之差,其值为"正数"表示学术精英流入量大于流出量,"负数"则表示学术精英流入量小于流出量。下同。

图5-1 X1大学学术精英流动学科的学科评估位次百分位变化情况

在软科中国最好学科排名统计时段(2016—2018年,下同)内,X1大学的力学、生物学、计算机科学与技术等13个一级学科共引进16位学术精英,化学工程与技术、电子科学与技术、管理科学与工程等8个一级学科共流出9位学术精英。如图5-2所示,X1大学学术精英流动学科位次百分位下降率远高于上升率,前者的学科数已超过后者的3倍。11个学术精英流动"正差"学科中有7个学科的位次百分位出现下降情况,其中,于2018年引进1位"特聘教授"的兽医学最多退步23.81%,2016年引进2位"A类青年"、2017年引进1位"杰青"的生物学最少退步0.42%。历史学因2018年引进1位"特聘教授"而成为学术精英流动"正差"学科,虽然2019年的学科位次百分位较2018年略微下降0.31%,但其仍是2017—2019年排名位次百分位上升幅度最大的学科。

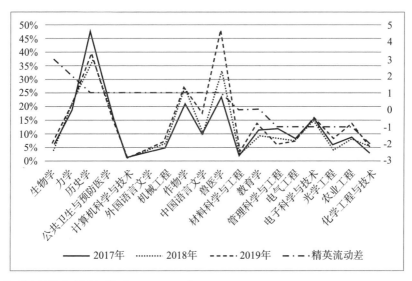

注:学术精英流动统计时段为2016—2018年。

图5-2　X1大学学术精英流动学科软科中国最好学科排名位次百分位变化情况

2. X2大学引进学术精英的影响

X2大学学术精英引进数量仅次于X1大学,学术精英流动"正差"在"985工程"大学中名列第2位。自2003年首次进入软科世界大学学术排名后至2019年,X2大学的全球位次从最初的401—500名持续上升至2019年的第82名,进步幅度在300名以上;在2015年软科中国最好大学排名中,X2大学紧随X1大学,稳定处于第4名。与其他大学一样,高层次人才引进与培养也是X2大学不断增强学科竞争力、扩大学术影响力以及提高办学水平、提升学校声誉的重要举措。大学发展的基石是学科,只有一流的学科才能造就一流的大学。因此,在学科层面引进、留住并用好各类学术精英,对学科发展、对一流大学建设至关重要。

在第二轮至第四轮学科评估期间,物理学、数学、化学工程与技术、交通运输工程、管理科学与工程等 13 个学科共引进 20 位学术精英,含 1 位中国科学院院士、9 位"特聘教授"、5 位"杰青"、4 位"A 类青年"和 1 位"优青";生物学、材料科学与工程、光学工程等 7 个学科共流出 9 位学术精英,含 6 位"特聘教授"、2 位"杰青"和 1 位"B 类青拔"。如图 5-3 所示,X2 大学 17 个学术精英流动学科中有 11 个学科呈现学术精英流动"正差",5 个学科呈现学术精英流动"负差"。结合第二至第四轮学科评估结果看,除光学工程、化学工程与技术至多参与一次学科评估外,其余学科位次百分位上升率为 93.33%,略低于 X1 大学。在引进学术精英的若干学科中,数学进步最大,作为当前 A 类学科,其在 61 所高校参与的第二轮学科评估中仅排在第 15 名,而此后两轮学科评估位次百分位都较上一轮提高了 10% 以上。事实上,在第三轮、第四轮学科评估期内,分别有 1 位"特聘教授"和 1 位"A 类青年"被引入 X2 大学数学学科。此外,于2017 年成功跻身 A 类学科的物理学属于学术精英流动"正差"最大的学科,先后引进 2 位"杰青"、1 位"特聘教授"和 1 位"A 类青年",其学科评估位次百分位也从第二轮的 16.36% 提升至第四轮的 2%—5%。

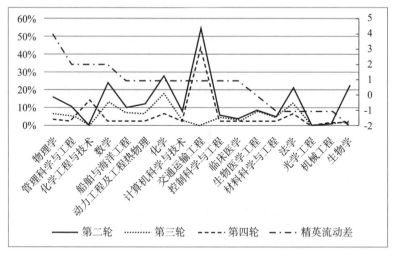

注:学术精英流动统计时段为 2005—2015 年;若学科位次百分位为"0%",则表示该学科未参与当轮学科评估。

图 5-3   X2 大学学术精英流动学科的学科评估位次百分位变化情况

2017—2019 年,X2 大学共引进 10 位学术精英,分布于食品科学与工程、法学、基础医学、信息与通信工程等 9 个学科领域;同时,物理学、材料科学与工程、计算机科学与技术、中国语言文学等8个学科共流出10位学术精英,含1位中国科学院院士、4位"特聘教授"、3位"杰青"和2位"A类青年"。总体上看,如图5-4所示,X2大学学术精英流动"正差"学科有7个,"负差"学科有6个,另有2个学科的学术精英流入量等于流出量。从学科排名看,X2大学学术精英流动学科位次百分位上升率为53.33%,其中学术精英流动"正差"学科、"负差"学科位次百分位上升率分别为57.14%和50%。作为引进学术精英最多的学科,食品科学与工程学科位次百分位连续上升,全国排名从前25%提升至前13%;作为位次百分位上升幅度最大的学科,法学这一学科自2016年引进1位"B类青拔"后尚未再次引入其他国家级学术精英。虽然电子科学与技术、生物医学工程以及生物学各引进1位学术精英,但学科位次百分位全部出现下降情况。其中,生物医学工程自2018年引进1位"A类青年"后,2019年学科位次百分位较2018年降低2.43%,较2017年降低2.09%。由此可见,学术精英流入之于大学学科发展的效应并不总是积极的、正向的,学术精英流动的影响因学科而异。

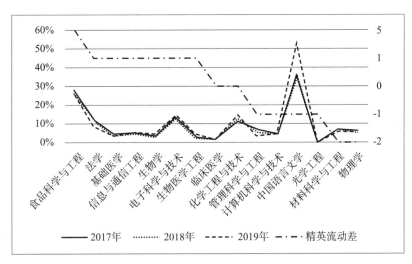

注:学术精英流动统计时段为2016—2018年;若学科位次百分位为"0%",则表示该学科当年未上榜。

图5-4　X2大学学术精英流动学科软科中国最好学科排名位次百分位变化情况

3. X3大学引进学术精英的影响

在"985工程"大学中,X3大学的学术精英引进量居第6位,学术精英流动"正差"排第3位。自2007年首次进入软科世界大学学术排名后至2019年,X3大学从第 403—510 名发展至 2019 年的第 201—300 名；在软科中国最好大学排名中，X3 大学除 2016 年跻身第 12 名外，其他年份主要徘在第 18 名或第 19 名。

据统计，X3 大学从 2012 年开始陆续引进各类学术精英共 17 位，含"特聘教授"5 人、"杰青"6 人、"A 类青年"2 人、"B 类青拔"1 人和"优青"3 人。在全国学科评估期内，X3 大学的数学、材料科学与工程学科分别引进 2 位学术精英，化学、物理学和土木工程等学科共流出 4 位学术精英。根据第二至第四轮学科评估数据（见图 5-5），X3 大学有 3 个学术精英流动学科至多参与了一轮学科评估，其中包括学术精英净流入人数最多的数学学科。除此之外，材料科学与工程、土木工程学科位次百分位持续上升，前者于 2014 年引进 1 位"杰青"和 1 位"A 类青年"，2015 年流出 1 位"特聘教授"，后者于 2012 年流出 1 位"特聘教授"。

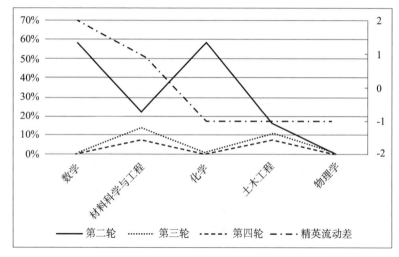

注：学术精英流动统计时段为 2005—2015 年；若学科位次百分位为"0％"，则表示该学科未参与当轮学科评估。

图 5-5 X3 大学学术精英流动学科的学科评估位次百分位变化情况

2016—2019 年，X3 大学化学、数学、计算机科学与技术、材料科学与工程等 8 个学科集中引进 13 位学术精英，占比达 76.47％。如图 5-6 所示，除水利工程学科位次百分位明显下降外，其余 5 个学术精英流动"正差"学科均有不同程度的发展。自 2016 年引入 2 位"特聘教授"后，数学学科位次百分位快速提升，成为进步幅度最大的学科；作为学术精英引进最多的学科，化学学科于 2016 年引进 2 位"特聘教授"、于 2018 年引进 1 位"杰青"，其 2018 年的位次百分位较 2017 年提升

10.11％,2019 年的位次百分位又较 2018 年提升 1.02％,进步幅度仅次于数学学科。虽然水利工程学科于 2018 年引进 1 位"A 类青年",但位次百分位却于 2019 年出现急剧下滑,这使其整体位次"断崖式"下跌 7.9％。

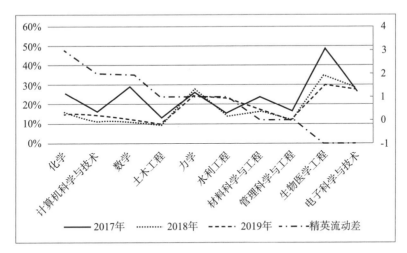

注:学术精英流动统计时段为 2016—2018 年;若学科位次百分位为"0％",则表示该学科当年未上榜。

图 5-6　X3 大学学术精英流动学科软科中国最好学科排名位次百分位变化情况

二、"211 工程"大学学术精英引进及其影响

1999—2019 年,"211 工程"大学学术精英引进量居于前四的 Y1 大学、Y2 大学、Y3 大学和 Y4 大学,自 2008 年开始集中引进"特聘教授""杰青""四青"等学术精英。其中,Y2 大学、Y4 大学、Y1 大学分别于 2009 年、2013 年和 2016 年出现引才"高峰"。结合同期学术精英流出情况看,这四所"211 工程"大学在 2014 年之前的学术精英流入量都大于或等于流出量,然而自 2015 年开始,Y3 大学、Y4 大学和 Y2 大学先后出现不同程度的精英流动"负差",其中 Y2 大学在 2018 年一度面临数位"杰青""A 类青年""青年学者"和"优青"净流出的问题。

在软科世界大学学术排名中,这四所"211 工程"大学的上榜时间相对较晚。继 Y2 大学之后,Y3 大学在 2018 年成为第二个入榜高校,Y1 大学、Y4 大学直到 2019 年才跻身世界大学学术排名之列。虽然 Y2 大学进入软科世界大学学术排名的时间较早,但其位次在 2016—2018 年间一直处于第 201—300 名之间,直到 2019 年才上升至第 151—200 名;与 Y2 大学相比,Y3 大学起步时间

晚、起步位次低,但仅一年时间其排名就从第 401—500 名提升至第 301—400 名,上升速度和幅度均超过前者。另外,从软科中国最好大学排名看,Y2 大学与 Y3 大学处于第一方阵,Y1 大学与 Y4 大学则相对靠后。5 年间,Y1 大学和 Y2 大学的国内排名都有所提升,前者进步最大并于 2017 年开始超越 Y4 大学;Y3 大学位次时有升降,但总体上较为平稳。下文以 Y1 大学、Y4 大学、Y3 大学和 Y2 大学为例,具体说明"211 工程"大学引进学术精英的影响。

1. Y1 大学引进学术精英的影响

作为"211 工程"大学学术精英引进人数与学术精英流动"正差"的"双榜首",Y1 大学在第二至第四轮全国学科评估期间净流入 3 位"特聘教授"和 2 位"杰青",覆盖生物学、药学、应用经济学、土木工程、计算机科学与技术等 5 个学科。如图 5-7 所示,除土木工程未参与学科评估外,其余 4 个学科至少参与了两轮评估,且学科位次百分位均有不同幅度的上升。具体而言,计算机科学与技术是进步最大的学科,其虽未参与第三轮评估,但在第四轮评估中成功跻身"B"类学科,位次百分位较第二轮上升 37.86%,在此之前有 1 位"杰青"于 2015 年正式加盟;作为"B+"学科,生物学和应用经济学分别于 2013 年、2015 年引进 1 位"特聘教授",二者的第四轮学科评估位次百分位较第二轮的提升幅度皆在 12% 以上。

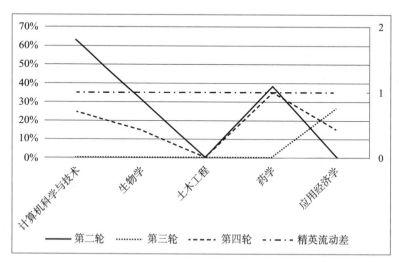

注:学术精英流动统计时段为 2005—2015 年;若学科位次百分位为"0%",则表示该学科未参与当轮学科评估。

图 5-7 Y1 大学学术精英流动学科的学科评估位次百分位变化情况

2016—2019 年,Y1 大学不仅引进了 2 位"特聘教授"、5 位"杰青"、1 位"B 类青拔"和 1 位"优青",还流出了 1 位"特聘教授"、1 位"杰青"和 1 位"优青",所涉学科包含环境科学与工程、化学、临床医学、中国语言文学、中医学、光学工程、力学和生物学等。如图 5 - 8 所示,Y1 大学学术精英流动学科位次百分位下降率为 37.5%,而相关学科皆为学术精英净流入学科,其中中医学虽然曾于 2016 年引进 1 位"特聘教授",但位次百分位从 2018 年开始连续下降,整体降幅已超过57%。对于引进学术精英最多的环境科学与工程学科而言,其学科位次百分位随学术精英流入而持续上升:2016 年引进 1 位"杰青"和 1 位"优青",2017 年又引进1 位"杰青",此后 2018 年学科位次百分位较 2017 年提升 18.30%,2019 年又较2018 年提升 5.04%,整体进步幅度在 23% 以上。

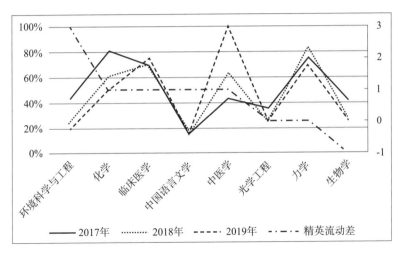

注:学术精英流动统计时段为 2016—2018 年。

图 5 - 8　Y1 大学学术精英流动学科软科中国最好学科排名位次百分位变化情况

2. Y4 大学引进学术精英的影响

2005—2015 年,Y4 大学共引进 4 位"特聘教授"和 2 位"杰青",在"211 工程"大学中,其学术精英引进量与学术精英流动"正差"都居第 3 名。如图 5 - 9 所示,除仅参与一轮评估的生物学外,土木工程、电子科学与技术、材料科学与工程、电气工程、管理科学与工程这 5 个学科的位次百分位均有提升。其中,于 2011 年引进 1 位"特聘教授"的土木工程学科是位次百分位进步幅度最大的学科:第三轮较第二轮上升 48.55%,第四轮又比第三轮上升 9.78%,进而被评为"B"类学科。

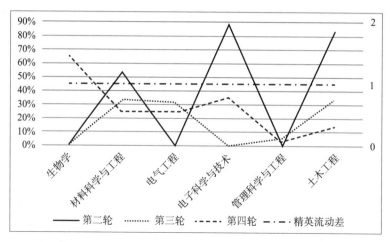

注:学术精英流动统计时段为2005—2015年;若学科位次百分位为"0％",则表示该学科未参与当轮学科评估。

图5-9　Y4大学学术精英流动学科的学科评估位次百分位变化情况

在2017—2019年软科中国最好学科排名数据统计期间,Y4大学先引进1位学术精英,而后又相继流出2位学术精英。如图5-10所示,于2016年引进1位"特聘教授"、于2018年流出1位"杰青"的生物学学科位次百分位变动较大,2017年至2018年的良好态势因2019年的"未上榜"而迅速中断。电气工程学科位次百分位虽整体提升,但2018年却出现下降情况,而在此之前有1位"杰青"于2017年流向了中部"985工程"大学。

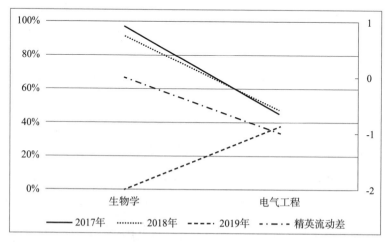

注:学术精英流动统计时段为2016—2018年;若学科位次百分位为"0％",则表示该学科当年未上榜。

图5-10　Y4大学学术精英流动学科软科中国最好学科排名位次百分位变化情况

3. Y3 大学引进学术精英的影响

经统计,Y3 大学在第二至第四轮学科评估期间共引进 5 位学术精英,含"特聘教授"3 位、"杰青"2 位,分布于化学、控制科学与工程、信息与通信工程、材料科学与工程以及环境科学与工程等学科。总体上,Y3 大学学术精英流动学科位次百分位上升率为 50%,下降率为 16.67%。由图 5-11 可知,作为进步幅度最大的学科,控制科学与工程的位次百分位长期持续上升,2012 年其从"985 工程"大学引进 1 位"杰青",后经第四轮评估成功跻身"B+"学科之列。环境科学与工程虽在第三轮评估中出现位次百分位下降的问题,但整体上仍有较大进步,在曲折前进的过程中有 1 位"杰青"先于 2010 年流入,后于 2015 年流出。

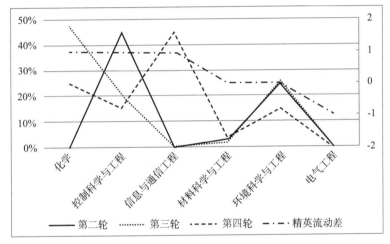

注:学术精英流动统计时段为 2005—2015 年;若学科位次百分位为"0%",则表示该学科未参与当轮学科评估。

图 5-11　Y3 大学学术精英流动学科的学科评估位次百分位变化情况

2016—2019 年,Y3 大学先后引进、流出学术精英各 1 位。如图 5-12 所示,2016 年引进"杰青"的化学工程与技术学科的位次百分位,因 2019 年急剧下降 6.24% 而整体退步;2017 年流出"杰青"的控制科学与工程学科的位次百分位,因 2018 年、2019 年平均上升 4.06% 而持续进步。

4. Y2 大学引进学术精英的影响

Y2 大学学术精英引进规模仅次于 Y1 大学,但因较大的精英流出量,其精英流动"正差"远小于后者。作为在软科世界大学学术排名和中国最好大学排名中均有明显进步的"211 工程"大学,Y2 大学的第二至第四轮学科评估表现也较为突出。在

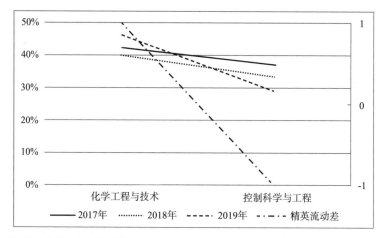

注:学术精英流动统计时段为 2016—2018 年。

图 5-12　Y3 大学学术精英流动学科软科中国最好学科排名位次百分位变化情况

此期间,基础医学、生物学、物理学、机械工程、材料科学与工程这 5 个学科共引进 6 位学术精英,含中国科学院院士 1 位、"特聘教授" 3 位和"杰青" 2 位。如图 5-13 所示,除物理学仅参与一轮评估外,其余四个学科的位次百分位全部提升,上升率达 80%。作为引进学术精英最多、位次百分位上升幅度最大的学科,基础医学于 2009 年、2010 年分别从"985 工程"大学引进 1 位"杰青"和 1 位"特聘教授",此后第三轮评估位次百分位较第二轮上升 39.69%,第四轮又比第三轮上升 14.55%,顺利进入"B+"学科行列。此外,材料科学与工程学科在中国科学院院士、"特聘

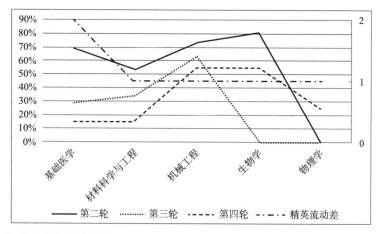

注:学术精英流动统计时段为 2005—2015 年;若学科位次百分位为"0%",则表示该学科未参与当轮学科评估。

图 5-13　Y2 大学学术精英流动学科的学科评估位次百分位变化

教授"杰青"等一批引进学术精英的引领和支撑下,学科评估位次百分位从第二轮的 53.62％迅速发展为第四轮的 10％—20％,与基础医学一同成为"B＋"学科。

　　2016 年起,Y2 大学开始出现学术精英密集离职状况,精英引进量远不及流出量。据统计,2017—2019 年陆续有 1 位"特聘教授"、1 位"杰青"、1 位"青年学者"、2 位"A 类青年"和 2 位"优青"流向其他院校。如图 5 - 14 所示,Y2 大学学术精英流动学科位次百分位上升率仅为 33.33％,化学、管理科学与工程学科自 2016 年引进 1 位"A 类青年"和 1 位"B 类青拔"后,学科位次百分位上升幅度平均超过 4％。公共管理、计算机科学与技术等 4 个学科的位次百分位随学术精英净流出而显著下降,其中物理学的良好发展趋势随 2018 年 1 位"杰青"和 1 位"A 类青年"的离职而被逆转,2019 年学科位次百分位不仅较 2018 年降低 5.02％,还比 2017 年低 4.60％。

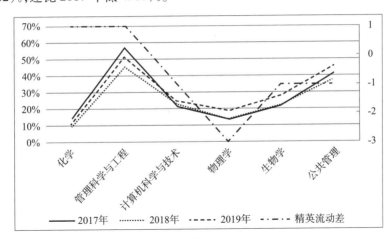

注:学术精英流动统计时段为 2016—2018 年。

图 5 - 14　Y2 大学学术精英流动学科软科中国最好学科排名位次百分位变化情况

三、　普通院校学术精英引进及其影响

　　为分析学术精英流入对普通院校的影响,我们首先以学术精英流动"正差"为依据,将排在前 3 名的 Z1 大学、Z2 大学、Z3 大学和 Z4 大学(与 Z3 大学并列)筛选出来,其次结合引进学术精英总量,将排在前 3 名的 Z5 大学也作为研究案例。在软科世界大学学术排名中,除 Z4 大学未上榜外,其余 4 所大学都于 2019 年首次进入榜单,排名依次为 Z2 大学、Z1 大学、Z5 大学和 Z3 大学。根据软科中国最好大学排名,除 Z5 大学整体名次下降外,其余 4 所大学皆呈上升趋势。

2015—2019 年,Z2 大学进步幅度最大,从 2015 年的第 106 名上升至 2019 年的第 58 名,Z3 大学进步 24 名。Z1 大学虽然建校时间短、上榜时间晚,但首次排名即居第 43 位,已经远远超过其他院校。下文以 Z1 大学、Z2 大学、Z4 大学、Z5 大学和 Z3 大学为例,具体说明普通院校引进学术精英的影响。

1. Z1 大学引进学术精英的影响

从建校至 2019 年,Z1 大学在普通院校中的学术精英引进量、学术精英流动"正差"均居首位。2016 年以前,物理学、力学、生物学等 9 个学科共引进 13 位学术精英,含中国科学院院士 2 位,"特聘教授""杰青""优青"各 1 位,还有"A 类青年"8 位。虽然建校时间短,但 Z1 大学有越来越多的学科出现在软科中国最好学科排名中。2016—2019 年间,共有 3 位中国科学院院士、4 位"特聘教授"和 12 位"A 类青年"流入 Z1 大学,覆盖电子科学与技术、材料科学与工程、物理学、生物学等 9 个一级学科。生物学、物理学、电子科学与技术学科于 2018 年进入软科中国最好学科排名,2019 年的学科位次百分位均显著提升(如图 5-15 所示)。其中,作为引进学术精英最多的学科,电子科学与技术学科在 2016 年、2017 年共引进 1 位"特聘教授"和 3 位"A 类青年",而 2019 年学科位次百分位较 2018 年提高 3.44%;作为进步最大的学科,生物学 2019 年位次百分位较 2018 年上升 18.62%,在此之前,1 位"985 工程"大学动物学领域的"特聘教授"

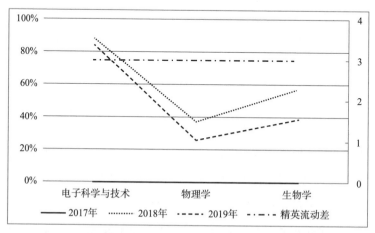

注:学术精英流动统计时段为 2016—2018 年;若学科位次百分位为"0%",则表示该学科当年未上榜。

图 5-15 Z1 大学学术精英流动学科软科中国最好学科排名位次百分位变化情况

于 2018 年受聘为 Z1 大学的讲席教授;2016 年引进 1 位中国科学院院士和 1 位"A 类青年"、2017 年又引进 1 位"A 类青年"的物理学,2018 年首次上榜位次即在全国前 25%,2019 年则已进入全国前 14%,学科位次百分位提升迅速。

2. Z2 大学引进学术精英的影响

不论是学术精英引进量还是学术精英流动"正差",Z2 大学都仅次于 Z1 大学。2011—2015 年,共有 4 位"特聘教授"、2 位"杰青"、5 位"A 类青年"和 1 位"优青"流入光学工程、基础医学、控制科学与工程、生物学等 8 个学科,其中 5 个学科有且仅参与了第四轮全国学科评估,获评 1 个"B+"学科、2 个"B"类学科、1 个"C+"学科和 1 个"C-"学科。2016—2019 年,Z2 大学陆续引进 2 位"杰青"和 2 位"A 类青年",分布在基础医学、材料科学与工程、信息与通信工程、生物医学工程这 4 个学科,这些学科在软科中国最好学科排名中的位次百分位不断攀升(如图 5-16 所示)。其中,基础医学学科进步最大,2018 年位次百分位较 2017 年提高 19.63%,2019 年又较 2018 年提升 14.01%。为推动该学科快速发展,Z2 大学于 2017 年引进 1 位"杰青",其不仅是广东省新发传染病诊治重点实验室主任,还是国家传染病重大专项结核组评审专家和国家自然科学基金项目评审专家。除基础医学外,材料科学与工程也是 Z2 大学近年发展势头良好的一个学科,1 位作为全国百篇优秀博士论文指导教师、湖北省有机高分子光电功能材料重点实验室主任的"杰青"于 2017 年正式加盟,其科研团队也同时流入 Z2 大学。

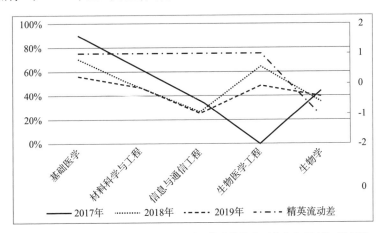

注:学术精英流动统计时段为 2016—2018 年;若学科位次百分位为"0%",则表示该学科当年未上榜。

图 5-16 Z2 大学学术精英流动学科软科中国最好学科排名位次百分位变化情况

3. 其他三所大学引进学术精英的影响

在普通院校中,Z4大学学术精英引进量居第4位,学术精英流动"正差"居第3位。在第二至第四轮全国学科评估期间,数学、地质学、材料科学与工程这3个学科净流入4位"特聘教授",其中仅数学学科参与了历次评估,其他两个学科尚未参评。如图5-17所示,数学学科虽然于2013年引进2位"特聘教授",但其位次百分位却在第四轮全国学科评估时出现下降情况,尽管如此,该学科在10年内仍取得了较大发展。2018年,Z4大学从"985工程"大学引进1位"A类青年",其所属生物学在软科中国最好学科排名中表现不佳,2019年学科位次百分位不仅较2018年降低3.25%,还较2017年降低5.09%。

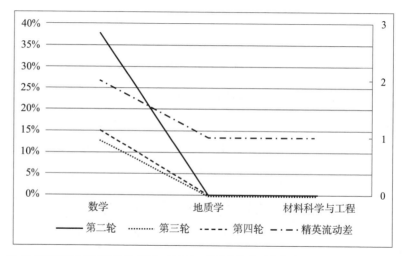

注:学术精英流动统计时段为2005—2015年;若学科位次百分位为"0%",则表示该学科未参与当轮学科评估。

图5-17 Z4大学学术精英流动学科的学科评估位次百分位变化情况

20年间,Z5大学学术精英引进量与流动"正差"分别排在普通院校的第4位和第5位。第二至第四轮全国学科评估期间,计算机科学与技术、物理学和哲学这3个学科共引进1位中国科学院院士、1位"特聘教授"、1位"杰青"和1位"优青"。由图5-18可知,物理学学科位次百分位进步幅度最大,从第二轮的90.91%上升至第三轮的54.02%,因在第四轮127所参评单位中处于40%—50%,故被评为"C+"学科。2009年该学科成功从X4大学理学院、理论物理研究中心引进1位中国科学院院士,并聘其为海峡两岸统计物理与凝聚态理论研究中心主任。据人民网相关报道,10 年间,这位全职院士不仅为 Z5 大学培养、引进了一大批人才,还将基础薄弱的物理学建设成为省重点学科,进而建立起 Z5 大学院士专家工作站。2016—2019 年,Z5 大学引进 1 位哲学学科的"特聘教授",也流出 1 位教育学学科的"特聘教授"。在软科中国最好学科排名中,教育学位次百分位逐年退步,且 2019 年较 2018 年急速下降 5%。

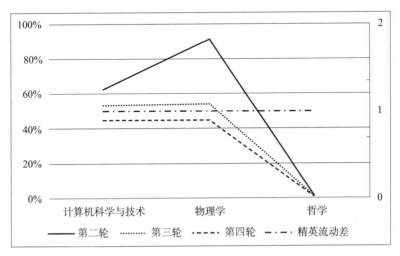

注:学术精英流动统计时段为 2005—2015 年;若学科位次百分位为"0%",则表示该学科未参与当轮学科评估。

图 5-18　Z5 大学学术精英流动学科的学科评估位次百分位变化情况

与 Z5 大学相比,Z3 大学学术精英引进量虽少,但精英流动"正差"却较大。在软科中国最好学科排名期间,材料科学与工程、信息与通信工程、化学工程与技术这 3 个学科共引进 1 位"杰青"和 2 位"A 类青年"。如图 5-19 所示,材料科学与工程学科 2019 年位次百分位虽有下降,但整体仍上升 19.67%;相继于 2016 年、2017 年引进 1 位"A 类青年"的化学工程与技术和信息与通信工程这 2 个学科,发展势头强劲有力,后者 2019 年位次百分位较 2018 年大幅提升 34%以上。

综上,学术精英流入与学科位次百分位变化之间并不存在明显的一致性,既有学术精英流入、位次百分位上升的学科,也有学术精英流动"正差"、位次百分位下降的学科。如图 5-20 所示,根据第二至第四轮全国学科评估看,精英流入学科与流出学科、精英流动"正差"与"负差"学科的位次百分位下降率都低于上升率;在软科中国最好学科排名中除精英流动"负差"学科位次百分位上

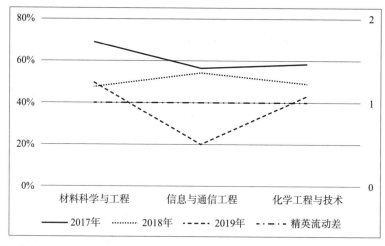

注:学术精英流动统计时段为2016—2018年。

图 5-19 Z3 大学学术精英流动学科软科中国最好学科排名位次百分位变化情况

升率低于下降率外,精英流入学科、流出学科和精英流动"正差"学科上升率都高于下降率。对学术精英流入大学而言,学术精英流动的积极效应不仅体现在软科中国最好学科排名中,还体现在第二至第四轮全国学科评估中。当某一学科学术精英引进量大于流出量时,其位次百分位更有可能得到提升。

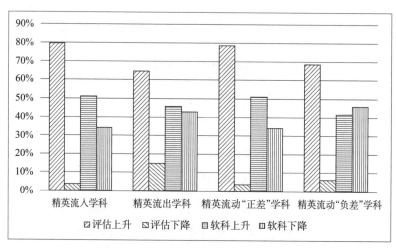

图 5-20 学术精英流入大学各类学科评估与排名位次百分位变化情况

学术精英流入对不同层次、不同类别大学与学科发展的影响也是不同的。如图 5-21 所示,在第二至第四轮全国学科评估中"985 工程"大学、"211 工程"大学和普通院校精英流入学科上升率都高于下降率,精英流动"正差"学科下降

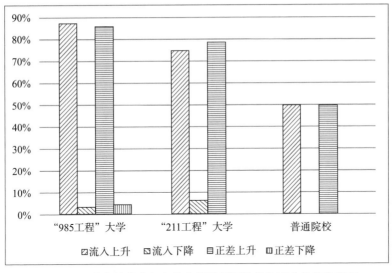

图 5 – 21　学术精英流入各类大学学科评估位次百分位变化情况

率都低于上升率。相较而言,"985 工程"大学精英流入学科上升率、精英流动"正差"学科上升率与下降率均高于"211 工程"大学和普通院校,而精英流入学科下降率最高的是"211 工程"大学。由图 5 – 22 可知,普通院校精英流入学科上升率和精英流动"正差"学科上升率处于领先地位,"211 工程"大学精英流动"正差"学科下降率最高,而"985 工程"大学则是精英流入学科下降率最高。此外,"985 工程"大学不仅精英流入学科上升率等于下降率,而且精英流动"正

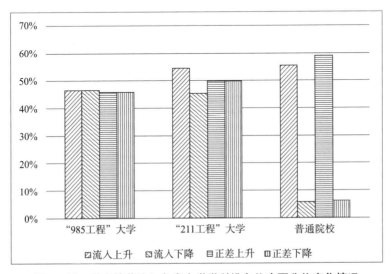

图 5 – 22　学术精英流入各类大学学科排名位次百分位变化情况

差"学科上升率也等于下降率;"211 工程"大学虽然精英流入学科上升率高于下降率,但精英流动"正差"学科上升率却等于下降率;普通院校精英流入学科和精英流动"正差"学科上升率都高于下降率。由此,普通院校较"985 工程"大学和"211 工程"大学具有更高的学术精英流动敏感性,学术精英引进对其学科发展的促进作用更加突出;因长期重点建设,"985 工程"大学和"211 工程"大学具有扎实的学术基础和充裕的学术资源,学科水平与成熟度往往较普通院校更高,其对学术精英流入的敏感性总体不如普通院校明显。

第二节　学术精英流出对大学的影响

从人事关系方面来看,一位学术精英流入一所大学必定意味着从另一所大学流出。因此,大学学术精英流动至少牵涉三方关系,除精英本人外,还包括原任职大学与现任职大学。我们在研究学术精英流动对流入大学影响的同时,也需要分析学术精英流动对流出大学的影响。在现有研究中,有些学者指出大学"挖人"行为对另一所大学的恶劣影响,还有不少学者强调学术精英流失对中西部大学的严重影响。基于此,下面试分析学术精英流出是否如相关学者认为的那样,必然会对若干大学与学科发展形成较大挑战。

一、"985 工程"大学学术精英流出及其影响

在"985 工程"大学中,我们首先根据学术精英流动"负差",以排名第一的X4 大学为例说明,其次按照学术精英流出量占本校学术精英总量比例,将排在前两位的 X5 大学和 X6 大学筛选出来。此外,西部的 X7 大学的学术精英流出量占本校学术精英总量的比例在"985 工程"大学中处于前 10 位,虽然它不是学术精英流出最多的大学,却是学术精英流动"负差"最大的大学。因此,X7 大学成为西部地区学术精英流出高校的重点分析对象。

结合软科世界大学学术排名,这 4 所"985 工程"大学都有不同程度的进步:X6 大学进步幅度最大,从 2003 年的 401—500 名发展为 2019 年的 201—300名;X4 大学位次也有较大提升,从 2003 年的 301—400 名成为 2019 年的 151—200 名;X7 大学和 X5 大学上榜时间较晚,二者分别于 2007 年、2016 年进入榜

单。根据软科中国最好大学排名,X4 大学总体平稳,X5 大学逐步上升。X6 大学和 X7 大学均出现下降趋势,前者 2019 年排名较 2015 年下降 4 位,后者 2019 年排名较 2015 年下降 1 位。下文以 X5 大学、X6 大学、X7 大学和 X4 大学为例具体说明"985 工程"大学流出学术精英的影响。

1. X5 大学流出学术精英的影响

X5 大学学术精英流出量占本校学术精英总量的比例约为 23.53％,居"985 工程"大学之首。2005—2015 年,环境科学与工程、物理学、化学、电子科学与技术等 8 个学科共流出 9 位学术精英,含"特聘教授"6 位、"杰青"2 位和"A 类青年"1 位。

根据第二至第四轮全国学科评估结果(如图 5-23 所示),这 8 个学科位次百分位下降率为 12.5％,上升率达 62.5％。其中,环境科学与工程学科净流出 1 位"特聘教授"和 1 位"杰青",前者为国家"973""863"重大科技项目首席科学家,后者为"985"工程首席科学家,曾获 2005 年国家科学技术进步二等奖,并担任校水污染控制技术研究中心领导职务。学术精英流出后,环境科学与工程学科的第四轮学科评估位次百分位较第三轮出现下滑,降幅为 5.24％。此外,机械工程学科位次百分位整体虽呈上升趋势,但在某些时段略有波动,如第三

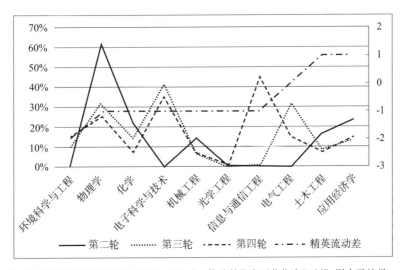

注:学术精英流动统计时段为 2005—2015 年;若学科位次百分位为"0％",则表示该学科未参与当轮学科评估。

图 5-23　X5 大学学术精英流动学科的学科评估位次百分位变化情况

轮评估较第二轮提升 8.40%,第四轮较第三轮下降 1.62%。2009 年,1 位作为科技部 X5 大学"国家高效磨削工程技术研究中心"总工程师的"特聘教授"离职,其还是 2001 年机械工程学科的首位"特聘教授"。

2016—2019 年,X5 大学共流出 1 位"特聘教授"、2 位"杰青"和 2 位"A 类青年",涉及电气工程、机械工程、数学、化学和生物学这 5 个学科,另外,化学、电子科学与技术学科还于 2017 年分别引进 1 位"B 类青拔"。在软科中国最好学科排名(如图 5-24 所示)中,X5 大学学术精英流动学科位次百分位均有提升。学术精英流动"负差"学科进步最大的是生物学,其虽于 2017 年流出 1 位"A 类青年",却于 2018 年首次进入排名榜单,而且 2019 年的学科位次百分位还提升了 7%。同学科评估一样,机械工程学科的软科中国最好学科排名也具有波动上升的特征:2017 年,作为该校特种装备先进设计与仿真教育部重点实验室主任、机械与运载工程学院副院长,曾获 2013 年国家科学技术进步二等奖(排名第二)的"杰青"离职流向普通院校之后,该学科 2018 年的位次百分位略微下降,2019 年又略有回升。

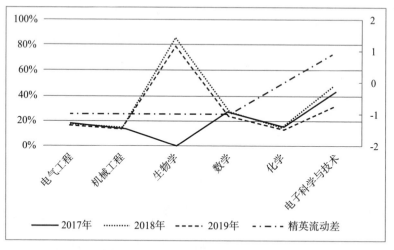

注:学术精英流动统计时段为 2016—2018 年;若学科位次百分位为"0%",则表示该学科当年未上榜。

图 5-24　X5 大学学术精英流动学科软科中国最好学科排名位次百分位变化情况

2. X6 大学流出学术精英的影响

X6 大学学术精英流出量占本校学术精英总量的比例在 20% 以上,仅次于

N 大学。第二至第四轮全国学科评估期间,先后有 1 位中国科学院院士、10 位"特聘教授"和 2 位"杰青"从化学、数学、机械工程等 8 个学科流向其他院校。尽管如此,X6 大学学术精英流出学科评估位次百分位上升率仍达 75%,除 2 个学科仅参与第四轮评估外,并没有学科出现整体下降的问题(如图 5 - 25 所示)。例如,化学是学术精英流出最多、学术精英流动"负差"最大的学科,仅 2008 年就有 1 位中国科学院院士和 2 位"特聘教授"离开,2012 年后又有 2 位"特聘教授"流向其他院校。虽然学术精英流出不少,但自第二轮学科评估之后,化学学科位次百分位不降反升,在第四轮学科评估中被评为"A"类学科,进入全国前 5%。在学术精英流动学科良好发展的背景下,数学学科的第三轮评估位次百分位出现下降情况,事实上 2010 年曾有 2 位"特聘教授"先后流出:其中一位是两届国务院学位委员会数学学科评审组成员,国家级教学名师,曾获高等学校自然科学奖二等奖;另一位不仅是数学理论和科学计算相关领域国际领军人才,还是"特聘专家"。

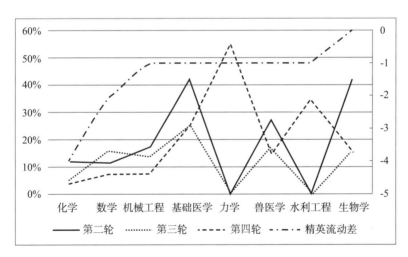

注:学术精英流动统计时段为 2005—2015 年;若学科位次百分位为"0%",则表示该学科未参与当轮学科评估。

图 5 - 25 X6 大学学术精英流动学科的学科评估位次百分位变化情况

2016—2018 年,X6 大学流出 1 位中国工程院院士、2 位"特聘教授"和 1 位"A 类青年",涉及生物学、材料科学与工程、电子科学与技术、生物医学工程这 4 个学科,另有 1 位中国科学院院士流入化学学科。如图 5 - 26 所示,在这 5 个学科的位次百分位都出现不同程度的下降。作为退步最大的学科,生物学的位次百分位从 2017 年的 18.42％连续下滑至 2019 年的 22.95％。相应地,2018 年流出的 1 位"特聘教授"不仅是"特聘专家",还是美国俄克拉荷马大学讲席终身教授。电子科学与技术学科的位次百分位下降幅度仅次于生物学,2019 年较 2018 年降低 6.70％,较 2017 年降低 3.72％,与之伴随的是 1 位"特聘教授"于 2017 年离开。事实上,该学者不仅是该校电子科学与工程学院院长,还是集成光电子学联合国家重点实验室 X6 大学实验区主任;不仅是国际上超快光电子学领域基础研究方面最活跃、业绩最突出的研究者之一,还是国内王大珩光学奖获得者;不仅指导学生获得过全国优秀博士论文,还曾担任国家自然科学基金委员会信息科学部专家评审委员会专家。

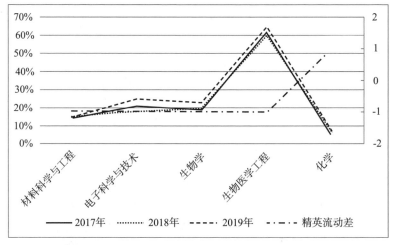

注:学术精英流动统计时段为 2016—2018 年。

图 5‑26　X6 大学学术精英流动学科软科中国最好学科排名位次百分位变化情况

3. X7 大学流出学术精英的影响

1999—2019 年,X7 大学共流出 2 位院士、3 位"特聘教授"、1 位"杰青"和 1 位"A 类青年",其中 5 人于第二至第四轮全国学科评估期间离职,涉及化学、力学、生物学和土木工程这 4 个学科。如图 5‑27 所示,除土木工程这一学科未参与第四轮评估外,其他三个学科均有较大进步,位次百分位上升率达 75％。学术精英流出最多、流动"负差"最大的是化学学科。2005 年,1 位曾任该校功能有机分子化学国家重点实验室副主任的"特聘教授"流出;同年,1 位从美国阿

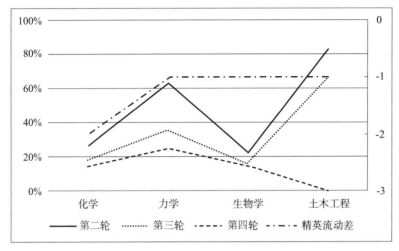

注:学术精英流动统计时段为2005—2015年;若学科位次百分位为"0％",则表示该学科未参与当轮学科评估。

图5-27　X7大学学术精英流动学科的学科评估位次百分位变化情况

贡国家实验室引进的"A类青年"离开。尽管如此,化学学科第二至第四轮评估位次百分位却持续上升,从第二轮的26％提高至第三轮的18.29％,随后在第四轮又被评为"B+"学科,在150所参评单位中居前20％。2012年,力学和生物学这2个学科虽分别流出1位中国科学院院士、1位"特聘教授",但二者在第四轮评估中的位次百分位有增无降,较第三轮平均提升7％以上。在软科中国最好学科排名期间,X7大学材料科学与工程、生物学学科共流出2位学术精英,另外,生物学和化学学科还分别引进2位学术精英。2017年,作为X7大学材料科学与工程学科带头人、纳米科学与技术研究所所长的"特聘教授"流入1所"211工程"大学之后,该学科位次百分位出现持续下降趋势,2018年降低4.35％,2019年较2017年下滑11％以上。2018年,生物学学科流出、引进"杰青"各1位,其位次百分位上升之势未受影响(如图5-28所示)。

4. X4大学流出学术精英的影响

在"985工程"大学中,X4大学学术精英流出量居第2位,精英流动"负差"居第1位,精英流出量占本校同类精英总量的比例为10.74％。自2002年开始,X4大学学术精英零星流动,2013年后出现密集流动情况,2016年若干"特聘教授"和"A类青年"的集中流出形成了精英流动的高峰。

在第二至第四轮全国学科评估期内,X4大学先后流出17位学术精英,含1

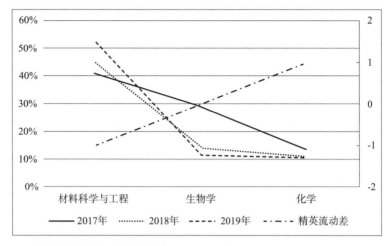

注：学术精英流动统计时段为 2016—2018 年。

图 5 - 28　X7 大学学术精英流动学科软科中国最好学科排名位次百分位变化情况

位中国科学院院士、10 位"特聘教授"、3 位"杰青"、2 位"A 类青年"和 1 位"优青"，所涉及的 10 个学科既包括物理学、地质学、化学、生物学等理学学科，还包括电子科学与技术、环境科学与工程、计算机科学与技术等工学学科，还有个别人文社科类学科。总体而言，X4 大学学术精英流出学科位次百分位下降率为 20％，上升率达 70％（如图 5 - 29 所示）。X4 大学的物理学在第二轮、第三轮学科评估中都评为全国第 1 名，然而在第四轮评估中其名次和位次百分位双双下滑，在 127 所参评单位中位次百分位处于 2％—5％，被评为"A"类学科。X4 大学物理学的退步与其学术精英的流出不无关系。近十几年间，物理学逐渐成为学术精英流出最多、流动"负差"最大的学科：2008 年流出 1 位"特聘教授"，2009 年流出 1 位中国科学院院士，2012 年流出 1 位"特聘教授"，2014 年又流出 1 位"A 类青年"。虽然有 1 位"211 工程"大学"特聘教授"于 2013 年流入该校物理学，但学科下滑已成趋势。此外，地质学与物理学学术精英流出、引进状况相似，却与物理学学科退步境况不同。X4 大学地质学于 2008 年引进 1 位"特聘教授"后，第三轮评估位次百分位上升 7.08％，位列全国第一；虽然在 2012—2013 年先后流出 3 位"特聘教授"，但地质学学科位次百分位上升趋势并未受影响，第四轮评估又进步 4.25％，成为"A＋"学科。

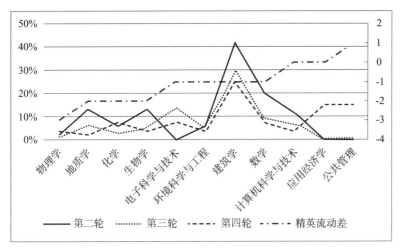

注:学术精英流动统计时段为 2005—2015 年;若学科位次百分位为"0％",则表示该学科未参与当轮学科评估。

图 5－29　X4 大学学术精英流动学科的学科评估位次百分位变化情况

2016—2019 年,X4 大学海洋科学、化学、数学、物理学等 8 个学科共流出 10 位学术精英,含 6 位"特聘教授"、1 位"杰青"和 3 位"A 类青年"。如图 5－30 所示,8 个学科位次百分位上升率与下降率同为 50％。其中,海洋科学正处于退步阶段,2018 年位次百分位较 2017 年降低 6.67％,2019 年又较 2018 年降低 3.92％。事实上,在海洋科学位次百分位下降前,1 位曾任地理与海洋科学学院院长、海岸与海岛开发教育部重点实验室学术委员会副主任的"特聘教授"于

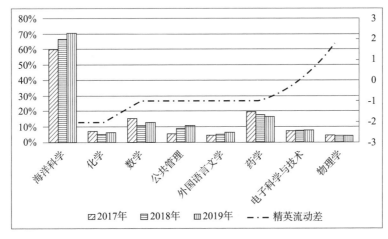

注:学术精英流动统计时段为 2016—2018 年。

图 5－30　X4 大学学术精英流动学科软科中国最好学科排名位次百分位变化情况

2016 年流向其他院校,还于 2018 年将原科研团队中的 1 位"杰青"全职引进现任职单位。可以说,X4 大学海洋科学学科在短短两年内已流出两位国家级学术精英。2017—2019 年,外国语言文学位次百分位持续下降,2019 年较 2017 年已降低 1.66%。在这种下滑趋势形成之前,1 位作为外国语言文学学科翻译领域学术带头人、国务院学位委员会外国语言文学学科评议组召集人的"特聘教授"于 2016 年流出。除在外国文学、翻译等理论研究领域成就突出外,该学者还为 X4 大学的翻译学科建设、人才培养等做出重要贡献,曾先后两次获得"全国优秀博士学位论文指导教师"荣誉称号。在某种意义上,"学科权威"式学术精英的流动对学科建设与大学发展的影响是显著而深远的。

二、"211 工程"大学学术精英流出及其影响

在"211 工程"大学中,综合学术精英流出量、学术精英流动"负差"以及学术精英流出占比等因素,初步选择 Y5 大学、Y6 大学、Y7 大学和 Y8 大学为代表,试通过考察各校学术精英流动情况和大学、学科排名变化情况,分析研究学术精英对流出大学所造成的影响。

1999—2019 年,4 所"211 工程"大学学术精英流动的时间分布很不均衡,学术精英流动具有"爆发性"。2016—2019 年,从各校流出的学术精英数量等于之前十几年学术精英流出量之和。学术精英"井喷式"流动与我国高校"双一流"建设具有较强关联性。在软科世界大学学术排名中,除 Y6 大学尚未上榜外,Y8 大学进入世界排名的时间早于其他两所大学,且于 2014—2019 年长期维持在第 301—400 名之间。Y5 大学和 Y7 大学都是在 2019 年才进入软科榜单的,前者排在第 501—600 名之间,后者位于第 601—700 名之间。根据软科中国最好大学排名,这 4 所"211 工程"大学正在走下坡路:Y7 大学最为显著,其次是 Y8 大学,两校平均退步 12 名;Y6 大学持续下降,Y5 大学升降不定。下文以 Y5 大学、Y6 大学、Y7 大学和 Y8 大学为例,具体说明"211 工程"大学流出学术精英的影响。

1. Y5 大学流出学术精英的影响

在"211 工程"大学中,Y5 大学学术精英流出量虽然次于 Y2 大学,但学术精英流动"负差"却居第一位,学术精英流出占比为 25%。在第二至第四轮全国学科评估期间,Y5 大学各类学术精英队伍比较稳定。有且仅有 1 位"杰青"

于 2011 年流出,而后又于 2015 年回流,所涉及的光学工程学科位次百分位持续上升,第四轮全国学科评估时在 80 所参评单位中被评为"B"类学科。2017—2019 年,Y5 大学在短短两年内就先后流出 1 位"特聘教授"、1 位"杰青"、2 位"A 类青年"和 1 位"优青",涉及信息与通信工程、土木工程、计算机科学与技术、力学和光学工程等 5 个学科。如图 5-31 所示,Y5 大学土木工程、力学、计算机科学与技术学科位次百分位下降,而光学工程、信息与通信工程则属于位次百分位上升的学科。总体上,Y5 大学学术精英流出学科下降率高于上升率。具体而言,力学是位次百分位降幅最大的学科,2019 年比 2018 年降低 7.80%,也低于 2017 年 5.58%。在此落差形成之前,该校力学系主任、曾连续入选 Elsevier"中国高被引学者榜单"的 1 位"杰青"于 2018 年离职,并加盟一所"985 工程"大学任副院长。2017 年,该校土木建筑工程学院副院长、曾获 2013 年教育部科技进步二等奖的 1 位"特聘教授"流入一所"985 工程"高校,此后土木工程学科位次百分位开始连续下滑,2018 年较 2017 年下降 0.51%,2019 年又较 2018 年下降 1.37%。与力学、土木工程不同,光学工程、信息与通信工程虽于 2017 年各流出 1 位"A 类青年",但学科位次百分位并未下降,前者甚至还整体提升 11% 以上。

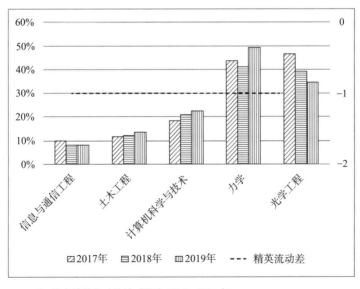

注:学术精英流动统计时段为 2016—2018 年。

图 5-31　Y5 大学学术精英流动学科软科中国最好学科排名位次百分位变化情况

2. Y6 大学流出学术精英的影响

Y6 大学是"211 工程"大学学术精英流出量排名第 3 的院校,学术精英流动"负差"仅次于 Y5 大学,学术精英流出数量占本校学术精英总量的比例为 37.5%。在第二至第四轮全国学科评估期间,Y6 大学流出 1 位应用经济学领域"特聘教授"、引进 1 位法学领域"B 类青拔"。虽然有学术精英流出,但应用经济学和法学评估位次百分位在整体上仍是向前发展的,后者进步幅度较大,已超过 36%。值得注意的是,应用经济学位次波动时间与学术精英流出时间并不一致,该学科的"特聘教授"是在第三轮评估下降之后、第四轮评估上升之前离职的。

2016—2019 年,Y6 大学共流出 3 位"特聘教授"和 2 位"B 类青拔",涉及应用经济学、理论经济学和法学学科。对理论经济学而言,1 位"特聘教授"于 2016 年流出后,其软科中国最好学科排名位次百分位出现下降趋势,2018 年较 2017 年下滑 2.06%,2019 年较 2017 年下滑 2.44%(如图 5-32 所示)。与之不同,应用经济学虽有 1 位"B 类青拔"和 2 位担任二级学院院长的"特聘教授"接连离开,但其软科中国最好学科排名位次百分位并没有发生明显变化,2019 年虽较 2018 年下降 1.51%,但较 2017 年仍上升 0.26%。可以说,学术精英的流出对应用经济学全国学科评估及软科中国最好学科排名位次百分位并无多大消极影响。

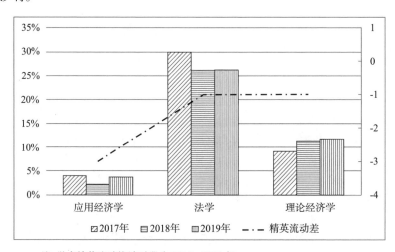

注:学术精英流动统计时段为 2016—2018 年。

图 5-32　Y6 大学学术精英流动学科软科中国最好学科排名位次百分位变化情况

3. Y7大学流出学术精英的影响

Y7大学学术精英流动"负差"排在"211工程"大学第3位,学术精英流出占比约为29％。2005—2015年,土木工程、化学工程与技术学科分别流出1位"特聘教授"和1位中国工程院院士,而测绘科学与技术学科则引进1位"特聘教授"。根据第二至第四轮全国学科评估结果(如图5‐33所示),土木工程、化学工程与技术、测绘科学与技术均有较大发展,在第四轮评估中分别被评为"B＋""B＋"和"A‐"学科,位次百分位皆处于全国前20％。其中,化学工程与技术虽流出1位院士,但学科发展的良好势头并未受到多大影响,第四轮位次百分位较第二轮大幅提升45％。

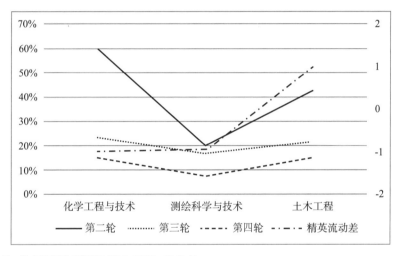

注:学术精英流动统计时段为2005—2015年。

图5‐33　Y7大学学术精英流动学科的学科评估位次百分位变化情况

2016—2019年,Y7大学共流出1位"特聘教授"、1位"杰青",还引进1位"杰青",所涉及的测绘科学与技术、机械工程和土木工程在软科中国最好学科排名中的位次百分位整体提高(如图5‐34所示)。2016年1位曾为国务院学位委员会第七届测绘学科评议组成员兼召集人的"特聘教授"流入中部"985工程"大学后,测绘科学与技术位次百分位在2018年迅速下降4.83％,然而到了2019年其位次百分位又反弹5.54％,取得微小进步。对机械工程学科而言,2018年"杰青"的流出虽减小了2019年位次百分位提升幅度,但并未造成学科退步的局面。

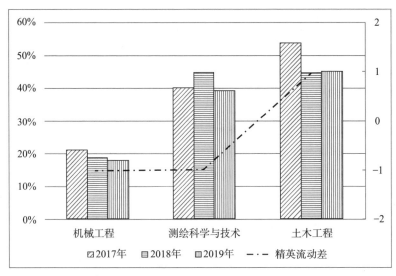

注:学术精英流动统计时段为 2016—2018 年。

图 5 - 34　Y7 大学学术精英流动学科软科中国最好学科排名位次百分位变化情况

4. Y8 大学流出学术精英的影响

在"211 工程"大学中,Y8 大学学术精英流出量位居第 3,学术精英流动"负差"排在第 4 位,学术精英流出量占本校学术精英总量的比例将近 15%。2005—2015 年间共有 2 位"特聘教授"和 1 位"A 类青年"从化学工程与技术、生物医学工程学科流出,或进入同城其他院校,或流向南京地区。

从第二至第四轮全国学科评估看,作为 Y8 大学"双一流"建设学科之一的化学工程与技术学科长期处于全国前 2 名,位次百分位也不断上升。然而在此期间,该学科曾先后流出了 2 位"特聘教授":一位曾任生物反应器工程国家重点实验室主任,另一位为国家化学工程重点实验室联合化学反应工程研究所教授。此外,从软科中国最好学科排名看,化学工程与技术学科虽然一直位于第 2 名,但其位次百分位却于 2019 年出现下降,进而导致学科整体下滑 0.13%。事实上,在这种状况出现之前,1 位化学工程与技术领域、曾任该校校长的中国工程院院士已于 2018 年调任"985 工程"大学校长。学术精英的流动已对 Y8 大学"双一流"建设及其学科发展造成了一定的影响。

三、 普通院校学术精英流出及其影响

为考察各类学术精英流出对普通院校的影响,我们首先在普通院校层次内

初步选择学术精英流出占比20％以上、学术精英流动"负差"排名前10的4所大学进行分析，它们分别是Z6大学、Z7大学、Z8大学和Z9大学。由于这4所大学尚未进入或仅进入软科世界大学学术排名榜单1次，故仅从软科中国最好大学排名看，Z7大学位次最为靠前，其后依次是Z6大学、Z9大学和Z8大学。2015—2019年，这4所学术精英流出大学皆存在不同程度的排名下降问题，其中Z8大学退步最为明显，排位下降将近100名，Z9大学也降低了近50名，而Z7大学变化幅度较小，总体上较为平稳。下面首先以Z6大学、Z7大学、Z8大学和Z9大学为例，具体说明普通院校流出学术精英的影响。

1. Z6大学流出学术精英的影响

在流出学术精英的68所普通院校中，Z6大学精英流出量居第4位，精英流动"负差"以及流出占比均居第1位。2005—2015年，基础医学学科流出1位"特聘教授"，兽医学学科各流出、引进1位"特聘教授"。根据第二至第四轮全国学科评估数据，基础医学学科仅参与了一轮评估，而兽医学学科尚未参评。2016—2019年，Z6大学净流出2位学术精英，涉及化学和临床医学学科。根据软科中国最好学科排名，临床医学学科在整体上有所发展，但在2017年作为该校附属肿瘤医院院长、乳腺中心主任，广东省乳腺癌诊治研究重点实验室主任的"特聘教授"流出后，2018年学科位次百分位出现下降，降幅为2.38％。对化学学科而言，时任该校副校长的"杰青"于2016年流入"211工程"大学后，化学学科至2019年仍未进入软科中国最好学科排行榜。

2. Z7大学流出学术精英的影响

Z7大学学术精英流动"负差"在普通院校中居于第2位，学术精英流出量占本校学术精英总量的比例为30％。据调查，Z7大学机械工程和化学学科学术精英集中于第三、第四轮学科评估期间流出。对这两个学科而言，"特聘教授""杰青"的流出并没有对其学科评估产生明显不利影响。在第二至第四轮学科评估中，机械工程学科的位次百分位持续上升，且后两轮提升幅度均在10％以上，当前其已跻身"B＋"学科之列，在189所参评单位中排在前20％；化学学科仅参与了第四轮学科评估，在150所参评单位中属于"C"类学科，位次间于50％—60％。2016—2019年，机械工程和化学学科既没有精英流出，又没有精英流入，但二者在软科中国最好学科排名中的表现较为良好，皆处于上升发展阶段。

3. Z8 大学流出学术精英的影响

与 Z6 大学类似,Z8 大学学术精英流出量占本校学术精英总量的比例较大。2016 年,作为甘肃省生物电化学与环境分析重点实验室主任、甘肃省电化学技术与纳米器件工程实验室主任的"特聘教授"从 Z8 大学向东流入一所"985 工程"高校后,其所属化学学科于 2018 年首次进入软科中国最好学科排名,且 2019 年的位次百分位上升了 4％以上。2018 年,随着 1 位该校教育学院副院长、教育学学术带头人"特聘教授"的离开,教育学在 2019 年软科中国最好学科排名中的位次百分位急剧下滑近 10％。在此之前,不论是第二至第四轮全国学科评估,还是 2018 年软科中国最好学科排名,Z8 大学的教育学都处于不断向前发展的过程中。

4. Z9 大学流出学术精英的影响

在普通院校中,Z9 大学学术精英流出量居第 6 位、学术精英流动"负差"居第 3 位,学术精英流出量占本校学术精英总量的比例达 66.67％。2016 年前,Z9 大学共流出 1 位"杰青",引进 2 位"特聘教授",前者所属土木工程学科未参加第二至第四轮学科评估。2016—2019 年,3 位学术精英相继从中国语言文学、材料科学与工程、基础医学学科流出。在软科中国最好学科排名中,分别流出 1 位"特聘教授"、1 位"杰青"的基础医学、材料科学与工程学科尚未入榜,而于 2016 年流出 1 位"B 类青拔"的中国语言文学学科位次百分位在波动中略有下降。

除了考察上述 4 所学术精英流出占比较高的大学外,我们还可以进一步研究由各校自主培养或推荐的各类学术精英的流出对各校的影响。因此,下面在学术精英流出占比大于等于 15％的基础上,选择存在自主培养或推荐的学术精英流出状况的几所大学进行分析。

1. Z10 大学流出学术精英的影响

在普通院校中,Z10 大学学术精英流出量居于前 3 位,由此形成的学术精英流动"负差"居于第 2 位,学术精英流出量占本校学术精英总量的 17.14％。据调查,由 Z10 大学自主培养或推荐的 1 位"特聘教授"和 2 位"A 类青年"在 2017—2019 年陆续流出,涉及化学工程与技术、材料科学与工程以及化学等 3 个学科。在软科中国最好学科排名中,Z10 大学的化学工程与技术学科位次百分位是持续上升的,而材料科学与工程学科则出现下降情况,2019 年位次百分位不仅较 2018 年降低 4.63％,还较 2017 年降低 0.43％。在此之前,不仅有 1 位从美国哈佛大学引进推荐、任生物电子材料研究所副所长的"A 类青年"流出,还有 1 位曾在该校创建校际海外人才缓冲基地、省级重点实验室并牵头建设国家级协同创新中心、国家"111"计划创新引智基地的中国科学院院士被调离。与材料与科学工程学科不同,化学工程与技术学科即使在 1 位曾两次获得国家技术发明奖二等奖、两次获得教育部高等学校科学研究优秀成果奖技术发明一等奖的"特聘教授"及科研团队集体流出的情况下,其位次百分位仍未出现下降。

2. Z11 大学流出学术精英的影响

Z11 大学虽然是学术精英流动"正差"院校,但其学术精英流出量占本校学术精英总量的比例也在 15％以上,由本校自主培养或推荐的 1 位"特聘教授"和 1 位"A 类青年"于 2015—2019 年流向其他高校。对农业资源与环境学科而言,其发展离不开学校的重点支持与大力建设。在第四轮全国学科评估中,农业资源与环境被评为"B"类学科,在 34 所参评高校中位于前 30％,与第二轮评估相比,学科位次百分位已提升 10％以上。此外,农业资源与环境学科更离不开学术精英的引领和推动。例如,该学科建设与发展的组织载体——Z11 大学根系生物学研究中心正是在 1 位"特聘教授"的带领下于 2011 年成为"亚热带农业生物资源保护与利用"国家重点实验室抗逆与养分高效研究方向的主要依托科研平台。然而,随着这位"特聘教授"的流出,农业资源与环境学科在软科中国最好学科排名中的位次百分位出现下降状况,2019 年不仅较 2018 年降低 4.76％,还较 2017 年降低了 1.75％。据此看,Z11 大学农业资源与环境属于学术精英流出、发展基础受损的学科。

3. Z12 大学流出学术精英的影响

20 年间,Z12 大学仅有学术精英流出未有学术精英流入,属于典型的学术精英净流出高校。来自食品科学与工程、化学工程与技术学科的两位学术精英分别于 2018 年、2019 年流向两所"985 工程"大学。根据软科中国最好学科排名数据看,食品科学与工程学科位次百分位降幅较大,2019 年较 2018 年下降了 15.19％,较 2017 年下降了 4.91％。而在此之前,1 位作为该校生物工程与食品学院院长、湖北省重点学科食品科学与工程带头人的"优青"已于 2018 年向东流入一所"985 工程"大学。由此可知,Z12 大学自主培养的学术精英的流出对食品科学与工程学科造成了消极影响。

4. Z13 大学流出学术精英的影响

与 Z12 大学一样,Z13 大学也是学术精英净流出高校,学术精英流出量占本校学术精英总量的比例为 16.67%。作为"双一流"建设学科,Z13 大学生物学在第二至第四轮全国学科评估的位次百分位持续攀升,第三轮较第二轮上升38.65%,第四轮在 161 所参评高校中位于 20%—30%之间,成功跻身"B"类学科之列。总体上,生物学学科位次百分位近十年内提高了 50%以上。然而,据软科中国最好学科排名看,Z13 大学的生物学学科位次百分位开始波动下降,2019 年较 2017 年降低了 37.26%。在一流学科建设起步阶段,作为主要承担生物学建设任务的生命科学学院院长,创建全球变化生态学实验室并申请获批生态学一级学科博士点(2011 年)、生态学博士后流动站(2012 年)和第八批河南省重点学科(2012 年)的 1 位"特聘教授",于 2018 年被引进至其他院校。

综上所述,学术精英流出与学科位次百分位变化之间也不存在显著的线性关系。换言之,学术精英流出大学既有学术精英流出、位次百分位下降的学科,也有学术精英流动"负差"、位次百分位上升的学科。根据学术精英流出大学各类学科评估与排名位次百分位变化情况(如图 5-35 所示),不论是精英流入学科、流出学科,还是精英流动"正差"学科、"负差"学科,第二至第四轮全国学科评估位次百分位上升率都高于下降率;在软科中国最好学科排名中,精英流入学科、流出学科和精英流动"正差"学科位次百分位上升率高于下降率,而精英流动"负差"学科下降率却高于上升率。对不同发展基础与水平的大学而言,学术精英流出对学科发展的影响也是不同的。如图 5-36 所示,在第二至第四轮全国学科评估中,各类大学学科位次百分位上升率都高于下降率,其中,"985工程"大学精英流出学科下降率及精英流动"负差"学科下降率超过其他两类大学,"211 工程"大学精英流出学科上升率、精英流动"负差"学科上升率最高。由图 5-37 可知,"985 工程"大学和"211 工程"大学精英流出学科、精英流动"负差"学科在软科中国最好学科排名中的位次百分位变化情况与全国学科评估变化情况相似,而普通院校精英流出学科、精英流动"负差"学科上升率或下降率都是最低的;此外,"985 工程"大学精英流出学科上升率高于下降率,精英流动"负差"学科上升率低于下降率,"211 工程"大学学术精英流动学科上升率都高于下降率,而普通院校却与"211 工程"大学相反,其学术精英流动学科上升率都不及下降率。可见,普通院校对学术精英流动敏感性较高,学术精英依赖性较强,其学科发展状况更易受到学术精英流出的负面影响。

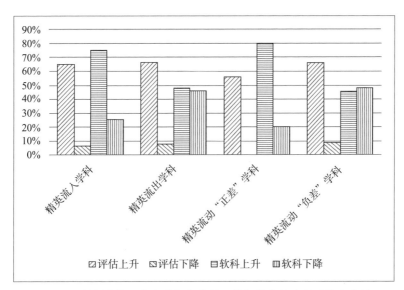

图 5‑35　学术精英流出大学各类学科评估与排名位次百分位变化情况

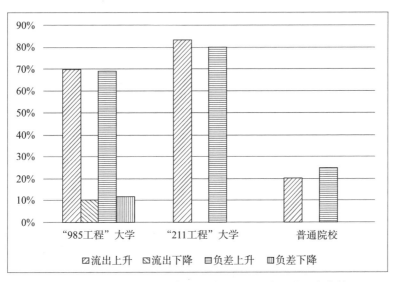

图 5‑36　学术精英流出各类大学学科评估位次百分位变化情况

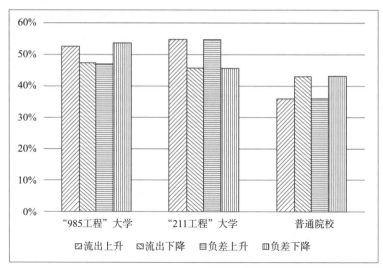

图 5 - 37   学术精英流出各类大学学科排名位次百分位变化情况

第三节   学术精英流动对大学的影响分析

  大学学术精英流动是一个复杂的现象,其不仅动因多样,而且对大学发展的影响也具有不确定性。有的大学因精英流入而声誉卓著,有的大学却并未如此;有的大学因精英流出而实力衰微,有的大学亦并未如此;还有的大学并未形成精英依赖,有的大学则恰恰相反。这些现象正反映了大学学术精英吸收能力的异质性与学术精英竞争性优势的可转移性,其中大学学术精英获取、同化、转化和开发能力与学术精英流动外部性紧密相关,而大学创造条件努力吸引学术精英就是为了增强学术竞争力,扩大学术竞争优势,进而在排名与评估的时代实现"数字胜利"。

一、 学术精英流动的影响具有不确定性

  综合 28 所大学若干学科在第二至第四轮全国学科评估以及软科中国最好学科排名中的位次百分位变动情况,学术精英流入或流出对学科位次百分位上升或下降的影响是因精英而异、因大学而异、因学科而异的。

  在学术精英流动影响下,不同数量的学科在第二至第四轮全国学科评估与软科中国最好学科排名中的位次百分位变化情况是不同的(如图 5 - 38 所示)。

首先,在全国学科评估中,各校学科位次百分位随精英流入而持续上升的占精英流入学科总数的82.14%,其余精英流入学科位次百分位还存在波动上升甚至下降的情况;各校学科位次百分位随精英流出而下降的仅占精英流出学科总数的10.53%,其余大多数学科位次百分位并没有因精英流出而下降。其次,在软科中国最好学科排名中,学术精英流出、位次百分位下降的学科虽然分别多于位次百分位持续上升、波动上升的学科,但仍不及学术精英流出、位次百分位上升的学科数量,事实上,这类学科占精英流出学科总数的比例超过50%;随学术精英流入,位次百分位持续上升、波动上升的学科虽各自不及位次百分位下降的学科,但前两者占学术精英流入学科总数的比例已达60%。

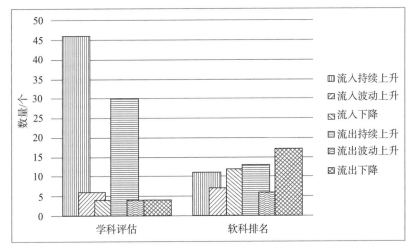

图 5-38 全国学科评估与软科中国最好学科排名位次百分位变化学科数

受学术精英流动影响,"985工程"大学、"211工程"大学和普通院校学科在第二至第四轮全国学科评估与软科中国最好学科排名中的位次百分位变化情况也是不同的。根据全国学科评估数据(如图5-39所示),在"985工程"大学中学科位次百分位随学术精英流入而持续上升、波动上升的学科数量远多于"211工程"大学和普通院校,后两者总和约占前者的73.33%;从学术精英流入、位次百分位下降的学科看,"985工程"大学与"211工程"大学数量相当,普通院校为"零";在学术精英流出的学科中,"985工程"大学三种学科位次百分位变动情况下的学科均多于"211工程"大学和普通院校,且后两者并没有出现学科位次百分位下降的现象。根据软科中国最好学科排名数据(如图5-40所示),随着学术精英流入学科位次百分位持续上升的学科较多地分布于普通院校中,其数量已超过"985 工程""211 工程"大学之和;不论是学术精英流入还是学术精英流出学科,就其整体上升情况而言,普通院校与"985 工程"大学持平,皆为"211 工程"的两倍有余;在各层次院校中,学科位次百分位随精英流动而下降的学科数量居首位的是"985 工程"大学,"211 工程"大学与普通院校的学科数量之和约为前者的 61%。

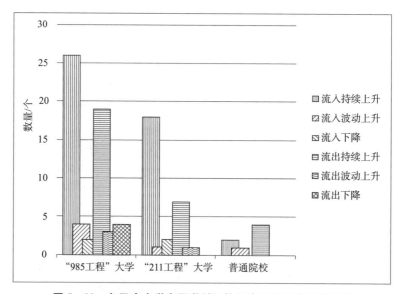

图 5－39　各层次大学全国学科评估位次百分位变化学科数

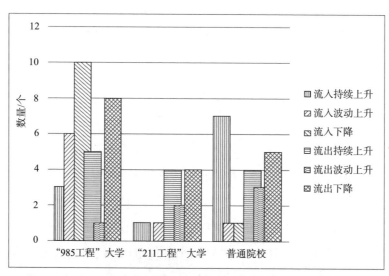

图 5－40　各层次大学软科中国最好学科排名位次百分位变化学科数

综合相关数据及各案例大学学科排名的具体情况,我们尚不能得出学术精英流入促进大学学科排名上升、学术精英流出导致大学学科排名下降这样简单的结论。学术精英流动与大学及学科发展之间并不是简单的线性关系,二者受各种因素影响而存在着复杂的非线性关系。如表5-1所示,实践中,不仅存在学术精英流入、大学学科排名上升(A1)的情况,还存在学术精英流入、大学学科排名下降(C1)的情况;不仅存在学术精英流出、大学学科排名下降(D1)的情况,还存在学术精英流出、大学学科排名上升(B1)的情况。这种非线性关系使学术精英流动对于大学发展的影响具有不确定性。

表5-1 学术精英流动与大学学科排名变动情况

类型	学术精英流入	学术精英流出
学科排名上升	A1	B1
学科排名下降	C1	D1

基于上述分析,需要指出的是:本研究虽探讨学术精英流动对大学发展的影响,但并不表示学术精英流动与大学发展之间具有唯一的线性因果关系。事实上,影响大学发展的因素众多,学术精英流动只是其中之一;同样地,大学与学科排名的变化亦受多元评价指标及其权重的影响,学术精英亦只是其中之一。但经研究,可以明确的是:第一,学术精英流入对大学学科发展的积极影响并没有人们想象的那么大,学术精英流出对大学学科发展的消极影响也并没有人们想象的那么大;第二,学术精英流动不应成为大学间此消彼长的"零和博弈",更不应诱致大学间针锋相对的"人才战争";第三,不断增强学术精英流动的积极影响、尽可能消减学术精英流动的消极影响,是大学及其学科释放人才红利、提高学术竞争力的重要选择。

二、 学术精英吸收能力及其异质性

在实践中,为什么有的大学和学科会因精英引进而兴盛? 为什么有的大学和学科却未因精英引进而发展? 为什么有的大学和学科引进精英后排名显著提升? 为什么有的大学和学科引进精英后排名明显没有变化? 为什么有的大学和学科引进精英后甚至出现排名下降? 为回答这些问题,在承认各类学术精英以及不同层次、类型大学和学科差异性的基础上,试提出"大学学术精英吸收能力"的概念,以分析学术精英流动与大学学科发展的关系。

1990 年,卡梅隆大学韦斯利·M·科恩(Wesley M. Cohen)和宾夕法尼亚大学丹尼尔·A.莱文(Daniel A. Levinthal)首次提出"吸收能力"(absorptive capacity)的概念。在他们看来,企业的吸收能力指的是企业认识新的外部知识的价值并将其吸收、应用于商业目的的能力,这对企业创新能力至关重要。① 此后,各领域研究者经常使用"吸收能力"来分析各种复杂的组织现象,如在战略管理、技术管理、国际商务和组织经济学中,"吸收能力"的重要意义已经受到人们的普遍认可。② 尽管如此,面对"吸收能力"概念的模糊性和使用的多样性,谢克·匝若(Shaker A Zahra)与杰拉德·乔治(Gerard George)在 2002 年对"吸收能力"提出了新的见解,将其定义为企业获取、同化、转化和开发知识以产生动态组织能力的组织惯例和过程。据此,他们认为企业"吸收能力"应包括知识获取能力、知识同化能力、知识转化能力和知识开发能力等四个基本维度。③ 综合国内外相关研究,一个组织的知识吸收能力首先是组织基于对外部知识的评价、获取与消化,与自身原有知识进行有效整合与利用的一系列过程;其次,组织知识吸收能力建基于知识、经验、惯习的累积,因而具有领域限制、创新束缚以及路径依赖等特点;再次,作为一系列基于知识的能力,知识吸收能力不仅存在于组织层面,还存在于个体层面,组织吸收能力的强弱最终将经由个体及组织竞争优势的实现程度而得以体现。④

"将知识吸收能力差异性引入企业技术创新分析一直是经济学家努力的方向之一。"⑤在企业吸收能力及相关理论不断发展成熟的过程中,长期关注和研究外商直接投资(FDI)技术溢出效应的一些学者开始以"吸收能力"为新的视角解释 FDI 技术溢出效应的差异性特征。与其他发展中国家一样,FDI 技术溢

---

① Cohen W M, Levinthal D A. Absorptive capacity: a new perspective on learning and innovation[J]. Administrative Science Quarterly, 1990(35):128.

② Zahra, S. A., George,G. Absorptive capacity: a review, reconceptualization, and extension[J]. The Academy of Management Review, 2002(2):185.

③ Zahra, S. A., George, G. Absorptive capacity: a review, reconceptualization,and extension[J]. The Academy of Management Review, 2002(2):185.

④ 高展军,李垣.企业吸收能力研究阐述[J].科学管理研究,2005(6):67.

⑤ 林承亮,等.技术外部性与产业集群转型创新[M].杭州:浙江大学出版社,2014:63-64.

出假设与实证检验的不同也存在于我国的不同地区、不同企业之中：如有研究表明，我国中部地区 FDI 技术溢出效应能够有效发挥，而西部地区则相反，东部地区外商投资的正向溢出效应在变小；还有研究表明，外资企业对内资企业和国有企业的影响存在显著区别，前者遭遇挤出效应，而后者却可能存在正向溢出效应。① 对于理论假设与现实检验的不一致性，研究者通过灵活借鉴与运用"吸收能力"概念，开辟了 FDI 技术溢出效应研究的新方向和新空间。面对学术精英流动对大学学科发展具有较强的不确定性影响，面对学术精英流动效应假设与现实检验结果的矛盾，"吸收能力"及其相关理论或许可以用来解释我国当前大学学术精英流动中的一些复杂现象和问题。

大学学术精英吸收能力是指大学在发现、引进学术精英的基础上，通过资源配置、政策供给等方式任用、容融、激励学术精英进而开发学术资源、获取学术成果、提升学术水平、增强学术竞争力的能力。具体而言，大学学术精英吸收能力可分为三个层次。

第一层次为发现并引进学术精英的能力，这与企业知识获取能力相对应。一般地，企业识别和获取对经营至关重要的外部知识的能力深受自身努力强度、行动速度和知识积累方向等三种因素的影响，前两种因素决定企业知识获取能力的水平，即越努力，能力提升的速度就越快，后一种因素则会影响企业知识获取的路径。② 对于大学而言，积极认识并了解学术精英在某一学科领域的科研成就与学术地位不仅是精英吸收的前提，还是明确用人需求、实现精准引才的要求，经主动联系、友好协商等环节，成功引进学术精英意味着迈出了精英吸收的第一步。

第二层次包括任用、容融并激励学术精英的能力，这等同于企业知识同化和转化能力。在企业中，"同化"是指分析、处理、解释和理解从外部获取的知识的常规性过程，其中伴随着知识分析和处理的困难，如知识理解的延迟、知识复制的阻碍等，尽管如此，理解仍促进了知识同化，使企业能够处理和内化外部产生的知识。③ "转化"指的是企业有能力开发和完善有助于将现有知识和吸收

① 徐磊，黄凌云. FDI 技术溢出及其区域创新能力门槛效应研究[J]. 科研管理，2009(2):17.

② Zahra, S. A. , George, G. Absorptive capacity: a review, reconceptualization, and extension[J]. The Academy of Management Review, 2002(2):189.

③ Zahra, S. A. , George, G. Absorptive capacity: a review, reconceptualization, and extension[J]. The Academy of Management Review, 2002(2):189 – 190.

的新知识结合起来的过程,因此知识转化能力代表着企业识别出明显不一致的知识,然后将它们重组构建新模式的能力,这促成了企业对自身情况、竞争格局及发展机遇的新认识和新见解,使组织变革和战略变革成为可能。[①] 据此来看,大学通过职务聘任、机构设置方式将新引进的学术精英安排至重要岗位,通过提供住房、发放安家费、安置配偶和子女等鼓励其尽快融入新环境,这些举措不仅有利于培育学术精英的归属感、强化学术精英的组织认同,还有利于学术精英人力资本的顺利迁移和有效转化。

第三层次即学术精英开发与发展的能力,其内涵事实上与企业知识开发能力相一致。作为一种组织能力,知识开发是企业精炼、扩展和利用现有能力或通过将获得的、转化的知识整合到组织运行中来创造新的能力的过程。[②] 知识开发意味着企业对新知识的利用不再是偶然的、短暂的和零散的,而是常规的、持续的和系统的。新的产品和知识、新的系统和程序、新的组织形式都可能是知识开发的结果。[③] 在学术精英同化和转化的基础上,大学还需要进一步营造良好的学术氛围,通过制度改革扩大并落实学术精英自主权,建立健全充分发挥学术精英在学科建设、科学研究、人才培养等方面引领作用的长效机制,只有这样大学才能真正受益于引进的学术精英。

大学学术精英吸收能力具有异质性。正如人们完成一项任务或实现一定目标的能力是不同的,处于不同发展层次、拥有不同学科类别的大学在获取、同化、转化和开发学术精英活动中的能力也是不同的。据统计,南方科技大学引进学术精英的高水平科研论文发表情况优于深圳大学、首都师范大学、浙江师范大学和广东工业大学。首先,在论文发表数量上,学术精英流入南方科技大学后发文近 700 篇,占全校同期发文总数的 13.61%,该比例大于深圳大学、首都师范大学、浙江师范大学、广东工业大学的比例之和。其次,在顶尖期刊论文数量上,南方科技大学引进的 3 位学术精英在顶尖学术期刊上共发表 4 篇论

---

① Zahra, S. A., George, G. Absorptive capacity: a review, reconceptualization, and extension[J]. The Academy of Management Review, 2002(2):190.

② Zahra, S. A., George, G. Absorptive capacity: a review, reconceptualization, and extension[J]. The Academy of Management Review, 2002(2):190.

③ Zahra, S. A., George, G. Absorptive capacity: a review, reconceptualization, and extension[J]. The Academy of Management Review, 2002(2):190.

文,在全校占比达 44.44％,深圳大学引进的 2 位学术精英在国际顶尖学术期刊上共发表 2 篇论文,在全校占比为 22.22％。从各校顶尖期刊论文署名排序看,南方科技大学平均排在第 7 位之后,而署名前三的论文有 2 篇,皆出自引进精英,其中第一作者和第二作者论文各有 1 篇,且 2 篇通讯作者均来自该校;深圳大学平均排在第 5 位之后,署名前三的论文有 3 篇,皆由非引进精英发表,而在引进精英所参与的论文中,其署名分别排在第 6 位和第 15 位,该校署名分别排在第 4 位和第 14 位。总体上,南方科技大学引进学术精英在世界顶尖期刊发文情况优于深圳大学,与同校其他科研人员单位署名平均位次相比,后者较为落后。除高水平论文发表外,5 所普通院校引进学术精英在申报国家自然科学基金重大级别项目、获取国家自然科学基金百千万级资助金额方面都发挥着积极作用,但各校引进精英所做出的贡献却有大小之分:南方科技大学 75％的重大项目、30％的重大研究计划和 13％的重点项目由引进精英申报获得,深圳大学 25％的国家重大科研仪器研制项目、23％的重大研究计划和 22％的重点项目负责人是引进精英,广东工业大学 50％的国家重大科研仪器研制项目和 33％的重点项目是由少数引进精英获得的,而首都师范大学和浙江师范大学引进精英面上项目占比分别不到 2％和 1％。综上,各学校的学术精英吸收能力是不同的,学术精英任用、容融、激励、开发与发展能力不仅因人而异,还因校而异。

在实践中,影响大学学术精英吸收能力的主要因素有哪些呢？科恩等人认为,吸收并开发外部知识的能力是组织创新能力的重要组成部分,评价和利用外部知识的能力在很大程度上是组织先验知识水平的函数。某种意义上,组织的先验知识不仅包括基本技能,甚至包括共同语言,也可能包括某一领域有关科学或技术发展的最新知识。因此,先前的相关知识赋予了组织一种充分认识新知识价值的能力。① 根据保罗·罗默(Paul M. Romer)提出的知识溢出模型,"知识溢出的效应与接受溢出经济主体认知、吸收和应用新知识的能力有关,这种吸收和应用新知识的能力取决于接受主体必要的预备知识。一个企业对外界知识的吸收以及应用能力与企业本身拥有的知识禀赋和知识内涵密切相关,

---

① Cohen W M, Levinthal D A. Absorptive capacity: a new perspective on learning and innovation[J]. Administrative Science Quarterly, 1990(35):128.

企业只有具有相应的先决知识才能消化并应用新知识。"①对于大学而言,学科发展与科学研究水平对学术精英吸收能力具有较大影响。学科基础厚与薄、科研水准高与低的差别导致大学学术精英吸引力的差异,进而影响学术精英获取能力;学科资源多与寡、科研空间广与狭的差别导致大学学术精英生产力的差异,进而影响学术精英同化、转化和开发能力。总的来说,学科排名上升的大学比学科排名下降的大学的学术精英吸收能力强,也许二者的学术精英获取能力相当,但具体到学术精英同化、学术精英转化和学术精英开发能力及各活动过程,前者较后者更为优异,其结果就是前者引进的学术精英的流动效能得到更大的提升,学科建设引领作用和推动作用得到更充分的发挥。

除学科发展与科学研究水平外,影响大学学术精英吸收能力的因素还包括学术成员个体的知识吸收能力。就学科层面而言,一个学科单位并不只有个别学术精英,还有大多数的普通科研人员;一个学科的建设并不只是个别学术精英的"单打独斗",还依靠全体科研人员的团结协作;一个学科的发展并不仅归功于个别学术精英,还有全体科研人员的功劳。当携带丰富的、先进的、隐性的知识和技术的学术精英从外部进入特定学术场域后,一个学科的吸收能力将取决于其既有学术成员个体的吸收能力。人力资本是不易言传、难以传递的隐性知识传播和流动的重要载体,学术人员面对面的交流或学术人员的流动是隐性知识传输的主要途径。② 因此,大学学科内部既有学术人员的知识储量越大、科研能力越高、学术发展越成熟,其吸收、传播、转化引进学术精英隐性知识的能力也就越强,他们会以个体经验评估、理解新的学术领域,会根据自己的知识结构、知识特征以及技术共性消化吸收前沿科技。在这种程度上,一个组织吸收能力的发展将建立在对其组成部分、个人吸收能力的发展的先前投资的基础上。③ 此外,由于组织吸收能力是多元的,其内含的各种能力所依据的关键因素也是多元的。例如,在知识获取能力中知识多元化的专家库是识别、判断外界各类知识的关键,又如个体成员的认知、文化对知识同化阶段的交流、理解与融

---

① 陆立军,王祖强.专业市场:地方型市场的演进[M].上海:格致出版社,2008:190.

② 高雅群.基于高技术产业集群的知识溢出对区域创新系统的影响研究[M].北京:中国经济出版社,2014:126.

③ Cohen W M, Levinthal D A. Absorptive capacity: a new perspective on learning and innovation[J]. Administrative Science Quarterly, 1990(35):131.

合影响显著,再如个体成员的创新能力及其打破常规、变革知识结构的勇气在转化和开发外来知识的过程中至关重要。[1]

　　虽然学术精英的性别、年龄、教育背景、科研能力、职业阶段及流动经历都会对学术产出产生不同的影响,况且这些经历还与学术工作所处不同地区高等教育系统以及大学学科组织部门的特征相关,[2]但是学术精英流出大学与学术精英流入大学之间的相似性与差异性不仅影响学术精英科研生产力的发挥,还影响学术精英吸收能力的强弱。1998 年,彼得·莱恩(Peter J. Lane)和迈克尔·卢巴金(Michael H. Lubatkin)在科恩等人的研究基础上提出,知识吸收能力不是单一企业层面的问题,而是"老师与学生"的双层面问题,其研究视角更加关注知识溢出与吸收双方在知识基础、组织结构、报酬政策、公司逻辑等方面的相似性。[3] 不同大学的学术精英吸收能力"门槛效应"的客观存在,正说明不同学术精英引进大学与学术精英流出大学之间智力资源适配度、耦合性的差异。"任何公司的灵活性都必定是有限的,任何公司和公司人员都不是变色蜥蜴,能够适应任何变化。"[4]同样,任何大学的灵活性都必定是有限的,任何大学及其学术精英都不是"变色龙",能够适应任何变化。事实上,"知识只能在其发展的环境中继续趋于成熟,这是知识的一大优势。这种'执着'使竞争者无法轻易地享用需要大量时间和经费投资才能开发出来的知识"[5]。曾经在之前的大学取得辉煌成就的学术精英并不必然会在新的大学取得更加辉煌的成就,那是因为在职业变动、岗位变换的过程中,"工作环境的变化所带来的知识损失虽然更为微妙但却客观存在"[6]。学术精英流动前后所在大学及其学科在组织规模、管理方式、人际关系、学术气氛等的变化和差异,都可能破坏学术精英长期以来高效优良的学术环境。因此,有的研究特别强调学术精英流动对科研绩效可能

① 张红兵.虚拟企业知识转移的研究[M].北京:经济管理出版社,2009:85.

② Horta, H., Jung,J., Santos,J. M. Effects of mobilities on the research output and its multidisciplinarity of academics in Hong Kong and Macau:an exploratory study[J]. Higher Education Quarterly, 2018(3):250－265.

③ 张红兵.虚拟企业知识转移的研究[M].北京:经济管理出版社,2009:84.

④ [美]托马斯·H.达文波特,劳伦斯·普鲁萨克.营运知识:工商企业的知识管理[M].王者,译.南昌:江西教育出版社,1999:85.

⑤ [美]托马斯·H.达文波特,劳伦斯·普鲁萨克.营运知识:工商企业的知识管理[M].王者,译.南昌:江西教育出版社,1999:74.

⑥ [美]托马斯·H.达文波特,劳伦斯·普鲁萨克.营运知识:工商企业的知识管理[M].王者,译.南昌:江西教育出版社,1999:74.

造成的双重效应：与匹配和知识溢出相关的积极效应以及与惯例和社会资本中断相关的负面效应。① 还有的研究承认知识溢出与吸收双方共同基础的重要性：野中郁次郎（Ikujiro Nonaka）和竹内弘高（Hirotaka Takeuchi）重视"多余"或重叠的专业知识领域，而另有学者将"文化的错配"视作技术转移的障碍。②

总之，不同大学、同一学科的学术精英吸收能力是有差异的，同一大学、不同学科的学术精英吸收能力也是有差异的。因此，学术精英流动与大学、学科排名升降并不存在直接的、绝对的线性关系。学术精英与大学之间的容融性、学术资源与学科之间的适配度都会影响大学学术精英吸收能力。当前一些引进学术精英的大学学科内部所出现的矛盾和内耗，以及"招来女婿，气走儿子"的现象都可以从学术精英吸收能力的角度进行具体分析。

三、 学术精英竞争性优势的可转移性

大学学术精英吸收能力的异质性说明大学学术精英吸收能力有强弱之分，学术精英吸收能力强的大学可以充分发挥并利用引进学术精英所带来的或创造的学术价值。在大学学术精英流动更加自由的时代，在大学学术精英竞争更加激烈的今天，一所大学基于学术精英而形成的竞争性优势完全有可能随学术精英的流动而发生转移。学术精英流入大学学科评估的良好表现与学科排名的上升态势正说明了大学因学术精英而形成的竞争性优势具有可转移性。

近代以来，世界科学活动中心从意大利沿着英国、法国、德国向美国的转移与不同时期不同地区学术精英的数量以及国际流向具有较大的一致性。1962 年，日本神户大学教授、著名科学史家汤浅光朝（Yuasa Mitsutomo）在研究科学活动中心转移现象时所选取的用以表征科学活动水平最明显的指标，除科学成果数量外就是科学家人数。以《科学技术编年表》和《威伯斯特人物传记辞典》为资料来源，汤浅光朝统计了 1501—1950 年一些主要欧洲国家和美国的重大科学成果数以及科学家人数，并且分别比较了不同国家科学成果数占同期世

---

① Tartari V, Lorenzo F D, Campbell B A. "Another roof, another proof": the impact of mobility on individual productivity in science[J]. Journal of Technology Transfer, 2020(1):276-303.

② [美]托马斯·H.达文波特, 劳伦斯·普鲁萨克. 营运知识：工商企业的知识管理[M]. 王者, 译. 南昌：江西教育出版社, 1999:130-131.

界科学成果总数的百分比和科学家的百分比。① 以科学成果数量和科学家人数为统计指标所获得的研究结果,在很大程度上说明"汤浅现象"与科学家人数紧密相关。正如赵红州指出的那样,"大凡科学中心的国家,都是杰出科学家云集的地方,而科学落后的民族,一般都缺乏这样杰出的科学家队伍"②。根据世界科学中心演变与发展的经验可知,以人力资本为重要基础的国家和地区竞争优势会随着学术精英数量与质量的变化而变化,并且在一定时期内国家和地区的学术精英数量与质量亦会随着学术精英的流动而变化。

学术精英流动关乎国家和地区竞争优势,人力资本竞争性优势的可移植性在学术精英流动中不断增强。在这种意义上,大学基于人力资本的竞争性优势也具有可移植性。学科随学术精英流出而排名下降自然是竞争性优势衰弱的表现,学科随学术精英流入而排名上升自然是竞争性优势增强的表现。对于占有学术精英竞争性优势的大学和学科而言,能否长期保持这种优势的关键在于学术精英的稳定性和集聚性;而对于尚无学术精英竞争性优势的大学和学科而言,能否获得这种优势的关键不仅在于能否引进权威的学术精英个体,还在于能否形成集聚的学术精英群体,并构建优良的精英格局。

作为"关键的少数",权威的学术精英个体之于大学发展的重要性不言而喻。大学会因学术权威的流动而兴盛,也会因学术权威的流动而衰落。在大学发展史上,这类案例数不胜数。19 世纪初期,在海德堡大学重建和改革过程中历来居于全校首要地位的神学院被法学院超越,这一方面是受法国仕官制度和宫廷豪华生活的影响,另一方面还因为有 3 位著名法学家的加盟。③ 德国柏林大学"现代大学之母"的美誉不仅源于其开创了现代大学制度,还在于其是当时的世界科学文化中心。1818 年,海德堡大学的黑格尔(G. W. F. Hegel)应柏林大学之邀出任哲学系主任,后于 1830 年出任柏林大学校长,在他的影响下柏林迅速发展为德国和欧洲的哲学中心,各派哲学家纷纷汇集于此。④ 到了 20 世纪,柏林大学的辉煌遭遇法西斯的强烈冲击,仅在 1933—1935 年间就有 230 名

① 季子林,陈士俊,王树恩.科学技术论与方法论[M].天津:天津科技翻译出版公司,1991:114.
② 赵红州.关于科学家社会年龄问题的研究[J].自然辩证法通讯,1979(4):30.
③ 杨荫恩.德国海德堡大学[M].长沙:湖南教育出版社,1991:50.
④ 别敦荣.世界一流大学教育理念[M].厦门:厦门大学出版社,2016:160.

科学家被赶出了校门,其中就包括阿尔伯特·爱因斯坦(Albert Einstein)、丽莎·迈特纳(Lise Meitner)等世界著名的学术精英。随着杰出科学家的出走,柏林大学竟在短短三年时间里丧失了百余年来世界科学中心的地位。① 在美国,芝加哥大学成立两年后的1892年,阿尔比恩·斯莫尔(AlbionW. Small)受哈珀邀请筹建并领导新设立的全美国第一个人类学和社会学系。斯莫尔对芝加哥大学社会学以及美国社会学学科的建立具有重大功绩,这不仅取决于其卓越的学术科研能力,还在于其非凡的组织管理才能:在1924年退休前长期负责并建设社会学系,并为芝加哥学派长期的领导作用奠定了基础;于1895年创办了世界上第一本社会学杂志——《美国社会学杂志》并担任主编30年;在1905年为创建美国社会学学会做出贡献。② 在芝加哥大学社会学发展的同期,密执安大学的约翰·杜威(John Dewey)于1894年进入芝加哥大学,随后"哲学成为第一个建立起真正'学派'的学科,并以实用主义的名称闻名天下"③。可见,那些权威的学术精英个体既能成就一个学科,也能成就一所大学。如金耀基所言,身处海德堡就总不能不想起马克斯·韦伯(Max Weber),由韦伯又不能不联想到社会学——"韦伯、海德堡、社会学这三者有美妙的关系"④。

事实上,学术精英也是人们眼中的学术明星。在学术明星时代,"一个人取得了成就,可以让一个学院迅速闻名全国。一个学科(如社会科学)分支中的四五个人,或者一个大学里的八九个人就可以建立一个学术的中心"⑤。受学术明星效应的驱动,不同类型大学开始争抢各个学科领域最杰出的学者,希望通过把他们引进并聚集起来,打造世界级的学术声誉。与历史上大师辈出的时代不同,当今社会中的科学研究活动"只有几个、十几个科学大师不够了,还需要有一个杰出的科学家队伍。在这个队伍里尽管多产的不多,可是单产的杰出科学家甚多,这种数量上的优势,足以补偿由于多产比例减少的劣势。这种数量众多的科学家之间的协作,形成了更大的集团研究能力,往往可以提供历史上任

---

① 杨焕勤,张蕴华.柏林洪堡大学[M].长沙:湖南教育出版社,1986:72.

② [法]阿兰·库隆.芝加哥学派[M].郑文彬,译.北京:商务印书馆,2000:5-8.

③ [法]阿兰·库隆.芝加哥学派[M].郑文彬,译.北京:商务印书馆,2000:9.

④ 金耀基.剑桥与海德堡——欧游语丝[M].沈阳:辽宁教育出版社,1995:133.

⑤ [加]雷格娜·达内尔.爱德华·萨丕尔:语言学家、人类学家、人文主义者[M].须一呤,董燕,马文辉,译.北京:商务印书馆,2016:270.

何一个时代都无法比拟的赶超速度"①。因此,现代各国科学研究活动的重要特征和发展趋势就是学术精英的集聚化与科学研究的团队化。

不断扩大、逐渐会聚的精英群体是大学孜孜不倦追求的发展目标。大学离不开权威的精英个体,也离不开会聚的精英群体;前者的明星效应为大学赢得美誉,后者的集聚效应为大学注入动力。例如,哥伦比亚大学聚集的学术精英保证了彼此的力量基础,他们涉及政治学、经济学、哲学、遗传学和历史学,等等。又如芝加哥大学会聚的学术精英使跨学科合作成为可能,他们涉及数学界、英语界、物理学界、生理学界、社会学界、政治学界以及古典文学界等等。②学术精英集聚促进知识大融通,适量的"创造性的摩擦"或"创造性混乱"是知识创造的必要条件之一。③当不同学科背景和知识结构的学术精英聚集在一起并在科学研究活动中产生交集时,将显著提高创新性学术成果的生产力。虽然将不同才能和背景的学术精英聚集在一起能够增加创新与成功的机率,但"解决某一问题所投入的人员构成的复杂性和多样性应与问题的复杂性和多样住相匹配(至少成比例)"④。由于过度的、完全的"混乱"并不具有建设性和创造性,因此"创造性摩擦或融合的发生需要一定共同的土壤。各群体的成员必须发展互相之间能够理解的共同语言。在合作之前还必须具备一定共享的知识"⑤。这就将大学对学术精英群体"量"的需求进一步提升到"质"的要求,即大学学术精英竞争性优势的充分转移还必须运行于优良的精英格局之中。大学精英格局的优化路径在于建设学术精英梯队并培育学术精英网络。因此,加强学术精英梯队建设有利于吸收、凝聚各类科研人才,以科研团队的方式组建学科"生力军"。

对于引进人才、排名却无明显变化的大学,"两院"院士和"特聘教授""杰青"等学术精英即使到校工作,但因缺乏相应的科研设备、科研团队、科研环境

① 赵红州.关于科学家社会年龄问题的研究[J].自然辩证法通讯,1979(4):32.

② 张敏,杨援.芝加哥大学[M].长沙:湖南教育出版社,1994:22.

③ [美]托马斯·H.达文波特,劳伦斯·普鲁萨克.营运知识:工商企业的知识管理[M].王者,译.南昌:江西教育出版社,1999:79.

④ [美]托马斯·H.达文波特,劳伦斯·普鲁萨克.营运知识:工商企业的知识管理[M].王者,译.南昌:江西教育出版社,1999:80.

⑤ [美]托马斯·H.达文波特,劳伦斯·普鲁萨克.营运知识:工商企业的知识管理[M].王者,译.南昌:江西教育出版社,1999:80.

而易成为"光杆司令",以致原有科研项目无法继续,新的科研任务无法开展,学术创新必然举步维艰,更何谈人才引进效应的充分发挥与大学学科排名的显著提升。鉴于此,一些大学在建设学术精英梯队时往往采用团队式引才举措,不仅引进目标精英,还同时引进其科研团队。如近年来,浙江大学较频繁地从其他院校以非常优越的环境和条件吸引学术精英团队。由于科研团队对科学研究至关重要,大学招聘学术精英的有效策略是考虑团队招聘,而不是仅仅关注学术精英个人。① 因此,了解团队科研方向、把握团队招募动态、健全团队引进机制是大学加强学术精英梯队建设的有效路径。

当然,加强学术精英网络培育不仅有利于开发学术精英的学术资本,还有利于发掘学术精英的社会资本,进而为大学吸引其他学术精英、扩大学术知名度与增强学术影响力打下基础。学术网络是可移植的,科学移民不是"零和博弈",对输出国和接收国都有好处。② 同样,关系资本也是可以转移的,学术精英竞争也不是"零和博弈",对流出大学和流入大学都有益处。对学术精英而言,学术网络是科研合作与技术共享的重要平台,其不仅能在学术网络中获得源源不断的学术滋养,还能在学术网络中促进知识融合与创新。作为"无形学院"的基本形式,学术网络赋予学术精英"组织人"与"学科人"的双重身份。流动的学术精英虽易于脱离某一个"组织人"的角色,但较难脱离某一个"学科人"的角色。这意味着,学术精英流动后并不能立即或完全改变在原机构的科研方向,也并不会立即或完全中断与原同伴的科研合作。学术精英的关系资本反而会随流动而净增长,知识溢出的积极效应也将相对大于消极效应。③ 在这种意义上,大学与学科排名并不会因学术精英流出而必然下降,学术精英建立的新的学术网络和社会关系也可以反向流入原任职机构,从而实现学术精英竞争双方互利共赢的局面。

---

① Azoulay, P., Ganguli, I., Graff Zivin, J. The mobility of elite life scientists: professional and personal determinants [J]. Research Policy, 2017(3):584.

② Scellato, G., Franzoni, C., Stephan, P. Migrant scientists and international networks[J]. Research Policy, 2015 (1):118.

③ Tartari, V., Lorenzo, F. D., Campbell, B. A. "Another roof, another proof": the impact of mobility on individual productivity in science[J]. Journal of Technology Transfer, 2020(1):276-303.

第六章
关于中国大学学术精英流动的反思

任何大学学术精英的流动都起始于一定的时间,运行于一定的空间。虽然有的流动因机缘巧合而发生,有的流动则是酝酿良久的结果,但特定的时空环境对大学学术精英流动与否、何时流动、流向何处、如何流动的考量与抉择都存在特定的影响。一般而言,大学学术精英流动的动因不仅存在主观与客观之分,还存在微观与宏观之别。微观上,不同的学术精英因不同的缘故而流动,其影响因素十分多元且复杂;宏观上,由政府、大学等组织提供的客观科研条件与宏观政策环境的变化所引起的学术精英流动值得关注和研究。

大学学术精英流动本质上属于高端智力资源在不同类型、不同层次大学之间的重新配置。大学学术精英流动对学术精英自身的学术发展,对所处大学与学科发展的影响是客观的,也是不确定的,其积极影响与消极影响因人而异、因学校而异、因学科而异。在一定地域与规模上,流动不仅是学术精英的个体行为,也是学术精英的群体行为。众多流动的学术精英犹如涓涓细流,足以引发一股磅礴的潮流,不可避免地会对部分大学或学科,甚至对整个国家的高等教育系统产生难以估量的影响。

当前,中国大学学术精英竞争与学术精英流动处于社会舆论的"放大镜"下,一举一动稍有不慎也许就会被贴上"挖墙脚""恶性竞争""金钱大战""无序流动""破坏生态"等负面的标签。有人认为,大学教师只要由经济不发达地区流向经济发达地区、由中西部地区流向东部地区就属于无序流动。难道大学教师从经济发达地区向经济不发达地区、从东部地区向中西部地区的流动就是有

序的吗？笔者认为,判断大学教师流动的行为是有序还是无序,不能如此简单
粗暴;同样地,评价大学学术精英流动的影响是积极的还是消极的,也不能一概
而论。中国大学学术精英的流动是真实发生的,随之出现的各种问题也是客观
存在的。为了更加充分地了解并客观地理解中国大学学术精英的流动,需要将
其置于整个国家高等教育系统中,并结合世界高等教育的发展趋势,充分把握
其所具有的阶段性、特殊性及国际性。

第一节　中国大学学术精英流动的阶段性

大学学术精英流动不仅是主观意志理性选择的结果,还是客观环境综合作
用的产物。就此而言,中国高等教育发展的阶段性在很大程度上决定了中国大
学学术精英流动的阶段性。

一、 中国高等教育发展的阶段性

1999—2019 年,中国大学学术精英在不同时期存在不同的流动情况
(如图 6 - 1 所示),当下大学学术精英所呈现的流动样态从某个侧面反映了中
国高等教育发展的时代特性。分析中国高等教育的阶段性有助于我们认识并
理解中国大学学术精英流动的阶段性。

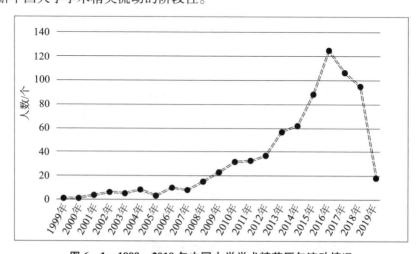

图 6 - 1　1999—2019 年中国大学学术精英历年流动情况

（一）深化改革，促进高等教育自主化

改革开放以来，不同时期的改革面临着不同的任务与挑战，其广度和深度与时俱进地发生着变化。改革的全面化与深层化是时代变迁的基本要求与必然结果。当前，推进高等教育治理体系和治理能力现代化，进一步扩大省级政府高等教育统筹权与大学办学自主权是全面深化高等教育体制改革的主要内容。

首先，在中央与地方的关系上，高等教育管理权"下沉"趋势明显，地方高等教育统筹权不断扩大。1978 年以来，中央与地方的关系随社会转型与经济发展而发生着实质性变化，逐步形成两种关系并存的局面："一种是不断商谈、相互博弈的关系，中央通常希望能以一定的权力下放及尽可能少的资源投入，换取地方在其自身发展过程中担负更多的责任；地方则几无例外地希望既拥有更多的独立性与自主权，又尽可能少地担负责任。另一种是行政管属、命令服从的关系，这种关系说到底是由中央拥有的对于地方领导人的组织人事调配权来保证的。"①中央与地方政府之间权责下放与领导激励机制不仅在全国社会经济建设过程中发挥着重要作用，而且还在高等教育领域形塑并强化着内外部治理关系，持续推动高等教育改革走向全面深化阶段。"为了顺应经济体制改革的走向，我们对国务院部门办的大学进行了重大调整，一部分划转为教育部部属院校，大部分划转给各省、自治区、直辖市实行共建，以地方管理为主，从而使这些学校由过去的为行业服务变为为社会服务、为区域经济服务。"②20 世纪 90 年代初，中共中央、国务院发布的《中国教育改革和发展纲要》指出，"进一步确立中央与省（自治区、直辖市）分级管理、分级负责的教育管理体制"。为此，"中央要进一步简政放权，扩大省（自治区、直辖市）的教育决策权和包括对中央部门所属学校的统筹权"③。到 20 世纪 90 年代末，教育部出台《面向 21 世纪教育振兴行动计划》，其特别强调要"继续实行'共建、调整、合作、合并'的方针，今后 3—5 年，基本形成中央和省级政府两级管理、分工负责，在国家宏观政策指导下，以省级政府统筹为主的条块有机结合的新体制。除少数关系国家发展全

---

① 吴康宁. 教育改革的"中国问题"[M]. 南京：南京师范大学出版社, 2015: 81.

② 周远清. 大改革 大发展 大提高——中国高等教育 30 年的回顾与展望[J]. 中国高教研究, 2008(1): 2.

③ 参见：1993 年《中国教育改革和发展纲要》。

局以及行业性很强需由国家有关部门直接管理的高等学校外,其他绝大多数高等学校由省级政府管理或者以地方为主与国家共建"①。

进入 21 世纪,高等教育管理体制中的中央与地方的关系,经省级政府教育统筹权的不断扩大与加强而更加明确化。2010 年,《国家中长期教育改革和发展规划纲要(2010—2020 年)》提出,要"进一步加大省级政府对区域内各级各类教育的统筹。完善以省级政府为主管理高等教育的体制,合理设置和调整高等学校及学科、专业布局,提高管理水平和办学质量"②。2014 年,《国家教育体制改革领导小组办公室关于进一步扩大省级政府教育统筹权的意见》的总体要求就是"以推进教育治理体系和治理能力现代化为目标,理顺中央与地方教育管理权限和职责范围,保证国家教育方针政策的贯彻执行,充分发挥地方的积极性主动性创造性,加快推进教育现代化"③。根据上述政策的精神,省级政府在坚持中央统一领导的原则下可因地制宜地自主确定高等教育发展目标和规划,制定并组织实施高等教育改革与发展政策,提高高等教育服务地方经济社会发展的水平。经过改革,计划经济体制下中央政府及各部委与高等教育及其机构直接紧密的关系,随着市场经济体制的发展而逐渐间接化和松散化。这不仅促进了地方高等教育的自主化,为以省级政府为代表的地方各级政府在高等教育领域开辟了较为广阔的活动空间,还增强了地方政府办好高等教育的主动性和积极性,激发了地方高等教育的竞争性和创造性。

省级高等教育统筹权的扩大促进了地方大学的发展,与之相关的政策创新、制度创新与实践创新案例不胜枚举。"在分权化的治理体制下,省级政府拥有相对独立的财权、人事权和事务权,而不仅仅是中央统管体制下纵向依赖的执行机构。相对独立的权力,不仅赋予了省级政府相对独立的利益,而且赋予了省级政府按照自主意志实现自身高等教育发展目标的权力。"④创新是驱动经济发展的"引擎",大学则是"创新的引擎"。⑤ 大学的创新特质与创新能力越来

---

① 参见:1998 年《面向 21 世纪教育振兴行动计划》。

② 参见:2010 年《国家中长期教育改革和发展规划纲要(2010—2020 年)》。

③ 参见:2014 年《国家教育体制改革领导小组办公室关于进一步扩大省级政府教育统筹权的意见》。

④ 马廷奇.高等教育教学改革与质量保障[M].武汉:武汉大学出版社,2017:307.

⑤ [美]霍尔登·索普,巴克·戈尔茨坦.创新引擎:21 世纪的创业型大学[M].赵中建,等译.上海:上海科技教育出版社,2018.

越被地方各级政府所看重,从 20 世纪 80 年代"中心城市办大学"的兴起到如今"校地合作办分校"的盛行,以及"双一流"建设的高投入,地方政府扩大高等教育规模、引进优质高等教育资源、打造高等教育"高地"的热潮一浪高过一浪。不过,"目前地方政府虽然可以自主增加对高等教育的投入,提高办学质量。但对于高水平大学建设计划来说,经费的投入和地方性的配套政策还是远远不够的。许多重要的政策和制度资源仍然集中在中央政府,地方政府所掌握的政策资源是有限的"①。为尽快突破这种限制进而争取到中央政府对地方高等教育的政策与制度资源投入,地方政府将简单的经费投入转向高质量的实体建设,支持更多地方大学通过加强科研设施与平台建设、加强高水平师资队伍建设,以在较短时间内达到在学位点设置、研究生培养等方面的国家"门槛",支持少数具有发展潜力的地方大学,通过加强一流大学与一流学科建设进入"国家队"。随之而起的是高等教育强省竞争、高等教育强市竞争及其大学与学科建设竞争、海内外大学学术精英竞争等,受到社会的广泛关注。可以说,地方高等教育自主化与高等教育地方化导致高等教育竞争化,也诱发了学术精英的频繁流动。

其次,在政府与大学的关系上,治理理念深入人心,大学办学自主权不断扩大。改革开放之前,大学与政府间的行政化关系十分牢固,计划经济体制及高度集中统一的高等教育管理体制是其制度基础。"大学与政府是在国家行政体制内的下级与上级的关系,政府不仅具有大学校长的任免权,而且政府的文件、指令也是大学办学的基本依据,政府对大学办学的直接领导涵盖了从管理到教学的全部领域,大学少有独立办学的权力。"②改革开放之后,为密切大学与市场经济体制的有机联系,提高大学对社会经济的贡献度,增强大学改革发展的能动性,国家和政府日益尊重大学的主体性,主张通过改革逐步扩大大学办学自主权。20 世纪 80 年代,面对落后的教育事业和弊端突出的教育体制,于 1985年颁布的《中共中央关于教育体制改革的决定》指出,"必须从教育体制入手,有系统地进行改革",其中,"在加强宏观管理的同时,坚决实行简政放权"是教育管理体制改革的基本要义。对高等教育体制而言,改革的关键是要"改变政府

① 陈洪捷.高水平大学建设的老范式与新思路[J].苏州大学学报(教育科学版),2019(3):40.
② 胡建华.大学与政府关系 70 年(1949—2019)[J].高等教育研究,2019(10):15.

对高等学校统得过多的管理体制,在国家统一的教育方针和计划的指导下,扩大高等学校的办学自主权,加强高等学校同生产、科研和社会其他各方面的联系,使高等学校具有主动适应经济和社会发展需要的积极性和能力"①。此后,扩大并保障高等学校办学自主权成为高等教育体制改革的长期任务,并一直延续至今。与此相伴的是,治理理论的发展与大学治理的兴起。21 世纪以来,源于现代企业组织管理领域的治理理论逐渐渗透并流行于现代大学组织管理领域,大学治理理念、治理结构、治理权力以及治理体系运作方式与过程日益受到高等教育研究者和管理者的重视。与大学外部治理结构密切相关的大学去行政化改革,在一定程度上纾解了政府对大学的计划性管理,推动了大学成为法人实体的进程。目前,虽然高等教育法仍存在实施不到位、落实不彻底的问题,高等教育"放管服"改革也尚未完全落地,高校尚未完全获得办学自主权,②但与过去政府在经费下达与使用、学校编制、教职工待遇、专业设置、课程结构、教材编写以及招生、毕业生分配等方面长期对高校实行"统包制""供给制"③的状况相比,高校依法自主办的权力已有大幅提升,实行民主管理的能力已有长足发展。

例如,高校在岗位设置、编制管理、教师任用、薪酬制定、考核评价和职称评审等方面的自主权经 20 多年的人事制度改革而不断扩大和充实。为加快高等学校人事和分配制度改革的步伐,建立起适应社会主义市场经济体制和符合高等教育发展规律的高等学校人事管理制度,2000 年,中央组织部、人事部、教育部印发《关于深化高等学校人事制度改革的实施意见》。该意见提出,"全面推行聘用制,建立符合高等学校办学规律、充满生机与活力的用人制度",学校可"根据学科建设和教学、科研任务的需要,科学合理地设置教学、科研、管理等各级各类岗位,明确岗位职责、任职条件、权利义务和聘任期限,按照规定程序对各级各类岗位实行公开招聘,平等竞争、择优聘用"。该意见还提出,"加大分配制度改革的力度,健全高等学校的分配激励机制","进一步加大搞活学校内部分配的力度,扩大学校分配自主权,建立重实绩、重贡献、向高层次人才和重点

---

① 参见:1985 年《中共中央关于教育体制改革的决定》。
② 参见:2019 年全国人民代表大会常务委员会执法检查组关于检查《中华人民共和国高等教育法》实施情况的报告。
③ 杨德广.中国高等教育办学理念的八大转变[J].北京大学教育评论,2008(2):109.

岗位倾斜的分配激励机制"。① 此后,深化高校教师管理制度改革的重要方向在于扩大高校用人自主权和收入分配自主权。《中共中央关于深化人才发展体制机制改革的意见》指出,突出市场导向是推进人才管理体制改革的基本原则之一,保障和落实用人主体自主权是推进人才管理体制改革的重要内容,即"充分发挥用人主体在人才培养、吸引和使用中的主导作用,全面落实国有企业、高校、科研院所等企事业单位和社会组织的用人自主权"② 。近年来,在国家和政府的支持下,大学积极深化教师聘任制改革,制定教学科研岗位设置办法,规范教师聘任程序。在高层次人才队伍建设方面,大学可结合学科发展需要自主创设各类人才引进计划,明确人才类型、条件、薪资待遇、岗位职责及引进机制。在海内外学术精英引进的具体实践中,大学可以灵活采用"一人一议""一事一议"聘用形式,探索协议工资制和项目工资等多种分配形式,建立与国际相接轨、与聘任制相适应的具有较强吸引力和竞争力的多元化人才薪酬激励体系。这不仅有利于大学增强引进国际顶尖人才和有发展潜力的年青学者的实力,还有利于大学营造学术精英"引得进""留得住""用得好"的良好氛围。

总之,全面深化改革促进了高等教育的自主化,而自主化了的高等教育又充满竞争的动力。省级政府高等教育统筹权的扩大引起地方各级政府围绕稀缺资源展开竞争。"资源的稀缺性是竞争产生的基本要素,高等教育资源尤其是优质高等教育资源的稀缺性是地方政府竞争产生的重要条件。地方政府不仅为争夺中央控制的高等教育资源而展开竞争,而且为争夺高等教育要素市场的资源而展开竞争。"③大学办学自主权及其用人自主权的扩大引起各类大学对优质学术资源的竞争,进而激发大学不断改革与创新的精神。"高校人事制度改革很多措施具有前瞻性,许多经验和进展来自学校的首创精神,基层许多好的做法和经验,最终上升为国家政策,推动了事业单位整体改革。"④当前为响应中央加快建设人才强国,深入实施人才优先发展战略的号召,地方各级政府与不同层次类型大学对学术精英竞争的激烈程度可谓空前,地区与地区、政府与

① 参见:2000 年中组部、人事部、教育部印发的《关于深化高等学校人事制度改革的实施意见》。
② 参见:2016 年《中共中央关于深化人才发展体制机制改革的意见》。
③ 张应强,彭红玉.高等教育大众化时期地方政府竞争与高等教育发展[J].高等教育研究,2009(12):5.
④ 管培俊.关于新时期高校人事制度改革的思考[J].教育研究,2014(12):76.

政府、大学与大学以及大学与社会之间相互沟通、频繁交流的局面使学术精英的流动越来越容易、越来越普遍。因此,蓬勃发展的高等教育地方化与高等学校自主化为大学学术精英构造了广阔的流动空间,提供了充足的流动机会。竞相增长的薪资待遇、竞相改善的科研环境扩大了大学学术精英流动的规模,加快了大学学术精英流动的频率。

（二）快速发展,推动高等教育大众化与一流化

"教育改革与发展是相辅相成的关系。改革的目的是为了发展我国教育事业,提高我国的教育水准;而教育事业的发展,必须依靠改革。"①因此,教育改革与教育发展相互促进一直都处于"进行时"。对中国高等教育而言,深化改革带来了快速发展,"量"的大众化与"质"的一流化几乎同步推行,这造就了当前显著的阶段性特征。

20 年间,中国高等教育迅猛发展,先后经历了精英高等教育阶段和大众化高等教育阶段,即将进入普及化高等教育阶段。"对每个国家而言,迅速的技术变革(信息技术是其中的一部分)和国际竞争,使得受过良好教育的公民和劳动力变得更重要、更有价值。发达经济在今天的成败取决于受过教育的劳动力及劳动力被雇佣的方式。"②旨在培养高素质专门人才的高等教育不仅是增加劳动力受教育年限与层次的重要途径,还对提高国家科技创新能力、增强综合国力具有重大意义。中国 1999 年高校大扩招的直接出发点,虽然是刺激和扩大自1997 年亚洲金融危机以来持续低迷的国内市场消费与需求,③但其他重要目标也包含促进高等教育跨世纪发展,实现高等教育规模历史性转变。在大众化理论指引下,在扩招政策驱动下,中国高等教育毛入学率从 1999 年的 10.5%,迅速增长至 2002 年的 15%,正式进入大众化高等教育阶段。此后,中国高等教育的招生和在校生规模继续快速扩大,2016 年高等教育在学总规模达 3 699 万人,比 2012 年增长 11.2%,占世界高等教育总规模的 20%,已成为世界高等教育第一大国;2018 年全国各类高等教育在学总规模达 3 833 万人,高等教育毛入学率达到 48.1%。2019 年全国各类高等教育在学总规模达到 4 002 万人,高

① 刘道玉.高教改革 30 年的回眸与前瞻[J].高教探索,2008(5):7.
② [美]马丁·特罗.从大众高等教育到普及高等教育[J].濮岚澜,译.北京大学教育评论,2003(4):7.
③ 叶建亮.失落的象牙塔:高校扩招的一个经济学解读[M].杭州:浙江大学出版社,2009:40.

等教育毛入学率达51.6％。这表明中国已正式进入国际公认的高等教育普及化阶段。

中国高校超速度、大规模的扩招对高等教育系统及其生态造成较为深远的影响：其一，"扩招"形成了粗放型的高等教育增长观，导致高等教育长期依赖外延式发展模式，严重阻碍高等教育的转型升级。大众化初期，专科院校升格重组，本科院校合并扩充，这"造成高校定位和培养模式的趋同，助长了高等学校片面追求高层次、大规模、研究型、综合化的风气"①。"亮数字""比大小""看差量"的绩效评价主义诱导大学管理者偏离以人为本的办学理念，逐渐异化为"见数不见人""多多益善"的"唯数论"。其二，"扩招"稀释了高等教育资源，特别是优质的高等教育资源。高等教育资源难以支撑庞大的高等教育体系，更难以满足社会经济发展对大众高等教育提出的高要求。由于我国高等教育大众化的进程处在计划经济向市场经济的过渡阶段，因此高等教育大众化从启动之初就具有十分鲜明的计划经济与政府调控的痕迹。② 在各类高等教育资源配置上，薄弱的市场力量不能发挥应有的决定性作用，强大的政府力量亦时常遭遇"失灵"的风险。学生规模扩大了，高校因不能及时获取教师、经费、校舍等必要的资源供给而产生了较为突出的质量问题。虽然大众化对中国高等教育的挑战不容忽视，但大众化使中国成功跻身世界高等教育大国之列的意义亦不可否认。对世界上人口最多的国家而言，成为高等教育大国是建设高等教育强国的必要条件，将高等教育做大做强是建设创新型国家的重要基础。

为建设高等教育强国，"一流"成为近年来中国高等教育发展的另一个关键词。中国高等教育在从精英到大众化的转变过程中"存在着局部质变推动总体量变的'过渡阶段'"③。这既具有一定的普遍性也符合事物发展的规律。"高等教育的发展是要通过量的积累和总的量变过程中的许多部分质变才能完成。部分的质变需要一定量的积累，反过来部分的质变一旦发生又会促进量变，并为整个高等教育的根本质变准备条件。"④从另一个角度可以认为，"'质变促进

---

① 杨东平.关于高等教育的"中国模式"[J].江苏高教,2011(1):7.
② 邬大光.高等教育大众化的理论内涵和概念解析[J].教育研究,2004(9):23.
③ 潘懋元,谢作栩.试论从精英到大众高等教育的"过渡阶段"[J].高等教育研究,2001(2):6.
④ 潘懋元,谢作栩.试论从精英到大众高等教育的"过渡阶段"[J].高等教育研究,2001(2):6.

量变'实际上是'后发国家'实现高等教育大众化的一种新的发展方式。即'后发国家'以明确的政策目标导向,采取必要的改革措施,使高等教育提前出现一些'质'的变化,从而实现高等教育由精英阶段向大众阶段转变的'超常规'发展"①。自 20 世纪 90 年代末以来,中国高等教育"量"与"质"的辩证关系突出体现为大众化中的一流化和一流化中的大众化。换言之,中国高等教育大国发展进程蕴蓄着高等教育强国的因子与能量。

高等教育大国着重"量"的增长,高等教育强国则注重"质"的提升。不论是"大国"还是"强国",都是高等教育的国际比较级,都是高等教育在国际舞台上的较量与比拼,都是高等教育上升至国际政治、经济和科技竞争层面的表现。为树立大国形象,展现强国实力,高等教育及其机构步入一流化进程,承担起培育拔尖创新人才、提高科学研究水平、建设高水平师资队伍、打造世界一流学科、完善国家创新系统的历史使命。为把生机勃勃的中国教育带入 21 世纪,《面向 21 世纪教育振兴行动计划》提出,"创建若干所具有世界先进水平的一流大学和一批一流学科",明确了建设世界一流大学所具有的重大战略意义。借鉴世界一流大学的建设经验,我们"要相对集中国家有限财力,调动多方面积极性,从重点学科建设入手,加大投入力度,对于若干所高等学校和已经接近并有条件达到国际先进水平的学科进行重点建设。今后 10—20 年,争取若干所大学和一批重点学科进入世界一流水平"②。基于此,大学一流化建设项目正式启动。2004 年,《关于继续实施"985 工程"建设项目的意见》进一步明确了"985 工程"大学的建设任务,体现在机制创新、队伍建设、平台建设、条件支撑和国际交流与合作这五个方面。其中在加强大学人才队伍建设方面,"提供优越的研究条件和配套保障条件,面向国内外招聘具有国际先进水平的学术带头人、优秀学术骨干和大学高级管理人才,重视有潜力的中青年骨干的培养和深造,通过提高水平、营造氛围、严格培养等多种途径吸引优秀青年人才,形成一支以博士生和博士后为生力军的创新力量,加快建设一支具有世界一流大学水平的教师队伍、管理队伍和技术支撑队伍"③。2010 年,教育部、财政部印发《关于加快

① 胡建华."后发国家"高等教育大众化的基本特点[J].教育发展研究,2002(1):32.
② 参见:1998 年《面向 21 世纪教育振兴行动计划》。
③ 徐小洲,王家平.卓越与效益 大学重点发展战略研究[M].杭州:浙江教育出版社,2007:50.

推进世界一流大学和高水平大学建设的意见》，第三轮"985 工程"大学建设开始实施，其建设目标在于"通过持续重点支持，加快推进世界一流大学和高水平大学建设"，"为建设创新型国家、实现从人力资源大国向人力资源强国转变做出更大贡献"。① 当前中国经济社会发展已步入新常态，创新驱动发展战略要求高等教育加快世界一流化发展进程，增强国家全方位对外竞争优势。在此背景下，国务院于 2015 年印发《统筹推进世界一流大学和一流学科建设总体方案》，正式启动"双一流"建设，以实现从高等教育大国到高等教育强国的历史性跨越。世界一流大学和一流学科建设必须坚持四项原则，其中一项便是"坚持以一流为目标"。具体而言，就是要"引导和支持具备一定实力的高水平大学和高水平学科瞄准世界一流，汇聚优质资源，培养一流人才，产出一流成果，加快走向世界一流"②。2017 年，教育部、财政部、国家发展改革委颁布《统筹推进世界一流大学和一流学科建设实施办法（暂行）》。"双一流"建设中除了加大资金、政策、资源的支持力度外，"深化高等教育领域简政放权改革，放管结合优化服务，在考试招生、人事制度、经费管理、学位授权、科研评价等方面切实落实建设高校自主权"③，也是中央和地方政府及其有关主管部门对世界一流大学和一流学科建设单位的重要支持方式。为着力解决"双一流"建设中仍然存在的高层次创新人才供给能力不足、服务国家战略需求不够精准、资源配置亟待优化等问题，2022 年教育部、财政部、国家发展改革委发布的《关于深入推进世界一流大学和一流学科建设的若干意见》指出，要"坚持特色一流，扎根中国大地，深化内涵发展，彰显优势特色，积极探索中国特色社会主义大学建设之路。瞄准世界一流，培养一流人才、产出一流成果，引导建设高校在不同领域和方向争创一流，构建一流大学体系，为国家经济社会发展提供坚实的人才支撑和智力支持"④。

近年来，中国高等教育的一流化从"985 工程"建设升级为"双一流"建设。时代在变迁，高等教育水平也在不断提升，但面向世界、瞄准一流的建设理念没有改变，一流化中的国际化色彩愈加浓厚。当前，就高等教育对外开放和参与

---

① 教育部政策法规司，教育部高等教育司.中国特色现代大学制度文件辑要(2013 年版)[M].北京：教育科学出版社,2013：162 - 163.

② 王战军.世界一流大学世界一流学科建设政策汇编[M].北京：中国科学技术出版社,2018：2.

③ 王战军.世界一流大学世界一流学科建设政策汇编[M].北京：中国科学技术出版社,2018：11.

④ 参见：2022 年《关于深入推进世界一流大学和一流学科建设的若干意见》。

国际竞争的程度而言,"双一流"建设远远超过"985 工程"建设。"'双一流'建设的提出,既反映了我国高等教育重点建设政策从计划性向竞争性的转变,也反映了近年来我国高等教育改革与发展所取得的巨大成就,更体现了中国高等教育的自信,即敢于将中国大学和学科发展的水平放在世界范围内进行比较与竞争。"①面向世界的"一流化"是中国高等教育长期发展的愿景,拓展了中国大学的发展视野与空间,提升了中国大学人才培养、科学研究与社会服务的国际格局。

总体上,当前中国高等教育正处于历史性的转型发展阶段。自主化、大众化与一流化了的中国高等教育正处于从传统到现代的阶段,正处于从量变到质变的阶段,正处于从高等教育大国迈向高等教育强国的阶段。实践证明,"高等教育的每一次转型发展,都是在本国特定的社会历史条件下、在本民族教育文化传统与未来选择的矛盾力量'拉扯'中,为解决本国具体现实问题和特殊实践问题而发生的转型,即任何一个国家的高等教育,在其转型发展过程中,都会经历一个发展的'阶段性和特殊性'的困境。我国高等教育也不例外"②。中国高等教育自主化、大众化与一流化共同的阶段性困境是不彻底、不成熟和不完善。虽然省级政府高等教育统筹权和大学办学自主权经高等教育体制改革都有所扩大,但地方高等教育与各类大学受到的行政干预仍然较多;虽然高等教育在规模上已处于"后大众阶段",但卓越教师、先进课程、充裕经费等优质高等教育资源仍长期匮乏;虽然高等教育国际合作与交流的方位、层次和领域较改革开放之初已有长足发展,但"走出去"与"引进来"在量与质上仍不协调,我国高等教育综合实力与世界一流高等教育系统相比,仍存在较大差距。事实上,在全球化和国际化的影响下,中国高等教育大国的现实不断激发其成为高等教育强国的强烈欲望。中国高等教育在国家意志与政府支配下,采取"两手抓""两不误""两促进"的方式,既持续扩大规模以实现普及化,又不断升级以加强一流化。高等教育数量增长与质量提升并重,并互相配合、互相促进。这使中国高等教育发展方式具有两重性:外延式发展侧重粗放,以量的增长为主,生源、师

① 王建华.关于一流本科专业建设的思考——兼评"双万计划"[J].重庆高教研究,2019(4):125.

② 邬大光,李国强.《教育规划纲要》实施五年进展与高等教育未来方向的基本判断——《高等教育第三方评估报告》前言[J].中国高教研究,2016(1):5.

资、经费等规模扩张较为普遍;内涵式发展侧重集约,以质的提升为主,强调资源的优化配置与高效开发,更加注重生源、师资、环境等的品质建设。因此,中国大学在大众化、一流化的发展过程中围绕海内外优质学术资源,尤其是人才资源,而展开的竞争必然十分激烈,其背后的逻辑就是"高质量的大存量"。

二、 大学学术精英流动的阶段性

从历史视角纵观中国高等教育的发展历程,阶段性是其重要属性之一。阶段性的高等教育不是孤立的,而是承前启后的,是衔接过去历史与未来发展的"纽带"与"关节"。因此,考察高等教育的阶段性既要历史地看,也要发展地看,既要总结其相对的稳定性,又要发现其绝对的变化性。中国高等教育的阶段性主要源自政治、经济与文化接续不断的变革性。从 1949 年中华人民共和国成立到 1966 开始年的"文化大革命",从 1978 年启程的改革开放到 2000 年进入新世纪,再从新世纪发展至新时代,中国高等教育几十年的发展史可谓"波澜壮阔",各个阶段都为其烙下了鲜明的时代印记。近年来,中国大学学术精英流动规模不断扩大、流动频率逐渐增加,皆与其所处的高等教育发展阶段密切相关。在中国高等教育自主化、大众化、一流化阶段,大学学术精英流动具有怎样的阶段性特征呢?

在国家层面,赶超型学术精英竞争产生赶超型学术精英流动。高等教育大众化,尤其是高等教育一流化要求中国走向世界,积极参与国际学术精英竞争,以实现赶超高等教育先发国家的目标。当前中国国际影响力日益增强,经济发展成就举世瞩目,成为仅次于美国的世界第二大经济体。但中国仍然是发展中国家,人均收入水平、科学技术发展水平等与发达国家相比,仍有较大差距。长期以来,赶超发展是中国发展的基本模式,跨越发展是中国发展的重要目标。1978 年,邓小平在全国科学大会开幕式上的讲话指出:"认识落后,才能去改变落后。学习先进,才有可能赶超先进。"[①]中国科技发展事业始终坚持独立自主、自力更生的方针,既不闭关自守,也不盲目排外,努力吸收和借鉴他国先进的理念与技术。2006 年,温家宝总理在全国科学技术大会上发表题为《认真实施科

---

① 邓小平.邓小平文选(第 2 卷)[M].北京:人民出版社,1994:91.

技发展规划纲要,开创我国科技发展的新局面》的讲话,指出"通过关键领域的突破实现技术跨越,一直是后进国家赶超先进国家的重要方式。重点跨越是加快我国科技发展的重要途径",实施重点跨越就是要"坚持有所为、有所不为,选择具有一定基础和优势、关系国计民生和国家安全的关键领域,集中力量,重点突破,实现跨越式发展"。① 鉴于创新驱动的全球趋势,中共中央、国务院于2016年印发的《国家创新驱动发展战略纲要》中明确指出:"我国既面临赶超跨越的难得历史机遇,也面临差距拉大的严峻挑战。惟有勇立世界科技创新潮头,才能赢得发展主动权,为人类文明进步作出更大贡献。"②中国科学发展、技术创新的赶超战略赋予高等教育跨越式发展的历史使命。1998年,联合国教科文组织在《21世纪的高等教育:展望和行动世界宣言》中指出,"没有一定高等教育和研究机构提供最基本的熟练技术和教育的人才,任何国家都不可能确保真正的、依靠自身力量的可持续发展,发展中国家和最不发达国家尤其不可能缩小它们与工业发达国家的差距。知识共享、国际合作和新技术可以为缩小这种差距提供新的机会"③。就此来看,旨在建设世界一流大学的高等教育一流化战略,是后发国家赶超先发国家建成高等教育强国的必由之路。"只有在世界高等教育舞台上有了立足之地,有了我们自己的成就,才能为我国的高等教育,乃至整个教育的发展争取到更多的机会和资源。"④高等教育一流化不仅促使中国高等教育面向世界,还推动其走上世界高等教育的舞台,参与到世界高等教育竞争与发展的过程之中。

自2001年加入世界贸易组织以来,"中国正在不可逆转地走向世界,世界也正在不可阻挡地走进中国,使中国面临着激烈的国际竞争"⑤。随着全球化的迅猛发展,凡是能够国际化的事务都有可能上升至一国政治和经济的层面,都有可能成为一国参与国际政治和经济竞争的重要手段。在政府持续推动、大学自发行动和市场开拓驱动下,"中国高等教育已经脱离了世界边缘的位置,开始

① 中华人民共和国科学技术部创新发展司.中华人民共和国科学技术发展规划纲要(2001—2010)[M].北京:科学技术文献出版社,2018:75.

② 参见:2016年《国家创新驱动发展战略纲要》。

③ 杨东平.大学之道[M].上海:文汇出版社,2003:208.

④ 王孙禺,孔钢城,雷环,邵小明.改革开放以来我国高水平大学及其重点学科建设的回顾与思考[J].中国高教研究,2008(4):5.

⑤ 闵维方.以改革开放精神创建世界一流大学[J].中国高等教育,2008(24):4.

向中心转移"①。在此过程中,中国政府主动投身全球性学术劳动力市场,以更积极、更开放、更有效的人才引进政策吸引海外高端人才。为加快赶超速度,提高赶超效率,中央政府制定各类华侨华裔专家和外国专家引进政策,鼓励企业、高校和科研院所广开渠道,采取各种方式引进并支持国外人才短期或长期在国内工作。1983年,中共中央、国务院发布的《关于引进国外智力以利四化建设的决定》提出,引进对象"可以是高级、中级的科技专家,也可以是具有专门技能的熟练工人;可以是在职的专家,也可以是退休的专家或老工人;可以短期工作,也可以长期工作"。总之,"对于国外各类专业人才,凡是愿意为我国四化服务,有一技之长,国内又确实需要的,我们都应该欢迎"②。作为中国首个综合性人才队伍建设规划,《2002—2005年全国人才队伍建设规划纲要》首次提出"人才强国"战略。在吸引、使用海外和留学人才方面,该纲要指出,"鼓励留学人员回国工作或以其他方式为国服务。积极倡导留学人员长期或短期回国工作,鼓励他们通过项目合作、兼职、考察讲学、学术休假、担任业务顾问等多种形式为国服务"③。长期以来,在"不求所有、但求所用"的引才理念指导下,很多大学有关外籍人才、留学人员的引进实践偏重实效,不惜以重金"特聘"海外学术精英进入"短期"或"兼职"岗位,以充实绩效考核指标,展示国际化成果,表明面向世界、对标一流、赶超跨越的雄心壮志,其结果是一种新型的国际学术精英流动格局在后发国家赶超型学术精英竞争中逐渐形成。

在大学层面,增长型学术精英竞争产生增长型学术精英流动。高等教育自主化,尤其一流化要求大学内外兼顾,更加主动地参与海内外人才竞争,以实现较其他大学更多的学术精英增长目标。在全球化大背景下,不论是国家还是大学,对学术地位的追求从来没有像今天这样强烈。作为审计技术的产物,能够直观清晰地为国家和大学提供评价标准、对比数据、排名结果的各类排行榜也从未像今天这样盛行。由于大学排行的量化评价方法与年度评价周期,有些大学会发现静态的学术精英总量小于别的学校,还有些大学会发现动态的学术精英增长量低于别的学校。如此,比较而来的学术精英短缺、人才资源匮乏等问

① 别敦荣,亢萌.中国高等教育是如何走向世界的?[J].清华大学教育研究,2019(5):19.

② 人事部全国人才流动中心.中国人才流动服务机构实用全书[M].北京:工商出版社,1997:404.

③ 何东昌.中华人民共和国重要教育文献(1998—2002)[M].海口:海南出版社,2003:1203.

题必然普遍地存在于后发赶超型高等教育及其大学的一流化阶段。

在中国高校"双一流"建设进程中,不论区位、基础与类型如何,大学都认为学术精英数量难以支撑和满足学校的发展需要。根据"双一流"建设大学2018年度进展报告看,高层次人才队伍建设问题较为突出。比如,北京航空航天大学,高层次人才数量不足,特别是具有国际学术影响力的顶尖人才和领军人物不多;[①]北京理工大学,高端人才数量不足,外籍教师数量短缺,世界前百高校获得博士学位的教师比例仍然比较低,优秀青年人才的数量和质量均有待进一步提高;[②]中国农业大学,学术领军人才特别是大师级人才仍显不足且年龄结构仍需进一步改善,学术领军人才特别是青年领军人才的培养与引进需进一步强化;[③]同济大学,师资队伍建设的瓶颈还需要进一步破解,高层次领军人才数量不足,优秀年轻人才总量不够;[④]中山大学,人才队伍缺帅才,院士数量较少,诸多学科方向急缺学科带头人。[⑤]在西部地区,重庆大学存在教师总量不足,高水平人才及青年人才偏少等问题;[⑥]西安交通大学目前的高层次人才规模距学校发展目标还有较大差距,引进人才特别是领军学者和青年拔尖人才数量不足,人才队伍总量尚不能满足发展需求;[⑦]西北工业大学高层次人才不足,在国内外有影响力的优秀青年教师较少,有国际影响力的学术领军人物和创新团队较为匮乏;[⑧]新时期,兰州大学人才流失现象虽得到遏制,但队伍建设仍是最大短板,如队伍体量偏小、高层次人才匮乏、青年优秀人才储备不足等问题依然存在。[⑨]在东北,大连理工大学除面临建设资金投入不够的问题外,还处于领军人才和创新团队、国家级科研创新平台数量偏少的困境;[⑩]吉林大学不仅高端人才数量偏少、优秀青年人才储备不足,还出现人才吸纳和储备能力差距扩增、人才存量流失风险加大的问题。[⑪]总之,由于学术精英短缺,中国大学尚处于数量积累阶

① 参见:2019年《北京航空航天大学"双一流"建设2018年度进展报告》。
② 参见:2019年《北京理工大学"双一流"建设2018年度进展报告》。
③ 参见:2019年《中国农业大学"双一流"建设2018年度进展报告》。
④ 参见:2019年《同济大学"双一流"建设2018年度进展报告》。
⑤ 参见:2019年《中山大学"双一流"建设2018年度进展报告》。
⑥ 参见:2019年《重庆大学"双一流"建设2018年度进展报告》。
⑦ 参见:2019年《西安交通大学"双一流"建设2018年度进展报告》。
⑧ 参见:2019年《西北工业大学"双一流"建设2018年度进展报告》。
⑨ 参见:2019年《兰州大学"双一流"建设2018年度进展报告》。
⑩ 参见:2019年《大连理工大学"双一流"建设2018年度进展报告》。
⑪ 参见:2019年《吉林大学"双一流"建设2018年度进展报告》。

段,而为实现"双一流"建设目标,这些大学必将继续引进更多的学术精英以扩大人才总量与增长量。

商业史学家钱德勒在回顾了生存超过一个世纪的公司的历史后称:"要参与全球竞争,规模必须要大。"①基于收益与成本的考量,现代企业特别重视规模经济及其规模效应。在集聚效应理论指引下,现代大学也十分注重办学规模与发展体量。相较于企业,衡量大学规模经济的依据更加简便,因为大学排行直接测评的是大学办学要素的数量,而不用考虑收益与成本的增长幅度。因此,"在现有评价指标体系下,规模扩张是提升排名的有效途径"②。在信息化和大数据时代,信息与数据的获取更加准确便捷,统计方式与工具不断更新。现代大学,已习惯于数据的繁杂与排名的喧嚣,希望从比较中找到存在感,善于从比较中找到优越感,更享受比较带来的获得感,相反,不愿承认比较的落后结果,不愿承受比较的挫败感。大学对不同排行榜持亲近或疏远的情感、持肯定或否定的态度,滋生了精致的利己主义。"人们在发展高等教育时往往把目光过多地集中在数字的变化上,尤其关注数字的增长速度,以至于还无暇思忖数字究竟该如何构成,数字本身是否就是目的,以及数字本身是否会将人的视线引入歧途等。"③为形成学术精英规模效应与聚集效应,大学不惜以超常规的热情、超常规的努力、超常规的举措,吸引"一批"学术精英,引进"若干"创新团队。大学间围绕"量"的增长型学术精英竞争必然刺激产生增长型学术精英流动。

从总体上看,世界高等教育仍处于粗放型发展阶段,仍处于以规模增长为动力的大众化发展阶段。高等教育后发国家的"赶超"战略,长期依赖外延式发展方式,现代大学的一流化运动也仍以学术资源集聚、办学要素累积为基本路径。在中国,大学赶超型学术精英汇聚导致增长型学术精英流动,而大学增长型学术精英流动则是赶超型学术精英汇聚中的重要"支流"。

---

① 　[美]科尼利斯·德·克鲁维尔,约翰·皮尔斯二世.管理者的10堂战略课[M].马昕,译.北京:世界图书出版公司北京公司,2015:190.

② 　王建华.大学排名的风险与一流大学的建设[J].高等教育研究,2019(2):3.

③ 　王洪才.大众高等教育论:高等教育大众化的文化-个性向度研究[M].广州:广东教育出版社,2004:2.

第二节　中国大学学术精英流动的特殊性

　　中国高等教育发展的阶段性不仅决定了大学学术精英流动的阶段性,还赋予其浓厚的"中国特色"。在此背景下,一些大学学术精英竞争为什么会出现"恶性"竞争? 一些大学学术精英流动为什么会出现"无序"流动? 这些问题的提出及对这些问题的回答折射出了中国大学学术精英流动的特殊性。具体而言,当前中国大学学术精英流动的特殊性主要体现在以下两个方面。

一、人才计划"支配"的学术精英流动

　　20 年间,由国家和政府主导的各类人才计划不仅造就了大批制度化的学术精英,还产生一系列名目繁多的人才头衔。在学界人才头衔具有较强的学术指示性。对学术精英而言,人才头衔是学术地位与学术成就的象征,而不同级别的人才头衔则表征着不同等级的学术权威。因此,中国大学提高学术声誉、美化学术形象的重要途径,就是引进具有高级人才头衔的学术精英。大学引才实践中,学术精英往往被符号化、标签化,而原本仅具有象征性意义的人才头衔却被等同于人才。这意味着拥有更高级别人才头衔的学术精英而不是具有更高学术水平的学术精英更有可能被大学看中,被大学"挖走"。在人才计划支配下,人才头衔已成为中国大学学术精英流动的主要驱动力之一,人才头衔级别越高就越能增加中国大学学术精英的流动性。为引进国家级人才头衔获得者,当其他大学毫不吝惜地增加投入时,本校若要赢得"人才大战"也必须采取"金钱战术",这便掀起了校际"人才大战"。

　　目前伴随大学学术精英竞争的"金钱大战"不仅是人们经常借助军事语汇描述社会现象的典型反映,还成为社会各界批评大学恶性竞争与不良生态的惯用说辞。人们对大学"金钱大战"的批评主要有两种:一种与"数量"有关,认为大学给引进人才提供的薪酬待遇"畸高";另一种与"方式"有关,认为大学引进人才不惜代价、大力"砸钱",存在奢靡浪费之嫌。事实上,与高等教育先发国家相比,中国大学学术精英薪资待遇的吸引力和竞争力尚比较弱。因此,批评大学"金钱大战"并不是说不应为学术精英提供那么优越的薪酬待遇,恰恰相反,

大学应继续提高学术精英薪资待遇的国际竞争力。大学为人才竞争而展开"金钱大战"问题的关键不在薪酬"数量"上,而在"方式"上,即社会公众对"金钱大战"的批评点主要是大学通过什么方式吸引学术精英,依据什么标准给学术精英"定价"。其中,导致某些大学恶性竞争、人才无序流动的最为常见的一种做法便是:大学直接将薪酬待遇与人才头衔相挂钩,简单根据人才头衔的级别为引进人才提供相应的薪资、科研经费、福利待遇等。与大学通过"金钱大战"竞争人才头衔密切相关的另一种现象是学术精英"薪资倒挂"。"一般而言,在成熟的高等教育系统中,人才的水平、薪酬应与高校的层次成正比,即在较好的大学工作且水平较高的人才拥有较高的薪酬。但我国的现实是,很多水平中等,甚至一般的研究者,在水平中等或一般的学校,获得了同行中较高甚至最高的薪酬。"[①]由于人才计划人为地加剧了中国大学优质智力资源的等级性,拥有人才头衔的学术精英更具稀缺性。为提高声誉,学术水平中等或一般的大学要想引进这类人才,就必须提供较其他院校更具吸引力和竞争力的薪资待遇,以弥补先天发展的不足或地理区位的劣势。这样一来,大量处于"学术金字塔"塔基或塔身的大学为学术精英提供的金钱待遇会远远超过少数处于"学术金字塔"塔尖的大学。

人才计划能够支配大学学术精英竞争、引发学术精英流动的关键原因是其项目制的本质。理论上,项目制"是一种能够将国家从中央到地方各层级关系以及社会各领域统合起来的治理模式"。项目制不仅"是一种能使体制积极运转起来的机制","更是一种思维模式,决定着国家、社会集团乃至具体个人如何构建决策和行动的战略和策略"。[②] 作为一种项目,人才计划能够调动中央政府、地方各级政府以及各类大学以分工与合作的方式,统筹协调学术精英引进和培育工作。中央政府为实现"人才强国"战略目标,以任务分配与绩效考核为手段,通过金钱与政策资源的非均衡配置动员地方政府、大学参与学术精英引进和培育竞争。在项目制的专项性、"运动式"聚集资源等特性下,"高校或主动或被动地卷入一场场'弯道超车'的竞赛之中,超常规聚集人力、物力、财力进行

---

① 王建华.人才竞争、资源配置与理念重审:关于"双一流"建设的若干思考[J].中国高教研究,2019(1):17.
② 李福华.从单位制到项目制:我国高等教育重点建设的战略转型[J].高等教育研究,2014(2):34.

'大兵团'攻关,产生'虹吸效应'"①。由于学术精英培育耗费时间,短期难见成效,因而直接从他校引进拥有头衔的学术精英便成为大学又快又好完成人才计划任务的捷径。

在人才计划实施过程中,项目绩效评价机制是"撬动"大学学术精英竞争的"杠杆"。在中国,制度化学术精英是政府理性设计的产物,学术精英流动是大学办学行政化的结果之一。为扩大高层次人才存量,中央或地方政府先创制人才计划,生产制度化学术精英,再以学科评估、大学排名等机制考核学术精英引育成效。评比与问责机制不仅使人才计划达到政府引进海外精英的目标,还引起大学对国内学术精英的无序竞争。某种意义上,大学学术精英竞争与学术精英流动的无序化是政府人才计划绩效评估的意外后果。对大学而言,"与其关心'谁'足以获得人才称号,不如关心'有多少人'可以入选人才项目;与其真正'培育'人才,毋如用重金'打造'或'引进'人才"②。其初衷旨在扩充高层次人才储备的人才计划,却由于绩效评估机制的缺陷,导致大学"多快好省"的人才队伍建设取向。又由于大学对"私利"的过度追逐,导致推动大学高层次人才竞争达至卓越目标的理性设计出现执行偏差并超出合理限度。③

追求卓越可视为大学无限吸纳优质资源的内驱力,而从国家层面的创新型国家建设、"双一流"建设、高等教育强国建设到地方层面的"人才强省"建设、高水平大学建设,再到大学层面的阶段性战略目标以及大学排名、学科评估等,都是大学人才头衔竞争、学术精英流动的外驱力。在学术劳动力市场尚不成熟的前提下,极具运动性与周期性的各类政策驱使大学进行一轮又一轮的学术精英竞争,从而使学术精英产生一波又一波的流动。大学人才工作的功利主义和短期主义突出体现在硕、博研究生学位授权点申报与动态调整中,体现在全国学科评估的周期内,体现在重点建设项目遴选过程中。在政策驱动下,大学较少考虑人才战略的整体性和发展规划的科学性,急功近利式的引才方式普遍存在。从目标达成来看,以"头衔"为重的"有效"引才既引进了学术精英,还增进

① 胡敏.高等教育项目制的府学博弈与治理——以 G 省高水平大学建设项目为例[J].教育发展研究,2018(19):47.
② 蔺亚琼.人才项目与当代中国学术精英的塑造[J].高等教育研究,2018(11):10.
③ 徐娟,贾永堂.大学高层次人才流动乱象及其治理——基于政府规制与市场设计理论的探析[J].高校教育管理,2019(3):100.

了大学排名,但人才头衔获得者的学科专业未必与人才引进大学对口,该大学也未必能够支撑这类科学研究工作。若一味看重人才头衔,大学很大程度上会忽视自身办学定位和学科知识匹配性,这不仅使高投入面临贬值的风险,还可能使智力资源产生浪费。从政策操作看,以"挂名"为表现的"象征性"引才对引进学术精英是否全职在岗、足期在岗并不特别在意,最重要的则是引进的学术精英以引进单位名义参与学术交流与科研活动,如在发表科研成果、申请研究基金、申报学术奖励时标注引进单位。这种看似灵活变通的引才方式严重破坏了岗位规则,损害了岗位精神,对其他全职、长期在岗的学术人才是不公平、不公正的,容易引起分歧与矛盾,进而削弱人才队伍的稳定性。

二、 事业单位制"异化"的学术精英流动

改革开放以来,中国大学教师资源逐渐从封闭走向开放,但其整体流动仍相当有限,并不具有西方国家大学教师流动的基本规模与特征。[①] 在高校"双一流"建设背景下,中国大学学术精英流动规模与频率虽然有所提高,其社会曝光度也明显增加,但事实上,学术精英流动难、难流动的现象仍较为普遍。长期以来,大学学术精英受到事业单位体制的限制,遭遇身份管理主义的束缚,这成为阻碍大学学术精英流动的主要因素。

作为中国社会结构的基本单元,单位是城市社区普遍采用的一种特殊的社会组织形式。在社会生活中,人们常常把自己所就业于其中的社会组织或机构——工厂、商店、学校、医院、研究所、文化团体、党政机关等等,统称为"单位"。这种现象说明,中国的各种社会组织都具有一种超出其各自社会分工性质之上的共同性质——"单位性质"。[②] 总体上,单位制具有如下特征:其一,国家是单位资源唯一或主要的供给者;其二,单位同国家及上下级单位的关系,以及单位同职工的关系是行政性的而非契约性的;其三,单位组织不仅有专业功能,而且具有经济、政治、社会等多方面的功能,起着政府的作用。[③] 根据相关法律和历史传统,中国大学属于事业单位系统中的重要组成部分,事业单位属性

① 孙丽昕.我国高校教师何以流不动——基于西方国家高校教师流动机制的分析[J].河北师范大学学报(教育科学版),2013(12):40.

② 路风.单位:一种特殊的社会组织形式[J].中国社会科学,1989(1):71.

③ 揭爱花.单位:一种特殊的社会生活空间[J].浙江大学学报(人文社会科学版),2000(5):77.

使大学在组织功能、制度设计、结构安排等方面区别于西方大学,深深地烙上了中国特色的印记。在人员关系上,一些大学单位封闭、狭隘的生活空间使大学教师不能自由流动,客观造成其依附性人格——个性不能得到舒展,创造性得不到充分发挥。[①]

随着社会主义市场经济体制的建立与完善,中国高等学校人事制度改革于20世纪80年代逐步拉开帷幕。然而,当前大学岗位聘任管理机制仍不健全,人才单位所有制改革仍不彻底,身份管理主义依然浓厚。由单位制和聘任制构建的"双轨制"人事治理格局虽然使大学在观念层面上认识到学术精英流动的合理性,但在实践层面上却设置诸多学术精英流动障碍。[②] 此外,部分大学在招揽学术精英的过程中欠缺引才自律和约束,招才引才行为不规范,导致学术精英竞争与流动的无序化。例如,有些大学在引进全职人才时违规采取"不要人事档案、不要户口、不要流动手续"或另建人事档案的做法,严重破坏了大学教师聘用规则。这种问题产生的原因有两个方面:一是一些学术精英契约精神匮乏,不能严格履行聘任合同,出于个人原因在聘期内变更工作单位进而遭遇大学拒绝;二是一些大学规则意识淡薄,即使学术精英聘期已满,仍不能严格遵守人事制度,出于稳定队伍的考虑,拒绝人才流动,其手段便包括扣押冻结档案和索要高额违约金。这样一来,大学与学术精英间会因"强留"或"强走"而"结怨"。

上述问题存在于中国大学人事聘用关系从身份制向契约制转变的过程中,传统的事业单位制及其文化不仅束缚,甚至异化了学术精英的流动。通过聘任制改革,契约关系的建立打开了教师流动的渠道,然而大学却又利用嵌入单位制的"集体主义"精神对这一渠道加以约束和抵制,"集体主义"被套上"情怀"的价值成为大学稳定人才队伍首打的感情牌。[③] 为引进学术精英,大学往往会为其提供优厚的住房补贴、优质的子女教育和完善的医疗保障等原本不属于单位制度下的福利政策,这也在一定程度上起到了增强和维系人才单位情结的重要作用。[④] 由此可见,大学为教师提供的福利待遇已不再具有单位制下的普惠

① 朴雪涛.试论单位制度对大学组织行为的影响[J].辽宁教育研究,2001(12):32.

② 徐娟,王泽东.我国大学高层次人才流动规律研究——来自6类项目人才简历的实证分析[J].高校教育管理,2020(2):112.

③ 郭占锋,滑哲.单位制文化之于高校现代治理:何以可能[J].大学教育科学,2019(2):61-62.

④ 郭占锋,滑哲.单位制文化之于高校现代治理:何以可能[J].大学教育科学,2019(2):62.

性,而成为具有竞争性和特殊主义意味的吸引和奖励人才的重要手段。①从单位制下的"论资排辈"到聘任制下的"论衔排辈",以前的人才资历与如今的人才头衔本质上都是一种身份的象征,大学身份管理主义依然潜在地运行于各类人事工作中,突出体现在学术精英引进与培养的"头衔化""标签化"问题上。

此外,具有事业单位性质的大学行政化色彩浓厚,行政权力长期制约学术精英流动。若行政权力放松,则学术精英流动无序化难以避免;若行政权力收紧,则学术精英又会难流动。大学治理领域"一放就乱,一收就死"的问题同样存在于大学学术精英流动中。近年来中国大学学术精英流动规模时而猛增,时而紧缩。事实上,其背后是政府对大学人才政策的调控、对学术精英流动的干预。2013年、2017年,教育部办公厅先后发布《关于进一步加强和规范高校人才引进工作的若干意见》和《关于坚持正确导向促进高校高层次人才合理有序流动的通知》,明确指出部分高校人才引进工作中存在的问题,并提出相应的纠偏对策,遏制并规范了大学学术精英的竞争行为与流动方式。在政府一系列通知公告、政策文件以及会议精神的影响下,大学学术精英流动"热潮"遇冷。

总体上,如今中国高等教育体系仍不够成熟,主体性意识较为薄弱,难以有效协调计划与市场的关系,难以有效平衡计划与市场的影响。"高等教育的成熟和主体性,就是具有在计划和市场之间寻求平衡的能力和技巧,就是能够把计划的制约和市场的功利降到最低程度,就是能够在计划和市场之间寻求支点,就是能够引领社会进步。"②总的来说,大学学术精英的流动既具有计划性也具有市场性。大学与学术精英之间地位不平等,大学之间协商沟通机制不健全,学术精英流动与补偿机制不完善。学术劳动力市场不成熟,无序与混乱的现象较为普遍,难以形成大学、人才各方共赢的良好局面。

第三节　中国大学学术精英流动的国际性

中国高等教育是世界高等教育体系的重要组成部分,中国高等教育的发展

---

① 张银霞.从人才单位所有制到聘任制——我国高校教师人事制度改革的质性分析[J].中国人民大学教育学刊,2012(4):10.

② 邬大光.走出计划经济与市场经济的双重藩篱——我国高等教育70年发展的反思[J].苏州大学学报(教育科学版),2019(3):28.

也为世界高等教育的繁荣做出重要贡献。中国大学学术精英市场是全球高端人才市场的重要组成部分,流动着的中国大学学术精英也构成全球高端人才流动的重要群体之一。因此,中国大学学术精英流动不仅具有特殊性,还具有国际性。

一、 世界一流大学运动与中外大学学术精英流动

在知识经济和全球化体系中,大学越来越被视为民族国家的代表。[1] 21 世纪以来,世界一流大学运动随世界大学排行的繁荣而兴起。为了世界大学排名的上升与冲顶,雄心勃勃的民族国家在全球展开"学术军备竞赛",掀起了一场以建设世界一流大学为目标的国际运动。随着全球大学排名特别是全球研究绩效排名的出现,高等教育本身已经进入了一个国家之间和各个高等教育机构之间的开放性全球竞争时代。越来越多的国家高等教育系统和高等教育机构是根据它们在全球的地位来判断的。[2] 世界大学排行促使人们强烈渴望获得一流的研究型大学,它们既是经济增长的引擎,也被视为国家成就与声望的象征。[3] 如今,不论经济能力高低,越来越多的国家都希望增加排名处于前列的大学数量,也都希望至少有一所"哈佛大学",以便向世界证明它在经济上具有竞争力。[4] 对高等教育系统而言,其综合实力取决于是否拥有世界一流大学。而世界一流大学是一个国家强大而宝贵的资产,是衡量一个国家制度优越性及其文明程度的重要指标。

在世界一流大学运动背景下,后发外生型大学在各国高等教育机构分层和科学研究资源集中之下开始纷纷学习、模仿、借鉴高等教育先发国家大学的发展逻辑与办学经验。近年来,"随着人们意识到高等教育是一个国家竞争优势的重要组成部分,加之国际大学排名的推动,政府对大学角色和重要性的考量

① Collins, F. L. , Park, G. S. Ranking and the multiplication of reputation: reflections from the frontier of globalizing higher education[J]. Higher Education, 2016(72):121.

② Marginson, S. , Van d, W. M. To rank or to be ranked: the impact of global rankings in higher education[J]. Journal of Studies in International Education,2007(3-4):307.

③ Marginson,S. ,Van d,W. M. To rank or to be ranked: the impact of global rankings in higher education[J]. Journal of Studies in International Education, 2007(3-4):309.

④ Kehm, B. M. Global university rankings-impacts and unintended side effects[J]. European Journal of Education, 2014(1): 111.

发生了彻底改变。越来越多的政府认为,通过适当的领导管理和重点投资,目前还未进入全球高校金字塔上层的大学能够在相对较短的时间内转变成世界一流大学"①。在此过程中,美国精英大学模式的基本逻辑假设逐步贯穿到众多学习者的世界一流大学建设之中,那就是"一流大学必须拥有一流的科学研究成果以及培养具有创新能力的杰出人才,一流的研究成果和培养杰出人才必须有一流的师资队伍"②。对一流师资的追求促使后发大学在改革传统管理体系、建设现代大学制度的同时,通过投入充足的办学经费、营造优越的科研环境以吸引海内外学术精英。

在东亚地区,国家机器高效运转,政府享有无可匹敌的社会声誉,有能力倾举国之力实现世界一流大学建设目标。除经济飞速增长的影响外,东亚"高等教育和科学的发展是由国家推动现代化的强大动力驱使的,这是秦汉以来独特的中华传统,国家制定目标,投入资源,瞄准国际基准(尤其是美国大学),并督促改进"③。由此,各类学术精英越来越具有"商品化"的倾向。

为吸引全球杰出年轻学者,新加坡政府于 2007 年启动"研究员计划"(National Research Foundation Fellowship),五年内为每位入选者提供高达 300 万新元的科研启动经费;同年,新加坡南洋理工大学开始实施"南洋助理教授计划"(Nanyang Assistant Professorship),三年内为每位受聘教师提供高达 100 万新元的科研启动资金。④ 由于新加坡的大学教师薪酬与美国中等大学基本持平,且高于英国和澳大利亚的一般大学,加之相对较低的生活费用,所以新加坡的大学对广大学术精英颇具吸引力和竞争力。⑤ 2008 年至 2013 年,韩国开展了一项名为"世界一流大学项目"(WCU 项目)的独立项目,主要通过吸引世界一流的人才来建立一流大学。⑥ 在"WCU 项目"实施过程中,不论是开设新学科和新专业,还是聘任学者,韩国的大学都特别重视面向国际学术前沿,高薪聘请全日制

① 刘念才,程莹,王琪.从声誉到绩效:世界一流大学的挑战[M].上海:上海交通大学出版社,2017:37.
② 周光礼,张芳芳.全球化时代的大学同构:亚洲大学的挑战[J].高等工程教育研究,2012(2):71.
③ [英]西蒙·马金森.东亚的新知识帝国[J].赵琳,初静,叶赋桂,译.清华大学教育研究,2014(5):10.
④ 江小华,程莹.研究型大学实现跨越式发展的要素分析——以南洋理工大学为例[J].复旦教育论坛,2015(2):82.
⑤ 薛珊,刘志民."后发型"世界一流大学建设的路径及启示——以新加坡两所大学为例[J].高校教育管理,2019(4):34.
⑥ Kang, J. S. Initiatives for change in Korean higher education: quest for excellence of world-class universities[J]. International Education Studies, 2015(7):173.

海外高水平的专家学者授课讲学,承担科研工作并与韩国的教授共同开展研究。该政策不仅迅速扭转了韩国的大学缺少海外著名学者的局面,还有效提高了韩国大学的科研水平,其先后共引进 284 位海外学者,其中含全日制教授 203 名。① 在"WCU 项目"实施过程中花费最多的要数浦项科技大学,其从 2010 年开始三年内共投资 500 亿韩元,招聘 10 名诺贝尔奖获得者、菲尔茨奖获得者等级别的世界级学术精英,三年间他们每人可获得 10 亿韩元劳务费和 40 亿韩元生活补助。② 实践证明,韩国政府实施的世界一流大学建设政策不仅从世界各地吸引了优秀的学术精英,还调整了高等教育体系结构,提高了高等教育的整体水平,使高等教育系统更加适应世界顶尖大学的全球化规范。③ 由此可见,东亚地区大学学术精英流动以国家战略为引导、以大学政策为动力,具有区域共通性。

事实上,不只东亚,在西亚地区以高薪引才建设世界一流大学的做法也较为常见。例如,近几年在国际高等教育界声名鹊起的沙特阿拉伯的阿卜杜拉国王科技大学,面向全球,以世界顶尖的科研设备和实验室、顶尖的教师薪水与学生奖学金吸引顶尖人才,其汇聚精英进而跻身世界一流大学前列的目标极具雄心。为在短期内提升科研实力,沙特阿拉伯还与百余名世界顶级学术精英签署兼职协议,依靠将本国大学添加为科研成果第二从属机构的"挂名"方式促进国际排名的迅猛攀升。④

从历史经验看,美国一流大学的崛起同样也离不开学术精英的高薪引进。在 19 世纪末 20 世纪初,美国芝加哥大学校长哈珀就开始了近乎偏执和狂热的"人才挖掘运动"。在洛克菲勒(John Davison Rockefeller)等商界巨头的大力资助下,哈珀一上任就遍访全美,寻找一流人才,"开展了美国高等教育史上最大的教师聘任活动,在短短一年多的时间里就聘用了 120 位教师"⑤。他曾说服 8 位在任大学校长和近 20 名系主任辞职而选择芝加哥大学,还从耶鲁大学引进

① 周慧文."WCU 计划"与韩国世界一流大学建设[J].中国高校科技,2019(4):17-18.

② 李明忠.韩国浦项科技大学的办学定位与特色发展[J].高等工程教育研究,2012(4):138.

③ Kang, J. S. Initiatives for change in Korean higher education: quest for excellence of world-class universities[J]. International Education Studies, 2015(7):177-178.

④ 杨蕾.跟跑国家世界一流大学体系建设策略研究——基于沙特阿拉伯、哈萨克斯坦两国的分析[J].比较教育研究,2019(1):20.

⑤ 王英杰.大学校长要有大智慧——美国芝加哥大学的建立与发展经验[J].清华大学教育研究,2005(1):12.

教授,用双倍薪金"挖"走了克拉克大学 15 名教授和一半的研究生。除丰厚的薪金外,芝加哥大学还许诺这些学术明星减少教学工作量,提供更好的实验室和图书馆等设施,并保证其享有研究的自由。① 从 1891 年到 1894 年,哈珀神速地将芝加哥大学推上美国高等教育与研究的高峰,使之得以与东北部地区的大学相媲美。1929 年,哈钦斯(Robert Maynard Hutchins)曾在芝加哥大学校长就职演说中多次强调人才的重要意义,高度赞赏首任校长的卓越贡献。他认为,"为教授们提供了高出当时美国平均薪水两倍的最高薪水"是美国教育史上最伟大的进步之一。因为,"这一举动表明了这所大学以人为本的决心,它向世人宣告教授们可以得到更高的工资,他们的薪酬不应只限于维持基本生活,这也使其他的大学受到震动,努力为自己的教职员工提供合理的收入"。此外,"这些工资标准不仅在教育界数额是最高的,而且赶得上商业和专业职业。使那时的学者们在社会中充满自信和自尊地占有一席之地"。② 可以说,芝加哥大学的崛起开辟了一所大学从其他大学攫取学者以获得学术地位的捷径。③ 20 世纪初至 50 年代是加州大学伯克利分校迅速崛起的时期。在此期间,该校的第 11任校长——斯普劳尔(Robert G. sproul)特别重视延揽国内外学术精英,促进学术卓越。他认为,大学需要精心为顶尖人才创造合适的工作生活环境,并用诚意去打动他们。对此,大学应大大提高教师工资待遇,使优厚的待遇成为学术精英社会地位与才能的一种象征。④ 加州大学伯克利分校作为一所美国西部大学难以吸引到东部一流的人才,故而将目光投向有潜力的年轻学者,通过为他们建立实验室、提供经费支持、减轻教学负担、设立大额研究生奖学金和支付差旅费等措施,吸引到了一批优秀学者。⑤ 20 世纪 80 年代以来,长期濒临破产的纽约大学能够重新振兴进而成为著名学府的重要策略也在于将自身化为"职位机器",用可观的高薪吸引大批明星教授并使其留下来。⑥

综上可知,世界一流大学建设的主要目的在于增强大学科学研究能力和国

---

① 王英杰.大学校长要有大智慧——美国芝加哥大学的建立与发展经验[J].清华大学教育研究,2005(1):12.

② [美]威廉·墨菲,D.J.R.布鲁克纳.芝加哥大学的理念[M].彭阳辉,译.上海:上海人民出版社,2007:90.

③ [美]大卫·科伯.高等教育市场化的底线[M].晓征,译.北京:北京大学出版社,2008:68.

④ 叶桂芹,袁本涛.大学校长与世界一流大学建设:伯克利的案例[J].清华大学教育研究,2008(1):82.

⑤ 王英杰,刘宝存.世界一流大学的形成与发展[M].太原:山西教育出版社,2008:36.

⑥ [美]大卫·科伯.高等教育市场化的底线[M].晓征,译.北京:北京大学出版社,2008:68.

际性学术竞争力。在世界一流大学运动中,大学排行不断加剧全球对学术精英及其智力资源的竞争。"世界一流大学"概念逐渐流传开来并变成一种制度力量,在许多国家获得了合法性的地位。① 在此背景下,薪酬待遇和研究支持虽不是决定各学科领域高被引研究人员、优秀博士后和外国博士生选择工作地点的唯一因素,但它们正变得越来越重要。② 因此,以国际视角看,中国大学一流化进程中出现的所谓"人才大战""金钱大战"及其驱动的学术精英流动并不是"个例",处于全球化体系中的中国大学学术精英流动具有国际性。因地制宜地制定人才引进政策、提供优厚薪酬待遇、营造良好生活与工作环境绝不是中国大学的"独门妙计",这些也是其他国家和地区争创世界一流大学、赶超先进的共享经验。

二、 加快推进中国大学学术精英流动的国际化

中国大学学术精英流动的国际性,折射出世界大学学术精英流动的普遍性。经验的全球共享与理念的国际传承共同造就了世界高等教育的勃勃生机与生生不息。增强中国大学学术精英流动的国际性就是要充分发掘和吸取先进的国际经验,促进大学学术精英竞争的规范性,提升大学学术精英的全球竞争力。

大学学术精英流动对大学与学科的发展具有积极影响,世界一流大学建设更离不开大学学术精英流动。正如亨利·罗索夫斯基(Henry Rosovsky)所言,"迄今为止,衡量大学状况最可靠的指标,是该校教师队伍的优秀程度,这几乎能决定其余的一切:一支优秀的教师队伍能够吸引优秀的学生、基金以及校友和公众的支持,并能博得国内和国际的承认。保持和提高学校声誉的最有效的办法,就是改善教师队伍的质量"③。在这种意义上,志在争创世界一流的大学对人才队伍的建设再怎么重视都不为过,对学术精英引进与培育的投入再怎么丰厚都不为过。当前,中国大学人才计划与事业单位制已成为影响学术精英流

① 阎凤桥,闵维方.从国家精英大学到世界一流大学:基于制度的视角[J].北京大学教育评论,2017(1):44.

② Marginson, S., Van d, W. M. To rank or to be ranked: the impact of global rankings in higher education[J]. Journal of Studies in International Education, 2007(3-4):138.

③ [美]亨利·罗索夫斯基.美国校园文化——学生·教授·管理[M].谢宗仙,周灵芝,马宝兰,译.济南:山东人民出版社,1996:204-205.

动的主要因素。面向世界,学习先进,提升中国大学学术精英流动的国际化,有利于增强国际性进而消解特殊性。

首先,"扩存量"是增强中国大学学术精英流动国际性的题中之义。"扩存量"指的是着眼世界,扩大海外学术精英的引进量,提高中国大学人才队伍的国际化程度。大学是国际化的活跃参与者,努力为自己和国家、地区最大限度地发挥竞争优势。其中,"跨国学术资本主义"构建并利用全球知识生产网络,使高等教育机构特别是精英大学能够在全球范围内获得最佳资源和人才。[①] 与发达国家相比,中国大学学术精英规模还不能满足经济发展与科技创新需求,有效支撑世界一流大学与高等教育强国建设的拔尖型人才缺口仍然较大。从人才类型及其流动方向看,中国大学学术精英竞争主要引致的是本土学术精英的校际流动和区域流动,海外学术精英的跨国流动相对较少。海外引才能力不足导致国际学术精英数量匮乏。虽然本土人才竞争容易快速地增加某一大学的精英数量,但从国家层面看,"在既定时间内,精英人才的数量是相对恒定的,过度的竞争并不会增加优秀人才的供给"[②]。"双一流"建设背景下,中国大学高层次人才队伍建设看似热闹非凡,其实对高等教育系统而言,这是一种"虚假繁荣",并无多大益处,反而可能会造成损害。"任何一所好的大学,一定要着眼世界,才能学无止境,学无国境,才能与世界知名的大学相竞争,而达到在世界平台上与他们平起、平坐、平行、平立,只有着眼世界,才不会变成井底之蛙,才不会拘于区域。"[③]2022 年,教育部、财政部、国家发展改革委发布的《关于深入推进世界一流大学和一流学科建设的若干意见》指出,要"统筹国内外人才资源,创设具有国际竞争力和吸引力的高端平台、资源配置和环境氛围,集聚享誉全球的学术大师和服务国家需求的领军人才,为加快建设世界重要人才中心和创新高地提供有力支撑";同时强调,要"发挥大学在科技合作中的重要作用,加强制度建设,规范人才引进,引导国内人才有序流动"。[④] 对此,中国大学只有更大力度地以国际视野、国际标准引进国际人才,尤其是外籍学术精英,并使其安心

① Hazelkorn, E. Reshaping the world order of higher education: the role and impact of rankings on national and global systems[J]. Policy Reviews in Higher Education, 2018(1):15.
② 王建华.人才竞争、资源配置与理念重审:关于"双一流"建设的若干思考[J].中国高教研究,2019(1):17.
③ 孔宪铎.我的科大十年[M].北京:北京大学出版社,2004:13.
④ 参见:2022 年教育部、财政部、国家发展改革委《关于深入推进世界一流大学和一流学科建设的若干意见》。

从事教学、科研活动,进而产生声望效应和名人效应,实现"以人引人",才能真正建成世界一流大学和一流学科。

"扩存量"不能忽视"高质量"与"适配性"。引进海外学术精英不能为了"引进"而引进,而要把好人才引进质量关,一方面努力吸引国际顶尖人才,另一方面减少海外人才兼职型"柔性引进",增加全职型"刚性引进"。为把最聪明的头脑用到最需要的岗位上,需要提高海外人才引进的适配性。大学学术精英流动的重要意义在于优化智力资源配置,减少智力资源浪费。对中国大学而言,绝不能头脑发热根据"头衔"盲目或随意引进学术精英,而要深思熟虑"应该"引进哪些学术精英。只有想对了方针,定对了标准,找对了人才,才能一切都对。①

其次,"促改革"是增强中国大学学术精英流动国际性的必由之路。"促改革"意味着面对"恶性竞争""无序流动"等现实问题与负面评价,大学学术精英流动宜疏不宜堵。"疏"重在改革,"革"去异化大学学术精英流动的文化,"改"掉扭曲大学学术精英流动的政策。一是改革学术精英"头衔文化"。对中国学者而言,"头衔文化"意味着知识的"名誉化"或名誉拜物教:一些人崇拜各种奖项尤其是西方设立的奖项,拼命去争、去抢;还有一些人"并不满足于只有一个'教授'头衔,似乎有了很多头衔就能表明其价值"。② 如前所述,高薪引才具有世界普遍性,而中国的特殊性主要在于简单以"学术头衔""人才头衔"高薪引才。出现"唯帽子"这类问题的原因主要在于教育评价的异化。教育评价事关教育发展方向,有什么样的评价指挥棒,就有什么样的办学导向。为扭转不科学的教育评价导向,2020年,中共中央、国务院印发的《深化新时代教育评价改革总体方案》强调,要坚决克服唯分数、唯升学、唯文凭、唯论文、唯帽子的顽瘴痼疾,着力推进人才称号回归学术性、荣誉性,切实精简人才"帽子",优化整合教育领域各类人才计划。③ 因此,中国大学要树立正确用人导向,建立以品德和能力为导向、以岗位需求为目标的学术精英引用机制。虽然各类国家级人才计划入选者是经全国竞争、集中评比而胜出的,一定程度上可以体现其较高的学

---

① 孔宪铎.我的科大十年[M].北京:北京大学出版社,2004:16.
② 郑永年.中国的知识重建[M].北京:东方出版社,2018:41.
③ 参见:2020年《深化新时代教育评价改革总体方案》。

术水准,但在大学引才实践中既有的"人才头衔"不能凌驾于或直接取代教师入职评价机制,不能直接与薪酬待遇相挂钩。规范的引才是遵循规则与程序的引才,大学应对目标人才进行二次评价,着重考察其学术成长轨迹、科研创新能力、学术发展潜力以及个人道德素质等,最终以此为据协商确定薪资水平、科研配备与福利待遇等支持条件。

二是改革海外精英引进政策。近年来,国际范围内对信息技术、生物技术等高端领域的研发投入不断加大,创新人才竞争日益激烈,中国海外高层次人才引进政策面临较大挑战。这种挑战还源于不规范的海外引才实践与不完善的海外人才管理制度,受形式主义、官僚主义和政绩主义的影响,地方政府和各类大学功利地为了增加国际指标而引才,随意变通海外人才引进政策。不少用人单位并没有严格工作合同管理,不少创新人才长期项目和青年项目入选者并未按合同约定如期到岗工作或并没有全职在国内工作三年以上,"挂名引进""兼职取酬"等问题缺乏具体管理办法与解决措施。其结果,中国海外高层次人才引进政策催生大量"双肩挑"迁徙型人才。而这种"中国式变通"却难以被西方国家的人事制度与管理理念所接受。东西方规则文化的冲突是导致中国海外学术精英引进政策难以为继的重要原因。"总体来看,中国传统的引智手段和模式、用人理念和管理方式等难以适应激烈竞争需要,地方官员带队赴外举行大型招聘会、随意推出大型引智工程等做法在国际社会引起了诸多疑虑与反感,很多摆摊设点、摇旗呐喊的引智举措得不偿失,甚至在引进、薪酬、激励、考评等方面的一些做法还带有计划经济的印记,很多现代管理的理念和手段依然停留于口头与书面,国际人才制度优势尚未形成。"①鉴于此,改革并优化海外精英引进政策就是要与国际接轨,树立国际规则意识。正如了解、把握和遵守世界贸易组织法律体系及其规则那样,了解、把握和遵守世界学术劳动力市场规则、标准与制度,以符合国际惯例的人才引进机制竞争海外学术精英,采取国际通行的人事管理制度对海外学术精英进行评估、定价与服务,推进国际人才治理体系和治理能力现代化。

中国大学学术精英流动的阶段性、特殊性与国际性是"三位一体"的关系。

---

① 高子平.中美竞争新格局下的我国海外人才战略转型研究[J].华东师范大学学报(哲学社会科学版),2019(3):127.

中国大学学术精英流动的阶段性是特殊性与国际性的大背景,特殊性与国际性是阶段性的具体表现。其中,中国大学学术精英流动的特殊性是阶段性的"中国化",中国大学学术精英流动的国际性是阶段性的"全球化",前者因"中国大学"而特殊化,后者则因"学术精英"而国际化。在中国大学学术精英流动阶段性下,特殊性与国际性存在相互转化的可能。为了推进大学学术精英流动的发展阶段,中国大学应主动地化特殊为一般,在国际性中找准前进方向,走上国际化的前进道路。

反思中国大学学术精英的流动,除了要以历史的、发展的、全球的眼光认识和理解其所呈现的阶段性、特殊性和国际性之外,还要在此基础上深刻体察和思考中国大学学术精英流动的系统性与全局性。当前,大多数聚焦中国大学学术精英流动的群体往往过度计算某一地区、某一省市、某所大学乃至某类学术精英的流出或流入数量,过度纠结不同地区、省市、大学间学术精英竞争是否合乎良性竞争的规范,过度关心大学学术精英在不同地区间、省市间、大学间的流动是否符合有序流动的要求,以致"只见树木不见森林",所持意见、所表观点往往颇具片面性。这主要缘于评论者过度沉浸在零星、破碎的微观世界之中,没有在整体观指导下以更加宏大、更加系统、更加长远的眼光看待中国大学学术精英的流动。突破"大学""省市"和"地区"的狭隘眼界,树立国家观念和全球意识,是反思中国大学学术精英流动的"落脚点"。以"国家"为单位重新理解大学学术精英的流动,着重探讨和分析大学学术精英流动对整个国家及其高等教育发展的深远影响,对于中国实事求是地制定出学术精英队伍建设的合理目标及科学策略亦至关重要。无论何时何地,也无论政府还是大学,关于学术精英的理念万变不应离其宗,那就是——"延聘一流人才,并使他们快乐!"(Recruit the best people and keep them happy!)①

---

① 孔宪铎.我的科大十年[M].北京:北京大学出版社,2004:104.

结　语

　　一般而言,大学学术精英在学术劳动力市场中的合理流动,既有利于人才的成长与发展,也有利于高深知识与科学技术的流通繁荣。对此,全社会应有正确认识。然而,当前各界有关大学学术精英流动的主流看法出现"一边倒"倾向,批评与否定之辞不绝于耳。在负面舆论中,合理的大学精英流动将会丧失合理性。研究我国大学学术精英的流动,有利于明晰其职业流动的意义,判定人才竞争性质,推动全社会对大学学术精英流动看法和态度的转变与更新,有利于营造"人尽其才"的社会氛围。

　　一流大学离不开一流师资,一流师资形成于大学的培育和引进。基于理论—实践维度,以学术精英流动为对象的系统研究将为我国大学人才竞争、"双一流"建设提供有力的学术支持和实践支撑;基于中国—国际维度,以学术精英流动为对象的系统研究将为我国"科教兴国""人才强国"战略的有效实施嵌入国际化视角,有助于提升我国国际人才竞争力,从而走出"人才流失"的困境。综观全书,为系统分析中国大学学术精英流动,本书主要围绕五个部分展开研究。

　　第一部分主要考察"制度化精英主义"下中国大学学术精英的生成机制。中国大学高层次人才竞争的主要对象是各类拥有"头衔"或"帽子"的学术精英,其本质上属于制度化精英。"制度化精英主义"将完整的学术共同体分割为体制内与体制外、组织内与组织外,将制度化学术精英与普通学术精英分别划入一级学术劳动力市场和二级学术劳动力市场,并通过学术荣誉与资源的等级性配置拉大彼此间的学术差距。对制度化学术精英而言,其选拔、评价过程充满了组织性和体制性,其生成更离不开各类人才计划。具有学术精英选拔、培育、评价功能的人才计划,在政府与大学全方位、多层次、上下联动的合作中为制度化学术精英提供了必要的成长平台、发展空间和制度保障。由于制度化学术精英具有较强的学术资源吸附性和较显著的学术实力象征性,中国各类大学都不同程度地存在着"唯头衔""唯帽子"竞夺学术精英的情况,进而促使其较频繁的职业流动。

第二部分主要采用 CV 分析法,搜集了 1999 年至 2019 年"两院"院士、"特聘教授"、"杰青"、"A 类青年"、"B 类青拔"、"青年学者"和"优青"等 8 829 位大学学术精英的个人信息及学习工作履历数据,追踪并分析其职业轨迹与职业流动情况。首先从流动规模(人数与占比)、流动频次、流动方向(大学间、城市间、省份间、地区间流动以及水平流动、垂直流动)等方面,综合梳理中国大学学术精英流动的基本概况和整体样貌;进而以此为基础,归纳总结中国大学学术精英流动的主要特征。1999—2019 年,中国大学学术精英既在流动中分散,也在流动中汇聚,全国拥有学术精英的院校数量、城市数量随其流动不仅由少变多,而且从中部、西部和东北地区流出的学术精英逐渐集聚于东部若干省市;中国大学学术精英主要进行跨地区、跨省市和跨层次的校际流动,但在同地区、同省市、同层次院校间流动的大学学术精英亦不在少数。中国一些普通院校和地方城市在大学学术精英竞争中异军突起,越来越积极地同国内高层次大学以及世界一流大学竞争学术精英,在此过程中,其主动性和创造性得到充分发挥。

第三部分主要是关于中国大学学术精英流动的原因分析。这一部分在宏观层面上分别探讨政府人才政策、大学锦标赛制与大学学术精英流动的相关性。梳理中国部分地方政府主要人才政策可知,地方政府主要通过实施人才计划、加强载体建设、扩大资金投入、加强引才激励和建设人才特区等举措引进高层次人才,并为其提供薪酬、资助与奖励、科研经费、住房安居与生活补贴、配偶就业与子女教育、医疗服务与社会保险等方面的待遇和福利。作为一种外部因素,政府各类人才政策对大学学术精英流动具有较强的激发性、引导性与支持性,人才政策在不同社会经济环境中所形成的势差效应、所具有的吸引力,驱动着大学学术精英流动。除政策因素外,锦标赛制也是引起大学学术精英流动的原因之一。在学术锦标赛下,提高排名、赢得比赛、获取资源成为大学发展的重要目标。为在学术声誉竞赛中脱颖而出,大学在建立健全学术精英引进机制的同时还利用有竞争力的薪资待遇吸引学术精英,灵活变通用人策略引进学术精英,以行政岗位、行政权力刺激学术精英流动。大学所采取的多元竞才策略促成学术精英竞赛型流动,而竞赛型流动总体上对学术精英的发展具有积极影响。这种影响虽与职业流动本身紧密相关,但更离不开学术锦标赛体制,其不仅驱动大学为了提升排名而支持学术精英发展学术,还要求学术精英为了履行职责而发展学术。

第四部分主要以 1999 年至 2019 年间引进学术精英较多或流出学术精英较多的大学为例,结合大学与学科排名变化情况,着重研究学术精英流动对大学及其学科发展的影响。作为稀缺的智力资源,大学学术精英的流动具有外部性。研究发现,大学学术精英流动与大学发展之间存在着复杂的非线性关系。换言之,大学学术精英流动对于大学发展的影响具有不确定性。有的大学因精英流入而声誉卓著,有的大学却并未如此;有的大学因精英流出而实力衰微,有的大学亦并未如此;有的大学形成精英依赖,有的大学则恰恰相反。学术精英流动对大学发展的影响不可一概而论。只有具体问题具体分析,才能对大学学术精英流动的外部性做出客观的评价。大学学术精英流动对大学发展的不同影响,反映了大学学术精英吸收能力的异质性与学术精英竞争性优势的可转移性。具体而言,处于不同发展层次、拥有不同学科类别的大学获取、同化、转化和开发学术精英的能力是不同的;一所大学基于学术精英而形成的竞争性优势在精英竞争更加激烈的今天,完全有可能随精英的流动而发生转移。

第五部分主要对中国大学学术精英的流动进行反思。中国大学学术精英流动具有阶段性、特殊性和国际性。首先,中国高等教育发展的阶段性在很大程度上决定了中国大学学术精英流动的阶段性。高等教育地方化与高等学校自主化为大学学术精英构造了广阔的流动空间,提供了充足的流动机会,不仅扩大了大学学术精英流动的规模,还加快了大学学术精英流动的频率;在高等教育大众化、普及化与一流化相互叠加的过程中,国家层面赶超型学术精英竞争和大学层面增长型学术精英竞争,本质上仍属于外延式发展;优质人才资源集聚、充足办学要素累积模式仍占主导地位。其次,大学学术精英流动的阶段性赋予其特殊性。在我国具有项目制属性的人才计划无时不在支配大学学术精英竞争、引发学术精英流动,具有中国特色的事业单位制则从根本上异化了大学学术精英流动,身份管理主义和行政管理权力在一定程度上制约着学术精英流动。在大学学术精英流动中,"唯头衔""唯帽子"风气十分浓厚。最后,作为全球高端人才的重要群体之一,中国大学学术精英的流动不仅具有特殊性,还具有国际性。在世界一流大学建设运动背景下,后发外生型大学对一流师资的追求日益强烈,"高薪引才""国际竞才"已成为世界普遍现象。基于此,中国大学应通过"扩存量""促改革"增强学术精英流动国际性、提升学术精英流动国际化以消解其特殊性。

基于中国高等教育发展的现实与大学人才工作的现状,本书针对当前大学学术精英竞争与学术精英流动的重要议题展开了较为深入的研究,在研究视角、学术观点以及研究方法等方面取得了一定的创新和进展。近年来,在高校"双一流"建设背景下,大学教师流动、高层次人才引进等问题不断涌现,不少学者对大学人才竞争与教师流动提出批评和质疑,相关研究主观色彩或感情色彩较为浓厚,客观性不足。本书以人才计划为视角,以探究大学学术精英流动之动因为切入点,在研究过程中不断扩展研究视野,理性探究与大学学术精英流动相关的理论和实践问题。长期以来,不论是国内还是国外,学界对大学教师流动的研究侧重分析其影响因素或动因,如组织因素、环境因素、金钱因素、人际因素和个人因素等。这类研究因人而异,结论时常出现矛盾与混乱。本书在前人研究基础上尝试引入"制度化精英主义""政策势差""锦标赛制""学术管理资本主义""人才吸收能力""人才优势转移"等概念工具,来分析中国大学学术精英的流动问题。此外,本书在探讨政府和大学对学术精英流动影响之基础上,重点分析了学术精英流动的影响,认为学术精英流动对大学及其学科发展的影响具有不确定性,进而从理论上深入地阐释了中国大学学术精英流动的阶段性、特殊性与国际性。当前在大学教师流动问题探讨上,国内学者多是"书斋式"的,导致思辨有余而实证分析不足。本书协同案例研究法、文献计量法等,将思辨与实证相结合,注重方法之间的配合与支撑,既大规模搜集人才数据和一手资料,以研究中国大学学术精英流动现状、动因及其影响,又注重文献梳理与理论分析,以凝练中国大学学术精英流动的相关理论。

需要指出的是,中国大学学术精英流动涉及面广、实践性强,中央与地方各级政府、各类高校、各学科学界以及学术精英个体等利益相关者及其利益博弈关系错综复杂。大学学术精英流动的复杂性决定了其相关理论研究的复杂性。学界对大学学术精英流动的理论探讨还处于起步阶段,尚存较大研究空间。为了推进中国大学学术精英流动研究,我们需要进一步扩展中国大学学术精英流动研究的视野,关注中国大学学术精英的国际流动以及大学学术精英在科研院所、企业、政府等组织间的交互流动;我们还需要进一步挖掘中国大学学术精英流动研究的深度,充分运用多种方法对中国大学学术精英流动进行更加系统、全面、深入、透彻的研究。

人才是强国之根本、兴邦之大计。党的二十大报告将"实施科教兴国战略,强化现代化建设人才支撑"单独列出,把教育、科技、人才提到"全面建设社会主义现代化国家的基础性、战略性支撑"的重要地位。新时代人才工作的着力点是加快建设世界重要人才中心和创新高地。高校作为落实新时代人才战略的重要力量,必须承担重大时代使命,扛起高水平人才高地建设的重要责任。从提升人才培养质量、创新科学研究以及推进一流大学建设的角度看,做好人才工作的重点任务就是要深化人才发展体制机制改革,真心爱才、悉心育才、倾心引才、精心用才。而面对学术精英竞争与引进的"迷信",高校需要重新明确招贤纳才的目的在于引用结合、用好用活各类人才,进而促进高水平人才高地建设和大学整体的质的飞跃。今后,中国大学学术精英流动研究不应仅仅聚焦学术精英的流出、流入及其原因、影响,还应重点关注学术精英的"用"与"留"。大学引进学术精英不是为了引进而引进,根本上是为了发挥学术精英的引领作用,促进学术发展。鉴于此,未来的研究应进一步加深对大学如何"用好"学术精英、如何"留住"学术精英、如何建设一流师资队伍等问题的系统性思考。

主要参考文献

一、中文著作

1. ［英］阿瑟·刘易斯. 经济增长理论［M］. 周师铭,等译. 北京:商务印书馆,1983.

2. 阎步克. 察举制度变迁史稿［M］. 沈阳:辽宁大学出版社,1991.

3. ［美］艾森斯塔得. 帝国的政治体系［M］. 阎步克,译. 贵阳:贵州人民出版社,1992.

4. 邓小平. 邓小平文选(第2卷)［M］. 北京:人民出版社,1994.

5. 林毅夫,蔡昉,李周. 中国的奇迹:发展战略与经济改革［M］. 上海:上海人民出版社,1994.

6. ［美］亨利·罗索夫斯基. 美国校园文化——学生·教授·管理［M］. 谢宗仙,周灵芝,马宝兰,译. 济南:山东人民出版社,1996.

7. 何怀宏. 选举社会及其终结:秦汉至晚清历史的一种社会学阐释［M］. 北京:生活·读书·新知三联书店,1998.

8. ［美］托马斯·H. 达文波特,劳伦斯·普鲁萨克. 营运知识:工商企业的知识管理［M］. 王者,译. 南昌:江西教育出版社,1999.

9. 潘光旦. 潘光旦选集·第2集［M］. 北京:光明出版社,1999.

10. ［美］约翰. S. 布鲁贝克. 高等教育哲学［M］. 王承绪,郑继伟,张维平,等,译. 杭州,浙江教育出版社,2001.

11. 王炳照,徐勇. 中国科举制度研究［M］. 石家庄:河北人民出版社,2002.

12. 许纪霖.中国知识分子十论[M].上海:复旦大学出版社,2003.

13. 杨东平.大学之道[M].上海:文汇出版社,2003.

14. 孔宪铎.我的科大十年[M].北京:北京大学出版社,2004.

15. 张维迎,盛斌.论企业家:经济增长的国王[M].北京:生活·读书·新知三联书店,2004.

16. [德]卡尔·雅斯贝斯.时代的精神状况[M].王德峰,译.上海:上海译文出版社,2005.

17. [德]韦伯.学术与政治:韦伯的两篇演说[M].冯克利,译.北京:生活·读书·新知三联书店,2005.

18. [法]P.波丢.人:学术者[M].王作虹,译.贵阳:贵州人民出版社,2006.

19. [美]威廉·墨菲,D.J.R.布鲁克纳.芝加哥大学的理念[M].彭阳辉,译.上海:上海人民出版社,2007.

20. 郭秉文.中国教育制度沿革史[M].福州:福建教育出版社,2007.

21. [美]大卫·科伯.高等教育市场化的底线[M].晓征,译.北京:北京大学出版社,2008.

22. 吴敬琏.中国增长模式抉择[M].上海:上海远东出版社,2008.

23. 王英杰,刘宝存.世界一流大学的形成与发展[M].太原:山西教育出版社,2008.

24. [摩洛哥]Jamil Salmi.世界一流大学:挑战与途径[M].孙薇,王琪,译.上海:上海交通大学出版社,2009.

25. 张五常.中国的经济制度[M].北京:中信出版社,2009.

26. 何东昌.中华人民共和国重要教育文献(2003—2008)[M].北京:新世界出版社,2010.

27. [美]迈克尔·波特.国家竞争优势(下)[M].李明轩,邱如美,译.北京:中信出版社,2012.

28. [美]威廉·克拉克.象牙塔的变迁:学术卡里斯玛与研究性大学的起源[M].徐震宇,译.北京:商务印书馆,2013.

29. [法]耶夫·西蒙.权威的性质与功能[M].吴彦,译.北京:商务印书馆,2015.

30. 吴康宁.教育改革的"中国问题"[M].南京:南京师范大学出版社,2015.

31. [美]保拉·斯蒂芬.经济如何塑造科学[M].刘细文,译.北京:北京大学出版社,2016.

32. 周雪光.中国国家治理的制度逻辑:一个组织学研究[M].北京:三联书店,2017.

33. [美]霍尔登·索普,巴克·戈尔茨坦.创新引擎:21世纪的创业型大学[M].赵中建,等译.上海:上海科技教育出版社,2018.

二、中文论文

1. 赵红州.关于科学家社会年龄问题的研究[J].自然辩证法通讯,1979(4).

2. 潘懋元,谢作栩.试论从精英到大众高等教育的"过渡阶段"[J].高等教育研究,2001(2).

3. [美]马丁·特罗.从大众高等教育到普及高等教育[J].濮岚澜,译.北京大学教育评论,2003(4).

4. 刘大枫.人才名目何其多[J].教师博览,2004(10).

5. 高展军,李垣.企业吸收能力研究阐述[J].科学管理研究,2005(6).

6. 王英杰.大学校长要有大智慧——美国芝加哥大学的建立与发展经验[J].清华大学教育研究,2005(1).

7. 郑文力.论势差效应与科技人才流动机制[J].科学学与科学技术管理,2005(2).

8. 牛冲槐,接民,张敏,等.人才聚集效应及其评判[J].中国软科学,2006(4).

9. 赵炬明.精英主义与单位制度对中国大学组织与管理的案例研究[J].北京大学教育评论,2006(1).

10. 刘道玉.高教改革30年的回眸与前瞻[J].高教探索,2008(5).

11. 林健.大学高层次人才挽留与稳定的对策分析[J].清华大学教育研究,2009(4).

12. 张应强,彭红玉.高等教育大众化时期地方政府竞争与高等教育发展[J].

高等教育研究,2009(12).

13. 阎光才.学术系统的分化结构与学术精英的生成机制[J].高等教育研究,2010(3).

14. 阎光才.海外高层次学术人才引进的方略与对策[J].复旦教育论坛,2011(5).

15. 周光礼,张芳芳.全球化时代的大学同构:亚洲大学的挑战[J].高等工程教育研究,2012(2).16. 李季.关系嵌入视角下的高校海外高层次人才服务研究[J].江苏高教,2013(1).

17. 王浦劬,赖先进.中国公共政策扩散的模式与机制分析[J].北京大学学报(哲学社会科学版),2013(6).

18. 陈先哲.捆绑灵魂的卓越:学术锦标赛制下大学青年教师的学术发展[J].教育发展研究,2014(11).

19. 范冬清.大学高层次人才引进风险:影响因素与对策建议[J].高等教育研究,2014(6).

20. 高阵雨,陈钟,刘权,等.国家杰出青年科学基金20周年回顾与展望[J].中国科学基金,2014(3).

21. 管培俊.关于新时期高校人事制度改革的思考[J].教育研究,2014(12).

22. 李福华.从单位制到项目制:我国高等教育重点建设的战略转型[J].高等教育研究,2014(2).

23. 卢晓中,陈先哲.学术锦标赛制下的制度认同与行动逻辑——基于G省大学青年教师的考察[J].高等教育研究,2014(7).

24. 赵俊芳,叶甜甜."千人计划"入选者学术发展力的计量学研究——基于"985工程"高校前五批入选者[J].中国高教研究,2014(11).25. 刘进,沈红.大学教师流动影响因素研究的文献述评——语义、历史与当代考察[J].现代大学教育,2015(3).

26. 廖志琼,李志峰,孙小元.不完全学术劳动力市场与高校教师流动[J].江汉论坛,2016(8).

27. 刘宝存,张伟.国际比较视野下的创建世界一流大学政策研究[J].比较教育研究,2016(6).

28. 邬大光,李国强.《教育规划纲要》实施五年进展与高等教育未来方向的基本判断——《高等教育第三方评估报告》前言[J].中国高教研究,2016(1).

29. 阎凤桥,闵维方.从国家精英大学到世界一流大学:基于制度的视角[J].北京大学教育评论,2017(1).

30. 黄海刚,曲越,连洁.中国高端人才过度流动了吗?——基于国家"杰青"获得者的实证分析[J].中国高教研究,2018(6).

31. 李志峰,游怡.大学教师流动的相关性:学科专业、机构与教育背景——基于理工主导型大学教师的简历分析[J].大学教育科学,2018(1).

32. 李志峰,游怡.大学教师流动的相关性:学科专业、机构与教育背景——基于理工主导型大学教师的简历分析[J].大学教育科学,2018(1).

33. 蔺亚琼.人才项目与当代中国学术精英的塑造[J].高等教育研究,2018(11).

34. 王建华.我国高校高层次人才非正常流动的反思[J].江苏高教,2018(2).

35. 别敦荣,亢萌.中国高等教育是如何走向世界的?[J].清华大学教育研究,2019(5).

36. 陈洪捷.高水平大学建设的老范式与新思路[J].苏州大学学报(教育科学版),2019(3).

37. 高子平.中美竞争新格局下的我国海外人才战略转型研究[J].华东师范大学学报(哲学社会科学版),2019(3).

38. 胡建华.大学与政府关系70年(1949—2019)[J].高等教育研究,2019(10).

39. 王建华.大学排名的风险与一流大学的建设[J].高等教育研究,2019(2).

40. 王建华.人才竞争、资源配置与理念重审:关于"双一流"建设的若干思考[J].中国高教研究,2019(1).

三、外文著作

1. Kornhauser, W. Scientists in industry: conflict and accommodation[M]. Berkeley, CA: University of California Press, 1962.

2. Price, D. Little science, big science[M]. New York: Columbia University Press, 1963.

3. Hagstrom, W. O. The scientific community [M]. New York: Basic Books, 1965.

4. Margaret, S. G. Higher education and the labor market[M]. New York: McGraw-Hill Book Company, 1974.

5. Caplow, T. The academic marketplace[M]. New York: Arno Press,1977.

6. Grubel, H. G. , Scott, A. The brain drain: determinants, measurement and welfare effects[M]. Waterloo, Ont: Wilfrid Laurier University Press, 1977.

7. Becher, T. Academic tribes and territories: intellectual Enquiry and the cultures of discipline[M]. Buckingham: SRHE and Open University Press,1989.

8. Audretsch, D. B. , Thurik, R. Innovation, industry evolution and employment[M]. Cambridge: Cambridge University Press,1999.

9. Guellec, D. , Cervantes, M. International mobility of highly skilled workers: from statistical analysis to policy formulation[M]. Paris: OECD, 2002.

10. Hansen, W. Brain drain: emigration flows for qualified scientist [M]. Brussels: European Commission/MERIT, 2003.

11. Martin-Rovet, D. Opportunites for outstanding young scientists in Europe to create an independent research team[M]. Strasbourg: European Science Foundation, 2003.

12. Laughter, S. , Rhoades, G. Academic capitalism and the new economy: markets, state and higher education [M]. Baltimore: Johns Hopkins University Press, 2004.

13. Freeman, R. , Goroff, D. Science and engineering careers in the United States: an analysis of markets and employment[M]. Chicago: University of Chicago Press, 2009.

14. Ginsberg, B. The fall of the faculty [M]. Oxford: Oxford University Press, 2011.

15. Shin, J. C. , Toutkoushian, R. K. , Teichler, U. University rankings: theoretical basis, methodology and impacts on global higher education[M]. Dordrecht: Springer, 2011.

16. Boeri, T. , Brücker, H. , Docquier, F. et. al. Brain drain and brain gain: the global competition to attract high-skilled migrants[M]. Oxford: Oxford University Press, 2012.

17. Macfarlane, B. Intellectual leadership in higher education: renewing the role of the university professor[M]. London: Routledge, 2012.

18. Ejsing, A. K. , Kaiser, U. , Kongsted, H. et. al. The role of university scientist mobility for industrial innovation[M]. Bonn: IZA Discussion Paper, 2013.

19. Teichler, U. , Arimoto, A. , Cummings, W. K. The changing academic profession[M]. Dordrecht: Springer, 2013.

20. Cantwell, B. , Kauppinen, I. Academic capitalism in the age of globalization[M]. Baltimore: Johns Hopkins University Press,2014.

21. Cheng, Y. , Wang, Q. , Liu, N. C. How world-class universities affect global higher education: influences and responses [M]. Rotterdam: Sense Publishers, 2014.

22. Locke, W. Shifting academic careers: implications for enhancing professionalism in teaching and supporting learning[M]. York: Higher Education Academy, 2014.

23. Geuna, A. Global mobility of research scientists: the economics of who goes where and why[M]. Amsterdam: Elsevier, 2015.

后　记

春雷响，万物长。

农谚有云："到了惊蛰节，锄头不停歇。"东风吹来，大地解冻，春雨如膏，春耕就这样开始了。农业生产适时而动，其他行业也正逐步走出一场特殊的严冬，迎来崭新的春天……就是在三年前这样的时空之中，我完成了博士学位论文，今日回顾，那情那景仍记忆犹新。

"惊蛰吃梨"是我们家乡的习俗。每年这时，家人都会提前买来新鲜的鸭梨，让我们多吃几个，真是清脆可口，味美甘甜。至于为什么要吃梨，大人们往往说不清楚，小孩儿们也就图个好吃。外地朋友问我为什么要吃梨，我便索性在网上查了一查。相传，晋商八大家之渠家，先祖创业于潞麻、梨、粗布、红枣等小本贩运生意，历经艰辛，定居祁县，逐步发迹。至雍正年间，渠家十四世渠百川走西口经商，正是惊蛰之日，其父拿出梨让他吃，教他不忘先祖，努力创业，光耀宗祖。后来走西口者也纷纷效仿，再后来惊蛰日便有吃梨的传统，其多有"离家创业""努力荣祖"之寓意。噢，原来是这样。忽然想到自己，离家求学十个春秋，何尝不像前人那般远出奋斗、情系家乡、报答父母。2020年春，难得惊蛰仍在家中，感悟良多。这些年来，陪伴家人的时间不多，只有寒暑假才回家一段时日。长长铁路承载着家人的惦念，张张车票见证了岁月的奔流。感恩父母和弟弟，感恩所有亲人，家人的关爱与支持是我努力前进的巨大动力。

2014年进入南师大，与教育科学学院高等教育学专业各位老师结缘，我感到十分有幸。值此博士论文即将付梓之际，首先向我的导师王建华教授致以最诚挚的敬意和感谢。时至今日，随师修习已九载。作为我学术上的"启明星"，王老师以深厚的学识修养、严谨的治学态度为我树立了崇高的榜样;作为我成长中的"领路人",王老师在学业与生活上给予的关怀和帮助令我终生难忘。师恩如山,王老师的谆谆教诲我已谨记心间并将不断践行。这么多年来,还要感谢胡建华教授在生活学习中给予我的关怀和指导,在科研工作中给予我的鼓励和帮助。2021 年,"中国高等教育学会学术创新计划——高等教育学博士学位论文文库"入库工作启动之后,胡老师第一时间将相关通知转发给我,并鼓励我积极申报;胡老师还在博士论文出版的前前后后都给予了我莫大支持。在南师大求学的这几年,我还要感谢陈何芳教授、祝爱武教授、程天君教授、程晋宽教授等。在专业课上,在论文开题、写作、修改及答辩中,各位老师不仅为我带来了学术滋养,还更加坚定了我的学术信仰,能够得到各位老师的关心和帮助,这是我的莫大荣幸。

穿梭在随园、仙林校区,看到碧绿的大草坪、金黄的银杏树、亮灯的图书馆和曾经的宿舍,经常会想起那时同窗共读的若干好友、同学。感谢好友黄有德、陈方平、王畅文自大学十几年来的关心与支持;感谢好友王敏、韦余祥、贾焕超、张东亚、胡志强、马文韬,相遇相知是我们的共同记忆;感谢好友陈罡、陈南、温亚以及其他专业的博士生同学,一起的学习时光虽然匆匆却很难忘。我还要感谢韩益凤师姐、李海龙师兄、马培培师姐、范冬清师姐、贾佳师姐、徐浪师兄、吴江林、孙云志师弟、黄文武师弟、尹婷婷师妹、林苗羽师妹等同门好友,感谢刘艳春师妹、张庆玲师妹以及同专业的各位小伙伴们,很高兴与大家相识、相助……要感谢的人还有很多,就让我们彼此珍重,让我们一起进步!

最后,本书得以顺利出版,我还要衷心感谢南京师范大学教育科学学院的大力支持,衷心感谢南京师范大学出版社,感谢张春编审的精心策划和耐心指导,感谢应璐燕编辑的认真负责和热情帮助!

郭书剑

2023 年大暑于王香